Beiträge zur donauschwäbischen Heimat- und Volksforschung
Reihe III

Christian Ludwig Brücker

DONAUSCHWABEN IN NORDAMERIKA, IN SÜDAMERIKA UND IN AUSTRALIEN

Donauschwäbische Kulturstiftung
München/Sindelfingen 1990

Donauschwäbisches Archiv, München
Reihe III: Beiträge zu donauschwäbischen Volks- und Heimatge-
schichtsforschung
Titel: Donauschwaben in Nordamerika, Südamerika und in
Australien
Verfasser: Christian Ludwig Brücker und Freundeskreis
ISSN 0172-5165-43
Herausgeber: Arbeitskreis für donauschwäbische Heimat- und
Volksforschung in der Donauschwäbischen Kulturstiftung – Stif-
tung des privaten Rechts – e. V.
8000 München 81, Schädlerweg 2
Geschäftsstelle: Haus der Donauschwaben, 7032 Sindelfingen,
Goldmühlestraße 30 (Beziehadresse)
Verlag der Donauschwäbischen Kulturstiftung
ISBN 3-926276-11-8
Copyright © by Christian Brücker
Auflage: 1000 Exemplare
München 1990, 1991
Redaktion und Fotos: Jakob Bohn/Stuttgart
Gestaltung: Stefan Teppert
Satz und Druck:
Winnender Druck GmbH, Winnenden/Württemberg

Grußwort des Patenonkels

Liebe donauschwäbische Freunde in Übersee!
Nur ein Jahr nach dem großen Jubiläumsjahr (25 Jahre Patenschaft der Stadt Sindelfingen über die Donauschwaben aus Jugoslawien, 25 Jahre Patenschaft des Landes Baden-Württemberg über die Volksgruppe der Donauschwaben und 40 Jahre Landsmannschaft der Donauschwaben) und der Jubiläumsfestschrift erscheint nun das Buch über „Die Donauschwaben in Übersee". Mit diesem Buch sollen zum ersten Mal die Geschichte und die Hintergründe der Auswanderung der Donauschwaben dokumentiert werden. Auch die heutigen Lebensverhältnisse der Donauschwaben in aller Welt werden ausführlich dargestellt.
Sindelfingen ist mit dem Haus der Donauschwaben geistiger Mittelpunkt und die Begegnungsstätte der Donauschwaben sowie Sitz zahlreicher donauschwäbischer Institutionen. Hier wird das Volkstum, die Tradition und die Kultur der Donauschwaben zusammengetragen und in vielfältiger Weise dokumentiert und publiziert. Seit Gründung des „Dachverbands der donauschwäbischen Landsmannschaftsorganisationen in Europa und in Übersee" ist Sindelfingen auch das Zentrum dieses Weltverbands. Seine Hauptaufgabe ist die Unterstützung der Landsmannschaften in der Welt auf politischem, kulturellem und sozialem Gebiet. Das vorliegende Buch wird einen wichtigen Beitrag zur Information und Darstellung der donauschwäbischen Kultur leisten.

Trotz der großen Entfernungen zu den donauschwäbischen Freunden in aller Welt finden immer wieder zahlreiche Begegnungen mit den deutschen Landsleuten und häufig mit Donauschwaben aus der Bundesrepublik statt. Besonders wichtig sind dabei die Kontakte und Begegnungen zwischen den jungen Menschen, die mit ihren Reisen die europäischen Länder kennenlernen und mit ihrer Musik und ihrem Tanz einen Teil der donauschwäbischen Kultur weitergeben.
Ich wünsche dem Buch „Die Donauschwaben in Übersee" eine weite Verbreitung und den Leserinnen und Lesern interessante Stunden bei der Lektüre.

Dr. Dieter Burger
Oberbürgermeister

Zum Geleit

Wir leben in einer dynamischen Zeit, die große Wandlungen und Veränderungen auf allen Gebieten des geistigen, politischen, sozialen und technisch-wirtschaftlichen Lebens zur Folge hat. Dieser Umwandlungsprozeß hat auch die verantwortungsbewußten Donauschwaben zu einer Besinnung und neuen Festlegung ihrer Gemeinschaftsarbeit veranlaßt. Die donauschwäbische Entwurzelung und Zerstreuung in ihren bisherigen Heimatlandschaften, ihre Verdrängung in neue Aufnahmegebiete hat sie gezwungen, die Grundlagen ihres Lebens, ihrer Existenz und Zukunft als Gemeinschaft zu überdenken und der neuen Wirklichkeit entsprechend zu gestalten. Die bewegenden und gestaltenden Kräfte ihres Lebens, sei es in Sitte und Brauchtum, in politischer Einstellung und Zielsetzung sowie in sonstigen Überlieferungen und Erfahrungen, in der alten Heimat im zeitlichen und räumlichen Zusammenleben der Generationen gewachsen, wirken selbstverständlich weiterhin nach und gingen nicht ganz und gar vergessen.

Sobald wieder Arbeit, Brot und ein Dach über dem Kopf gewonnen waren, meldete sich mächtig das Verlangen nach dem Unverlierbaren, dem man jetzt in der Fremde oft mit mehr Liebe gegenüberstand als früher. Um aber das Unverlierbare nochmals erleben, beleben oder als Erinnerung erfassen zu können, mußten Gemeinschaften Gleichartiger und Gleichgesinnter entstehen – Vereine, Landsmannschaften, Organisationen. Solche Zusammenschlüsse machten es sich zur Aufgabe, das ererbte Kulturgut zu erhalten, Sitte und Brauchtum im Kreislauf des Jahres und Lebens bei Festen und Feiern zu pflegen, die Verbindung zu Verwandten und Familienangehörigen in der Nähe und sonst überall in der Welt zu vertiefen und hilfsbedürftige Landsleute tatkräftig zu unterstützen.

Besonders zu den Landsleuten in den Vereinigten Staaten und nach Übersee sind in den letzten Jahren immer zahlreichere Verbindungen hergestellt worden, die sich über das rein Persönliche und Menschliche hinaus auch auf ihre Anliegen als Gemeinschaft erstreckten. Bei den Treffen der landsmannschaftlichen Verbände sowie der Familien- und Heimatortsgemeinschaften zeigte sich dann das unverwüstli-

che Gemeinschaftsgefühl der Donauschwaben, das eine Kraft offenbarte, die ein wesentlicher Beitrag bei der notwendigen Selbstbehauptung, Eingliederung und Heimatfindung darstellt.

Die Ereignisse in unseren ehemaligen Heimatstaaten in Ost- und Südosteuropa seit 1989 machten den Zusammenbruch der kommunistischen Diktatur und sozialistischen Wirtschaft, die eigentlich an unserer Entrechtung und Vertreibung schuldig sind, offenkundig. Der unwiderstehliche Drang der unterdrückten Völker nach Freiheit und Selbstbestimmung erzwang eine politische Neuordnung durch Einführung der Demokratie, freie Wahlen, Anerkennung der Selbstverwaltung der volklichen und konfessionellen Minderheiten sowie den Ausbau der staatlichen und volklichen Zusammenarbeit auf föderaler Ebene auch im Rahmen der europäischen und atlantischen Gemeinschaft.

Das Leben der heutigen Menschen und Völker ist ausgerichtet auf Freiheit, Gleichberechtigung und Mitbestimmung. Ein solches Leben ist dauerhaft freilich nur dort zu erreichen, wo die Selbsterhaltung der Menschen in ihrer volklichen und gesinnungsmäßigen Gruppenexistenz in Verfassung, Gesetzgebung, Verwaltung und Gerichtsbarkeit anerkannt und gesichert ist. Staaten mit mehreren Völkern und Volksgruppen sind gefordert, auf der Basis föderalistischer Strukturen und Volksgruppenrechte gleichberechtigte Entwicklungen der verschiedenen Menschengruppen herbeizuführen. In ihrem Bemühen, der Beeinträchtigung der existenziellen Sicherung durch die staatliche Verwaltung Herr zu werden, erwuchs bei den Donauschwaben im Laufe der Jahre immer wieder die Bereitschaft, sich auch überregional und über die Grenzen hinweg gegenseitig zu helfen und zu unterstützen.

Solche Hilfsmaßnahmen donauschwäbischer Gruppen sind in verstärktem Ausmaß nach dem 2. Weltkrieg wirksam geworden, insbesondere, als 1984 mit der Gründung des Dachverbandes der donauschwäbischen Landsmannschaftsorganisationen in Europa und in Übersee eine weltweite zielbewußte Zusammenarbeit auf der Grundlage eines durchdachten Arbeitsprogrammes zustande kam. Oberstes Ziel des Verbandes ist, das geschichtliche und kulturelle Erbe unserer Ahnen und Vorfahren zu bewahren und zu

2

pflegen. Auch soll die Verbundenheit der Donauschwaben manifestiert und gestärkt werden. Die Umsetzung dieses Überlebens- und Aktionsprogrammes kann auf längere Sicht nur gelingen, wenn die notwendigen Führungskräfte gewonnen und die erforderlichen finanziellen Mittel über die eigene Opferbereitschaft, aber auch über Finanzierungsquellen des eigenen Heimatstaates sowie des Mutterlandes anteilmäßig und dauerhaft sichergestellt werden können.

Das Buch „Donauschwaben in Nordamerika, Südamerika und in Australien" berichtet ausführlich über die Aufgaben und die bisherige Arbeit des Dachverbandes und bietet eine umfassende Bestandsaufnahme über den Zustand und die Stellung der Organisation der Donauschwaben in den einzelnen Ländern in Übersee. Die Veröffentlichung erhebt keinen Anspruch auf Vollständigkeit. Die großen Entfernungen, die Fülle des Materials bereiteten manche Schwierigkeiten. Es sollte mit diesem ersten Überblick der Anfang gemacht werden, weitere Ergänzungen werden folgen.

Die Herausgabe und Verbreitung des Buches hat die Donauschwäbische Kulturstiftung e. V. übernommen, die sich seit ihrer Errichtung 1978 voll und ganz in den Dienst der gesamtdonauschwäbischen Forschungs-, Dokumentations- und Publikationsarbeit gestellt hat. Das hat sie durch ihre bisher herausgebrachten Schriften und Bücher ebenso wie durch ihre gegenwärtig in Arbeit befindlichen Bücher zum Leidensweg und zur Geschichte der Donauschwaben unter Beweis gestellt. Das vorliegende Buch bedeutet eine wichtige Ergänzung unserer Publikationsarbeit, das nicht nur das Interesse der Landsleute in Übersee, sondern auch aller Donauschwaben und ihrer Freunde ansprechen und gewinnen will.

Der Verfasser des Buches, Christian L. Brücker, verfügt durch seine vielfältige Zusammenarbeit mit allen donauschwäbischen Organisationen sowie durch seine zahlreichen Arbeits- und Besuchsreisen zu ihnen in den verschiedenen Ländern über den besten Überblick dieser weltweiten Lebens-, Aktions- und Willensgemeinschaft, zu deren bestem Kenner in der Gegenwart er zählt. Als freie und unmittelbare K.K.-Untertanen auf ewige Zeiten sind sie vor mehr als 300 Jahren im pannonischen Donauraum als Siedler angetreten, um als „Kinder des Friedens und Helden der

Arbeit" aus Wildnis und Wüste eine europäische Kornkammer aufzubauen, die ihren Heimatländern und Nachbarn zur europäischen Eingliederung diente. Auch heute wollen sie, wenn auch weltweit zerstreut, für immer frei und ungeteilt, wie es in ihrem Wappenspruch heißt, überall friedliche Aufbauarbeit leisten und gleichberechtigt mit Zuversicht in die Zukunft blicken.

Der Mensch ist wandelbar, Gott ist wunderbar! Kein Volk muß untergehen, das sich erhalten will. In ihrer Bezogenheit auf Familie und landsmannschaftliches Stammestum gehen die Donauschwaben nicht unter, wenn sie das nicht wollen. Sie bleiben in ihren Kindern und Nachkommen lebendig. Freilich müssen ihre nachwachsenden Kinder und Nachkommen das donauschwäbische Erbe erkennen, donauschwäbische Belange wahren und vertreten können. Dazu sollten sie natürlich und selbstverständlich befähigt sein. Dieses ihnen zu ermöglichen, darf von unseren Familien, Landsmannschaften und Staaten auch in Hinkunft erwartet werden.

i. A. Donauschwäbische Kulturstiftung e. V.
Josef Volkmar Senz, Ehrenvorsitzender
Hans Sonnleitner, Gf. Vorsitzender
Josef Beer, Leiter des AK Dokumentation

Zur Einleitung

Sie könnten die Entwurzelten und doch zugleich die Bodenständigen heißen; zuerst haben sie die Heimat aufgegeben, dann gewaltsam verloren, und doch sind sie doppelt Heimattreue; in alle Winde haben sie sich zerstreut und bilden dennoch eine weltweite Gemeinschaft: die Donauschwaben, der Benjamin unter den deutschen Volksstämmen.

Immer war es ihr fundamentales Anliegen, als freie Menschen leben, ihren Glauben ausüben und ihre traditionelle Kultur pflegen zu dürfen, und wie hätte das anders Erfolg haben können als im Medium der deutschen Muttersprache und der variantenreichen donauschwäbischen Dialekte? Die Sprache ist es ja, in der man denkt und fühlt – und dies in unverwechselbarer, durch eine andere Sprache nicht ersetzbarer Weise. Andere Sprache – andere Welt. Der Sorge um die Erhaltung der deutschen Sprache und der Fähigkeit, sich in ihr auszudrücken, wird deshalb überall, wo man den Ernst der Lage erkannt hat, Priorität beigemessen im Bestreben, das ererbte Eigene und den nährenden Wurzelgrund nicht leichtfertig zu verlieren.

Aber gleichgültig, wo Donauschwaben leben: wird ihnen nur Entfaltungsmöglichkeit gelassen und gegeben, so ist es nicht mehr zu unterbinden, daß sie zueinander finden und miteinander reden. Ihr Bewußtsein betrachtet auch die größte geographische Entfernung nicht als entscheidendes Hindernis, ihre Verbindungen reichen in der Tat um den ganzen Planeten. Aus diesem Grund und nicht etwa aus Größenwahn heißt ihre übergreifende Organisation „Weltdachverband".

Es ist nun, 45 Jahre nach dem Krieg, wohl an der Zeit, einmal Bilanz zu ziehen, zu dokumentieren und orientierende Rechenschaft zu geben von dem, was sich getan und entwickelt hat unter den Donauschwaben in Kanada, in den Vereinigten Staaten, in Südamerika und Australien. Viele Tausende sind nach Übersee emigriert, haben sich dort, oft unter großen Schwierigkeiten, eine neue Existenz aufgebaut, eine neue Heimat geschaffen. Sie haben sich zusammengetan und organisiert, verdienstvolle Einzelne haben sich gar vollständig dieser nicht selten rettenden Aufgabe verschrieben und ihre Zeit und Arbeitskraft dafür geopfert.

Erstaunlich viel ist geleistet worden an Vereinsgründungen und gegenseitiger Hilfe, an Kulturpflege und Bildungsarbeit. Auch die dazu nötigen Heime und Schulen, Büros und Sachmittel konnten vielfach aufgeboten werden. Genugtuung und Stolz darüber sind berechtigt. Gleichwohl erscheint noch manches als unzureichend, ausbaufähig, entwicklungsbedürftig, wenn die guten Anfänge nicht in den Kinderschuhen steckenbleiben sollen.

Dieses Buch will sowohl Einblicke geben in das bisher Erreichte. Ein respektables Szenario eröffnet sich da dem teilnehmenden Leser und Betrachter. Es will aber auch auf die Mängel und Lücken hinweisen, die noch zu beheben sind in einer Gemeinschaft, die international sein muß und will. Die Donauschwaben sind durch ihre jahrhundertelangen Kontakte mit fremden Völkern dazu gut ausgerüstet, sie sind in die Rolle eines verbindenden Elements mit Selbstbewußtsein und Toleranz zugleich hineingewachsen, und sie werden, wie sie es in der Vergangenheit unter Beweis gestellt haben, auch künftig zur Völkerverständigung beitragen.

Stefan Teppert

Leit, halle zamme!

1989 war ein geschichtsträchtiges Jahr: Vor 75 Jahren begann der 1. Weltkrieg, der unter anderem auch den Zusammenbruch der Donaumonarchie im Gefolge hatte. Die donauschwäbische Volksgruppe im südöstlichen Donauraum wurde durch den Vertrag von Trianon dreigeteilt und dem überhitzten Nationalismus der Staatsvölker ausgesetzt. Vor 50 Jahren brach der 2. Weltkrieg aus, der den beteiligten Völkern tiefe Wunden schlug und ihnen schwere Verluste an Gut und Blut zufügte. Es kann kein Zweifel darüber bestehen, daß die Donauschwaben unter den schweren Lasten dieses unheilvollen Krieges besonders zu leiden hatten. Wie eine Sturmflut brach er über sie herein und zerstörte das Aufbauwerk von Generationen. Menschen wurden entrechtet, vernichtet, verschleppt und vertrieben.

Wer könnte sie jemals vergessen, jene Zeiten des Grauens und Entsetzens, jene Tage, als unsere Heimat ihr Haupt zum Sterben neigte, die wehen Stunden des Abschiednehmens von allem, was uns lieb und heilig war!? Alte Formen zerbrachen, Dorfgemeinschaften und Familien fielen auseinander, der Tod hielt reiche Ernte.

Die Überlebenden dieser Katastrophe, die in Deutschland, Österreich und in Übersee eine neue Heimat fanden, haben sich im Geiste ihrer Ahnen als Elemente der Ruhe und Besonnenheit, der Friedfertigkeit und der Aufbaubereitschaft erwiesen. In diesem Zusammenhang sei auch an die Gründung der Bundesrepublik Deutschland und ihre erfolgreiche Entwicklung erinnert, an der auch die Heimatvertriebenen ihren Anteil haben. Dabei steht das Bekenntnis zur Integration in der Bundesrepublik, die Respektierung des Grundgesetzes und der Landesverfassungen sowie der Charta der Heimatvertriebenen im Vordergrund ihrer Haltung und Gesinnung.

So finden wir die Donauschwaben unmittelbar nach 1945 als entwurzelte, entrechtete und zerstreute Notgemeinschaft, die aber nicht verzagte! Zwar waren alle in der alten Heimat zu ihrem Leben und Fortkommen, zu ihrer Betreuung und Entwicklung gebildeten Institutionen und Verbände wie Gemeinden, Kirchen, Schulen, Genossenschaften, Vereine, ihre kulturellen und politischen Organisationen mit ihrer Entrechtung und Vertreibung untergegangen, doch sind die Menschen geblieben, die in dieser großen Not ihre Bindungs- und Bewahrungskräfte aus den natürlichen Gemeinschaften der Familie, der Sippe, der Nachbarschaft und der Dorfgemeinschaft schöpften.

In der neuen Umgebung begann unter schwierigen Bedingungen das unermüdliche Suchen nach neuen Lebensformen und Lebensinhalten. Es entstanden kirchliche und landsmannschaftliche Organisationen mit dem Ziel, den Heimatvertriebenen in ihrer psychischen und physischen Not beizustehen und zu helfen.

Die Landsmannschaften und die Heimatortsgemeinschaften entstanden nicht aus der Absicht, sich der Vereinsmeierei hinzugeben oder gar gegen die staatliche Ordnung zu opponieren, sie wurzeln vielmehr im Heimweh der vertriebenen Menschen, in der Sehnsucht nach Begegnung und Wiedersehen mit Nachbarn und Freunden. Heimat ist nicht nur das altvertraute Dorf mit seinen Kirchen, Rathaus und Schulen, mit den baumumkränzten Gassen und schmucken Häusern, nicht nur die fruchtbaren Felder und Fluren. – Heimat sind in erster Linie die Menschen, mit denen man von Kindesbeinen an in einer festgefügten und traditionsgebundenen Gemeinschaft lebte, mit denen man Freud und Leid teilte und das gemeinsame Schicksal trug. Darum pflichte ich dem Spruch bei, der alljährlich über dem Landestrachtenfest unserer Landsleute in Rheinland-Pfalz steht: „Heimat, ewig fließen deine Quellen."

Diese Quellen dürfen wir nicht versiegen lassen, denn sie spenden Leben und Kraft, sie sind – wie unser Banater Freund und Heimatdichter Hans Wolfram Hockl feststellt – „Brunnen tief und klar". Schöpfen wir, liebe Landsleute, aus diesen sprudelnden Quellen, schöpfen wir daraus Mut und Kraft für unser Leben in der Familie, in der kirchlichen, landsmannschaftlichen und heimatortsverbundenen Arbeit. Der Mundartdichter Johann Petri meint: „Was du ewich liebscht, das is uf ewich dein!"

Mit der Pflege unserer heimat- und volksverwurzelten Kultur leisten wir auch einen wertvollen Beitrag zur gesamtdeutschen, ja europäischen Kultur. Unsere von Idealismus erfüllte Tätigkeit muß darauf ausgerichtet sein, das historische und geistesgeschichtliche Erbe der Ahnen und Vorfahren zu pflegen und zu erhalten, denn an der Bewahrung des Kulturgutes der Heimatvertriebenen erweist sich die Selbst-Verständlichkeit unseres Volkes und seine Verantwortung gegenüber der Vergangenheit, der Gegenwart und der Zukunft.

Diese Grundsätze gelten auch für unsere in ihrer weltweiten Verstreuung lebenden donauschwäbischen Brüder und Schwestern. Obzwar es bei diesen großen Entfernungen schwierig ist, eine gesamtdonauschwäbische Kontinuität zu wahren, können und dürfen wir auf gegenseitige Solidarität, enge Kontakte und systematische Koordinierung nicht verzichten. Eine planvolle, harmonische und leistungsstarke Zusammenarbeit im Geiste unserer in Jahrhunderten gewachsenen Tradition und unseres heutigen kulturgeschichtlichen Auftrags ist aber nur dann möglich, wenn wir uns unserer gemeinsamen Verantwortung bewußt sind und uns mit Vertrauen, Fairneß und Hilfsbereitschaft begegnen. Im Rahmen des Weltdachverbandes der Donauschwaben kommen 1991 neue Aufgaben auf uns zu. Denken wir hier insbesondere an die Jugendarbeit und an die Sprachschulen!

Im Osten und Südosten Europas vollziehen sich gegenwärtig gewaltige Veränderungen in einem atemberaubenden Tempo. Hier gilt das Schillerwort: „Nein, eine Grenze hat Tyrannenmacht: / Wenn der Gedrückte nirgends Recht kann finden, / Wenn unerträglich wird die Last, / Greift er hinauf getrosten Mutes in den Himmel / Und holt herunter seine ew'gen Rechte, / Die droben hangen unveräußerlich / Und unzertrennlich wie die Sterne selbst."

Hauptsächlich junge deutsche Menschen sind in diesem Prozeß zu Vorboten einer friedlichen Revolution geworden. Unser schwer heimgesuchtes Volk ist dabei, sein eigenes geschichtliches Profil, seine eigene volkliche Identität wiederzugewinnen! Wir sind fest davon überzeugt, daß es in dieser geschichtlich bewegten Zeit Maß und Würde bewahren wird.

Unsere Gedanken und guten Wünsche ziehen auch nach Rumänien. Für unsere dortigen Landsleute – Sathmarer, Banater Schwaben und Siebenbürger – hat die Stunde der Freiheit geschlagen. Sie sind freilich auch auf unsere tatkräftige Mithilfe angewiesen. Auskunft wegen Geld- und

Sachspenden erteilt die Landsmannschaft der Banater Schwaben, Sendlinger Straße 55/I, 8000 München 2.

Im Blick auf das neue Jahr dürfen wir wieder auf ein Schillerwort hinweisen: „Wir wollen sein ein einzig Volk von Brüdern, / In keiner Not uns trennen und Gefahr." Daher auch das Bekenntnis zu „Einigkeit und Recht und Freiheit". Das Menschenrecht ist ein theonomes Urrecht! Und die Freiheit: „Der Mensch ist frei geschaffen, ist frei, und würd' er in Ketten geboren" (Schiller).

Nun aber sind wir Realisten genug, um zu wissen, daß ein großer Feind und Widersacher der Einigkeit, des Rechts und der Freiheit die Zwietracht ist. In einem alten Spruch heißt es: „Wer Zwietracht säet, arbeitet für des Teufels Scheuer."

Aber noch deutlicher wird Seume in einem Gedicht: „Die Zwietracht schwingt mit Schlangenarmen / Die Todesfakkel ohn' Erbarmen / Und würgt mit Wut einem Augenblick / Der göttlichen Vernunft zur Schande / Die ganze Hoffnung ganzer Lande / Und mancher Jahre schönes Glück!" Lüge, Verleumdung, Neid, Hetze und Intrige gehören zum bunten Gefolge der Zwietracht! Denken wir in diesem Zusammenhang an ein Wort aus Gerhart Hauptmanns Drama „Florian Geyer": „Der deutschen Zwietracht mitten ins Herz!"

Wir brauchen dazu weder Feuer noch Schwert, – wir brauchen dazu nur eine aufrechte und mutige Haltung (Kant meint: „Wer sich zum Wurm macht, braucht sich nicht zu wundern, daß er getreten wird!"), eine lautere Gesinnung und ein unerschütterliches Verantwortungsbewußtsein unserem Volk, Europa und dem Weltfrieden gegenüber. Freunde, laßt uns in brüderlich-schwesterlicher Eintracht unsere Pflicht tun, – deshalb: „Leit, halle zamme!"

Christian Ludwig Brücker

Aufbruch in eine neue Welt
Frühe Entdeckungsfahrten

Schon im Altertum wurden Entdeckungsfahrten durchgeführt, die aber wissenschaftlich nur unvollständig und lückenhaft ausgewertet werden konnten. Erinnert sei an die nordgermanischen Seefahrerscharen, die Normannen (Nordmannen, Wikinger, Waräger), die ausgedehnte Beute- und Handelsfahrten durchgeführt haben. 787 traten sie an der Küste Englands, bald auch an der Küste Frankreichs auf, plünderten Aachen, Köln, Metz, Mainz und Paris. Um 859 traten sie im Mittelmeer auf. Seit Mitte des 9. Jahrhunderts erfolgte der Übergang zu Dauersiedlung und Staatsgründung: 862 gründeten die schwedischen Waräger das Reich von Nowgorod am Ilmensee, später den Staat von Kiew. Seit 874 wurde von Norwegen Island, von da 986 Grönland besiedelt, um 1000 Nordamerika entdeckt.

Wie der bekannte und um die Volksforschung in Südamerika sehr verdiente Ethnologe Professor Dr. Karl Ilg feststellt (Eckartsschriften Heft 68, herausgegeben von der Österreichischen Landsmannschaft, Wien) gelangte der aus Hildesheim gebürtige Pining 1470 auf den alten Routen der Normannen bereits bis Labrador und Neufundland, das er „Stockfischland" nannte.

Dr. Ilg stellt weiter fest, daß von größter Bedeutung für die Entdeckung der Neuen Welt auch die Seefahrerschule im portugiesischen Sagres gewesen sei. An ihr hätten viele deutsche Fachleute mitgewirkt, unter anderen der bekannte Wissenschaftler Martin Behaim, Kartograph,

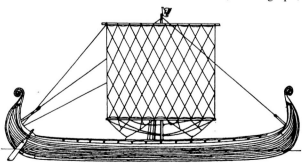

Mathematiker und Astronom aus Nürnberg, dem die Erfindung des „Astrolabiums" gelungen sei, mit dessen Hilfe eine weitaus einfachere und sicherere Standortbestimmung auf See möglich war. Ebenso hätten, so Professor Dr. Ilg, die deutschen „Hansekoggen" – eine Fortsetzung der Wikinger „Drachen" – die Vorbilder der Entdeckerschiffen dargestellt, wie denn auch deutsche Bauleute auf den portugiesischen und spanischen Werften tätig gewesen seien.

Entdeckungen und Eroberungen

Am Ausgang des Mittelalters wurde das alte Weltbild von der Erde als Scheibe durch das neue Weltbild von der Erde als Kugel verdrängt. Auf der Suche nach einem Westweg nach Indien entdeckte ein wagemutiger Seefahrer aus Genua, Christoph Kolumbus, 1492 Amerika. Dreimal überquerte er den Atlantischen Ozean und erforschte auf gefahrvollen und abenteuerlichen Fahrten verschiedene Inseln und die Nordküste Südamerikas. Als er 1506 starb, wußte er nicht, daß er einen neuen Erdteil entdeckt hatte. Die Fahrten gingen weiter. Bald nachdem die Portugiesen um Afrika herum Indien erreicht hatten, stießen sie um 1500 nach langer Fahrt durch den großen Ozean auf die Westküste Südamerikas. Nun dämmerte immer stärker die Erkenntnis, daß dieses von zwei Seiten erreichte Land gar nicht zu Indien oder China gehörte, sondern ein eigener, bisher unbekannter großer Erdteil war, der zwischen Europa und Ostasien lag. Diese Ansicht wurde von einem italienischen Forscher und Seefahrer, Amerigo Vespucci, in einem Buch über die neuentdeckte Welt erstmals veröffentlicht. Nach ihm nannte man den Erdteil „Amerika".

In der Zeit von 1519 bis 1522 umsegelte der in spanischen Diensten stehende Portugiese Fernando Magellan die Erde. Die Forschungsreisen der Portugiesen und der Spanier leiteten eine neue Zeit in der Geschichte Europas und der Welt ein. Nun lernte man eine „Neue Welt" mit unermeßlichen Reichtümern kennen. Damit erlangten die europäischen Länder an der Atlantikküste eine Vormachtstellung, zunächst Portugal und Spanien, dann auch andere europäische Länder. So folgten den ersten Entdekkungen Zeiten der Besitznahme und der Erschließung der neuen Gebiete. Den Entdeckern folgten die Eroberer, weite Gebiete wurden ein Objekt der Ausbeutung.

Die Eroberung Mexikos und die Vernichtung der aztekischen Kultur durch den spanischen Konquistador Fernando Cortez sind weitere Eroberungszüge, mit denen die Europäer die neuentdeckte Welt in ihren Besitz brachten. 1532 folgte der Eroberungszug des Spaniers Franzisco Pizzaro, der von 1524 bis 1544 Ecuador und Peru eroberte und das „Sonnenreich" der Inkas zerstörte.

Christoph Columbus 1492 Amerika entdeckt.   **Vasco da Gama** 1497—99 Seeweg nach Indien.   **Amerigo Vespucci** 1501—02 Beschreibung der Neuen Welt.

Mit den Eroberungszügen begann die große Aufteilung der Erde unter den Völkern Europas. Im 16. Jahrhundert bildeten sich zunächst die großen Kolonialreiche Portugals und Spaniens heraus. Später folgten die Kolonialreiche der Niederlande, Englands und Frankreichs. Es begann das Ringen der europäischen Staaten um die koloniale Vorherrschaft in der Welt.

Um die eroberten Großräume rentabel machen zu können, benötigten die Kolonialherren Arbeitskräfte. Was lag zunächst näher, als die Ureinwohner, die Indianer, für sämtliche physischen Arbeiten heranzuziehen?! Darüber berichtet der Mönch Bartolomeo de Las Casas (1474 bis 1566), der einige Zeit Bischof in Mexiko gewesen ist: „Die Eroberer in Amerika hatten die Eingeborenen zusammengetrieben und unter schlimmsten Bedingungen zur Sklavenarbeit gezwungen."

Um den Mangel an Arbeitskräften in den menschenleeren Gebieten Amerikas zu beseitigen, gingen die Eroberer dazu über, Negersklaven aus Afrika ins Land zu holen. Sie mußten in den Bergwerken und Werkstätten, auf den Gütern und Zuckerrohrplantagen härteste Arbeit leisten.

Englands Weg zur Kolonialmacht

Ein wahres Wettrennen nach den überseeischen Ländern setzte ein. Nachdem die Spanier und die Portugiesen keine anderen Schiffe auf den Meeren duldeten, suchten englische Kapitäne und Kaufleute nach einem anderen Weg: Sie schlossen sich als „Wagende Kaufleute" zusammen, überfielen die spanischen und portugiesischen Schiffe und plünderten ihre kostbaren Ladungen. Königin Elisabeth (1558 bis 1603) nahm die Freibeuter unter ihren Schutz.

Erst nach ihrem Tode unternahmen die Engländer die ersten Schritte zu einem eigenen Kolonialreich. Sie stärkten ihre Flotte und überrundeten allmählich die alten Kolonialmächte. Die englischen Kaufleute begannen auf den mittelamerikanischen Inseln, in Indien und an der afrikanischen Küste ihre Stützpunkte und Niederlassungen zu gründen. Vor allem aber entstanden an der Ostküste Nordamerikas ausgedehnte Siedlungskolonien, ein „neues England". Franzosen folgten.

Das älteste englische Siedlungsgebiet ist Virginia, wo 1607 Jamestown gegründet wurde. Am 11. November 1620 landete an der Bucht von Massachusetts die „Mayflower" (Maiblume) mit 120 Männern, Frauen und Kindern an Bord. Sie waren Anhänger der Lehre Calvins, „Puritaner", die als Glaubensverfolgte aus ihrer nordenglischen Heimat geflohen waren. Im Gedenken an ihre alte Heimat nannten die Kolonisten die Stadt, die sie gründeten, Neu-Plymouth. Aus der Siedlung der Pilgerväter erwuchs die zweite englische Kolonie jenseits des Ozeans: Massachusetts.

Die Franzosen gründeten am Sankt-Lorenz-Strom 1860 Quebec, 1642 Montreal und erschlossen nach Süden vordringend das Mississippigebiet.

Von 1620 an begann eine förmliche Völkerwanderung von Europa nach dem neuen Land. Es kamen religiöse Schwärmer und Gottesstreiter, Verfolgte und politische Flüchtlinge, Arbeitsuchende, Landhungrige und Abenteuerlustige.

1632 bis 1634 wurde als Freistaat der Katholiken Maryland gegründet. Die Holländer nahmen am Anfang des 17. Jahrhunderts Gebiete in Besitz, die sich zwischen den französischen Besitzungen beziehungsweise den Neuengland-Staaten und Virginia erstreckten und gründeten 1624 Neu Amsterdam, das die Engländer, nachdem sie die Niederländer aus ihren Besitzungen verdrängt hatten, in New York umbenannten. 1663 wurde Carolina mit feudalistischem Gepräge eingerichtet. 1664 entstanden aus ehemaligen niederländischen und schwedischen Gebieten New Jersey und Delaware.

1681/1682 gründete der Quäker William Penn mit seinen Anhängern mit Pennsylvania einen Musterstaat religiöser und politischer Freiheit. Ihre Hauptstadt nannten sie „Philadelphia", das heißt Bruderliebe. 1733 enstand Georgia als letzte der 13 englischen Kolonien: Virginia (um 1607), New York (1614), Massachusetts (1620), Delaware (1630), Pennsylvania (1630), New Jersey (1630), Maryland (1634), Connecticut (1635), Rhode Island (1635), North Carolina (1653), South Carolina (1660), Georgia (1732).

Martin Behaim

Hernando Cortez
1519—21
der Eroberer Mexikos.

Fernão de Magalhães
1519—22
Weltumseglung

Um 1750 gehörten den Engländern die 13 Kolonien als Herzstück ihres Kolonialbesitzes und die ursprünglich französischen Gebiete Neufundland und Neuschottland (1713 erobert). Die Franzosen beanspruchten den riesigen Landstreifen von der Mündung des Sankt-Lorenz-Stroms bis zur Mündung des Mississippi. Florida war seit 1513 spanischer Besitz. Über den weiten mittelamerikanischen Raum erstreckte sich das Vize-Königreich Neu Spanien, Bestandteil des großen spanischen Kolonialreiches.

Die Bewohner der 13 englischen Kolonien stammten hauptsächlich aus England, doch kamen viele auch aus anderen europäischen Ländern, so aus Irland, Schottland, Italien und Deutschland. Verschiedene Ursachen haben die Siedler in die Kolonien getrieben: Armut, Abenteuerlust, vor allem aber die Behauptung ihrer Selbständigkeit in politischer und in religiöser Hinsicht.

Leben und Wirtschaft der einzelnen Kolonien hatten zunächst wenig Gemeinsames: Die südlicher gelegenen kannten Plantagen mit Sklaverei und schroffem Gegensatz von arm und reich, hatten aristrokratische Verfassungen, – während in der Mitte und im Norden kleinbäuerliche Betriebe vorherrschten.

In aufblühenden Städtchen erwuchsen hier früh Handel und Gewerbe, Grundlagen eines bescheidenen Wohlstandes und demokratischer Gleichheit. Dennoch haben das neue Land und seine Verhältnisse die Ansiedler bald in Charakter und Art gleichförmig gemacht und ihnen im Laufe der Zeit bei aller Verschiedenheit ein Gefühl eines gemeinsamen Wesens und Interesses gegeben.

Hinter der Ostküste Nordamerikas erstreckte sich das weit ausgedehnte französiche Kolonialgebiet: Kanada und Louisiana. Militärische Anlagen, Forts, sicherten sie gegen die Siedler der englischen Kolonien, die weiter nach Westen drängten. Immer häufiger kreuzten sich englische und französische Interessen. Schließlich kam es zum Siebenjährigen Krieg (1756 bis 1773), der mit der Niederlage Frankreichs endete. Im Frieden von Paris mußte Frankreich Kanada und das linke Mississippiufer an England abtreten. Spanien wurde gezwungen, Florida herauszugeben, als Ausgleich erhielt es Lousiana rechts des Mississippi. England war damit die erste Weltmacht geworden. Es unterwarf auch die restlichen Gebiete Indiens und gründete um 1800 die ersten Niederlassungen im bisher unerschlossenen Australien.

Die Vereinigten Staaten von Amerika

Die Kriege verschlangen riesige Summen, so daß das Parlament in London beschloß, Steuern von den Kolonisten in

Neuengland einzutreiben. Die Kolonien lehnten aber jede Besteuerung ohne politische Mitbestimmung im Parlament ab. Von 1765 bis 1776 folgt nun Streitfall auf Streitfall. Die englische Regierung war entschlossen, mit Gewalt ihre Herrschaft in ihrer wertvollsten Kolonie aufrecht zu erhalten.

Die Vergeltungsaktionen der englischen Krone für den „Bostoner Teesturm" 1773 beantworteten die 13 Kolonien mit der Sammlung des Widerstandes auf dem ersten Kontinentalkongreß von Philadelphia 1774 und der Wahl G. Washingtons 1775 zum Oberstkommandierenden der amerikanischen Milizen. Die Losreißung vom Mutterland vollzog sich 1775 bis 1783 im Unabhängigkeitskrieg Nordamerikas in verlustreichen Kämpfen gegen die britische Kolonialarmee. Am 4. Juli 1776 wurde von Thomas Jefferson die Unabhängigkeitserklärung verkündet: „Wir halten diese Wahrheit für offenbar und keines weiteren Beweises bedürftig: daß alle Menschen gleich sind von Geburt, daß sie von ihrem Schöpfer mit gewissen unveräußerlichen Rechten ausgestattet sind, darunter Leben, Freiheit und Streben nach Glück . . ."

In den Reihen der Engländer kämpften etwa 30 000 Deutsche, die von ihren Fürsten als Soldaten verkauft worden waren. Erfolg und Mißerfolg wechselten. In großer Not

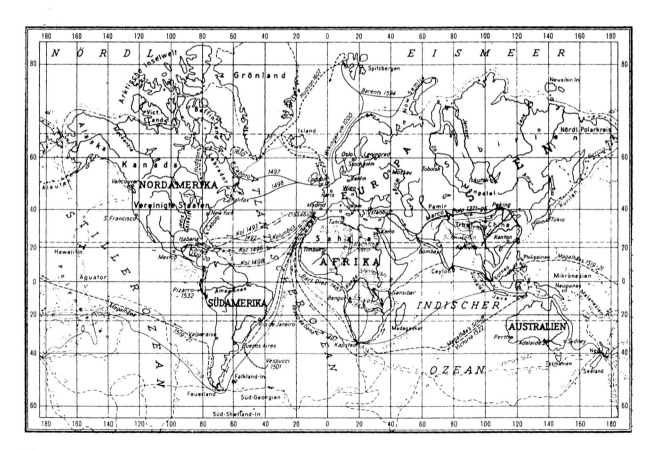

erhielt Washington in General von Steuben, einem ehemaligen preußischen Offizier, einen tüchtigen Helfer und Berater. Als Generalinspektor der amerikanischen Armee brachte er der kriegsmüden Truppe Mut und Disziplin bei. Ein amerikanisch-französisches Heer siegte schließlich bei Yorktown 1781. Im Frieden von Versailles 1783 erkannte England die amerikanische Unabhängigkeit an und überließ der Union das Land östlich des Mississippi.

Die am 17. September 1797 vom Konvent in Philadelphia verabschiedete Verfassung trat 1789 in Kraft und konstituierte die erste moderne, auf dem Grundsatz der Gewaltenteilung beruhende Demokratie der Neuzeit. Die Bill of Rights 1791 legte ergänzend die Grundrechte fest. Zum ersten Präsidenten der Vereinigten Staaten von Amerika wurde 1789 George Washington gewählt, vier Jahre später die Hauptstadt Washington gegründet.

In ihrer weiteren wechselvollen Geschichte entwickelten sich die Vereinigten Staaten von Nordamerika zu einer Weltmacht. Gleich nach dem Unabhängigkeitskrieg hatte der spanische Gesandte an seinen König geschrieben: „Dieser Bundesstaat ist als Zwerg zur Welt gekommen. Eines Tages wird er ein Riese sein, ja, ein Koloß, der den europäischen Ländern gefährlich sein wird. Bauern und Handwerker aller Nationen werden dorthin strömen, wo es Gewissensfreiheit gibt, wo sich eine neue Bevölkerung leicht über ein unermeßliches Land ausbreiten kann und wo man die Vorteile einer freien Regierung genießen kann."

Was der Gesandte vorausgesagt hatte, trat ein. 1803 erwarb Thomas Jefferson das westliche Mississippigebiet. Bald folgten weitere Erwerbungen. Schließlich dehnte sich das Gebiet der USA über die ganze Breite des Kontinents aus. Nach erneuten kriegerischen Auseinandersetzungen mit Großbritannien erfolgte 1818 eine Einigung über die Nordgrenze. Der Verlauf entlang dem 49. Breitengrad und mitten durch die Großen Seen legte die Grenze zu Kanada fest.

Aber noch war der Riesenraum bis hin zu den Höhen der Rocky Mountains und den Ufern des Stillen Ozeans unerschlossen. Tausende und Abertausende von Pionieren, unter ihnen auch Deutsche, zogen mit ihren Wagen in den „Wilden Westen" vor, verdrängten die ansässigen Indianer, rodeten den Busch, brannten die Prärie ab und bauten ihre Blockhäuser, pflügten und verwandelten Brachland in fruchtbare Felder.

In der Zeit zwischen 1820 und 1910 vollzog sich zwischen Europa und den USA eine neue Völkerwanderung. Unaufhörlich landeten in den Häfen der Ostküste neue Scharen von Einwanderern: Deutsche, Italiener, Engländer, Franzosen, Iren, Ungarn, Russen, Polen und Skandinavier. Wirtschaftliche, religiöse, politische und andere Gründe

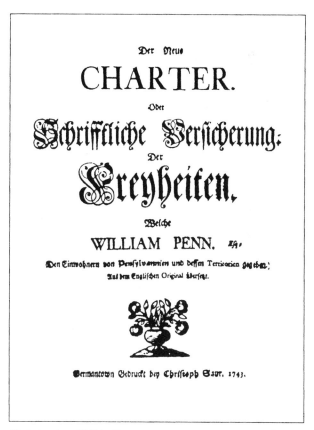

Titelseite einer 1743 in Germantown gedruckten deutschen Übersetzung der »Charter of Privileges«, des 1701 in Kraft getretenen, revidierten Grundgesetzes der Kolonie Pennsylvanien.

11

hatten sie veranlaßt, ihre angestammte Heimat zu verlassen und im „Land der unbegrenzten Möglichkeiten" ihr Glück zu versuchen.

Aus Deutschland kamen zwischen 1820 bis 1840 etwa 200 000, 1840 bis 1860 etwa 1 400 000, 1860 bis 1880 etwa 1 500 000, 1880 bis 1900 etwa 2 000 000, 1900 bis 1920 etwa 500 000 Einwanderer.

Die Überfahrt war anfangs auf Segelschiffen mit großen Schwierigkeiten verbunden. Manchmal nahm sie vier bis sechs Monate in Anspruch. Eingepfercht in engen Kojen, erreichte nicht selten nur die Hälfte der Passagiere das Ziel. Tausende starben an Hunger und Seuchen. Oft wurden mittellose deutsche Auswanderer das Opfer skrupelloser Geschäftemacher, ja Betrüger. Als um die Mitte des 19. Jahrhunderts regelmäßige Dampfschiffahrtslinien eingerichtet wurden, verringerte sich nicht bloß die Reisedauer, sondern auch die Gefahren und Risiken.

Den am 6. Oktober 1683 aus Krefeld ausgewanderten 13 Mennoniten-Familien folgten in insgesamt 300 Jahren Millionen deutschsprachiger Auswanderer auf der Suche nach Freiheit, sozialer Gerechtigkeit und religiöser Toleranz. Sie haben einen wichtigen Beitrag zur Entwicklung amerikanischer Wirtschaft, Kultur und Gesellschaft geleistet, so als Handwerker, Farmer, Kaufleute und Industriearbeiter, als Lehrer oder Geistliche, als Ingenieure und Künstler. Einige sind in die offizielle Geschichtsschreibung eingegangen als Präsidenten, Minister, Generäle, Wirtschaftsmagnaten, Nobelpreisträger und Wissenschaftler, als Literaten und Gewerkschaftsführer.

Die Auswanderung deutscher Menschen aus dem südosteuropäischen beziehungsweise donauschwäbischen Siedlungsgebiet nach Nordamerika begann in geringer Zahl schon vor dem 1. Weltkrieg, setzte sich dann zwischen den beiden Weltkriegen fort und erreichte nach Ende des 2. Weltkrieges als Folge von Flucht und Vertreibung einen Höhepunkt.

Südamerika

Die Landfläche von Südamerika stellt mit 18 Millionen Quadratkilometern etwa 12 Prozent der Landoberfläche der Erde dar. Als südlicher Teil des Doppelkontinents Amerika erstreckt es sich von der Punta Gallinas im Norden bis zum Kap Horn im Süden über zirka 7500 Kilometer Länge; von West bis Ost erstreckt es sich vom Pazifischen bis zum Atlantischen Ozean in einer Breite bis zirka 5000 Kilometer. Der südamerikansische Kontinent umfaßt die Staaten Kolumbien, Venezuela, Guayana, Ecuador, Brasilien, Peru, Bolivien, Paraguay, Chile, Argentinien und Uruguay.

Sowohl die Gliederung des Kontinents als auch die Naturbeschaffenheit und das Klima schufen gute Voraussetzungen zur Besiedlung der einzelnen Räume. Südamerika gliedert sich in mehrere große Einheiten, wobei besonders der Gegensatz zwischen West und Ost auffällt: Im Westen das junge Faltengebirge der Kordilleren (Anden) mit der höchsten Erhebung Aconcagua (6958 Meter); der nordöstliche Teil setzt sich aus dem Bergland von Guayana im Norden und dem Bergland von Brasilien im Osten zusammen; dazwischen erstreckt sich das Tiefland des Amazonas mit zirka 4,5 Millionen Quadratkilometern. An das Brasilianische Bergland schließt sich mit etwa 800 000 Quadratkilometern die Landschaft des Gran Chaco an, daran die Pampas und im südlichsten Teil von Südamerika Patagonien und Feuerland.

Der größte Bereich Südamerikas besitzt tropisches Klima, nur der Süden reicht bis in die gemäßigte Zone hinein. Die Pflanzenwelt umfaßt vor allem tropischen Regenwald im Amazonasgebiet, Baum- und Grassteppen, lichten Trockenwald und Dornsträucher im Süden sowie Gebirgsvegetation in den Kordilleren.

Die eingeborene indianische Bevölkerung ist heute unvermischt nur noch in Peru und Bolivien sowie im Amazonastiefland und am Orinoco verbreitet. Die Haupteinwanderung erfolgte aus Europa, zum Teil auch aus Asien. An der Nord- und Ostküste wurden Neger als Sklaven eingeführt. Die Mehrzahl der heutigen Bevölkerung besteht aus Mischlingen. Zahl der Einwohner: Zirka 190 Millionen. Etwa 50 Prozent leben von der Landwirtschaft. Der Kontinent ist reich an Bodenschätzen. Brasilien gehört dem portugiesischen Sprachbereich an, während alle übrigen südamerikanischen Staaten dem spanischen Bereich angehören.

In die südamerikanischen Länder seien schon seit deren Entdeckung durch Spanier und Portugiesen auch deutsche Menschen gelangt, doch liege der Schwerpunkt der Einwanderung wie ihrer kulturellen Leistungen im 19. und im beginnenden 20. Jahrhundert. Dieser Beitrag habe vordergründig und lange Zeit in der Erschließung des Urwaldes und damit neuer Wirtschaftsräume gelegen. Da dieser weiters durch den „Aufbau kleinbäuerlicher Strukturen" erfolgt und unter „eigenem Arbeitseinsatz" vor sich gegangen sei", erhielt auch die Arbeit eine bisher in der südamerikanischen Kolonisation nicht gekannte Bewertung"; endlich war sie nicht mehr Sache der Unfreien.

Außer Bauern ließen sich in den südamerikanischen Staaten auch eine große Zahl von Handwerkern nieder. Sie bildeten zusammen mit Handelstreibenden und Angehörigen akademischer Berufe wie Priester, Lehrer, Ärzte und Techniker in vielen Fällen das Fundament zur Entstehung städtischer Gebilde sowie eines über die engeren Grenzen hinausreichenden Wirtschaftslebens. Dazu Dr. Ilg: „Auf diese Weise wurde tatsächlich durch die deutsche Einwanderung eine neue Seite ihrer Geschichte aufgeschlagen; sie folgte der großen Epoche der Befreiung von den Kolonialmächten Spanien und Portugal unmittelbar und in würdiger Weise."

Es soll hier nicht versäumt werden, erneut auf die wissenschaftlichen Werke von Dr. Ilg hinzuweisen. Universitätsprofessor Dr. Karl Ilg, der gemeinsam mit seiner Frau in den Jahren 1965/66, 1968, 1973, 1977 und 1978 Forschungsreisen nach Argentinien, Brasilien, Chile, Paraguay, Peru, Uruguay und Venezuela unternahm, hat in diesen Ländern eine Reihe von Forschungs- und Entwicklungsprojekten sowie Schulen und landwirtschaftliche Bildungsanstalten gegründet. Seine beiden Bücher „Pioniere in Brasilien" und „Pioniere in Argentinien, Chile, Paraguay und Venezuela" sind die erste Zusammenfassung volkskundlichen Schrifttums über das deutsche Bevölkerungselement in Südamerika. Ihnen folgte 1982 „Heimat Südamerika. Brasilien und Peru".

Der Österreichischen Landsmannschaft ist zu danken, daß sie im Rahmen ihrer „Eckartschriften" Professor Dr. Ilg die Gelegenheit schenkte, in drei Heften eine mehr oder minder geschlossene Darstellung des „Deutschtums" – das Dr. Ilg als Sammelbegriff aller zu dieser Sprach- und Kulturnation gehörenden Menschen versteht – in Südamerika in gebotener Kürze zu geben: „Das Deutschtum in Brasilien"(Heft 68), „Das Deutschtum in Chile und Argentinien" (Heft 83) und „Das Deutschtum in Paraguay und Peru" (108).

Dr. Ilg schildert in diesen Veröffentlichungen nicht nur die Geschichte der deutschen Kolonisten in den betreffenden Ländern, sondern gibt auch eine Darstellung der gegenwärtigen Situaion des Deutschtums dort. Er berichtet über den ungebrochenen Pioniergeist und über die opferreichen Bemühungen, die Muttersprache, altes Brauchtum und angestammte Kultur zu erhalten.

Während die Vereinigten Staaten als „Land der unbegrenzten Möglichkeiten" in aller Munde gewesen seien, so Dr. Ilg, habe man von der deutschen Auswanderung nach Südamerika weniger Notiz genommen, und doch dürfte heute in Südamerika die stärkste deutschsprachige Gruppe im Ausland leben, rund 4 Millionen.

Die Deutschen in Südamerika, unter ihnen auch Donauschwaben, leben vor allem in den Staaten Argentinien, Brasilien, Chile, Paraguay, Peru, Uruguay und Venezuela. Mit etwa vier Millionen befindet sich der in der Gegenwart stärkste deutschsprechende Anteil außerhalb Europas in diesem Subkontinent. Vielen von uns, so Dr. Ilg, sei dies nicht bewußt, und es besännen sich auch Wirtschaft und Kulturpolitik erst allmählich wieder auf diese für das deutschsprechende Europa, weiters für seine Ausgewanderten, ebenso auch für deren neue Heimatstaaten bedeutungsvolle Tatsache. Wieviel Brückenschlag wäre möglich und käme allen zugute, wenn sich dieses Interesse und Verständnis vergrößerte!

Australien

Es ist der kleinste Erdteil, wenig gegliedert und gering besiedelt, von Indischem und Pazifischem Ozean umgeben, umfaßt insgesamt 7,7 Millionen Quadratkilometer und zählt etwa 12 Millionen Einwohner. Australien, durch die Bass-Straße von Tasmanien und die Torresstraße von Neuguinea getrennt, hat eine gerade verlaufende, hafenarme Küste. Nur die Große Australische Bucht im Süden und der Carpentaria-Golf im Norden greifen tief ins Land ein. Der Nordostküste ist das 2000 Kilometer lange Große Barriereriff vorgelagert.

Abwechslungsreich ist die orographische Gliederung: Im östlichen und südöstlichen Randgebiet erstrecken sich die Gebirgszüge der 3000 Kilometer langen Great Dividing Range, zur Küste hin steil abfallend, nach Westen zu allmählich in Hügelland und große Tiefebenen übergehend; das südaustralische Tiefland wird von Murray und Darling, den größten Strömen Australiens, durchzogen; die zahlreichen Salzseen führen nur selten Wasser. Das anschließende riesige mittel- und westaustralische Tafelland besteht aus abflußlosen wasserarmen Fels- und Salzwüsten, zum Teil gebirgig.

Die Pflanzen- und Tierwelt sind gekennzeichnet durch einige alte, zum Teil nur noch hier anzutreffende Arten. Das wirtschaftlich wichtigste Gebiet ist der Küstenstreifen im Osten und Südosten, der Hauptsiedlungsraum zugleich mit den größten Städten und Häfen. Landwirtschaft und Bergbau sind die bedeutendsten Erwerbszweige, aber auch die Industrie ist ein wichtiger Wirtschaftsfaktor.

Aufschlußreich ist die Besiedlungsgeschichte des Kontinents. Etwa 100 Jahre, nachdem Magealhaes die Marianen, J. G. Meneöses Neuguinea und A. Saavedra die Karolinen und die Marshallinseln entdeckt hatten, berührten erste europäische Schiffe die Westküste von Australien. 1605 landete der Holländer W. Janszoon am Carpentariagolf; 1606 durchfuhr Torres die Torresstraße; 1642 umsegelte der Holländer Tasman Australien, entdeckte Tasmanien, Neuseeland, die Fidschi- und die Tonga-Inseln. James Cook besetzte 1770 die Ostküste Australiens und fand 1774 Neukaledonien. 1788 entstand die erste englische Niederlassung Neusüdwales als Strafkolonie.

Von hier aus begann um 1800 die Entdeckung des Inneren, der Blue Mountains westlich von Sydney, des Flußgebietes von Murray und Darling, dann Südaustralien. Australien, früher Neuholland genannt, trägt seinen Namen seit 1814 zur Erinnerung an das jahrhundertelang gesuchte sagenumwobene Südland „terra australis". 1825 erfolgte die Besiedlung Westaustraliens. 1843 waren die Küsten Australiens, das J. R. Forster 1780 als neuen Erdteil angesprochen hatte, aufgenommen.

Zwischen 1850 und 1900 haben zahlreiche Entdeckungsreisen und mehrjährige Durchquerungen in allen Richtungen den Kontinent vollends erschlossen. Die Goldfunde um 1850 hatten eine starke Einwanderung aus Europa, so aus England und Deutschland zur Folge. Das „Commonwealth of Australia" wurde 1901 errichtet.

Deutsche, unter ihnen Donauschwaben nach dem 2. Weltkrieg, wurden als Handwerker und Kaufleute, als Baumeister, Techniker und Ingenieure, aber auch als Ärzte, Pfarrer und Lehrer in den Städten Sydney, Melbourne, Adelaide, Brisbane, Perth und Newcastle ansässig. Nur vereinzelt findet man bäuerlicher Siedlungen auf dem Lande, wo große Farmen entstanden sind.

An die Donauschwaben

Es liegt ein Land in frühlingswarmer Sonne,
Wo Wohlstand uns ein treu Begleiter war,
Wo schwer man schuf, doch nachher dann mit Wonne
Den Segen man genoß von Jahr zu Jahr.

Hier troff der Schweiß der nimmermüden Schwaben,
Den Boden segnend, den sie mit dem Pflug
Einst schwer den Sümpfen abgerungen haben,
Bis endlich er die reiche Ernte trug.

Wo blühend dann die deutschen Dörfer standen,
Inmitten Ackerfeldern segenschwer,
Geraubt von einer Macht aus fremden Landen
Ist Heimat für uns Schwaben nun nicht mehr.

Doch hoch den Kopf ihr wackren Schwabenbrüder!
Und wenn Euch auch vor Weh das Herz fast bricht,
Zerstört man Euer Werk und reißt es nieder,
Des Schwaben Schaffensgeist zerstört man nicht!

So seid Ihr nun in dieses Land gezogen,
Und tut auch hier getreulich Eure Pflicht.
Der Väter Sitten habt Ihr stets gepflogen:
Vergeßt auch hier die Muttersprache nicht!

Nikolaus Franzen

Deutscher Beitrag zur Unabhängigkeit der USA

Seit Beginn des 17. Jahrhunderts wurde der Nordteil des amerikanischen Kontinents von Europäern, vor allem von Engländern und Franzosen, besiedelt. Die indianischen Ureinwohner erlitten schwere Verluste an Gut und Blut und wurden fast ausgerottet. Während des Siebenjährigen Krieges schalteten die Engländer den Einfluß der französischen Siedler aus.

Das Jahr 1763 stellte den Höhepunkt der englischen Macht im 18. Jahrhundert dar. Das britische Weltreich hatte seine erste imperiale Größe erreicht. Die englische Herrschaft in Nordamerika und in Indien war nicht länger durch rivalisierende Ansprüche europäischer Mächte gefährdet. Politisch und militärisch war England die erste Macht Europas.

Doch der Triumph und die damit verbundene Macht hatten ihre Schattenseiten: Der langjährige, kostspielige Krieg hatte die englischen Staatsschulden auf eine Rekordhöhe getrieben. Auch galt es, den mächtigen und so verschiedenartigen Besitz zu verwalten und vor allem zu sichern. Dazu mußten Heer und Flotte verstärkt, Häfen ausgebaut und Festungen angelegt werden.

Die englische Regierung war entschlossen, die finanziellen Probleme teilweise durch eine Neuordnung der imperialen Beziehungen zu lösen. Nicht zuletzt hatten die 13 englischen Kolonien in Nordamerika von dem Krieg profitiert; nun sollten sie mittels finanzieller Abgaben zur Verminderung der Staatsschulden beitragen. So beschloß das Parlament in London, verschiedene Steuern von den Kolonisten in Neuengland einzutreiben. Die Kolonisten reagierten auf diese Maßnahmen mit Zorn und Empörung.

Als dann im Bostoner Hafen ein englisches Teeschiff von Kolonisten (sie waren als Indianer verkleidet!) überfallen und die Teeladung ins Meer geworfen wurde, verhängte der englische König harte Strafmaßnahmen: Der Hafen wurde durch Kriegsschiffe besetzt, die Selbstverwaltung der gesamten Kolonie aufgehoben. Außerdem sollten die Bürger Schadenersatz leisten und die Schuldigen ausliefern.

Der Bostoner Teesturm und die Londoner Gegenmaßnahmen bildeten das Signal zur offenen Empörung der amerikanischen Kolonisten. In vielen Orten rotteten sich die Menschen auf den Straßen zusammen, hielten Protestversammlungen ab, bildeten Ausschüsse und nannten sich „Söhne der Freiheit".

Aus dem Kampf gegen die Steuern wurde ein Kampf für die Unabhängigkeit vom englischen Mutterland. Auf mehreren Versammlungen, auch „Kongresse" genannt, kamen die Verteter der 13 Kolonien zusammen, um zu beraten und wichtige Beschlüsse zu fassen. Sie beauftragten einen Ausschuß von fünf Mitgliedern unter dem Vorsitz des Rechtsanwalts Thomas Jefferson, in Philadelphia eine Unabhängigkeitserklärung auszuarbeiten, die dem englischen König übersandt werden sollte. Am 4. Juli 1776 stimmten sie dem Text zu, der unter anderem folgende Gedanken enthielt:

Alle Menschen sind vor ihrem Schöpfer gleich. Er hat ihnen unveräußerliche Rechte verliehen. Dazu gehören das Recht auf Leben, das Recht auf Freiheit und Glückseligkeit. Um diese Rechte zu sichern, haben die Menschen Regierungen eingerichtet. Wenn diese ihre Aufgaben nicht mehr erfüllen, hat das Volk das Recht, sie zu ändern und neue einzusetzen.

Die Erklärung der Menschenrechte und die Unabhängigkeitserklärung vom 4. Juli 1776 werden auch heute noch jedes Jahr als Nationalfeiertag in den Vereinigten Staaten von Nordamerika gefeiert. Um diese Unabhängigkeit mußte allerdings sieben Jahre in einem blutigen Krieg gerungen werden. England war nicht bereit, die Unabhängigkeitserklärung zu akzeptieren. Es kam zum sogenannten Unabhängigkeitskrieg, der von 1776 bis 1783 dauerte.

England schickte seine Kriegsflotte und sperrte die amerikanischen Häfen. König Georg kaufte ausländische Söldner, um sie gegen die aufrührerischen Untertanen in Neuengland einzusetzen. Deutsche Kleinfürsten verkauften damals an die Engländer die Dienste von rund 30 000 ihrer Soldaten für etwa 5 126 620 Pfund.

Für die Aufständischen galt es, unter allen Umständen den Krieg zu gewinnen, wozu die Ausgangssituation allerdings nicht allzu günstig war. George Washington, ein Gutsbesitzer und Tabakpflanzer aus Virginia, stellte ein Kolonistenheer auf, das gegen die gut gerüsteten englischen Truppen im Lande kämpfen sollte. Es fehlte an allem: an Geld, an Waffen und Munition, an Uniformen, Schuhen und Pferden. Frankreich gewährte materielle Unterstützung.

Zwar konnten die Amerikaner im Juni 1775 einen ersten Achtungserfolg in der Schlacht von Bunker Hill erringen, doch ein kurz darauf unternommener Vorstoß gegen Kanada scheiterte kläglich. New York fiel in englische Hand, so auch Philadelphia und weite Teile des Südens. Washington taktierte vorsichtig, vermied, so lange es ging, offene Schlachten und setzte häufig mobile, schwer greifbare Milizen in einer Art Guerillakampf ein. Die dadurch bedingte vielfache Untätigkeit der Armee beziehungsweise Bürgermilizen zehrte an ihrer Moral und gefährdete im Winter 1777/78 ernsthaft ihren Bestand. In dieser äußerst kritischen Situation erschien gewissermaßen als Retter in größter Not ein Mann, der in die amerikanische Geschichte eingegangen ist: Friedrich von Steuben.

Sein Weg in die amerikanische Geschichte war verschlungen. Der am 17. September 1730 in Magdeburg geborene Friedrich Wilhelm Ludolf Gerhard Augustin von Steuben wurde wie sein Vater preußischer Offizier. Obwohl eine Zeitlang im Generalstab Friedrichs des Großen, mußte er nach 17jähriger Dienstzeit am Ende des Siebenjährigen Krieges infolge drastischer Sparmaßnahmen im Range eines Hauptmanns aus der friderizianischen Armee ausscheiden.

Der amerikanische Gesandte in Paris Benjamin Franklin, der französische Kriegsminister St. Germain und der bekannte Dichter Beaumarchais waren übereingekommen, dem amerikanischen Kongreß und George Washington, dem Oberbefehlshaber der Revolutionstruppen, die Übernahme von Steuben in die „Kontinentalarmee" zu empfehlen.

Als von Steuben am 23. Februar 1778 in Washingtons Winterquartier in Valley Forge eintraf, fand er eine hungernde und demoralisierte Truppe vor, in der sich die Desertionen häuften. Auf Vorschlag Washingtons ernannte der Kongreß von Steuben zum Generalinspekteur der Truppen der Vereinigten Staaten im Range eines Generalmajors, der für die militärische Disziplin, die Ausbildung und die Versorgung der Truppe verantwortlich war.

Auf der Grundlage der von ihm in den Wintermonaten erarbeiteten Richtlinien schuf von Steuben ein einheitliches Exerzierreglement für die amerikanische Armee, die „Regulations for the Order and Discipline of the Troups of the United States", wegen des blauen Einbandes allgemein „Blue Book" genannt. Es enthielt alle wichtigen Ausbildungsvorschriften für Soldaten und Offiziere.

Aber nicht nur als Exerziermeister hat sich von Steuben bewährt, sondern auch als Truppenführer. Weniger bekannt, aber darum nicht weniger bedeutend, sind seine Denkschriften – darunter eine im Auftrag Washingtons verfaßte Konzeption eines nationalen Verteidigungssystems. Von gleichfalls großer Bedeutung war sein Plan zur Errichtung einer Militärakademie, der 1802, unter der Regierung Jefferson, mit der Gründung der berühmten Akademie West Point verwirklicht wurde.

Nach seinem Ausscheiden aus dem aktiven Dienst waren von Steuben nur wenige Jahre des privaten Glücks auf seinem Landsitz, einem Geschenk des Staates New York, beschieden. Er starb am 28. November 1794 bei Remsen in Oneida Country im Staate New York.

Aber ein weiterer Deutscher, der im amerikanischen Unabhängigkeitskrieg eine bedeutende Rolle spielte, soll nicht unerwähnt bleiben: Johann Georg Kalb. Er kam am 29. Juni 1721 in Hüttendorf bei Erlangen als zweitgeborener Sohn der Bauersleute Leonhard und Margarethe Kalb zur Welt. Mit 16 verließ er den elterlichen Hof und tauchte schon sechs Jahre später als „Leutnant de Kalb" in einem deutschen Regiment der Französischen Armee auf.

Kalb behauptete sich in seiner neuen Umgebung durch Klugheit, Tapferkeit, gute Manieren und fließendes Französisch. Sein militärischer Lehrmeister war Moritz von Sachsen, mit dem er am Österreichischen Erbfolgekrieg teilnahm. Als Frankreich in den Siebenjährigen Krieg eintrat, rückte de Kalb zum Oberstleutnant auf. Nach Ende des Krieges und nach 21 Dienstjahren zog sich de Kalb aus dem französischen Militär zurück.

Wohlhabend geworden, kaufte er das Schloß Milon la Chapelle bei Paris und heiratete 1764 die Tuchfabrikantentochter Anna Elizabeth van Robais. Baron de Kalb hätte nun das müßige Leben eines Landedelmannes führen können, doch den 47jährigen dürstete nach weiterem Ruhm. Die Gelegenheit bot sich, als er 1768 in geheimer Mission der französischen Regierung nach Nordamerika geschickt wurde: Er sollte die Stimmung in den englischen Kolonien erkunden.

Als 1776 der amerikanische Unabhängigkeitskrieg begann, bot de Kalb sogleich seine Dienste an. Zusammen mit dem jungen Marquis de Lafayette, dessen Mentor er war, reiste er 1777 erneut nach Amerika, wo er, nach einigen Verzögerungen durch den amerikanischen Kongreß, der Kontinentalarmee als General beitreten konnte. Er nahm an der Schlacht von Germantown teil und zog mit Washington ins triste Winterlager von Valley Forge.

1779 wurde de Kalb zur Unterstützung der dortigen Truppen nach Süd-Carolina entsandt. In Deep River schloß sich ihm General Gates an, der, entgegen Kalbs Rat, sofort nach Camden weitermarschierte. Hier stießen sie auf die britischen „Rotröcke" unter Lord Cornwallis. Während sich Gates mit dem Hauptflügel bald aus der Schlacht absetzte, hielt de Kalb mit den Regimentern „Maryland" und „Delaware" bis zur bitteren Niederlage stand. Nachdem ihm das Pferd unter dem Leib weggeschossen worden war, kämpfte er mit dem Schwert in der Hand weiter, bis er, aus elf Wunden blutend, zu Boden stürzte. Drei Tage später, am 18. August 1780, erlag er seinen Verletzungen in Camden.

Der Krieg ging an allen Fronten weiter und forderte seine Opfer. Im Herbst 1781 fiel die Entscheidung: Mit französischer Hilfe und mit Hilfe europäischer Freiwilliger, unter ihnen auch Deutsche, gelang schließlich der entscheidende Erfolg gegen England, als im Oktober 1781 eine englische Armee unter Lord Cornwallis bei Yorktown kapitulieren mußte. Nordamerika war frei!

Erst 1783 anerkannte England die Unabhängigkeit der Kolonien. Die Vereinigten 13 Kolonien erhielten das Gebiet zwischen Alleghenies und Mississippi. Lediglich Kanada verblieb bei England. Florida mußte an Spanien zurückgegeben werden. Militärisch hatten die Kolonisten ihr Ziel erreicht, doch mußten schwerwiegende innerpolitische Entscheidungen getroffen werden. Wollte man die unumschränkte Gewalt verhindern, so mußte man die Aufgaben der Staatsführung trennen und drei Gewalten schaffen: gesetzgebende Gewalt, ausführende Gewalt und richterliche Gewalt.

Dieser Aufbau beziehungsweise diese neue Ordnung für das Zusammenleben der Menschen in den USA wurde in der Verfassung vom Jahre 1787 niedergeschrieben, dem für alle Bürger verbindlichen Grundgesetz des Staates. Die Verfassung der USA wurde zum Vorbild aller späteren demokratischen Verfassungen auf der Erde.

Erster Präsident der USA wurde George Washington. Er war die Hoffnung auf Freiheit und eine demokratische Staats- und Lebensordnung, die nun viele Europäer, unter ihnen zahlreiche Deutsche, veranlaßte, ihre Heimat zu verlassen und in die USA auszuwandern.   Brücker

Da waren Deutsche auch dabei

Als Bettler sind wir nicht gekommen
Aus unserem deutschen Vaterland.
Wir hatten manches mitgenommen,
Was hier noch fremd und unbekannt.
Und als man schuf aus dichten Wäldern,
Aus öder, düstrer Wüstenei
Den Kranz von reichen Feldern,
Da waren Deutsche auch dabei.

Gar vieles, was in früheren Zeiten
Ihr kaufen müsstet überm Meer,
Das lehrten wir euch selbst bereiten,
Wir stellten manche Werkstatt her.
Oh, wagt es nicht, dies zu vergessen,
Sagt nicht, als ob das nicht so sei,
Es künden's tausend Feueressen,
Da waren Deutsche auch dabei.

Und was die Kunst und Wissenschaften
Euch hier verlieh'n an Kraft und Stärk',
Es bleibt der Ruhm am Deutschen haften,
Das meiste war der Deutschen Werk
Und wenn aus vollen Tönen klinget
Ans Herz des Liedes Melodei,
Ich glaub' von dem, was ihr da singet,
Ist vieles Deutsche auch dabei.

Drum steh'n wir stolz auf festem Grunde,
Den unsere Kraft der Wildnis nahm,
Wie wär's mit eurem Staatenbunde,
Wenn nie zu euch ein Deutscher kam?
Und wie in Bürgerkriegestagen,
Ja schon beim ersten Freiheitsschrei:
Wir dürfen's unbestritten sagen,
Da waren Deutsche auch dabei.

Konrad Krez (b. 1828 in ..., d. 1897 in Milwaukee)

17

300 Jahre Deutsche in Amerika

Die Auswanderung

Nach 75tägiger Schiffsreise auf der „Concord" landeten am 6. Oktober 1683 13 Krefelder Mennoniten-Familien im Hafen von Philadelphia und gründeten unter der zielstrebigen Leitung von Franz Daniel Pastorius (1651 bis 1719) bei Philadelphia „Germantown". Ihnen folgten im Laufe von drei Jahrhunderten etwa sieben Millionen deutschsprachige Auswanderer auf der Suche nach Freiheit und Gerechtigkeit, nach einem „ruhigen, ehrlichen und gottgefälligen Leben, nach Glück und Reichtum". Als Farmer, Handwerker, Kaufleute, Techniker, Wissenschaftler, Politiker, Lehrer, Pfarrer, Juristen, Künstler und Soldaten trugen sie zum Werden und zur Entwicklung der Neuen Welt bei. Heute gibt es etwa 55 bis 60 Millionen Amerikaner deutscher Abstammung.

Es war eine Geste von historischer Bedeutung, als Präsident Reagan seine denkwürdige Rede vor dem Bundestag der Bundesrepublik Deutschland mit einer ausführlichen Würdigung der Verdienste deutscher Auswanderer um die wirtschaftliche, kulturelle und politische Entwicklung der Vereinigten Staaten von Nordamerika einleitete. Er zog damit einen Schlußstrich unter die Zweifel und Bedrängnisse, denen die Amerikadeutschen in den beiden Weltkriegen ausgesetzt waren, in denen ihre alte Heimat mit ihrer neuen in jahrelangem erbitterten Ringen stand.

Im 17. Jahrhundert drangen die Spanier an der Westküste NA nach Norden vor, während die Franzosen dem Missisippi und dem St.-Lorenz-Strom folgten. Die älteste Niederlassung der Engländer in NA war die Kolonie Virginia (1607). Die Holländer gründeten 1614 „Neu-Amsterdam" (das spätere New York) und entwickelten dessen Hinterland „Neu-Niederland". Die von den Europäern unterworfenen Gebiete wurden zu Kolonien der Eroberer umgestaltet und von diesen ausgebeutet. Verdrängung beziehungsweise Ausrottung der Indianer, Einsatz und Schicksal der Negersklaven.

Gründe der Auswanderung: Die Folgen des 30jährigen Krieges in Deutschland, die völkisch-politische Zerrissenheit innerhalb des Reiches, Ausbeutung und Unterdrückung durch die Landesherren, religiöse Intoleranz, Sehnsucht des Volkes nach Freiheit, nach Frieden und Gleichberechtigung, Raub- und Vernichtungskriege Ludwigs XIV., Frondienste, Erbteilung der Bauerngüter, Mißernten, Armut, Gewaltherrschaft Napoleons, der 1. Weltkrieg, Verfolgungen in der NS-Zeit, der 2. Weltkrieg und seine Folgen für das deutsche Volk, das schwere Schicksal der Donauschwaben: Vernichtung, Vertreibung, Auswanderung nach Übersee.

Auf deutschen Spuren in Nordamerika

Amerika ruft und lockt: Land der Freiheit, Land der Sehnsucht, Land der unbegrenzten Möglichkeiten, Land, wo Milch und Honig fließt; Amerika übte auf die Völker Europas eine unbeschreibliche Faszination aus, der „neue Kontinent" gewährte ein Leben in Freiheit, Frieden und Glück. Fährnisse und Gefahren bei der Überfahrt: Die ersten Auswanderer waren oft drei bis sechs Monate auf dem Schiff, viele starben unterwegs an Hunger und Seuchen. In Amerika angekommen, wurden sie oft das Opfer skrupelloser Ausbeuter und Geschäftemacher. Schiffseigentümer verkauften die Auswanderer, bis die Überfahrt bezahlt war. Allmählich bildeten die Deutschamerikaner Schutzorganisationen. Die Verkehrsverbindungen besserten sich. 1819 fuhr zum erstenmal ein Dampfschiff in 26 Tagen von den USA nach Europa.

Schicksal und Leistung: Die deutschstämmigen Bürger kamen nicht als Imperialisten oder Kolonialherren ins Land, die andere Volksgruppen und Minderheiten unterjochten und ausbeuteten, vertrieben oder gar versklavten; sie waren vielmehr ein Element des Friedens und der Aufbaubereitschaft, Träger christlich-abendländischer Gesittung und europäischer Zivilisation; Träger deutscher Kultur, ein Faktor der Arbeit und der Strebsamkeit, der Ordnung und des Fortschritts, der Ruhe und der Stabilität, somit auch ein Garant der geistigen und materiellen Fortentwicklung. Sie rodeten Wälder, legten Sümpfe trocken und schufen fruchtbares Ackerland; sie bauten Häuser und legten Siedlungen an, denen sie oft deutsche Namen gaben; sie errichteten Kirchen und Schulen, in denen sie ihrem althergebrachten Glauben dienten und ihre deutsche Muttersprache pflegten; sie gründeten Vereine und Klubs, die

hängigkeit ihres Landes eintraten und mutig kämpften; sie respektierten die Verfassung und die Gesetze des Staates und waren stets bestrebt, mit anderen Bürgern und ethnischen Gruppen in Frieden und Eintracht zusammenzuleben.

Die deutschen Auswanderer kamen aus der Pfalz, aus Schwaben, Baden, Elsaß-Lothringen, Hessen, Bayern, Norddeutschland und Schlesien. Mit Vorliebe siedelten sie anfänglich im Raume von New York, Pennsylvania, dann auch in anderen Staaten wie New Jersey, Maryland, Virginia, North und South Carolina, Georgia, Texas und New England, schließlich in allen 13 Kolonien. Im 19. und 20. Jahrhundert finden wir sie in allen Teilen NA.

Die ersten Deutschen in der englischen Ansiedlung Jamestown, als „Dutchmen" bezeichnet, waren Handwerker, hauptsächlich Zimmerer, die bis Virginia vordrangen und dort nicht bloß Holzhäuser, sondern auch die ersten Sägemühlen errichteten.

Peter Minuit/Minnewitt, in Wesel am Rhein geboren, kaufte auf legendäre Art 1626 von den Indianern die Insel Manhattan, wurde Generaldirektor in New Netherland und brachte die Kolonie zu wirtschaftlicher Blüte.

Pastorius setzte in Germantown richtungsweisende Maßstäbe: Er war Theologe und Jurist, war ein Mann von hoher Bildung und vorzüglichen Charaktereigenschaften; 1688 verfaßte er ein Manifest gegen die Sklaverei; 1699 wurde er Bürgermeister von Germantown und schuf die kommunale Selbstverwaltung; er gründete eine Kirche und die erste deutsche Schule; er förderte Handel und Gewerbe, eröffnete den ersten Jahrmarkt und damit eine Handelsmesse, kurz – er machte aus Germantown ein deutsches Kultur- und Handelszentrum.

Für Freiheit und Unabhängigkeit (Unabhängigkeitskrieg 1776 bis 1783): Freiwillige aus allen 13 Kolonien meldeten sich zu den Waffen und bildeten rein deutsche Regimenter. Bekannte Führer: Mühlenberg, Schott, Herkimer/Herchheimer, De Kalb, Lutterloh und vor allem Friedrich Wilhelm von Steuben, preußischer Rittmeister, schuf als Generalinspekteur in Washingtons Armee eine disziplinierte und kampffähige Truppe; Maria Ludwig, genannt Molly Pichter, „Heldin des Unabhängigkeitskrieges".

Wirtschaft, Technik, Erfindungen: John Rockefeller, Großindustrieller, Johann Jacob Astor, Großkaufmann,

sie zu Mittelpunkten deutscher Kultur und Tradition werden ließen; sie hielten an den Sitten und Bräuchen ihrer Ahnen und Altvorderen fest; sie pflegten das deutsche Lied, den Volkstanz und die traditionelle Hausmusik; sie gründeten Werkstätten, Fabriken und Handelszentren, kurz: Sie stellten ihr Wissen und Können, ihren Fleiß, ihre Sparsamkeit, ihre Ordnungsliebe und ihren Unternehmungsgeist in den Dienst des Gewerbes, des Handels, der Technik, des Gesundheitswesens, der Erziehung und des Schulwesens, der kirchlich-religiösen Tätigkeit, der Wissenschaft, der Architektur, der Kunst und der Musik und trugen auf diese Weise sehr viel zum Gedeihen und zum Fortschritt ihrer neuen Heimat bei. Sie waren treue und zuverlässige Staatsbürger, die für die Freiheit und Unab-

Friedrich Wilhelm von Steuben.

fabrik; Rittenhaus errichtete die erste Papiermühle; Johann Huber begründete den Hochofenbau; Baron von Stiegel legte den Grund zur Schwerindustrie; Pfizer war führender Fachmann in der chemisch-medizinischen Industrie; John Fritz war Stahlerzeuger; Heintz, Schumacher, Havemeyer und Spreckel waren führende Fachmänner in der Lebensmittelindustrie; Bauholzkönig Weyerhäuser, Besitzer und Beschützer riesiger Wälder; Fink, Haupt und Steinmetz, Förderer der Elektrotechnik.

Kirchliche Tätigkeit: Georg Rapp, Gründer der Harmony Society; Nikolaus von Zinzendorf, Bischof und Missionar; Heinrich Mühlenberg, Pfarrer; Friedrich Münch, Pfarrer, Studentenführer und Senator von Missouri; Paul Tillich, Theologe; Reinhard Niebuhr, Arbeiterpfarrer und Ethnik-Professor.

Soziale Tätigkeit: Francis Lieber, Vorkämpfer der Sklavenbefreiung, Publizist; Wilhelm Weitling, Gründer des Arbeiterbundes; Karl Peter Heinzen, Wortführer der Sklavengegner; Robert Wagner, Pionier des US-Gewerkschaftswesens.

Wissenschaft: Charles Follen, Harvardprofessor; Gustav Körner, Jurist, Staatsmann und Historiker; Maximilian D. Berlitz, Sprachgenie, Gründer der Berlitz-Schulen; Deutsche Lehrer und Professoren an amerikanischen Elementarschulen, mittleren Schulen und Universitäten; Albert Einstein, Physiker, Relativitätstheorie; Quantenmechanik; Wernher von Braun, Flugzeug- und Raketentechnik. Der Astronaut Conrad war deutscher Abstammung und ein anderer Astronaut soll sogar donauschwäbischer Abstammung gewesen sein.

Die 48er (1848): Franz Siegel, General im Bürgerkrieg; 1848 begrüßten 20 000 Deutsche Friedrich Hecker bei seiner Ankunft in New York; 1849: Massenauswanderung der 48er nach den USA; 1852: Carl Schurz kommt in die USA, 1861 Gesandter der USA in Spanien; 1877: Schurz wird Innenminister, Reform des öffentlichen Dienstes, Neuordnung der Indianerpolitik.

Architektur: Walter Gropius und Ludwig Mies van der Rohe.

Literatur: Anfänge gehen auf Pastorius und Sauer zurück; amerikanische Dichter deutscher Abstammung: Henry Timrod, John Godefrey Saxe, Joaquin Miller, Bayard Taylor (der 1871 Goethes „Faust" übersetzte). Friedrich Gerst-

Mäzen; Johann Sutter, Besitzer großer Goldgruben; August Roebling und Sohn, Erbauer der Brooklyn Bridge; Charles Conrad Schneider, Brückenbauer; Ottmar Mergenthaler, Erfinder der Setzmaschine; Familie Herreshoff, Konstruktion und Bau von Kriegsschiffen; Heinrich Hilgard, Gründer der Electric Light Company und Erbauer der Nordpazifikbahn; Johann Schöllkopf und Robert Mayer, Erbauer des ersten Elektrizitätswerkes an den Niagarawasserfällen; Thomas Rütter baute 1703 die erste Eisenhütte; 1783 gründete Caspar Wister die erste Glas-

äcker und Karl May beschäftigten sich mit Land und Menschen in den USA; Thomas Mann, Carl Zuckmayer und Bertold Brecht schrieben als Immigranten in Amerika hervorragende Werke, bevor sie nach Europa zurückkehrten.
Musik: Kirchliche Musik im Kloster Ephrata, deutsches Kirchengesangbuch; in allen Teilen des Landes entstanden Männer- und Damenchöre (Liederkränze, Liedertafeln), die das geistliche und das weltliche Liedgut pflegten; Sängerfeste, Konzertabende; 1835: Männerchor von Philadelphia; 1849: Erstes Sängerfest in den USA; „Germania"-Orchester New York; Philharmonische Gesellschaft der Stadt New York; Georg Henschel, erster Dirigent der Bostoner Philharmonie; Leopold Damrosch, Geigenvirtuose, Dirigent, Komponist, gründete die New Yorker Oratorien-Gesellschaft (1873) und die „New Yorker Symphonie Society"; Theodor Thomas, Emil Paur, Fritz Kreisler, Rudolph Bing, Arthur Fiedler, Erich Leinsdorf und Lawrence Welk sind als Deutsche in die amerikanische Musikgeschichte eingegangen; Arnold Schönberg entwickelte die Zwölftonmusik; 1903 produzierte Heinrich Conried als Intendant der Metropolitan Opera die erste Aufführung von Wagners „Parsifal"; Otto Klemperer und Bruno Walter waren berühmte Dirigenten; Lotte Lehmann, Opernsängerin; 1907 holte Conried Gustav Mahler als Gastdirigenten an die „Met". Instrumentenbauer: Heinrich Steinweg, Klavier; Emil Berliner, Erfinder von Grammophon und Schallplatte; 1703 baute Neering die erste Kirchenorgel; 1775 Johann Behrent das erste Klavier und Georg Geminder die erste Geige.
Malerei: Thomas Nast, Vater der modernen amerikanischen politischen Karikatur, schuf nach dem Modell des deutschen Weihnachtsmannes den „Santa Claus"; Emmanuel Leutze, Bilder aus der Zeit des Unabhängigkeitskrieges; Albert Bierstadt und Charles Schreyvogel, Bilder aus dem Leben der Indianer; deutsche Maler, die in den USA wirkten: Max Beckmann, Josef Albers und Lyonel Feininger.
Druck, Publizistik, Verleger: 1743 druckte Christoph Sauer die erste Bibel in Amerika; Alfred Stieglitz, Bildpublizist; Henry L. Mencken, Journalist und Schriftsteller; Kurt Wolf, Verleger; Albert Faust, Geschichte der Deutschen in Amerika; die erste fremdsprachige Zeitung in Amerika ist die „Philadelphische Zeitung" von Benjamin Franklin; das

erste Buch mit pennsylvaniendeutschen Liedern: „Göttliche Liebes und Lobes Gethöne" wurde 1730 von Benjamin Franklin für Conrad Beissel gedruckt; Henry Miller gründete 1762 die Zeitung „Staatsbote"; sie brachte am 5. Juli 1776 die erste Nachricht von der Unabhängigkeitserklärung; Christopher Dock veröffentlichte 1750 die „Schulordnung", das erste schulpädagogische Werk in Amerika.
Politik: Francis Lieber, Professor und Staatswissenschaftler; Michael Hahn, Gouverneur in Louisiana; Reinhold Stadler, Gouverneur in Nevada; William Bouck (Bauk), Gouverneur in New York; Präsidenten: Taft, Hoover (Huber); Eisenhower (sein Ahn Hans Nicholas Eisenhauer verließ 1741 die Pfalz); Nelson Rockefeller, Vizepräsident; Außenminister Henry Kissinger; Shultz (Schultz); Senatoren Dirksen, Walter Rheuter, Herbert Lehmann; weitere Gouverneure: Kerner, Meyner, Lusche; Robert Wagner jun. war dreimal Bürgermeister von New York.
Sinn und Aufgabe der Erhaltung und der Förderung des Erbes: Die Aufbauarbeit und die Leistungen der deutschstämmigen Amerikaner können beziehungsweise dürfen nicht aus der Geschichte ausgeklammert und der Vergessenheit preisgegeben werden. Dieses Erbe enthält:
das christlich-abendländische Erbe: Glaubensbereitschaft, Gottvertrauen, Nächstenliebe;
das volkhaft-menschliche Erbe: Familiensinn, nachbarschaftliche Verbundenheit, Gemeinschaftssinn und Heimatliebe, Tugenden wie Fleiß, Ordnungsliebe, Sparsamkeit, Zuverlässigkeit;
das geschichtlich-kolonisatorische Erbe: Leben und Schicksal der Auswanderer, ihre kolonisatorischen und historischen Leistungen und ihre Beiträge zur Sicherheit, zur Entwicklung und Förderung der USA;
das geistig-kulturelle Erbe: Die deutsche Kultur als geistiges Element; die deutsche Sprache und ihre vielfältige Funktion; Sitte und Brauchtum, musische Kräfte wie Lieder, Tänze und Musik.
Allmählich erkennt man in den USA die Brückenfunktion der vielen Volksgruppen, die dort eine neue Heimat gefunden haben. Es setzt sich immer mehr die Überzeugung durch, wie sehr eine planvolle, organische Eingliederung der ethnischen Gruppen einer nivellierenden Einschmelzung gegenüber zu bevorzugen ist:
Zusammenarbeit und Brückenfunktion; Hilfeleistung.

Die dominierenden Nationalitäten im „Schmelztiegel Amerika" und ihre Verteilung

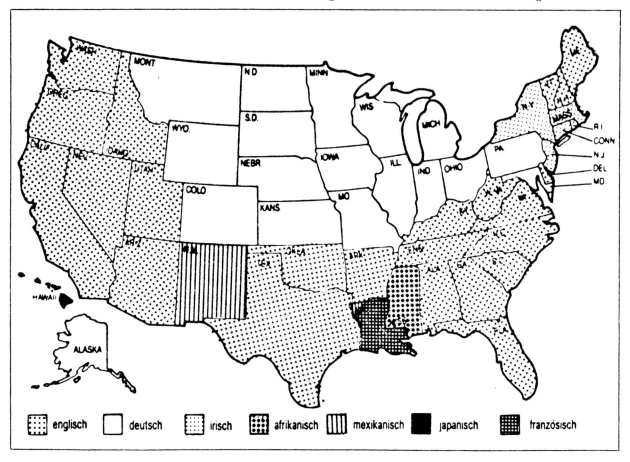

englisch   deutsch   irisch   afrikanisch   mexikanisch   japanisch   französisch

Die deutschstämmigen Kindergärten, Sprach- und Wochenendschulen, die Deutsche Schule in New York und andere schulisch-kulturelle Institutionen in den USA und Kanada haben die Aufgabe, die deutsche Sprache und die vielfältigen deutschen Kulturgüter zu erhalten und zu pflegen. Die Zweisprachigkeit ist von großer Wichtigkeit und Bedeutung und für das Zusammenarbeiten zwischen den Völkern von unschätzbarem Wert.

Die deutschstämmigen landsmannschaftlichen Organisationen und Vereine in den USA und in Kanada haben sich ebenfalls die Pflege der Muttersprache, des deutschen Kulturgutes und des althergebrachten Brauchtums sowie die Erhaltung und Stärkung des Gemeinschaftsgefühls zum Ziel ihrer aufopferungsvollen Arbeit gesetzt.

Brücker

Donauschwaben in Übersee

Das Deutschtum im Südosten Europas blickt auf eine lange und bewegte geschichtliche Vergangenheit zurück. Die Donau weiß viel darüber zu berichten: Sie kommt aus uralter Vergangenheit, fließt durch Jahrtausende und umschlingt auf ihrem langen Weg vom Schwarzwald bis zu den Toren Asiens viele Völker in ihrem Aufstieg und ihrem Niedergang. In ihren breiten Ebenen kreuzten sich oft die Klingen des Ostens und des Westens, und so manche Schlacht, die für Jahrhunderte entscheidend war, ist in diesem Raum geschlagen worden.

Illyrer, Kelten, germanische Bastarner, Römer, Wandalen, Gepiden, Ostgoten, Westgoten, Hunnen und andere Völkerschaften hinterließen hier ihre Spuren. Als Karl der Große die aus Asien hereingebrochenen Awaren zwischen 791 und 796 entscheidend besiegt hatte, dehnte er das fränkische Reich bis zur südöstlichen Donau, Theiß und Sawe aus, gründete die Marchia Orientalis und besiedelte diese Mark mit fränkischen und bajuwarischen Grenzbauern. Am Plattensee und bei Fünfkirchen entstanden fränkische Militärkolonien.

Nachdem König Heinrich 933 den Madjaren bei Meersburg und Kaiser Otto der Große ihnen auf dem Lechfeld eine blutige Niederlage bereitet hatten, zogen diese sich in das Donau-Karpatenbecken zurück und schufen insbesondere unter Stephan dem Heiligen und seiner Frau, der bayrischen Prinzessin Gisela und ihrem zahlreichen Gefolge, einen christlich-abendländischen Staat nach fränkisch-bajuwarischem Muster.

Um die Mitte des 12. Jahrhunderts riefen ungarische Könige die Siebenbürger „Sachsen" – hauptsächlich Deutsche aus der Rhein-Moselgegend – „ad retinendam coronam", das heißt zum Schutz der Krone, in den Südosten und den Norden des Landes. Die Siebenbürger und die Zipser förderten die deutsche Städtekultur und begründeten den Bergbau in Ungarn.

Die umfangreichste deutsche Kolonisierungsbewegung im Donau-Karpatenbecken setzte im 18. Jahrhundert nach den Befreiungskriegen gegen die Türken ein, die mit der Schlacht am Kahlenberg bei Wien 1683 ihren Anfang nah-men und mit der Eroberung Belgrads 1717 ihr vorläufiges Ende fanden. Die durch den Kaiser gewährten Privilegien und Garantien verbürgten den Kolonisten das Recht auf persönliche Freiheit und persönlichen Besitz. Welle auf Welle strömten die Siedler hauptsächlich aus dem südlichen und dem westlichen Reichsgebiet der Donau entlang in die pannonisch-karpatische Beckenlandschaft. Im Verlauf der Ansiedlung kamen mehrere kleine und drei große „Schwabenzüge", zumeist auf Ulmer Schachteln und Kehlheimer Plätten, in den Südosten Europas.

Unter schwierigsten Bedingungen schufen die deutschen Siedler aus Sumpf- und Ödland eine blühende Kulturlandschaft. Ihre Dörfer und Städte trugen das Merkmal der Planung und der Ordnung an sich und erwiesen sich als Kernräume europäischer Kultur und abendländischer Gesittung. Die trotz aller Schicksalsschläge ungebrochene Kraft dieser Menschen, ihre hohe Kultur und ihre ausgeprägte geistige und wirtschaftliche Begabung siegten letztlich über alle Schwierigkeiten und Gefahren der damaligen Zeit. „Aus einer Wüste ward ein blühend Eden, aus Sümpfen hob sich eine neue Welt" (Müller-Guttenbrunn).

Sie waren ein Element des Friedens und des Fortschritts. „Nicht mit dem Schwert, mit dem Pflug erobert; Kinder des Friedens , Helden der Arbeit" (Augsburger). Die Menschen waren mit ihrem durch eigenen Schweiß urbar gemachten Heimatboden fest verwachsen, sie liebten die Arbeit, das wirtschaftliche Fortkommen, die Ordnung und vor allem die Freiheit. Tiefer religiöser Sinn erfüllte das Denken und Fühlen ganzer Generationen. Väterglaube und Muttersprache, ererbte Sitten und Bräuche – das waren die ungeschriebenen, oftmals nur im Unterbewußtsein wirkenden Maximen einer natur- und artverbundenen Lebensordnung, die von einem Geschlecht auf das andere überging.

Leider scheiterte die kolonsatorische Leistung der Südostdeutschen am überspitzten Nationalismus anderer Völker. Die Zugeständnisse, die man nach schweren innerer Erschütterungen an die Völker der Donaumonarchie machte, erfolgten in erster Linie auf Kosten der Deutschen. Man gab sie der Trennung und Verfolgung preis, ohne ihre Grundrechte zu sichern. Als sich nach dem Zerfall der Donaumonarchie die Dreiteilung der Donau-

deutschen beziehungsweise Donauschwaben auf Rumänien, Jugoslawien und Restungarn vollzog, trat die Störung des ethnischen Gleichgewichts in diesem Raum noch deutlicher in Erscheinung.

Der Zweite Weltkrieg bereitete einer schönen und hoffnungsvollen Entwicklung ein jähes und bitteres Ende. Obzwar die Südostdeutschen diesen furchtbaren Krieg weder gewollt noch verursacht haben, waren ihre Opfer an Gut und Blut sehr groß. Sie gerieten nicht bloß in den Sog der Diktatur des Dritten Reiches, sondern zwangsläufig auch zwischen die Fronten der Großmächte und dadurch zwischen die Mühlsteine weltanschaulicher, nationaler und machtpolitischer Auseinandersetzungen.

Diese ihre prekäre Lage wurde schließlich ihr hartes und unerbittliches Schicksal. Menschen wurden entrechtet, verschleppt, in Lagern vernichtet und aus der angestammten Heimat vertrieben. Weit ist der Weg vom einstigen Großen Schwabenzug bis zum Elendstreck der Nachkriegszeit!

Die ab Herbst 1944 aus dem Südosten Europas vertriebenen Deutschen fanden in Notunterkünften und Flüchtlingslagern Österreichs und Restdeutschlands eine vorübergehende Bleibe. Was geschieht mit uns, was wird die Zukunft uns bringen, wo und wann finden wir eine neue Heimat? Solche und ähnliche Fragen plagten die Heimatlosen Tag und Nacht.

Tausende der vertriebenen Südostdeutschen entschlossen sich in dieser schwierigen Situation zur Auswanderung nach Übersee. Das schmerzende Gefühl der Heimatlosigkeit, Not und Hunger, die Sehnsucht nach Ruhe, Frieden und Geborgenheit, aber auch die Angst vor einer ungewissen Zukunft in dem nach wie vor spannungsgeladenen Europa dürften die Hauptgründe gewesen sein, die viele Südostdeutsche beziehungsweise Donauschwaben veranlaßt haben, Europa den Rücken zu kehren und sich um eine Auswanderung nach Übersee zu bemühen.

Andererseits soll nicht vergessen werden, daß bei vielen Familien seit Jahren oder gar Jahrzehnten verwandtschaftliche Beziehungen zu Deutschamerikanern bestanden, die nun die Heimatvertriebenen in ihrem Auswanderungswillen bestärkten und ermutigten.

Nun aber stellten sich der Realisierung dieser Pläne große Schwierigkeiten entgegen. Vor allem setzten die Einwanderungsbestimmungen einzelner Länder, insbesondere der USA, harte, fast unüberwindbare Grenzen.

In dieser schweren und sorgenvollen Zeit bewährte sich das im donauschwäbischen Wesen tief verwurzelte Gemeinschafts- und Verantwortungsbewußtsein.

Es waren insbesondere drei Männer und ihre neugegründeten Organisationen, die sich in Nordamerika als Retter und Helfer in der Not erwiesen: Peter Max Wagner (einst in der Batschka daheim) als Präsident des Hilfswerkes der Donauschwaben in New York, Nikolaus Pesch (aus dem rumänischen Banat) als Gründer des donauschwäbischen Hilfswerkes „American Aid Societies" in Chicago, Father Mathias Lani (aus dem jugoslawischen Banat) als Gründer und Leiter des St. Emmerichvereins in Los Angeles.

Nun setzte in Österreich und in Deutschland eine planvolle Auswanderungsaktion ein. Zwar fiel die Trennung von alten Freunden und Nachbarn, manchmal auch von Familienangehörigen schwer, doch empfanden die Auswanderer diese Lösung als einzige Hilfe und Rettung aus großer Not. Durch die großzügige Einwanderungsaktion in den USA fanden Zehntausende dieser schwergeprüften Menschen eine neue Heimat. Auch Kanada öffnete die Tore weit zur Aufnahme der Heimatlosen. Eine weitere kleinere Zahl fand Aufnahme in Brasilien, Argentinien und Australien.

Obwohl in fast allen Staaten der USA Donaudeutsche beziehungsweise Donauschwaben zu finden sind, haben sich doch einige Schwerpunkte herausgebildet, so in Akron, Aurora, Chicago, Cincinnati, Cleveland, Detroit, Südkalifornien (hauptsächlich in Los Angeles und Umgebung), Milwaukee, New York, Philadelphia, Rock Island, Rochester, St. Louis und Trenton. In Kanada: Windsor, Niagara, Leamington, Hamilton, Toronto, Ottawa, Montreal, Quebec, Winnipeg. In Brasilien: Entre Rios.

Den Neueinwanderern kam die deutschamerikanische Tradition zu Hilfe: Wir begegnen schon im 18. Jahrhundert dem Weizenfarmer in den Prärien von Dakota, dem Heimstätter im Busch von Kanada. Die Rückschau in deutsche Vergangenheit in Übersee läßt uns neben dieser Bauern- und Feldarbeit ein gerüttelt Maß an Gewerbefleiß und Unternehmertum sehen. Später finden wir in Werkstätten und Fabriken, an Zeichentischen und in Laboratorien, Banken und Handelshäusern unzählige Deutsche in führenden Stellungen. Groß ist der Beitrag deutschstämmiger Einwanderer zum kulturellen und kirchlichen Leben in Amerika. Da sind auch noch die Brückenbauer und Organisatoren des Eisenbahnverkehrs, Bergbauingenieure und Stahlchemiker, die Flugzeugbauer und Raketenkonstrukteure zu nennen!

Zwar ging es den Neueinwanderern zunächst um den Neuaufbau ihrer Existenz, hauptsächlich um Heim und Beruf, doch lebte in ihnen noch der alte Pionier- und Kolonisationsgeist und damit der Zug, der Drang zur althergebrachten Gemeinschaft. Ihr Fleiß und ihre Sparsamkeit, ihre Redlichkeit und Zuverlässigkeit, aber auch ihr Unternehmungsgeist sicherten ihnen verhältnismäßig schnell ein lebenswertes Leben und ein gutes Fortkommen. Aus Vertreibung, Not und Elend entstanden neues Leben und Wohlstand.

Aber die Einwanderer verloren sich nicht im Strom der Zeit und der neuen Umwelt, sie sammelten sich vielmehr an neuen Schwerpunkten und schlossen sich aus eigener Kraft wieder zu Gemeinschaften zusammen. Ihr stark ausgeprägtes Gemeinschaftsbewußtsein wurzelte tief im geistig-ethischen Gefüge und in der starken volklichen Tradition der alten Heimat und war stets eine Quelle der Brüderlichkeit und der Solidarität. So schlossen sich die Einwanderer den schon bestehenden Vereinen an oder gründeten neue landsmannschaftliche Organisationen. Auch die deutschsprachigen Kirchengemeinden erhielten Zuwachs.

Diese Institutionen machten es sich zur Aufgabe, die ererbte Muttersprache und das althergebrachte Kulturgut zu erhalten, bei Festen und Feiern im Kreislauf des Jahres Gemeinschaft und Geselligkeit zu pflegen, die Verbindung zu den übrigen Familien- und Ortsangehörigen in Europa zu vertiefen und hilfsbedürftige Landsleute tatkräftig zu unterstützen. Die beiden Verbände der Donauschwaben in den USA und in Kanada sind ein Hort der Gemeinschafts- und Kulturpflege.

Eine ähnliche Entwicklung vollzog sich in Argentinien (mit dem Schwerpunkt in Buenos Aires und Umgebung), in Brasilien (Parana-Guarapuawa und Rio de Janeiro) und Australien (Adelaide, Sydney, Melbourne und Tasmanien/ Hobart). Große Verdienste hat sich in den schweren Nachkriegsjahren das „Schwäbische Hilfswerk" in Argentinien erworben; Paketversand, Suchdienst und Einwanderungskommission waren sehr aktiv! 1951/52 konnten durch die Initiative der „Schweizer Europahilfe" sowie unter der Leitung des donauschwäbischen Diplomwirts Michael Moor etwa 500 donauschwäbische Familien im Bundesstaat Paraná (Entre-Rios) im Süden Brasiliens angesiedelt werden. Der Rechts-, Kultur- und Wirtschaftsträger der 5 Ortschaften mit etwa 2500 Siedlern ist die Genossenschaft „Agrária".

Unter diesen Aspekten muß man die Existenz und die vielseitige Tätigkeit der donauschwäbischen landsmannschaftlichen Organisationen in den USA, Kanada, Brasilien, Argentinien und Australien sehen und werten. Die mit großer Opferbereitschaft und persönlichem Engagement errichteten und ausgestalteten Vereinsheime ersetzen die Geborgenheit gewesener beziehungsweise verlorener Dorfgemeinschaft der alten Heimat. Die einzelnen Gliederungen in den landsmannschaftlichen Organisationen und Vereinen wie die Kinderabteilungen, die Frauengruppen, die Männerabteilungen, die Jugend- und Sportgruppen, die Trachten- und Volkstanzgruppen, die Wochenend- und Sprachschulen, Musikkapellen, die Zeitungen und Zeitschriften haben sich in erster Linie die Pflege der Gemeinschaft, der Muttersprache, der deutschen Kultur zum Ziele ihrer vielseitigen Arbeit gesetzt. In den Festen und Feiern im Kreislauf des Jahres spiegelt sich altes Brauchtum und der Sinn für Tradition.

In diesem Sinne wollen auch die Begegnung und der ausgiebige Gedanken- und Erfahrungsaustausch gesehen und verstanden werden, die zwischen den landsmannschaftlichen Organisationen in der Bundesrepublik Deutschland, Österreich und Übersee stattfinden. Der gegenseitige Jugendaustausch hat sich bewährt und soll auch in Zukunft intensiviert werden.

Im Juni 1983 wurde im Rahmen des Bundestreffens der Landsmannschaft der Donauschwaben in der altehrwürdigen Stadt Ulm an der Donau der „Dachverband der donauschwäbischen Landsmannschaftsorganisationen in Europa und in Übersee" feierlich gegründet. Es gilt, das geistigethische Erbe der Ahnen zu wahren und zu pflegen, den Gemeinschaftssinn zu stärken und die Zusammenarbeit der einzelnen Gruppen in ihrer weltweiten Zerstreuung auf allen Gebieten der Kultur und des gesellschaftlich-sozialen Lebens im Rahmen einer ideellen Gemeinschaft zu koordinieren und zu aktivieren.

Diese Absichten und Bemühungen sind frei von nationalistischen, separatistischen und chauvinistischen Tendenzen, frei von staatsfeindlichen Ambitionen und Aktivitäten. Der Dachverband soll nicht bloß unsere donauschwäbischen Landsleute erfassen, sondern soll auch zu einer Stätte der Begegnung verschiedener Kulturen und zu einer Brücke der menschlichen Beziehungen unter den Völkern werden.

DONAUSCHWÄBISCHE SIEDLUNGSGEBIETE

1683 bis 1944/45
auf beiden Seiten der mittleren Donau vom Raabfluß im NW bis zum Eisernen Tor im SO

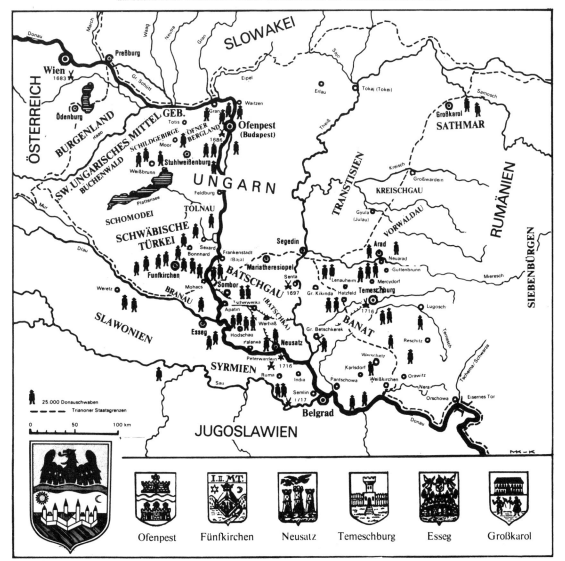

Entwurf: Dr. Anton Tafferner · Josef Volkmar Senz · Josef Schmidt – Zeichnung: Lene Kopp-Krumes

Weltweite Verbundenheit der Donauschwaben in Europa und in Übersee

Nicht von Engländern und Iren, wie bisher angenommen und sogar in Geschichtswerken verbreitet, stammen die meisten US-Bürger ab, sondern von Deutschen. Das geht aus einer Studie hervor, deren Verfasser sich auf eine im Auftrag der amerikanischen Regierung 1980 durchgeführte Untersuchung stützen und dabei feststellten, daß 51,6 Millionen Amerikaner deutsche Vorfahren besitzen. Auf Platz zwei folgen die Iren mit 43,7 Millionen, an dritter Stelle die Engländer mit knapp 40 Millionen. Jeder vierte amerikanische Bürger ist demnach deutschstämmig.

Diese Zahlenangaben lösten in den Vereinigten Staaten von Nordamerika großes Erstaunen aus, hatte man sich doch bisher ein ganz anderes Bild von der Zusammensetzung der Bevölkerung des Landes gemacht. Andererseits werden damit aber auch die engen und oft schon als legendär empfundenen Familienbeziehungen zwischen US-Amerikanern und Deutschen bestätigt, die seit nunmehr 300 Jahren das politische, wirtschaftliche und kulturelle Schicksal der Welt weit stärker mitbestimmen, als dies den meisten deutschstämmigen Bürgern der USA bewußt war. Zum 300. Male jährte sich 1983 der Tag, an dem die erste größere deutsche Auswanderergruppe in Amerika landete. Am 6. Oktober 1683 kamen 13 Krefelder Familien auf der „Concord" in Pennsylvanien an und gründeten unter Franz Daniel Pastorius Germantown. „Jene 13 Familien, die in die Neue Welt aufbrachen", rief US-Präsident Reagan bei seinem Besuch in der Bundesrepublik Deutschland in seiner denkwürdigen Rede vor dem Deutschen Bundestag am 9. Juni 1982 in Erinnerung, „waren die Vorläufer von über 7 Millionen deutschen Einwanderern. Und heute berufen sich mehr Amerikaner auf eine deutsche Abstammung als auf jede andere." Diese Deutschen hätten Amerika gerodet und bepflanzt, seine Industrien erbaut, seine Kunst und seine Wissenschaft bereichert.

Die oben fixierten Fakten und Zahlen sollten uns veranlassen, über die heutige Rolle der deutschstämmigen Bürger der USA, Kanadas, Südamerikas und Australiens nachzudenken und zu überlegen, welche Rolle die Donauschwaben in Übersee spielen und wie man die landsmannschaftlichen Beziehungen zu ihnen ausbauen und festigen könnte. Das Bild deutschen Volkstums in Übersee ist mannigfaltig, und es ist nicht leicht, es mit wenigen flüchtigen Strichen zu skizzieren.

Wir begegnen schon im 18. Jahrhundert dem Weizenfarmer in den Prärien von Dakota, dem Heimstätter im Busch von Kanada, dem Urwaldkolonisten und dem Kaffeepflanzer in Südamerika. Die Rückschau in deutsche Vergangenheit in Übersee läßt uns neben dieser Bauern- und Feldarbeit ein gerüttelt Maß von Gewerbefleiß und Unternehmermut sehen.

Als dann in späterer Zeit Gewerbe und Industrie sich in unbeschreiblichem Tempo entwickelten, finden wir in Werkstätten und Fabriken, an Zeichentischen und in Laboratorien, in Banken und Handelshäusern unzählige Deutsche in führenden Stellungen. Es ist unmöglich, in diesem engen Rahmen auch nur die allerwichtigsten Namen von Erfindern, Konstrukteuren, Ärzten und Chemikern aufzuzählen. Da waren die Brückenbauer und Organisatoren des Eisenbahnverkehrs, Bergbauingenieure und Stahlchemiker, da wären heute die Flugzeugbauer und Raketenkonstrukteure zu nennen!

Eine Rückschau in deutsche Vergangenheit zeigt uns auch, in welch' hohem Maße deutsche Menschen am Aufbau des kulturellen Lebens in Amerika mitgewirkt haben. Besonders dem kirchlichen Leben und dem Schulwesen widmeten die deutschstämmigen Einwanderer und ihre Nachkommen größte Sorgfalt. Von Anfang an pflegten die Deutschen geistliche und weltliche Musik und verbreiteten von ungezählten Vereinigungen, von Musikfesten und von ihren Familien aus Musikliebe, Musikpflege und dadurch auch Musikkultur.

Auch an der Befreiung des Landes von der englischen Kolonialherrschaft haben die Deutschen mitgewirkt. Im Unabhängigkeitskrieg stellten sie nicht nur einen beträchtlichen Teil der kämpfenden Truppe, sondern auch hervorragende Heerführer wie Mühlenberg, Schott, Herchheimer, de Kalb, Lutterloh und vor allem Friedrich Wilhelm von Steuben.

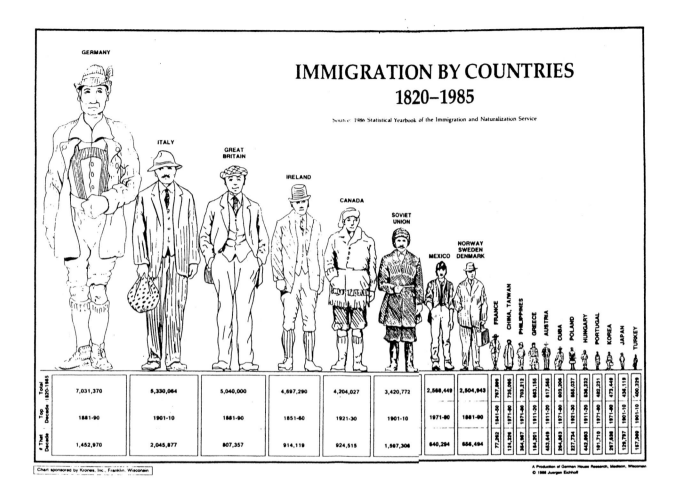

Die deutschen 1848er spielten im Demokratisierungsprozeß des Landes eine wichtige Rolle. Dazu Präsident Reagan im Plenum des Deutschen Bundestages: „Wir verdanken deutschen Menschen sehr viel. Vielleicht hat mein Land einen Teil dieser Schuld wieder abgetragen. Die amerikanische Revolution war die erste in der modernen Geschichte, die den Kampf um die Selbstregierung und um die Garantie der Bürgerrechte zum Gegenstand hatte. Dieser Gedanke war ansteckend. Die vom Frankfurter Parlament 1849 verkündeten grundlegenden Bürgerrechte garantierten Rede- und Religionsfreiheit und die Gleichheit vor dem Gesetz." In diesem Zusammenhang gedenken wir des deutschen Politikers Carl Schurz, der unter Lincoln den Posten des Innenministers bekleidete.

Alles in allem darf ohne Übertreibung festgestellt werden, daß die Deutschamerikaner stets ein Element des Aufbaus und des Fortschritts waren und einen beträchtlichen Beitrag zum geistig-kulturellen, wirtschaftlichen und sozialen Fortschritt des Landes geleistet haben. Die Leistungen in allen Sparten beim Aufbau Amerikas wurden zwar als eindrucksvoll anerkannt, aber der politische Einfluß der deutschen Einwanderer war ihnen nicht adäquat. Gleichwohl gebührt ihnen Anerkennung! Wenn auch Sehnsüchte zuschanden wurden, Träume zerstoben und Hoffnungen zerschellten, so erhoben sich aus der Masse doch einzelne, deren Ruf die Zeiten überdauerte und deren Ruhm im gewählten Mutterland den Ozean überquerte und das alte Vaterland erreichte.

Eine völlig neue Situation trat ein, als nach dem 2. Weltkrieg viele deutsche Heimatvertriebene aus dem östlichen und südöstlichen Europa nach Übersee auswanderten, um sich unter schwierigen Verhältnissen eine neue Existenz aufzubauen. Die Neueinwanderer schlossen sich den schon bestehenden Vereinen an oder gründeten neue landsmannschaftliche Organisationen. Auch die deutschsprachigen Kirchengemeinden erhielten Zuwachs. Diese Institutionen machten es sich zur Aufgabe, die ererbte Muttersprache und das althergebrachte Kulturgut zu erhalten, bei Festen und Feiern im Kreislauf des Jahres Gemeinschaft und Geselligkeit zu pflegen, die Verbindung zu den übrigen Familienangehörigen in Europa zu vertiefen und hilfsbedürftige Landsleute tatkräftig zu unterstützen.

Eine überaus große und erfolgreiche Aktivität entfalteten die donauschwäbischen Neueinwanderer. Ihr stark ausgeprägtes Gemeinschaftsbewußtsein wurzelte tief im geistig-ethischen Gefüge und in der starken volklichen Tradition der alten Heimat und war stets eine Quelle der Brüderlichkeit und der Solidarität. Dieser festverwurzelte Gemeinschaftssinn war nicht bloß ein Stück Heimat, sondern eine Verpflichtung dem Erbe der Ahnen gegenüber, ein sehr ernstes und lebenserhaltendes Anliegen im täglichen Kampf um Existenz und Vorwärtskommen, im Bemühen, sich des Verfalls und der Entfremdung zu erwehren.

Das stark ausgeprägte Zusammengehörigkeitsgefühl blieb den Donauschwaben in Übersee erhalten. In Vereinen und Klubs sowie in landsmannschaftlichen und kirchlichen Organisationen wird auch heute noch der Gemeinschaftsgedanke zielstrebig gefördert und liebevoll gepflegt. Auch die deutschen Wochenend- und Sprachschulen kann man als Teil und als Ausdruck dieser engen und schicksalhaften Verbundenheit betrachten.

Heute erkennt man in Amerika und Australien die Brückenfunktion der vielen ethnischen Gruppen, die im Laufe der Zeit in Übersee eine neue Heimat gefunden haben. Dieser Aufgabe können die einzelnen Gruppen nur dann gerecht werden, wenn sich die Abkömmlinge und Glieder in ihrer angestammten Muttersprache entfalten und aus ihr die potentiellen Kräfte schöpfen können, die zum Wohle und zum Aufbau ihrer neuen Heimat und zum Gedeihen der gesamten Nation nötig sind. Es gilt daher, die altbewährten, aus der früheren Heimat mitgebrachten geistig-seelischen Werte zu erhalten und sie sinnvoll in das Ganze einzubauen und der Gesamtheit des Landes nutzbar zu machen.

Unter diesen Aspekten muß man die Existenz und die vielseitige Tätigkeit der landsmannschaftlichen Organisationen in den USA, Kanada, Brasilien, Argentinien und Australien sehen und werten. Die mit großer Opferbereitschaft und persönlichem Engagement errichteten und sinnvoll ausgestalteten Heime ersetzen die Geborgenheit der gewesenen beziehungsweise verlorenen Dorfgemeinschaft der alten Heimat. Die einzelnen Gliederungen in den landsmannschaftlichen Organisationen und Vereinen, wie die Kinderabteilung, die Frauengruppe, die Jugend- und Sportgruppen sowie die Volkstanzabteilung, haben sich in erster Linie die Pflege der Gemeinschaft und der deutsch-amerikanischen Kultur zum Ziel ihrer vielseitigen Arbeit gesetzt. In den Festen und Feiern im Kreislauf des Jahres spiegelt sich altes Brauchtum und der Sinn für Tradition.

In diesem Sinne wollen auch die Begegnungen und der ausgiebige Gedanken- und Erfahrungsaustausch gesehen und verstanden werden, die zwischen den landsmannschaftlichen Organisationen in der Bundesrepublik Deutschland, Österreich und Übersee stattfinden. So weilten 1982 der Präsident des Verbandes der Donauschwaben in den USA, Theo Junker, und der Generalsekretär des Verbandes der Donauschwaben in Kanada, Ferdinand

Berencz, in der Bundesrepublik Deutschland und in Österreich, um mit Verwandten, Freunden und Landsleuten ein frohes Wiedersehen zu feiern und mit Vertretern der südostdeutschen Landsmannschaften, der Kirchen und der Heimatpresse Fragen der Zusammenarbeit zu besprechen. Gesprächsthemen waren auch Anliegen und Probleme des Lastenausgleichs und des Jugendaustausches.

Im Juli 1982 weilte die Donauschwäbische Jugendgruppe aus Cleveland, USA, unter der Leitung von Adam Hetzel und Hilde Hornung in der Bundesrepublik Deutschland und erfreute in einigen Städten ihre zahlreichen Zuschauer mit ihren bunten Trachten und ausdrucksvollen Volkstänzen. Sie lernte nicht bloß die Schönheiten der süd- und südwestdeutschen Landschaft mit ihren kulturellen Einrichtungen kennen, sondern knüpfte auch enge Kontakte zu donauschwäbischen und einheimischen Jugendgruppen. Schließlich trat sie im Fernsehen auf und hinterließ vor der breiten Öffentlichkeit einen ausgezeichneten Eindruck.

Im August/September 1983 statteten der Bundesvorsitzende der Landsmannschaft der Donauschwaben, Christian Ludwig Brücker, und die Donauschwäbische Trachtengruppe Rastatt unter der Leitung von Heinrich Juhn den landsmannschaftlichen Organisationen in den USA und in Kanada einen Besuch ab. Sie nahmen an vielen Veranstaltungen teil, so auch am großartig organisierten „Tag der Donauschwaben" – USA und Kanada – in Detroit.

Die gegenseitigen Besuche und die traditionellen Jugendaustauschaktionen werden planvoll fortgesetzt und erstrecken sich in verstärktem Maße auf Nordamerika, Südamerika, Australien, Deutschland und Österreich.

Im Juni 1983 wurde im Rahmen des Bundestreffens der Landsmannschaft der Donauschwaben in der altehrwürdigen Stadt Ulm an der Donau der „Dachverband der donauschwäbischen Landsmannschaftsorganisationen in Europa und in Übersee" feierlich gegründet. Diese weltweite Gründung geschah
– eingedenk des gemeinsamen Schicksals, diese schwer erarbeitete neue Heimat in Pannonien äußerlich nach 1944/45 verloren zu haben;
– eingedenk des gemeinsamen historischen Auftrags,

stammliche Kulturwerte im deutschen Sprachraum zu profilieren und fortzuentwickeln;
– eingedenk der historisch einmaligen Möglichkeit, diese stammlichen Eigenwerte als unverwechselbare Identität in das gesamtdeutsche Kulturbewußtsein einzubringen;
– eingedenk der Tatsache, daß die Donau der große Wegweiser und Ulm der Sammelplatz für die deutschen Auswanderer gewesen ist.

Die diesen Dachverband tragenden donauschwäbischen Landsmannschaftsorganisationen in Europa und Übersee behalten ihre organisatorische und finanzielle Eigenständigkeit bei. Hauptaufgabe dieses Dachverbandes ist, die Tätigkeit der sie tragenden Landsmannschaftsorganisationen aufeinander abzustimmen
a) in politischer Hinsicht bezüglich freier Ausreise und gerechter Eingliederung,
b) im kulturellen Bereich hinsichtlich Erhaltung der Muttersprache und Bewahrung sowie Förderung des geistigen Erbes,
c) im Sektor sozialer Hilfe zur Linderung von gravierenden Versorgungsnöten.
Diesen Zielen dient der Dachverband durch
a) persönliche Begegnungen wie Arbeitsbesprechungen, Tagungen, Kulturveranstaltungen, Treffen und Gedenkfeiern,
b) gezielte Informationen untereinander in Form von Rundschreiben und Austausch der Presseorgane, nach außen durch Presseorgane,
c) gezielte Publikationen wissenschaftlicher und künstlerischer Art sowohl durch Stärkung des Identitätsbewußtseins der eigenen Gruppen als auch zur Darstellung im deutschen Sprachraum und im Ausland,
d) planmäßige Medienarbeit.

Es gilt also, das geistig-ethische Erbe der Ahnen zu wahren und zu pflegen, den Gemeinschaftssinn zu stärken und die Zusammenarbeit der einzelnen Gruppen in ihrer weltweiten Zerstreuung auf allen Gebieten der Kultur und des gesellschaftlich-sozialen Lebens im Rahmen einer weltweiten ideellen Gemeinschaft zu koordinieren und zu aktivieren.

Diese Absichten und Bemühungen sind frei von nationalistischen, separatistischen und chauvinistischen Tendenzen,

DEUTSCHE ANSIEDLER IM
UNTEREN DONAURAUM

Der große Schwabenzug
XVIII. JAHRHUNDERT

NACH EINEM ÖLBILD
VON STEFAN JÄGER

„Der große Schwabenzug."

frei von staatsfeindlichen Ambitionen und Aktivitäten. Die landsmannschaftliche Organisation soll nicht bloß unsere Landsleute erfassen, sondern soll auch zu einer Stätte der Begegnung verschiedener Kulturen und zu einer Brücke der menschlichen Beziehungen unter den Völkern werden. Der „Dachverband" strebt keine Privilegien oder gar eine Machtposition an, er will bloß ein fester Kern in der großen, weltweiten Gemeinschaft der Donauschwaben sein. Er ist sich seiner Schwächen und Unzulänglichkeiten bewußt, vor allem kennt er die Schwierigkeiten, die zu überwinden sind, um das gesteckte Ziel zu erreichen und die ihm gestellten Aufgaben zu realisieren.

Mit schönen Worten allein ist diese große Aufgabe nicht zu bewältigen! Das Ziel kann nur durch harte Arbeit, Geduld, Gemeinschaftsgeist und Opferwilligkeit erreicht werden. Jeder ist zur Mitarbeit aufgefordert!

Am 5./6. November 1988 fand in Kitchener eine gutbesuchte Tagung des Weltdachverbandes statt. Nachdem Präsident Jauch die zahlreichen Teilnehmer begrüßt hatte, sprach Brücker ausführlich über das Ziel und die Tätigkeit des Dachverbandes und dankte allen Freunden für ihre Mitarbeit. Nach einer ergiebigen Aussprache wurde Brücker erneut zum Präsident des Weltdachverbandes gewählt. Auf der Tagung wurde beschlossen, 1994 ein Welttreffen der Donauschwaben in Toronto durchzuführen, wobei in Vorträgen über die Geschichte und das Schicksal der Do-

nauschwaben gesprochen werden soll. Insbesondere wird man der Opfer des Krieges, der Vernichtung und der Vertreibung gedenken.

Zwischen den einzelnen Verbänden des Weltdachverbandes bestehen enge und freundschaftliche Kontakte. Über die vielseitige Tätigkeit wird in der Heimatpresse ausführlich berichtet. Nach wie vor wird die Jugendarbeit gefördert. Der Jugendaustausch ist für alle Verbände ein wichtiges Anliegen. Besondere Aufmerksamkeit widmet man den Sprach- und Wochenendschulen.

In den einzelnen Verbänden entfalten die Gruppen eine rege Tätigkeit, so die Frauen-, die Jugend- und die Sportabteilungen. Einen breiten Rahmen nimmt die Fest- und Feiergestaltung im Ablauf des Jahres ein. Mit Dankbarkeit registrieren wir die Übernahme der Patenschaft der Stadt Rastatt über die Donauschwaben in Entre Rios.

Mit Zustimmung und mit großem Interesse wurde die Gründung einer Donauschwäbischen Kulturstiftung in den USA begrüßt.

Das große Donauschwabentreffen im September 1989 in Cleveland war wieder ein voller Erfolg. Es wurde hauptsächlich von den Jugendgruppen gestaltet, die wieder ein Zeugnis ihres Könnens ablegten. Aller Freunde und Helfer, die den Weltdachverband mit ihrer Arbeit unterstützen, sei auch an dieser Stelle gedacht. Nach wie vor gilt unsere Losung: „Leit, halle zamme!"

Versammlung des weltweiten Dachverbandes der Donauschwäbischen Landsmannschaften

Über 80 Teilnehmer folgten der Einladung des Verbandes der Donauschwaben in Kanada und tagten am Wochenende des 5. und 6. Novembers 1988 in Kitchener, Ontario, Kanada. Der Verein der Donauschwaben in Kitchener war Gastgeber und hatte die Besucher aufs freundlichste bewirtet.

Am Samstag, 5. November, trafen sich die Teilnehmer zur Bekanntmachung und Begrüßung. Herr Jauch, Präsident des Verbandes der Donauschwaben in Kanada, stellte die Teilnehmer vor, unter denen sich der Vorsitzende des Dachverbandes, Christian Brücker, sowie der Abgeordnete aus Sindelfingen, Stefan Sehl, befanden. Ferner nahmen die Vertreter der Ortsgruppen Kanadas sowie die Vertreter des Verbandes der Donauschwaben in den USA, darunter der neugewählte Präsident Adam Medl, die Regionalpräsidenten, der Präsident der Donauschwäbischen Stiftung Theo Junker, die Generalsekretärin Annerose Goerge, Eugen Philips aus Florida, die Kulturleiterin Karoline Lindenmaier, Sepp Holzer und Franz Awender aus Cleveland sowie weitere Vertreter der Landsmannschaften teil.

Nach dem wohlschmeckenden Abendmahl nahm Christian Brücker das Mikrophon und bedankte sich für die Organisation und Bewirtung im Namen aller. Er deutete auch darauf hin, wie wichtig es ist, daß von Zeit zu Zeit die Landsmannschaften sich auf weltweiter Ebene treffen, um

wichtige Anliegen der Donauschwaben in aller Welt zu besprechen und zu behandeln. Er gedachte auch aller Toten, die im Kampfe um die Heimat oder in Vernichtungslagern gestorben sind und nun auf Friedhöfen in aller Welt ruhen.

Bedeutsam ist auch, daß die deutschen Vereine in Kitchener zusammengearbeitet haben und in einem Teil des städtischen Woodland-Friedhofs alle verstorbenen deutschen Soldaten, die in Kriegsgefangenschaft oder sonstwie in Kanada gestorben sind, begraben haben. Die Soldaten werden jährlich im November während einer Gedenkfeier mit einer Kranzniederlegung geehrt.

Theo Junker.

33

Während der Begrüßungsansprache wurde die goldene Verdienstnadel an mehrere verdienstvolle Persönlichkeiten im kanadisch-donauschwäbischen Vereinsleben verliehen. Es folgte ein Kirchweihfest der Frauengruppe des Kitchener Donauschwabenvereins, wobei eine Schar schöner Trachtenpaare aufmarschierte und der traditionelle Kirchweihstrauß versteigert wurde.

Am Sonntag, dem 6. November, wurde nach einem reichhaltigen Frühstück die Sitzung von Herrn Jauch eröffnet. Er las ein Telegramm von Mathias Leh, dem Vizepräsidenten des Dachverbands aus Brasilien, vor, der bedauerte, daß er dieser Sitzung nicht beiwohnen konnte.

Ferner hat Christian Brücker folgende Aussage des deutschen Philosophen Friedrich Nietzsche zur Kenntnis gebracht:

„Die Geschichte gehört dem Bewahrenden und Verehrenden, dem, der mit Liebe und Treue dorthin zurückblickt, woher er kommt, worin er geworden ist. Durch diese Pietät trägt er gleichsam den Dank für sein Dasein ab. Indem er das von altersher Bestehende mit behutsamer Hand pflegt, will er die Bedingungen, unter denen er entstanden ist, für solche bewahren, die nach ihm entstehen sollen. Und so dient er dem Leben."

Vorsitzender Brücker nahm dann das Wort und überreichte an Theo Junker, dem abgegangenen Präsidenten des Landesverbandes der Donauschwaben in den USA, für „seine langjährige, von Idealismus getragene Arbeit" einen Zinnteller mit dem donauschwäbischen Wappen als herzlichen Dank. Dann setzte er den Ton der Versammlung mit den Gedanken, daß wir im Hinblick auf die Entwicklung in unseren alten Heimatgebieten „dem Herrgott danken sollen, daß wir eine neue Heimat in einer Demokratie gefunden haben, die die Freiheit über alles schätzt. Uns wurde die Freiheit geschenkt, ein Gut, nach dem sich Millionen Menschen sehnen." In bezug auf unsere völkische Arbeit „sollten wir einander beistehen, unser Volksgut pflegen, den einzelnen respektieren und für das Wohl des Ganzen arbeiten".

Dann erklärte Vorsitzender Brücker das neuentworfene Wappen des weltweiten Dachverbandes der Donauschwaben: Es besteht aus dem original donauschwäbischen Wappen und ist von einem Kranz von Eichenblättern umwun-

Von links nach rechts: Seel, Berencz, Adam, Jauch.

den und mit einer Weltkugel gekrönt. Die Bedeutung, daß nun Donauschwaben in aller Welt leben und schaffen, ist dadurch symbolisch ausgedrückt. Weiter wurden dann die Ziele und Zwecke der Dachorganisation ausgelegt und erklärt.

Annerose Goerge

Ein weiterer Bericht

Das Wochenende vom 5. und 6. November 1988 bildete den Rahmen der Hauptversammlung des Dachverbandes der Donauschwäbischen Landsmannschaftsorganisationen in Europa und Übersee, im Schwabenklub von Kitchener, Ontario, Kanada, unter dem Vorsitz von Herrn Christian Brücker.

Den Auftakt zur Sitzung bildete der Empfang bei einer Cocktailstunde in der Schwabenstube des Klubs. Der Präsident des Dachverbandes von Kanada, Herr Stefan Jauch, und Frau Jauch begrüßten als Gastgeber die Delegierten, die sich von nah und fern einfanden, insbesondere von Westdeutschland, Kanada und den Vereinigten Staaten. Nach dieser geselligen Bekanntschaftsrunde begab man sich in den großen Saal, wo das Kirchweihfest, organisiert von der Kitchener Frauengruppe, bereits auf die Teilnehmer dieser Tagung wartete. Das erstklassige Essen wurde flott serviert, und somit konnte man pünktlich zum Festprogramm übergehen. Der Höhepunkt dieser Veranstaltung war die Festansprache des Präsidenten des Weltdachverbandes, Herr Christian Brücker, der seine Festrede geschichtlich und volkstümlich in harmonischer Weise zu untermauern verstand und somit die Zuhörer im Banne hielt. Mit seinen Ausführungen konnte er die große Hingabe und Liebe zu unserer alten Heimat durch die Vielfalt an Brauchtum im donauschwäbischen Kalenderjahr erneut deuten. Diese Lücke kommt uns so richtig in den verlassenen Dörfern des heutigen Banates zum Bewußtsein und führt zur Erkenntnis, daß die Heimat mit der Kirche im Mittelpunkt des Dorfes sowie die Häuser und die Felder nicht allein das wunderschöne Heimatgefühl vermittelten, sondern vor allem auch die dort lebenden Menschen und Kinder. Sehr treffend zitierte der Festredner Worte vom großen deutschen Philosophen Immanuel Kant: „Man kann den Menschen aus vielem vertreiben, aber nicht aus seinen Erinnerungen." Er rief den Gästen seinen Lieblingsspruch zu: „Bleiben Sie, was Sie immer waren, engverbundene Donauschwaben, und das geht nur unter der Parole ‚Leit halle zusamm'."

Am gemütlichen Tisch.

Stimmung. Die Versteigerung des Vorstraußes unter dem Sprühregen von Rieslingwein ließ die Dollarscheine nur so durch die Luft fliegen. Ein schöner von der Heimat mitgebrachter Brauch wird in jedem Verein mit kleinen Variationen, doch sonst authentisch nach der Überlieferung durchgeführt. In der Pause kam der donauschwäbische Mundartdichter Eugen Philips auf die Bühne und unterhielt das Publikum auf das Beste.

Am folgendem Tag wurde die Sitzung vom kanadischen Verbandspräsidenten, Herrn Stefan Jauch, mit einer Gedenkminute für unsere Verstorbenen begonnen. Er konnte 85 Teilnehmer an dieser Spitzenkonferenz begrüßen und ging zur Tagesordnung über. Bundesvorsitzender Christian Brücker überbrachte die Grüße des Patenonkels und Oberbürgermeisters der Stadt Sindelfingen, Dr. Dieter Burger, und entschuldigte seine Abwesenheit, da er sich auf einer Besuchsreise nach Ungarn mit Ministerpräsident Lothar Späth befand. Er stellte seinen Begleiter, Herrn Stefan Sehl, Reutlingen, Patenschaftsbüroleiter, vor. Der langjährige Verbandspräsident des amerikanischen Verbandes, Herr Theo Junker, wurde für seine 16jährige Tätigkeit mit einem schönen Andenken vom Weltverband geehrt. Daraufhin streifte Herr Brücker in kurzen Zügen die in den Statuten festgelegten Ziele des Weltverbandes und erörterte das neue Wappen. Nach einer kurzen Diskussion wurde der Entwurf für das neue Wappen angenommen. Als die drei wichtigsten Gebiete der Zusammenarbeit führte er an:

1. Die Pflege der Muttersprache, die Förderung der Sonnabendschulen und den gegenseitigen Jugendaustausch.

Brücker, Medel, Junker.

Anschließend wurden verdiente Amtsleiter von Herrn Brücker mit der Verdienstnadel in Gold ausgezeichnet, und zwar Ehrenpräsident Peter Adam, Vizepräsident Peter Schönherr und Generalsekretär Ferdinand Berencz. Der Präsident des Dachverbandes (Kanada), Herr Stefan Jauch, und der Redakteur der donauschwäbischen Zeitschrift „Heimatbote", Wekerle, wurden ebenfalls mit einem schönen Andenken aus Sindelfingen bedacht.

Der feierliche Einzug des Rosmareinstraußes mit der Präsidentin des Frauenbundes, Frau Judith Hanke, in Begleitung der Mitglieder des Frauenbundes und der Ersten Donauschwäbischen Trachtengruppe unter der Leitung von Herrn Toni Weiss brachte den ganzen Saal in festliche

Verdiente Landsleute in Kanada und in den USA.

2. Die Integration der deutschen Aussiedler aus den Ost-
   blockländern in der Bundesrepublik und die daraus fol-
   gende sozialkaritative Hilfe der zurückgebliebenen
   Banater Schwaben. Als die geeignete Person für diese
   Arbeit wurde Schwester Patricia Zimmermann vom
   Caritasverband Würzburg vorgeschlagen.

Als Punkt 3 wäre der planmäßige Ausbau der Medienarbeit anzuführen. Vor allem sollte der „Heimatbote" als
gemeinsames Sprachrohr beider Verbände von jedem
angeschlossenen Verein abonniert werden.

Auf Antrag von Herrn Sepp Holzer (Cleveland) wurde der
alte Vorstand ohne Änderung durch Akklamation für weitere zwei Jahre im Amt belassen.

Herr Brücker kündigte für das Jahr 1990 die Landesgarten-
schau in Sindelfingen an und ersuchte die Jugendgruppen,
über den Dachverband und das Patenschaftsbüro Sindelfingen eine Kulturprogramm vorzubereiten, um an dieser
großartigen Blumenausstellung teilnehmen zu können.
Ferner kam die Diskussion auf die 50jährige Wiederkehr
der Vertreibung und die Großveranstaltung in Toronto zu
diesem Anlaß. Da die Zeit schon fortgeschritten war,
mußte man die Sitzung um 14 Uhr beenden, um sich nach
dem Mittagessen rechtzeitig auf die Heimreise begeben zu
können.   A. Wekerle

Wir pflügen und wir streuen den Samen auf das Land,
doch Wachstum und Gedeihen, das steht in Gottes Hand.

Das große Heimattreffen in Kanada 1994

Die Deutschamerikaner blicken auf eine bewegte, aber auch beachtenswerte historische, kirchliche, kulturelle und wirtschaftliche Vergangenheit zurück. Spuren ihres Lebens und Wirkens lassen sich deutlich bis ins 18. Jahrhundert zurückverfolgen. Man braucht bloß die geschichtliche Entwicklung zu kennen oder auch in alten Dokumenten blättern, so wird man sich von den vielseitigen Leistungen der Deutschen überzeugen können.

Als Angehörige einer zielorientierten Gemeinschaft gründeten die Deutschen Kirchen und Schulen, ja ganze Siedlungen, schufen neues Ackerland, bauten Handwerksbetriebe und Fabriken auf, widmeten sich der Kunst und der Wissenschaft, gründeten Klubs und Vereine, pflegten ihre Muttersprache und altüberliefertes Brauchtum. Allgemein kann festgestellt werden, daß die deutschstämmigen Bürger eine großartige Aufbauleistung vollbrachten und wegen ihres Fleißes, ihrer Sparsamkeit und ihres Unternehmungsgeistes allgemein hohes Ansehen genossen.

Eine überaus große und erfolgreiche Aktivität entfalteten die donauschwäbischen Neueinwanderer, die nach der Katastrophe des 2. Weltkrieges aus der angestammten Heimat vertrieben worden waren. Ihr stark ausgeprägtes Gemeinschaftsbewußtsein wurzelte tief in der alten Heimat, in der Familie, in der Kirche, in der guten Nachbarschaft.

Schon bei den Siedlerahnen, die im 18. und 19. Jahrhundert zwischen Donau, Theiß und Marosch „aus einer Wüste ein blühend Eden" schufen, war das Gefühl für Geborgenheit und schicksalhafte Verbundenheit stark entwickelt. Insbesondere die ersten Generationen bekundeten sehr viel Sinn für familienhaftes Dasein. Ihre Glieder wurden von den ungeschriebenen Gesetzen der überlieferten und neuerworbenen Tradition, von Sitte und Brauchtum, von den tragenden Werten der Muttersprache, nicht zuletzt auch von der Ehrfurcht allem Alten gegenüber als Erbe und Verpflichtung geprägt. Der festverwurzelte Gemeinschaftssinn war damit nicht bloß ein Stück Urheimat, sondern eine Verpflichtung, ein sehr ernstes, lebenserhaltendes Anliegen im täglichen Kampf um Existenz und Vorwärtskommen, im Bemühen, sich des Verfalls und der Entfremdung zu erwehren.

Diese Treue offenbarte sich im Bekenntnis zur Tradition der Väter, in der Pflege der Muttersprache und in der Erhaltung der überlieferten Sitten und Bräuche. Es war dies kein programmatisch-politisches, sondern vielmehr ein instinktives und natürliches Bekenntnis, ein gesundes Volkstum, frei von chauvinistischen Ambitionen und nazistischen Tendenzen. Dieses Deutschtum hatte keinen aggressiven Charakter, es mied die Herausforderung und den Streit, es verhielt sich dementsprechend anderen Völkern und Volksgruppen gegenüber tolerant, respektierte das fremde Volkstum und war stets friedliebend und verständigungsbereit.

Dieses tiefverwurzelte Zusammengehörigkeitsgefühl blieb den Donauschwaben in Übersee erhalten. In Vereinen und Klubs sowie in landsmannschaftlichen und kirchlichen Organisationen wird auch heute der Gemeinschaftsgedanke zielstrebig gefördert und liebevoll gepflegt.

Toronto.

Das Welttreffen in Toronto 1994

Freilich soll das Gemeinschaftsbewußtsein und weltweite donauschwäbische Solidarität auch nach außen zum Ausdruck kommen. So wurde auf dem großen Treffen des Weltdachverbandes donauschwäbischer Landsmannschaften im Herbst 1988 in Kitchener einstimmig beschlossen, 1994 in Toronto ein Welttreffen der Donauschwaben durchzuführen.

Träger dieses Treffens sind die Dachverbände der Donauschwaben in den USA und in Kanada. Zur Teilnahme sind alle donauschwäbischen landsmannschaftlichen Organisationen in Europa, Südamerika und Australien eingeladen. Im Mittelpunkt sämtlicher Veranstaltungen, die etwa eine Woche beanspruchen, stehen die Geschichte, die kulturellen und wirtschaftlichen Leistungen sowie das Schicksal der Donauschwaben. Die Feier wird mit Kundgebungen, Trachtenzügen, Volkstanzwettbewerben, sportlichen Veranstaltungen sowie mit kulturellen Werk- und Arbeitstagungen umrahmt.

Dieses großangelegte donauschwäbische Welttreffen kann nur dann das gesteckte Ziel erreichen und zu einem Erfolg führen, wenn alle landsmannschaftlichen Verbände und Gliederungen zur Mitarbeit und zur finanziellen Unterstützung bereit sind. Nähere Mitteilungen über die praktische beziehungsweise organisatorische Durchführung des Festes ergehen rechtzeitig an alle Freunde und Helfer. Hier gilt insbesondere unser Leitwort: „Leit, halle zamme!"

Heim der Donauschwaben „Schwaben-Club", Kitchener, Kanada

Jugendheim der Donauschwaben Entre Rios, Brasilien

Heim der Donauschwaben Toronto, Kanada

Heim der Donauschwaben Buenos Aires, Argentinien

Heim der Donauschwaben „Teutonia-Club", Windsor, Kanada

Heim der Donauschwaben Adelaide, Südaustralien

Donauschwaben in Amerika und Kanada

Unser Volksstamm und seine Charakterzüge haben sich im Zusammenleben über 250 Jahre in einer festgefügten Dorfgemeinschaft in der alten Heimat entwickelt und faßten kennzeichnende kulturelle Wurzel. Durch das Nebeneinanderleben mehrerer Kulturvölker in der Östereichisch-Ungarischen Monarchie entstand in unserer Mitte ein großes Verständnis und Toleranz für die Andersnationalen. Mit dieser großen Toleranz landeten unsere Einwanderer auf dem richtigen Boden in Amerika, wo sie wegweisend für ein friedliches und verständigungsbereites Leben mit bedeutender Vorschulung eintreten konnten. Die „Schmelztiegelpolitik" für die amerikanischen Minderheitsgruppen fand keinen Anklang, und man liebäugelte mit der kanadischen Minderheitenpolitik des „Mosaiks" vieler Völker. Das kanadische Konzept war unserer Tradition der alten Heimat viel mehr artverwandt. Es dauerte nicht lange, bis die ersten Vereine und Klubs diesem Konzept folgten. Der Verein oder die Kirchengemeinde ersetzte für unsere Schwaben die Geborgenheit der gewesenen Dorfgemeinschaft. Im Anfang war sie ein großer Vorteil gegen Assimilierung und Entfremdung. Wir kritisierten die Alteinwanderer mit ihrem bunten Durcheinander von Deutsch und Englisch in ihrer Umgangssprache.

Als Neueinwanderer hatten wir alle den sehnlichsten Wunsch, unser kulturelles Erbe zu erhalten. Wir wollten alle in das „Mosaik" der neugewählten Heimat aufgenommen, aber nicht assimiliert werden. Wir glaubten an die Schönheit der Nation, die sich in der Vielfalt der ethnischen Gruppen wiederspiegelt. Wir bestanden auf unsere Identität, die in der Harmonie von Volkstum und Religion liegt. Wir waren überzeugt, daß eine solche Vielfalt der ethnischen Gruppen eine Nation bereichert und daß unsere Anstrengungen zum Reichtum dieser Vielfalt beitragen können. Wir waren überzeugt, daß wir das Kulturleben des Landes mit unserem ererbten Fleiß, Pflichtbewußtsein, Gastfreundschaft, Zusammengehörigkeitsgefühl und Hilfsbereitschaft bereichern können. Es war uns auch bewußt, daß durch die Streulage und ohne jegliche geschlossene Organisation einige oder alle unserer Merkmale im Wohlstand des Landes verloren gehen können.

Jetzt, nach einem 30jährigen Einfluß einer anderen Kultur, verstehen wir die Schwierigkeiten, die sich unseren Charakterzügen entgegensetzen. Unser Volkstum ist im ständigen Werden und Gehen. Dieser Umstand wird noch durch die Änderung in unserer Siedlungslage beschleunigt. Aus einer festen Dorfgemeinschaft herausgerissen und in eine Streulage der riesigen Industriestadt eingebettet, verkümmert jeder Versuch gegen Verfall und Entfremdung. Die stärkste Stütze in diesem Kampf ist der traditionelle Sinn der Schwaben für die Familie, in der Volkstum und Religion gepflegt werden. Da in den Vereinen und Klubs leider nur Volkstum gepflegt werden kann, besteht die Gefahr, daß auch dieser traditionelle Sinn für eine charakterstarke Familie verloren geht. Auch wir bleiben von der modernen amerikanischen Freiheitswelle nicht verschont, da wir inmitten dieses Milieus leben, wo Ehescheidungen gang und gäbe sind. Der Volkstumskampf eines Guttenbrunn oder Bleyer ist unserer heutigen Jugend veraltet. Das Vereinsleben erscheint für unsere Jugend zu einseitig; in ihrem Benehmen kommt sie uns manchmal sehr fremd vor. Das unpersönliche Stadtleben, der Mangel an Begeisterung und finanzieller Unterstützung der breiten Masse innerhalb der eigenen ethnischen Gruppe wirkt auf die Vereinsarbeit der verantwortlichen Vorstände bedrückend. Es erweckt den Anschein, als ob die alte Tradition nicht mehr in unser

Leben passen würde. Jedoch, wenn wir das Gebaren des Vereinslebens näher und kritischer betrachten, können wir das Fehlen des wohltätigen Gefühls einer gewesenen, lebenslustigen und begeisterten Dorfgemeinschaft als eine nackte Tatsache feststellen. Was zu Hause so natürlich wirkte, erscheint hierzulande so gezwungen. Was soll man da unternehmen, um diese Situation zu ändern?

In erster Linie sollte man das Problem der Streulage unserer Menschen lösen, um dadurch den wohlwollenden Sinn des Zusammengehörigkeitsgefühls wiederherzustellen und neu zu beleben. Viele unserer Vereinshäuser in Amerika und Kanada könnten in der Lage sein, wenigstens 100 bis 200 Familienhäuser in unmittelbarer Nähe des Vereinshauses zu fördern, damit eine gesunde Basis für die Zukunft der Volksgruppe gesichert werden kann, von welcher sich durch Pflege des Volkstums und der Religion ein neues Gesellschaftsleben heranbilden kann. Wenn wir authentische Feste oder religiöse Feiern zusammenstellen können, wo Fäden der Kultur, Geschichte, des Volkstums und der Religion zusammenfließen, dann können wir unserem Gemeinschaftsleben einen wegweisenden Sinn wiedergeben.

Großveranstaltungen wie der Tag der Donauschwaben in Detroit sind dazu geeignet, um solche weitreichenden Pläne zu fassen. Das wird in Amerika und Kanada eine große Aufgabe sein, da wir zerstreut in allen Großstädten leben, jedoch der Wille und die Courage dazu ist notwendig. Sollten solche Pläne von den einzelnen Städtegruppen an diesem Tag gefaßt werden, dann haben sie den Auftrag dieses großen Tages erfüllt.

Über einzelne erfolgreiche Versuche der Zentralisierung unserer Kulturarbeit in Kanada werden wir in den nächsten Nummern des Heimatboten berichten.

Anton Wekerle, Redakteur

Kanada

Beim Überfliegen Kanadas gewinnt man einen ungefähren Eindruck von den gewaltigen Dimensionen und den verschiedenartigen Gliederungen des Landes. Es erstreckt sich in Ost-West-Richtung vom Atlantik zum Pazifik über 6500 Kilometer und umfaßt als zweitgrößtes Land der Erde 9 976 177 Quadratkilometer. Mit seinen nördlichen Tundren, den endlosen Prärien, grenzenlosen Wäldern und gewaltigen Hochgebirgen, aber auch mit seinen langen und strengen Wintern und kurzen Sommern blieb Kanada lange unerschlossen.

Da die frühen Entdeckungen der Wikinger ohne Folgen blieben, begann die Erschließung durch Europäer erst, nachdem G. Cabato 1497 an der Küste von Labrador gelandet war. Sein Sohn S. Cabato befuhr 1517 die Hudsonstraße. 1534 erforschte J. Cartier das St.-Lorenz-Tal und nahm es als „Neufrankreich" für Franz I. in Besitz. 1608 gründete S. de Champlain Quebec. Das 17. und das 18. Jahrhundert sind erfüllt von kriegerischen Auseinandersetzungen der französischen Siedler mit England, das schließlich während des siebenjährigen Krieges Quebec und Montreal eroberte und 1763 im Frieden von Paris das ganze Gebiet östlich des Mississippi an sich brachte.

Diese Entwicklung blieb nicht ohne Folgen für die deutschen Auswanderer, die schon im 17. Jahrhundert nördlich der Großen Seen eine neue Heimat fanden. Welch große Anziehungskraft von Neufrankreich ausging, bezeugt das 1613 in Augsburg erschienene Buch mit dem Titel „Francia Novua", das in deutscher Sprache über Kanada berichtete. Der Deutsche Hans Bernath wird 1664 als Käufer von zwei „arpents" Land in Neufrankreich urkundlich erwähnt. Unter der Führung des deutschen Obristen Waldo nahm 1745 das aus deutschen Siedlern bestehende „Second Massachusetts Regiment" an der Erstürmung der französischen Festung Louisburg auf Cape Breton teil.

Um 1750 setzte eine intensive Einwanderung deutscher Siedler in Kanada ein. So trafen im September 1750 auf dem Segelschiff „Ann" etwa 300 Deutsche in Neu-Schottland ein und wurden in „German Town" – einem Stadtteil von Halifax – untergebracht. Es waren vorwiegend protestantische Auswanderer aus Hannover, Württemberg und dem Rheinland.

Zwischen 1750 und 1752 kamen etwa 2000 Deutsche, unter ihnen Braunschweiger, Pfälzer und Schweizer, nach Neu-Schottland beziehungsweise Halifax, wo sie hauptsächlich beim Bau von Befestigungsanlagen eingesetzt wurden.

Sowohl die ständige Kriegsgefahr als auch die Bedrohung durch die Indianer bewog die Siedler, ihre Kolonie mit Palisaden und schweren Blockhäusern zu befestigen. Ein Teil der Deutschen in Lunenburg wandte sich dem Schiffsbau und der Hochseefischerei zu und begründeten damit die Hochseefischerei an den Küsten Neu-Schottlands. Noch heute ist auf der kanadischen Zehn-Cent-Münze der von den Lunenburgern gebaute Schoner zu sehen.

Da die Rechte der französischen Bevölkerung respektiert wurden, beteiligte sich Kanada nicht am Unabhängigkeitskrieg der USA gegen England, nahm vielmehr nach dessen Abschluß zahlreiche Königstreue – auch „Loyalisten" genannt – aus den USA als Flüchtlinge auf. Unter den Loyalisten befanden sich zahlreiche deutschstämmige Soldtruppen, die während des amerikanischen Unabhängigkeitskrieges von deutschen Fürsten verkauft worden waren und nun als sogenannte „Hessen" im Lande blieben. Erinnert sei in diesem Zusammenhang an das starke deutsch-hessische Kontingent im britischen Heer unter dem Oberbefehl von General Friedrich Adolphus von Riedesel aus Lauterbach/Hessen und an den Loyalistenoffizier Graß, der 1784, also vor 200 Jahren, mit einer Gruppe Königstreuer die Stadt Kingston gründete. Loyalisten fanden auch in den Grafschaften Dundas und Stormont in der Provinz Ontario eine neue Heimat.

1786 setzte ein verstärkter Zuzug deutscher Mennoniten ein. Auf der Suche nach Glaubens- und Religionsfreiheit sowie nach Verwirklichung ihrer Lebensgrundsätze zogen sie aus Pennsylvanien über den Conestoga Trail nach Ontario. In der Grafschaft Waterloss kauften sie die Hälfte des Landes und verwandelten in wenigen Jahren die Prärie in fruchtbares Ackerland.

Weitere deutsche Auswanderer folgten, von 1820 bis 1870 etwa 55 000 Seelen. Sie kamen aus verschiedenen Gebieten des Reiches, hauptsächlich aber aus Baden, Württemberg, Hessen, Bayern und dem Elsaß. Ihrer Religionszugehörigkeit nach waren es Methodisten, Lutheraner, Reformierte, Baptisten, Katholiken, Presbyterianer und Anglikaner. Deutsche Ortsnamen wie Neu-Hamburg, Frankfort,

VERWALTUNGS-
EINTEILUNG

KANADA

	Staatsgrenzen
	Provinzgrenzen Territoriumsgrenzen
◉	Hauptstadt
o	Verwaltungssitze der Provinzen bzw. Territorien
	Französisches Sprachgebiet

Baden, Straßburg, Heidelberg, Freiburg, Mannheim und Carlsruhe sowie die vier Distrikte in Upper Kanada (Ontario) Lunenburg, Mecklenburg, Hess und Nassau – erinnern an ihre Gründer und an deutsches Wirken in diesem Raum. Von den Neusiedlern gingen wertvollen Impulse für die Landwirtschaft im gesamten kanadischen Osten aus. Deutsche Handwerker, Gewerbetreibende und Unternehmer bewährten sich in Toronto und Ottawa.

Gründung der Stadt Berlin

Die Gründung einer deutschen Siedlung in Ontario im Jahre 1807 durch Joseph Schneider machte in Kanada Geschichte. Wie stark hier das deutsche Element vertreten und intensiv tätig war, zeigt sich in der Namensgebung des Dorfes und der späteren Stadt: Aus Sand Hills – Mount Pleasant – und Ebytown wurde 1833 Berlin. Dank des

Fleißes und des Unternehmensgeistes, aber auch der Intelligenz seiner Bewohner, entwickelte sich Berlin in einer verhältnismäßig kurzen Zeit zum geistig-kulturellen und wirtschaftlichen Mittelpunkt des Deutschtums in Kanada.

Wie ein Magnet zog die Stadt deutsche Einwanderer an, die dann in ihrer näheren und weiteren Umgebung weitere Siedlungen gründeten, so New Germany, Weißenburg, Hannover, Neustadt, Rostock, Weißenburg, New-Prussia, Moltke, Josephsburg, Petersburg, Rummelhardt, Philippsburg, Brodhagen, Brunner, Kurtzville und Alsfeld. Deutsche Namen, deutsches Schicksal, deutsche Aufbauleistung fern der alten Heimat!

Bewunderungswürdig war der rapide Aufstieg und die Entwicklung der Stadt Berlin. Die enge Verbundenheit der Bevölkerung mit ihrer Religion, ihrer althergebrachten Kultur und ihrem angestammten Volkstum zeigte sich in der Errichtung von Kirchen, Schulen und Vereinsheimen.

Das Vereinsleben blühte auf und förderte nicht bloß die geistig-kulturelle und musische Tradition der Heimat, sondern stärkte auch das Zusammengehörigkeitsgefühl.

Laienbühnen führten deutsche Schauspiele und Theaterstücke mit Erfolg auf. Auf Sängerfesten erfreuten Chöre und Singtruppen ihre Zuhörer mit Volks- und Kunstliedern. Bei festlichen Anlässen und in Feierstunden kamen althergebrachte Sitten und Bräuche zur Geltung. Blätter wie „Der Deutsche in Kanada", der „Kanadische Kolonist", der „Deutsche Reformer", der Kanadische Bauernfreund", das „Volksblatt", der „Hamburger Beobachter", das „Evangelische Kirchenblatt", die „Freie Presse", das „Berliner Journal" und andere traten stets für die Belange der deutschstämmigen Bevölkerung, insbesondere für die Erhaltung der deutschen Sprache und Kultur ein.

Aber auch Gewerbe, Handel und Industrie spielten in der Gesamtentwicklung Berlins eine bedeutsame Rolle, wobei es nicht an persönlicher Initiative fehlte. Alle Stadtpläne weisen zahlreichen Kaufläden, Gastwirtschaften und Handwerksbetriebe auf. Johann M. Schneider, bekannt durch seine ausgezeichneten Fleisch- und Wurstwaren, erhob Berlin zur „Wurststadt Kanadas". Wilhelm Hespeler gründete eine Schnapsbrennerei, aus der sich die größte Spirituosenfirma der Welt entwickelte.

Adam Beck und seine Freunde Schneider, Breithaupt und Detweiler nutzten die Wasserkraft der zahlreichen Seen in Ontario und schufen die staatlichen Monopole der Wasserkraft. Möbelfabriken, Ziegeleien, Lederwerke, Knopffabriken, Filzwerke, Gummiindustrie und große Lebensmittelmärkte runden das Bild in einer fortschrittlichen Wirtschaft ab.

Im Osten Kanadas

Das Bild der Kolonisierung Kanadas wäre unvollständig, wollte man die deutschstämmigen Siedler vergessen, die im Westen eine neue Heimat fanden. Durch das schier unendliche Land zwischen dem „Kanadischen Schild" und dem Felsengebirge ziehen sich von Ost nach West die Spuren deutschen Schaffens und deutscher Aufbauleistung.

Die Siedler kamen als Flüchtlinge, Vertriebene („Loyalisten") und Auswanderer aus den Gebieten der USA – sie kamen aus allen Teilen des deutschen Reichsgebietes, sie kamen von der Wolga und von der Krim, aus Wolhynien und Galizien, aus der Ukraine, aus Bessarabien, aus der Bukowina und aus den Gebieten zwischen Donau, Theiß und Marosch. Wir sehen sie auf dem Wege nach Manitoba, Saskatchewan und Alberta. Sie bewährten sich bei grimmiger Kälte des Winters und in der glühenden Hitze des Sommers, sie überwanden Mißernten, Hunger und Krankheiten.

Ob die Deutschen in der Prärie oder in den Busch kamen, immer waren sie auch unter den schwierigsten Lebens- und Arbeitsbedingungen redlich bemüht, in dem neuen Land eine bleibende Heimat für sich und ihre Kinder zu schaffen. Aus einfachen Erdwohnungen und Blockhütten entwickelten sich Bauernhäuser mit schönen Wohnungen, geräumigen Ställen und großen Scheunen. Die Siedler legten Äcker und Wiesen an, pflanzten Getreide und Gemüse und schmückten ihre Gärten mit bunten Blumen. Zum Ackerbau gesellte sich die Viehzucht. Neue Wege und Straßen schufen die Grundlage für das spätere fortschrittliche Verkehrswesen. Namen wie Kleefeld, Hochstädt, Grüntal, Steinbach, Gretna, Halbstadt, Winkler, Rheinfeld, Rheinland, Neubergthal, Altberthal, Silberfeld, Blumenort, Kronstal, Schönwiese, Rosenrot, Rosenfeld und andere deuten unmißverständlich auf den deutschen Ursprung hin.

Nun aber beweisen statistische Unterlagen, daß die Deutschen in Kanada sich verhältnismäßig schnell anpaßten und assimilierten. Hier seien einige Gründe genannt: der schwache Kontakt mit dem deutschen Mutterland, das man oft enttäuscht und freiheitssuchend verlassen hatte, das geringe Interesse des Reiches am Schicksal seiner ausgewanderten Bürger. Erinnert sei in diesem Zusammenhang an ein Wort von Friedrich List: „Jährlich lassen wir viele Tausend unserer Söhne nach den verschiedensten Gegenden ziehen, ohne uns darum zu kümmern, ob sie zugrunde oder doch dem Vaterlande verlorengehen."
Die Deutschstämmigen hatten dem stark ausgeprägten Volks- und Nationalbewußtsein der Engländer und der Franzosen nichts Gleichwertiges entgegenzusetzen. Der

ständige Kampf um Existenz, Selbstbewährung und Vorwärtskommen ließ völkische oder gar nationale Regungen
bald verstummen, außerdem förderten die sprachliche Verwandtschaft, die zivilsatorische und gesellschaftliche
Anpassung sowie die wirtschaftlich-soziale Integration,
nicht zuletzt auch die staatspolitische Loyalität den Assi-
millierungsprozeß.   Brücker, 1984

Auswanderer

Sie nahmen Abschied schon vor vielen Jahren,
doch der war kurz, wie im Vorübergehn.
Sie haben so viel bitteres Leid erfahren,
dass sie sich manche Träne werden sparen,
wo sie im Geist ein neues Ufer sehn.

Sie haben Unersetzbares verloren,
sie fanden nirgends einen Aufenthalt;
sie standen oft verzagt vor fremden Toren
und haben allem Menschsein abgeschworen,
denn auch die Herzen waren hart und kalt.

Verstummt sind längst die heimatlichen Lieder,
ja selbst das Heimweh siecht nur so dahin . . .
O, es sind doch nicht alle Menschen Brüder,
steigt einer auf, drückt er den andern nieder
und sucht an seinem Unglück noch Gewinn.

Das Mutterland hat fremd sie aufgenommen,
das Vaterland bedarf nicht ihrer Treu.
So sind die Hoffnungen hinweggeschwommen,
in falsche Wehmut hüllten sich die Frommen,
so lang die Not an ihnen zog vorbei.

Dem aber werden sie Erinnerung bewahren,
der ihnen drückte brüderlich die Hand,
wenn sich nach neuen leiddurchzogenen Jahren,
nach neuen schweren Nöten und Gefahren
ein hilfsbereiter Bruder wieder fand.

Nun sie den Abschiedswagen erst besteigen,
vergessen sie des Leides und der Not:
sie werden über das Erlebte schweigen
und keinen leisen Zug von Undank zeigen –
nur in der Kehle würgt manch bitterer Bissen Brot.

Jakob Wolf

Deutsche in Kanada

Wie wir festgestellt haben, kamen deutsche Menschen verhältnismäßig früh mit dem nordamerikanischen Kontinent beziehungsweise mit Kanada in Berührung. Erinnert sei an die Seefahrten der Wikinger, die unter Leif Erikson um 1000 bis nach Labrador und Neufundland vorgedrungen waren. An der Expedition soll auch der Deutsche Tyrkir teilgenommen haben. Weitere Expeditionen und Entdeckungsfahrten folgten, wobei weite Teile des Kontinents allmählich besiedelt und kultiviert wurden. Jahrhunderte gingen dahin.

Die ersten Deutschen kamen auf Betreiben von Franzosen und Engländern als Söldner oder Arbeiter ins Land. Der erste deutsche Einwanderer in Kanada, Hans Bernath, kaufte 1664 ein Stück Land nahe der Stadt Quebec. 1666 lebten etwa 3500 Einwohner in der französischen Kolonie „Nouvelle France", darunter einige Deutsche. 1670 gründete Prinz Ruprecht von der Pfalz die „Hudson's Bay Companie". Zwischen 1689 und 1763 gelang es in vier englisch-französischen Kriegen, den Franzosen ihre nordamerikanischen Kolonien zu entreißen. Auf beiden Seiten kämpften auch deutsche Söldner. Bei der Erstürmung der französischen Festung Louisburg auf der Cape-Breton-Insel waren pfälzische Siedler aus Maine dabei.

Die erste Gruppeneinwanderung deutscher Menschen setzte in Kanada 1750 ein. Damals landeten etwa 300 Deutsche auf dem Schiff „Ann" in Halifax und gründeten den Stadtteil „German Town". 1755 wurde General von Dieskau Oberbefehlshaber der französischen Truppen in „Neu-Frankreich". 1753 gründeten Deutsche die Stadt Lüneburg/Lunenburg; 1760 ließen sich Deutsche in Montreal nieder. Von den ersten deutschen Stadtgründungen ausgehend, entstanden im Laufe der Jahre viele kleine Tochtersiedlungen mit Handwerkern, Kaufleuten und Bauern. Bei der Volkszählung in Neu-Schottland 1766/67 wohnten 264 Deutsche in Halifax und 1417 in Lunenburg. Geworbene deutsche Siedler, abgemusterte Soldaten des britischen Königs, unter ihnen zahlreiche Deutsche, ferner deutsche Loyalisten und abgemusterte Hilfstruppen verstärkten im 18. Jahrhundert die Gruppeneinwanderung nach Kanada. Weitere Einwanderer kamen aus allen Teilen Deutschlands. Neue Siedlungen entstanden in Neu-Braunschweig, Neu-Schottland, insbesondere aber in den Räumen von Quebec, Ontario, Manitoba, Saskatchewan und Alberta. Die Besiedlung des kanadischen Westens nahm allerdings längere Zeit in Anspruch.

Ein Heimstättengesetz für mittellose Landwirte (1872), Siedleranwerbung seitens der Canadian Pacific Railways, der Canadian National Railways, der North Atlantic Trading Company und anderer Werbeagenturen, aber auch die systematischen Einwanderungsaktionen der kanadischen Regierung förderten seit 1870 die Masseneinwanderung in den kanadischen Westen. Auch die Hauptmasse der deutschen Einwanderer wandte sich bis zum 1. Weltkrieg nach Westkanada. Von 1900 bis 1914 kamen etwa 10 bis 15 Prozent aus dem Deutschen Reich, 40 bis 45 Prozent aus Rußland, etwa 25 Prozent aus Südosteuropa und etwa 20 Prozent aus den USA (nach Professor Dr. Hartmut Fröschle).

Die deutsche Einwanderung nach Kanada wurde durch den 1. Weltkrieg zwar unterbrochen, setzte sich aber ab 1923 fort. Auch weiterhin kamen Landarbeiter, Bauern und Gewerbetreibende ins Land. Allerdings zog es die neuen „Immigranten" vor allem in die schnell wachsenden Städte wie Ottawa, Quebec, Toronto, Winnipeg, Regina und andere.

Schon frühzeitig gründeten die deutschen Einwanderer Kirchen und Schulen, verschiedene Organisationen und Klubs, förderten die Presse beziehungsweise andere Medien und vollbrachten eine hervorragende Leistung in der Landwirtschaft, in Handwerk, Industrie und Handel, in Wissenschaft und Forschung, in der Politik und im öffentlichen Leben, in der Architektur, Malerei und Bildhauerei sowie in der Kunst und Musik. Die Pflege der deutschen Volkskultur und des überlieferten Brauchtums trugen viel zur Bereicherung der allgemeinen Kultur des Landes bei. Der 2. Weltkrieg bereitete dieser verheißungsvollen Entwicklung ein jähes Ende. Die politische Entwicklung im Reich und die Folgen des Krieges fügten dem deutsch-kanadischen Gemeinschaftsleben schweren Schaden zu. Trotz Schwierigkeiten ging das Leben aber weiter: Das „Deutsch-Kanadische Hilfswerk" hatte sich zum Ziel gesetzt, die notleidende Bevölkerung in Deutschland und in Österreich zu unterstützen.

Die 1951 gegründete Trans-Canada Alliance of German-Canadians, der bald über 100 Vereine in Kanada angehörten, hatte sich nicht bloß die soziale Unterstützung, sondern auch die „Förderung deutscher Tradition, der Sprache, der Musik und der Literatur sowie auch der Weckung von Verständnis bei kanadischen Institutionen für Belange der Deutschen und des Warenaustausches zwischen der Bundesrepublik Deutschland" zum Ziel gesetzt (nach Bernd G. Längin).

Nach dem 2. Weltkrieg ergoß sich eine neue, große Einwanderungswelle über Kanada, Heimatvertriebene, geflüchtete und verarmte Europäer suchten und fanden in Kanada eine neue Heimat.

Zwischen 1945 und 1970 wanderten etwa zwei Millionen Menschen ein, unter ihnen etwa 412 000 aus Deutschland, Österreich und der Schweiz. Am stärksten war die deutsche Einwanderung nach Kanada in den 50er Jahren.

Zwar haben die Deutschkanadier beim Aufbau und der Entwicklung Kanadas zu einem modernen Industrie-, Kultur- und Sozialstaat eine enorme Leistung vollbracht, doch vollzog sich in ihren Reihen eine schnelle Assimilierung, was sich bei der Bewahrung der angestammten Muttersprache und Kultur überaus nachteilig auswirkte. Nachdenklich stimmt eine staatliche Statistik: Bei der 1971 durchgeführten Volkszählung, bei der man erstmals neben der ethnischen Abstammung auch die Muttersprache und die am häufigsten gesprochene Sprache erfragte, gaben von 1 317 195 Deutschen 561 085 Deutsch als Kindheitssprache und 213 350 als Umgangssprache an. Trotz des kanadischen Multikulturalismus war im Jahre 1981 die Zahl der Deutschsprachigen auf rund 150 000 abgesunken.

Für die schnelle Assimilation führt Professor Dr. Hartmut Fröschle folgende Gründe an: Die weite Streuung der deutschen Siedlungen; die Dominanz soziologisch niederer Gruppen unter den deutschen Einwanderern; die Verwandtschaft mit den Angelsachsen, die schneller Integration Vorschub leistete; die religiöse und landsmannschaftliche Zersplitterung der Deutschen und der hieraus resultierende Mangel eines umfassenden, einheitlichen National- beziehungsweise Volksbewußtseins; die Hochachtung des preußisch geprägten Deutschen vor dem Staat, sein patriotischer Eifer, ein guter, ordentlicher Staatsbürger zu sein, und schließlich der deutsche Nationalcharakter, der sich bei all seinen regionalen Ausprägungen durch einen gemeinsamen Aspekt kennzeichnet, den Theodor Heuss wie folgt umriß: „Das Seltsame der Deutschen ist – was aus ihrer Mittellage wie auch aus der reichen Begabtheit hervorgeht –, daß sie die ungeheure Rezeptionsfähigkeit für die Fremde besitzen und auch ein unmittelbares Rezeptionsbedürfnis, um sich reicher zu machen."

Dr. Fröschle stellte weiter fest, daß den Deutschkanadiern der prägende und stützende Einfluß der Elite – der Geldelite (Geschäfts- und Finanzgruppen) und der Geisteselite (Akademiker) – fehle. „Bei größerem kulturellem Engagement der deutschen wirtschaftlichen und politischen Entsandten zugunsten der ethnisch Deutschen im Ausland wäre manchem Jugendlichen seine deutsche Volkszugehörigkeit zu erhalten oder zurückzugewinnen."

Aber auch die einseitige und verzerrte Medienberichterstattung bezüglich des 2. Weltkrieges habe, so Dr. Fröschle, zur schnellen Assimilierung beigetragen: „Einen aus solch einseitiger Geschichtsschau resultierenden Schuldkomplex kann sich vielleicht ein großes Volk eine bis zwei Generationen lang leisten, ohne dabei unterzugehen; für Minderheiten, deren Selbstbewußtsein angesichts des Mehrheitsdrucks ständiger Ermutigung bedarf, ist solch eine Haltung tödlich. Wen wundert es, daß unter solchen Umständen der deutschkanadische Nachwuchs sein angestammtes Erbe verwirft und seine Herkunft verleugnet?"

Es sei an dieser Stelle kurz an einige deutsche Städtenamen in Kanada erinnert:
Alberta: Bruderheim, Friedenstal; Manitoba: Baden, Blumenfeld, Gnadenthal, Kleefeld, Reinland, Sommerfeld, Steinbach, Waldersee; Nova Scotia/Neu-Schottland: Lunenburg-Lüneburg, New Germany; Ontario: Baden, Bamberg, Bismarck, Breslau, Carlsruhe, Cassel, Dresden, Frankford, Freiburg, Hanover, Holstein, Mannheim, New Hamburg, Vienna, Wallenstein, Schumacher, Zurich; Saskatchewan: Blumenhof, Fulda, Hagen, Langenburg, Leipzig, Lemberg, Mozart, Muenster, Rhein.

Donauschwaben in Kanada

Im Zeitraum zwischen der Jahrhundertwende bis zum Ausbruch des 1. Weltkrieges haben sich Einzelpersonen und einige Familien aus dem donauschwäbischen Siedlungsgebiet entschlossen, nach Amerika beziehungsweise nach Kanada auszuwandern. Als dann nach 1918 die Donaumonarchie zusammengebrochen war und die donauschwäbische Volksgruppe dreigeteilt wurde, setzte eine verstärkte Auswanderung ein. Nicht bloß wirtschaftlich-soziale, sondern auch politische Gründe dürften unsere Landsleute bewogen haben, ihre Heimat zu verlassen und eine neue Existenz in Übersee aufzubauen.

Zwar wurden durch die Minderheitenschutzverträge den Donauschwaben Minderheitenrechte zuerkannt, doch betrachteten die Nationalstaaten Rumänien, Jugoslawien und Ungarn diese Verträge als Beeinträchtigung ihrer absoluten Souveränität. Sie empfanden die Minderheiten und den international garantierten Schutz als etwas Lästiges. Als sich dann noch zeigte, daß das System der Garantie und der Kontrolle nicht wirksam war, erlaubten sich die Nationalstaaten immer mehr Verletzungen der Verträge. Die Minderheiten waren dagegen schutz- und machtlos. Es setzte der Kampf der Deutschen um ihre verbrieften nationalen Lebensrechte ein. In dieser Situation haben sich viele Donauschwaben entschlossen, nach Übersee auszuwandern.

Der 2. Weltkrieg schlug den Donauschwaben tiefe und schmerzvolle Wunden und fügte ihnen schwere Verluste an Gut und Blut zu. Menschen wurden entrechtet, vernichtet, verschleppt und vertrieben. Viele der Überlebenden dieser furchbaren Katastrophe fanden nach Flucht und Vertreibung in Flüchtlingslagern in Österreich und Deutschland eine vorübergehende Bleibe. Erst als eine entsprechende gesetzliche Basis von den Regierungen der USA und Kanada geschaffen war, setzte die Einwanderung in die beiden Staaten ein.

Kanada erwies sich als attraktives Einwanderungsland, das den Auswanderern große Entwicklungs- und Entfaltungsmöglichkeiten bot und noch immer bietet. Die meisten donauschwäbischen Einwanderer wurden in den Provinzen Ontario und Quebec ansässig. Hier einige Angaben – ohne Anspruch auf Vollständigkeit:

Ontario: Windsor, Leamington, German Village, Niagars, Kitchener, Toronto, Newmarket, Scarbourough, Etobicoke, New Market, West Hill, Waterloo, Bradford, N. Willowdale, New Hamburg, Queensville, Preston, Cambridge, Brampton, West Downsview.
Quebec: Quebec, Laval-Des-Rapides, Montreal.

Die Neuankömmlinge schlossen sich verhältnismäßig schnell den bestehenden Kirchen und Religionsgemeinschaften an, fanden bald Zugang zu alten Klubs, Vereinen und anderen landsmannschaftlichen Organisationen. In vielen Fällen wurden neue landsmannschaftliche Vereinigungen gegründet und Vereinsheime geschaffen. Die Landsmannschaftsorganisationen der Donauschwaben schlossen sich im Laufe der Jahre zum „Verband der Donauschwaben in Kanada" – „Alliance of the Danube Swabians of Canada" – zusammen mit dem Ziel, die Stammesart, die angestammte Kultur, insbesondere die Muttersprache zu pflegen und für die Nachkommen zu erhalten.

Zwar sind die lokalen Verhältnisse verschieden, doch sind die einzelnen Ortsverbände im wesentlichen folgendermaßen gegliedert: Kindergruppen, Jugendgruppen, Frauengruppen, Sportabteilungen, Fußballmannschaften, Trachtengruppen, Skiklubs, Chöre und Blaskapellen. In den Wochenendschulen beziehungsweise Sprachschulen wird von qualifizierten Lehrkräften die deutsche Sprache in Wort und Schrift gelehrt und Grundelemente der deutschen Kultur vermittelt. Diese Schulen sind für das Fortbestehen der Stammesart von großer Bedeutung und verlangen von Eltern, Lehrern und Schülern ein großes Maß an Idealismus.

Besuch in Kanada

Während ihres Aufenthaltes in Cleveland führte die Rastatter Gruppe unter der Leitung von Adam Hetzel einen Ausflug an die Niagara-Fälle und zum Niagara German Canadians Club in Niagara Falls durch. Da der Weg die Staaten Ohio, Pennsylvania und New York berührte, nahm Bundesvorsitzender Brücker die Fahrt zum Anlaß, kurz auf die Geschichte der deutschstämmigen Auswanderer in diesem Raum einzugehen und deren Leistungen auf historischem, kulturellem und wirtschaftlichem Gebiet zu würdigen.

Schon um 1000 hätten die Wikinger Neufundland erreicht. Erst nach der Entdeckung Amerikas durch Kolumbus 1492 habe die Besiedlung des amerikanischen Kontinents durch Angehörige europäischer Völker eingesetzt. Vereinzelte deutsche Auswanderer könne man schon im 16. und zu Beginn des 17. Jahrhunderts registrieren. So zum Beispiel seien im Jahre 1562 hessische Protestanten und Elsässer in South Carolina gelandet. Unter den Engländern, die 1607 Jamestown/Virginia gegründet haben, seien auch deutsche Handwerker, hauptsächlich Zimmerer, gewesen. Der in Wesel am Rhein geborene Peter Minnewit habe von den Indianern die Insel Manhattan gekauft und dort das Fort Neu Amsterdam, das spätere New York, gegründet.

Der Name Pennsylvania sei auf den englischen Quäker William Penn zurückzuführen, der von der britischen Regierung 1681 ein ausgedehntes Stück unberührten Landes bei Philadelphia als Eigentümerkolonie zugesprochen erhalten habe, wo in den nachfolgenden Jahren auch deutsche Auswanderer ansässig geworden seien. Hier hätten 1683 13 Krefelder Mennonitenfamilien unter Franz Daniel Pastorius eine neue Heimat gefunden und Germantown gegründet. Mit ihnen habe die Geschichte von über 7 Millionen begonnen: Sie haben deutsche Einwanderung in Nordamerika, die Entstehung und Entwicklung der USA auf vielen Gebieten mitgestaltet.

Im einzelnen setzte Brücker seine Ausführungen fort: Die Einwanderer des 17. und des 18. Jahrhunderts waren überwiegend Angehörige verschiedener Glaubensgemeinschaften, die in Amerika Religionsfreiheit gesucht und auch gefunden haben. Aber auch andere Gründe haben deutsche Menschen bewogen, ihre Heimat zu verlassen und nach Amerika auszuwandern, so die Folgen des 30jährigen Krieges, die Franzoseneinfälle, politische Verfolgungen und Ausbeutung durch die Landesherren, Hunger und Armut.

Als 1775 der amerikanische Unabhängigkeitskrieg begann, siedelten bereits etwa 250 000 deutschstämmige Einwanderer in den Kolonien. Freiwillige wie das „German Regiment" aus Virginia, Generäle wie Johann Peter Mühlenberg (später Vizegouverneur von Pennsylvanien), Johann de Kalb, Nikolaus Herkimer, fochten an der Seite Washingtons für die amerikanische Unabhängigkeit. Den wichtigsten Beitrag aber zum Sieg der Revolution leistete Friedrich Wilhelm von Steuben, ehemals Rittmeister unter Friedrich dem Großen, später Generalinspekteur der amerikanischen Armee.

Im 19. Jahrhundert wurden die Vereinigten Staaten von Nordamerika zum Ziel einer der größten Völkerwanderungen der Geschichte, bei der deutsche Einwanderer zahlenmäßig die größte Rolle spielten. Etwa 1 400 000 Deutsche halfen mit, den amerikanischen Westen zu erschließen. Auch fanden Flüchtlinge der gescheiterten deutschen Revolution von 1848 in den USA eine neue politische Heimat, so Friedrich Hecker, der als General der Union im Bürgerkrieg kämpfte, und Carl Schurz, der Freund und Kampfgefährte Lincolns und spätere Innenminister. Auf allen Gebieten der Wirtschaft und der Kultur haben die deutschen Auswanderer großartige Leistungen vollbracht. Zwischen 1860 und 1880 wanderten etwa 1 500 000, zwischen 1880 und 1990 etwa 2 000 000 und zwischen 1900 und 1920 etwa 500 000 Deutsche ein. Dann verebbte der Zustrom. In den 30er Jahren wurden die USA noch ein weiteres Mal zur Heimstätte Tausender Deutscher, die während der NS-Zeit aus rassischen oder politischen Gründen fliehen mußten oder vertrieben wurden. Nach dem 2. Weltkrieg fanden viele Donauschwaben in den USA, in Kanada, in Südamerika und in Australien eine neue Heimat.

An den Niagara-Fällen

Buffalo kam in Sicht. Diese zweitgrößte Stadt des Staates New York und wichtigster Hafen am Eriesee ist vorwie-

Nikolaus Lenau.

beiden Fälle in die Tiefe und bilden die natürliche Grenze zwischen den Vereinigten Staaten und Kanada.

Seit Vater Hennepin die geheimnisvolle Schönheit der Fälle 1678 entdeckte, wurden Abenteurer, Wissenschaftler, Hochzeitsreisende, Hochseilartisten und sogar Faßschwimmer in ihren Bann gezogen – und natürlich Millionen Besucher aus dem Inland und dem Ausland. Blenden wir in das Jahr 1832 zurück, so sehen wir im Geiste unter den damaligen Besuchern einen jungen Mann, der wie gebannt, ja fasziniert auf das tobende, donnernde Wasser blickt: Es ist unser Dichter Nikolaus Lenau.

Nikolaus Lenau

Rastlosigkeit und innere Unruhe, das Suchen nach Wahrheit und Frieden, ließen ihn in deutschen Landen ein unstetes Leben führen. Von tiefer Schwermut und nagendem Weltschmerz geplagt, hatte sich Lenau entschlossen, Europa den Rücken zu kehren und in das „Land seiner Sehnsucht" zu ziehen. Es war zweifellos ein gewagter Schritt, denn nirgends hatte bisher dieser von tiefer, inniger Liebe zur Natur erfüllte Dichter und Denker Ruhe gefunden, nirgendwo vermochte er sich einzuwurzeln.

Sein Gedicht „Abschiedslied eines Auswandernden" ist politische Anklage gegen das herrschende System in seiner Heimat, aber auch poetische Illusion über amerikanische Demokratie: „Sei mir zum letztenmal gegrüßt, / mein Vaterland, das, feig und dumm, / die Ferse dem Despoten küßt / und seinem Wink gehorchet stumm." / . . . „Du neue Welt, du freie Welt, / an deren blütenreichem Strand / die Flut der Tyrannei zerschellt, / ich grüße dich, mein Vaterland!"

Auf einem alten Frachtschiff, das er im Juni 1832 in Amsterdam bestieg und das ihn nach zehnwöchiger Fahrt nach Amerika brachte, landete er in Chesapeak Bay bei Baltimore. Das erste Ziel seiner heißen Sehnsüchte waren die Niagara-Fälle, die er und sein Diener Philipp Huber nach einem strapaziösen Ritt auf einem Schimmel und einem Maulesel erwartungsvoll erreichten. Überwältigt von der Schönheit und der Großartigkeit dieses Naturwunders schrieb er sein Gedicht „Niagara", in dem es unter

gend eine Industriestadt, aber dank der ausgezeichneten Lage drängen auch viele Touristen nach hier. Von Büffeln ist nichts mehr zu sehen, dafür aber die großen Anlagen der Kraftfahrzeug-, Eisen-, Stahl-, Nahrungs- und Lederindustrie.

Nur eine knappe Stunde mit dem Auto von Buffalo entfernt ist das größte Naturschauspiel im Nordosten Amerikas zu sehen, die Wasserfälle am Niagara River, der den Eriesee mit dem Ontariosee verbindet. Die Differenz der Seespiegelhöhen von etwa 100 Meter auf 40 Kilometer Länge und harte Kalksteinbänke bewirken die Ausbildung der Fälle: auf kanadischer Seite der 900 Meter breite und 49,4 Meter hohe Hufeisenfall, auf amerikanischer Seite der 300 Meter breite und 51 Meter hohe Amerikanische Fall. 60 960 Kubikmeter Wasser stürzen jede Sekunde über die anderem heißt: „Klar und wie die Jugend heiter, / Und wie murmelnd süßen Traum, / Zieht der Niagara weiter / An des Urwalds süßem Saum." / . . . „Die Stromschnellen stürzen, schießen. / Donnern fort im wilden Drang, / Wie von Sehnsucht hingerissen, / Nach dem großen Untergang."

Nach seinem Abschied von den Fällen reiste Lenau durchs Land und erwarb dann in der Gegend des heutigen New Washington Ohio 400 Acres Urwald. Dabei gab er sich der Hoffnung hin, daß der eigene Landbesitz ihm ein unabhängiges dichterisches Schaffen ermöglichen werde.

Aber bald war Lenau von Amerika bitter enttäuscht. „Es ist ein Land voll träumerischem Trug, / Auf das die Freiheit im Vorüberflug / Bezaubernd ihren Schatten fallen läßt, / Und das ihn hält in tausend Bildern fest." – Ähnliche Gedanken werden im Gedicht „Die drei Indianer" lebendig, – ein alter Indianer und seine beiden Söhne stehen am Ufer des Niagara-Flusses, wobei der Alte aus tiefempörtem Herzen spricht: „Fluch den Weißen! Ihren letzten Spuren! / Jeder Welle Fluch, worauf sie führen, / Die einst Bettler unsern Strand erklettert! / Fluch dem Windhauch, dienstbar ihrem Schiffe! / Hundert Flüche jedem Felsriffe, das sie nicht hat in den Grund geschmettert! / . . . Täglich übers Meer in wilder Eile / Fliegen ihre Schiffe, giftige Pfeile, / Treffen unsre Küste mit Verderben. / Nichts hat uns die Räuberbrut gelassen, als im Herzen tödlich bittres Hassen: / Kommt, ihr Kinder, kommt, wir wollen sterben!" Sie besteigen ihren Nachen und „Singend schon dem Falle zugeschossen, / Stürzen jetzt den Katarakt hinunter."

Von einer ähnlichen Weltuntergangsstimmung ist Lenau ergriffen, als er tief enttäuscht New York verläßt und dort ein Schiff nach Bremen besteigt, um amerikamüde die Heimreise anzutreten.

Rhein-Donau-Verein: Festhalle.

Als Gäste beim Niagara German Canadian Club, Niagara Falls

Nach dem Aufenthalt bei den Niagara-Fällen fuhr die Gruppe über die amerikanisch-kanadische Grenze und stattete dem Niagar German Canadian Club einen kurzen Besuch ab. Der Präsident des Klubs, Sepp Breuer, und die Sekretärin, Frau Manherz, hießen die Gäste aus Deutschland herzlich willkommen und geleiteten sie in das Klubhaus.

Das schöne Heim ist sehr geräumig, verfügt über einen repräsentativen Festsaal und einige Versammlungs- und Tagungsräume. Die zahlreichen Fotografien in Großformat und Wandgemälde geben einen eindrucksvollen Überblick über die vielseitige Tätigkeit des Klubs, dessen Mitglieder sich die Förderung der deutschen und kanadischen Kultur sowie die Pflege der angestammten deutschen Muttersprache zum Ziel ihrer Arbeit gesetzt haben.

Landsmann Sepp Breuer würdigte in seinem Grußwort die Hilfsbereitschaft und Opferwilligkeit der Mitglieder. Wichtig sei die verständnisvolle und intensive Betreuung der Jugend. Ohne Jugend sei der Klub dem Untergang geweiht. Er sei aber voller Zuversicht und hoffe auf eine rege Zusammenarbeit mit anderen donauschwäbischen Landsmannschaften und Organisationen. Auch Frau Manherz richtete an die Gäste herzliche Worte des Grußes und berichtete über die organisatorische und administrative Betreuung der Mitglieder.

Bundesvorsitzender Brücker übermittelte die Grüße der Landsmannschaft der Donauschwaben und dankte für den freundlichen Empfang. Er freue sich über die Leistungen

Jugendgruppe Mosbach in Kitchener.

des Klubs und bekannte, die besten Eindrücke mit nach Deutschland zu nehmen. Man müsse die gegenseitigen Besuche aktivieren, um Gedanken und Erfahrungen austauschen zu können. Auf diese Weise werde auch das Gefühl der gegenseitigen Verbundenheit und Zusammengehörigkeit gestärkt. Man werde auch weiterhin den Jugendaustausch fördern, um den Jugendlichen die Möglichkeit zu geben, sich und die aktuellen Probleme näher kennenzulernen.

Heinrich Juhn stellte seine Tanzgruppe vor und unterstrich die Notwendigkeit eines gezielten Jugendaustausches. Er freue sich über das rege Leben und Schaffen innerhalb des Niagara German Canadian Clubs. Sodann überreichte er Sepp Breuer einige Geschenke zur Erinnerung an den Besuch der Donauschwäbischen Tanzgruppe aus Rastatt.

Nach einem vortrefflich zubereiteten Imbiß hatten die Gäste aus Deutschland Gelegenheit, sich auf dem Sportplatz zu erholen und im Schwimmbecken ein erfrischendes Bad zu nehmen. Musikalische Darbietungen und gemeinsam gesungene Volkslieder ließen einen schönen und erlebnisreichen Tag besinnlich und freundschaftlich ausklingen.
(Brücker 1984)

Oktoberfest

Am 6. Oktober begann die Veranstaltung mit einer Cocktailparty mit Vorstandsmitgliedern und den Bürgermeistern von Kitchener und Waterloo etc. In der Großen Halle zapfte Stefan Jauch das große Bierfaß an. Miß Oktoberfest war Zuschauer und „Onkel Hans" half dem Präsidenten mit dem Ausschank des Freibiers für prominente Gäste.
Die Musikkapelle Remeros unter der Leitung von John Kreutzer spielte in der Großen Halle und die Harmonie Band unter John Osterling in der Nebenhalle, wo sich mehr Jugendliche versammelt hatten. Beide brachten Stimmung ins Haus. Es wurde gesungen und getanzt.
Dann kam der Höhepunkt des Abends, der Auftritt des Musikzugs der Deutschen Luftwaffe aus Karlsruhe. Das Programm begann mit dem aufmunternden Bayerischen Defilier-Marsch und setzte sich fort mit bekannten deutschen und englischen Weisen. Die uniformierten Musikanten erhielten stürmischen Applaus. Die Kitchener Trachtengruppe trat auf und tanzte bekannte donauschwäbische Volkstänze. Sie zeigten wieder ihr Können und bekamen besonders von den Nichtdeutschen Lobrufe und Anerkennung. Essen und Getränke zu mäßigen Preisen gab es in Hülle und Fülle.
(1989)

51

In Windsor

Eine massive Brücke, die über den Detroit River führt, verbindet die Städte Detroit und Windsor und damit die USA und Kanada. Windsor ist eine verhältnismäßig junge Stadt, die sich dank ihrer günstigen Lage aus einem kleinen Dorf zu einer ansehnlichen Stadt mit geistigem und industriellem Gewicht entwickelte.

Schon im 18. Jahrhundert wurden hier und im gesamten Kreise Deutsche ansässig. Sie kamen aus den Vereinigten Staaten oder aus dem Reichsgebiet. So siedelten sich um 1795 etwa 21 deutsche Familien in Essex County an. Weitere Einwanderer folgten und bewährten sich – als Pioniere der Kolonisierung. Die Deutschen waren auch hier ein Element des friedlichen Aufbaues und des Fortschritts. Im Verlaufe der Zeit gründeten sie, je nach ihren kirchlich-konfessionellen und landsmannschaftlichen Traditionen, Vereine, in denen sie Gemeinschaft und Geselligkeit pflegten.

Der erste Rückschlag trat im Gefolge des 1. Weltkrieges ein. Obwohl sich die deutschstämmigen Bürger dem Staate gegenüber loyal verhielten, gerieten sie völlig unschuldig zwischen die Mühlsteine der Weltpolitik und kriegerischer Auseinandersetzungen zwischen England und Deutschland. Mißtrauen und Spannungen trübten das ursprünglich gute und harmonische Verhältnis zwischen den deutschstämmigen Bürgern einerseits und den staatlichen Institutionen sowie den anglophilen Gruppen andererseits.

In der Nachkriegszeit normalisierten sich allmählich die Verhältnisse. Zwischen 1926 und 1930 trafen weitere deutsche Einwanderer sowohl aus dem Reichsgebiet als auch aus den Nachfolgestaaten der ehemaligen Donaumonarchie in Kanada ein. Als aber die Weltwirtschaftskrise ausbrach und die Arbeitslosigkeit um sich griff, kam die Einwanderung ins Stocken.

Zwar bestand schon 1930 ein „Deutsch-Kanadischer Verband", doch nahm die landsmannschaftliche Arbeit der Deutschen einen großen Aufschwung, als sich 1935 eine Gruppe deutschstämmiger Bürger in Windsor zusammenschloß und den Verein „Teutonia" gründeten. Am 7. November 1935 wurde dem jungen Verein von der Provinzialregierung Ontario der so wichtige „Charter" überreicht, jene Urkunde, die die Existenzberechtigung, die Aufgabe,

Ziele und Rechte des Vereins dokumentiert und verbürgt. „Sie waren ganze Männer, unsere Stammväter, voller Tatkraft und Unternehmungsgeist", heißt es in einem Bericht. Schon 1936 erwarben sie in der Langlois Avenue ihr erstes Vereinsheim.

„Teutonia" entwickelte sich zum Zentrum des Vereinslebens und deutschstämmiger Aktivitäten. Je nach Alter, Geschlecht und Interessen wurden innerhalb des Vereins Gruppen und Abteilungen gegründet, so eine Frauengruppe, Jugendgruppe, Kindergruppe verbunden mit einer Sprachschule und eine Fußballabteilung.

Die „Teutonia-Frauenschaft" entfaltete eine rege Tätigkeit sowohl auf dem kulturellen als auch auf dem sozialen Sektor. Ihre besondere Fürsorge galt den Müttern. Die Geldeinnahmen bei Festlichkeiten wurden zum Teil für den Ankauf von Küchengeräten und Mobiliar verwendet. Es fehlte auch nicht an Geselligkeit und Unterhaltung. Die Frauen führten ein allwöchentliches Bingo ein, dem sich das Vergnügen bei Kaffee und Kuchen anschloß.

Die Jugend widmete sich der Fortbildung, dem Sport und der Geselligkeit. Man nahm sich der Kinder an und betreute sie bei Wanderungen und bei Fahrten sowie beim Spiel. In der Vereinsarbeit wurde stets größter Wert auf die Pflege und Förderung der deutschen Muttersprache gelegt. Freilich brachten die Ausstrahlungen der politischen Vorgänge in Deutschland und insbesondere die Entwicklungen im 2. Weltkrieg die deutschbewußten Bürger Kanadas in schwere Bedrängnis. „Kanada wußte nicht", heißt es in einem Bericht, „ob die Loyalität der Deutsch-Kanadier echt war oder ob die Deutschen in dieser Stadt sich für die Ziele des Dritten Reiches einspannen ließen". Es gab keinen Grund, die Loyalität zu Kanada in Zweifel zu ziehen. Aber sich als Deutsch-Kanadier zum Deutschtum zu bekennen, hieß besonders mutig und treu zu sein. Ein kleiner Kreis von Mitgliedern des Vereins setzte sich ein, die Tradition der Heimat weiter zu pflegen, obwohl alle offiziellen Veranstaltungen eingestellt wurden. Nach dem Kriege war dann die Möglichkeit gegeben, sich wieder zu entfalten.

Nach 1945 setzte im Kreise der „Teutonia" eine spontane Hilfe für die Flüchtlinge und Heimatvertriebenen in den Sammellagern in Deutschland und in Österreich ein. Auch setzte man sich tatkräftig für die Auswanderung nach

DIE STIMME DER DONAUSCHWABEN IN KANADA UND DEN USA

Kanada ein, indem man Bürgschaften übernahm und es an finanziellen Hilfen nicht fehlen ließ.

Durch den Zustrom der Heimatvertriebenen nahm die gesamte Vereinsarbeit einen neuen Aufschwung. Überaus aktiv waren die Frauenschaft und die Jugend. „Teutonia" wurde Heim und Heimat für alle, die die deutschstämmige Gemeinschaft suchten. Die einzelnen Gruppen nahmen sich derjenigen an, die im neuen Lande Fuß fassen wollten und halfen jedem, der gewillt war, eine neue Existenz aufzubauen. Es entstanden verschiedene Gruppen, die besondere Ziele und spezielle Aufgaben hatten, doch war und blieb der Dachverband „Teutonia" ihre gemeinsame geistig-kulturelle Heimat.

Da das alte Heim in der Langlois Avenue allmählich für eine erfolgversprechende Arbeit zu klein wurde, zogen die „Teutonen" in die Edinborough Street um. „Teutonia" konnte auf die Treue und Redlichkeit seiner Mitglieder bauen: Man kaufte Land und baute hier die heutige Teutonia-Heimstätte, einer der Mittelpunkte des Deutschtums in Kanada. „Teutonia treu – ein Leben lang!", hieß und heißt der Wahlspruch des gesamten Vereinslebens.

Rege Tätigkeit der „Teutonia"

In diesem Sinne entwickelten die einzelnen Gruppen und Abteilungen des Vereins eine rege Tätigkeit, die Männer,

die Frauen und die Jugend. 1955 gründeten sechs sangesfreudige Männer den „Männergesangsverein Frohsinn". Bald erfreute sich der Chor großer Beliebtheit. Mit Liebe und Hingabe widmeten sich die Mitglieder der Pflege des deutschen Liedes und der Musik. Im Jahre 1959 fand das 1. Bundes-Sängerfest des 1958 gegründeten Deutsch-Kanadischen Sängerbundes im Teutonia-Heim in Windsor statt, so auch das 2. Bundessängerfest im Jahre 1965. Über 600 Sänger und Sängerinnen nahmen an diesem Fest teil.

Der Teutonia-Chor nahm die Verbindung zu Chören in Deutschland auf und entsandte 1962 ein Abordnung nach Essen, wo das Sängerfest des Deutschen Sängerbundes stattfand. Die weitere Tätigkeit des Chores weist eine beachtliche Bilanz auf: Anläßlich des 10jährigen Jubiläums des Männerchores am 16. Oktober 1965 weilte der Schubertbund/Essen in Windsor; 1965 wurde der gemischte Chor gegründet und der Name auf „Teutonia-Chöre" umgewandelt; es erfolgten Konzerte in Chicago, Montreal, Toronto, Ottawa, Columbus, Detroit und Cleveland sowie in Deutschland. Zahlreiche Siegestrophäen bestätigen das Motto der Chöre: „Frisch der Gesang, Teutonia treu ein Leben lang."

Aber auch die anderen Gruppen und Abteilungen der „Teutonia" können auf eine langjährige erfolgreiche Tätigkeit hinweisen. Sie pflegen und fördern in ihren Reihen die deutsche Sprache und die mit ihr verbundenen Kulturwerte, das Lied und die Musik, die althergebrachten Trachten und Volkstänze, den Sport und den Frohsinn. Träger dieser vielseitigen Arbeit waren und sind die Frauengruppen, die Jugendabteilungen, die Deutsche Sprachschule, der Kinderchor, das Teutonia-Orchester, die Trachtengruppe, die Schuhplattler- und Volkstanzgruppe, die Jugend-Tanzgruppe, die Teutonia Jäger- und Anglergruppe, die Fußballgruppe, die Ski-Gruppe, die Badminton-Gruppe und die Karnevals-Gesellschaft der Teutonia.

Die Gruppen wirken bei der Ausgestaltung der Feste und Feiern im Kreislauf des Jahres mit, so beim Sommerfest, bei der Weihnachtsfeier, beim Tag der Deutsch-Kanadier, beim Tag der Donauschwaben sowie bei Tagungen, Konzerten, Tanzveranstaltungen und Sportwettkämpfen. Die „Teutonia-Nachrichten" und die deutschsprachigen Radiosendungen unterstützen tatkräftig die Vereinsarbeit. Den lesefreudigen Mitgliedern steht eine Bücherei mit deutscher Literatur zur Verfügung.

Durch die Tätigkeit des Vereins konnte der gute Ruf der Deutschen in der Stadt gefestigt, die „Teutonia" aber zu einem integrierten Bestandteil des Vereinslebens in Windsor werden. Heute ist das Verhältnis des Vereins zu den staatlichen und kommunalen Institutionen sehr gut. Zu den bedeutenden Jubiläen übermitteln namhafte Persönlichkeiten, unter ihnen Pierre Elliot Trudeau, ihre Grüße und besten Wünsche.

„Wir Deutsch-Kanadier können daher mit Stolz auf die Beiträge unserer Vorfahren, unserer Brüder und Schwestern zurückblicken", heißt es in einem Bericht. „Deutsches Kulturgut ist erhalten geblieben, deutsche Tradition ist allen, die daran interessiert waren, zugänglich gemacht worden; Freundschaft und Treue bleiben Wirklichkeit."

Peter Adam, Präsident des Verbandes der Donauschwaben in Kanada, meint dazu: „Nur durch die vereinte Kraft aller kann es uns gelingen, unser angestammtes Volkstum, unsere Eigenart und unsere Sprache zu bewahren." Dem derzeitigen Präsidenten des „Vereins Teutonia Windsor", Paul Roth, und seinen Freunden und Helfern gelten unsere herzlichen Grüße und besten Wünsche.

(Brücker, 1984)

Kanada

Land der Freiheit und der Zukunft,
Land der Kinder „Kanada".
Weite Wälder, große Seen,
hohe Berge, fern und nah.

Das Ahornblatt ist unser Zeichen,
auf der Fahne, rot-weiß-rot.
Seid stolz darauf mit Euren Kindern,
hier verdienen wir das Brot.

Wir sind alle eingewandert,
von fernen Ländern dieser Welt.
Wir respektieren all einander,
das ist, was uns zusammenhält.

Traditionen und die Herkunft,
Brauchtum, Sprache, Religion,
reicht es weiter zu den Kindern,
Eurer Tochter oder Sohn.

Zur Kultur des Vaterlandes
kann sich jedes Kind bekennen,
doch in Stolz auf dieses Land,
wird es sich Kanadier nennen.

Laßt es aber keinen leugnen,
woher wir kamen, was wir sind.
In Ehren halte unsre Ahnen,
vergiß es nie, mein liebes Kind.

Aus dem „Heimatboten"

Landestracht der Kanadischen in Leamington

Die Jahreshauptversammlung und das Landestrachtenfest des Verbandes der Donauschwaben in Kanada und den USA fand bei herrlichem Frühlingswetter am 16. und 17. April in dem schönen Städtchen Leamington statt. Aus allen Richtungen kamen die Vereinigungen, die dem Verband angeschlossen sind.

Nach Empfang, Einquartierung und Programmabsprache verlief alles wie am Schnürchen.

Johann Löchel fungierte als Ansager, Samstag abend um 6 Uhr begann das Festessen, wozu Frau Löchel das Tischgebet sprach. 14 Vereinsmädchen servierten die Speisen.

Die Ehrengäste wurden vom Ansager namentlich vorgestellt und zwar: Präsident des Rhein-Donau-Vereins Leamington, Tony Dama mit Frau; Verbandspräsident Stefan Jauch mit Frau; Member of the Prov. Government Remo Mancini mit Frau; Mayor of Leamington John Penner mit Frau; Vizepräsident Peter Schönherr; Generalsekretär Ferdinand Berencz mit Frau; Protokollsekretärin Inge Bourhofer; Kassierer Hans Ludchen; Kulturreferent Alois Ruppert; Verbandsfrauenleiterin Anna Thier mit Mann; Verbandsjugendleiter Tony Weiss mit Frau; Ehrenpräsident Peter Adam mit Frau; Redakteur des Heimatboten Anton Wekerle und Frau.

Ferner wurden die Vereinspräsidenten, die dem Verband angeschlossen sind, vorgestellt: Anton Baumann, Vereinigung der Donauschwaben Main Street, Toronto; Johann Gärtner, vertreten von Heinz Lordz, Niagara Falls; Stefan Jauch, Kitchener Schwabenklub; Arnold Erdmann, Teutonia Verein Windsor; Anton Wekerle, St. Michaelswerk Toronto; Anton Volk, Park Waldheim, Blackstock, Ont.

Darauf folgte der Einzug der Trachtengruppen. Die ganze Tanzfläche war mit den Trachtenträgern besetzt.

Die Blaskapelle spielte die kanadische Hymne und das Prinz-Eugen-Lied. Dann folgten die Ansprachen: Als erster sprach der gastgebende Präsident Tony Dama; ihm folgte der Verbandspräsident Stefan Jauch; Anna Thier als Verbandspräsidentin der Frauengruppe; Member of Prov. Government, Remo Mancini; Mayor von Leamington John Penner und schließlich Hildegard Schmidt, Präsidentin der Frauengruppe von Toronto. Alle Sprecher und Sprecherinnen bekamen einen lebhaften Applaus.

Höhepunkt des Landestrachtenfestes war wieder die Trachtenschau von 35 Trachtenpaaren aus den verschiedensten Ortschaften der alten Heimat Ungarn, Jugoslawien und Rumänien. Drei Paare wurden von der Frauengruppe auserwählt und mit einem Preis belohnt. Nach Übergabe der Leamingtoner Stadtnadel als Geschenk an alle Vereinspräsidenten durch Bürgermeister Penner folgte die Urkundenverleihung des Verbandes an verdiente Mitglieder des Vereins Leamington durch Berencz und Verbandspräsident Jauch.

Im Verlauf des Abends wurden Volkstänze dargebracht. Die Tänzer bewiesen ihr Können und wurden dafür mit einem stürmischen Beifall belohnt. Auch die Musikkapelle hat vieles zur guten Stimmung beigetragen und ihr Publikum zu wahren Begeisterungsstürmen hingerissen. Ein herzlicher Dank gebührt allen Trachtenträgern von nah und fern für ihre Beteiligung und einen besonderen Dank an Leamington für die freundliche Aufnahme und Bewirtung.

Sie fand am Samstag, dem 16. April, von 2 bis 4 Uhr und Sonntag, dem 17., von 10 bis 1 Uhr statt.

Präsident Stefan Jauch begrüßte die Mitglieder und eröffnete die Sitzung, die mit der Verlesung des Protokolls von Frau Inge Bourhofer begann. Anschließend gaben Ferdinand Berencz sowie alle Referenten Berichte.

Am Sonntag folgte der Jahresbericht des Verbandspräsidenten. Er gab einen Einblick über seine Eindrücke vom Trachtenfest in den Vereinigten Staaten.

Darauf folgte die Einsetzung des Wahlkomitees, Entlastung des Vorstandes und die Neuwahl. Sie führte zu folgendem Ergebnis: Präsident Stefan Jauch, Vizepräsident Peter Schönherr, Generalsekretär Berencz, Protokollsekretärin Judy Hanke, Kassenwart Hans Ludchen, Jugendleiter Tony Weiss, Kulturreferentin Hildegard Schmidt, Archivar Peter Schönherr, Landesfrauenleiterin Anna Thier, Kontrolleure Tony Bauer, Sepp Breuer, Sepp Mayer, Heinz Lordz. Als Redakteur des Heimatboten wurde Herr Anton Wekerle eingesetzt.

Alois Ruppert, 1988

55

Landestrachtenfest 1990

Die größte jährliche Veranstaltung des donauschwäbischen Dachverbandes in Kanada ist das zur Tradition gewordene Landestrachtenfest. Dieses Jahr fand es am 31. März im Raum Toronto beziehungsweise in der großen Peter-und-Paul-Halle in Scarborough statt. Da die Jahreshauptversammlung nachmittags am gleichen Tagungsort stattfand, kamen schon am frühen Nachmittag Autos und Busse aus allen Richtungen Süd-Ontarios an.

Nach einem gemeinsamen Abendessen spielte die unübertreffliche Torontoer Blaskapelle unter der Leitung des Österreichers Mario Dambock auf, und die Trachtengruppen begannen ihren Einmarsch. Für viele ältere Gäste war dies der Höhepunkt des Abends. Es war ein erneuter Beweis, daß unser Volkstum lebt und daß wir bei solchen feierlichen Anlässen mit Stolz unsere ererbten Trachten zur Schau stellen. Manches Auge wurde feucht, als die vielen jungen und auch älteren Teilnehmer zu rhythmischen Beifallswellen hintereinander in den Saal traten. In wenigen Minuten war der gesamte Tanzboden mit farbenprächtigen Trachtenträgern aus allen donauschwäbischen Niederlassungen im Süden Ontarios, dem sogenannten „banana belt", gefüllt. Auch ein Siebenbürger Trachtenpaar aus Kitchener und zwei Tanzpaare vom noch nicht angeschlossenen Schwaben-Verein Delhi haben uns mit ihrer Teilnahme beehrt.

Wie keine andere deutschsprachige Gruppe in Kanada haben wir Donauschwaben eine Jugend, die unserem Volksstamm bisher treu geblieben ist und zum größten Teil auch unsere Sitten und Gebräuche weiterpflegt. Auf das sollen wir stolz sein. Ich weiß, ich bin es, denn ich halte fest an dem von mir ungeschickt umgedichteten Zitat: Wer sich nicht um seinen Volksstamm schert, auch seine Sitten nicht lehrt, sich nicht gegen Unrecht wehrt, und darauf sein Volk nicht ehrt, der ist ein Lump – und ist sein Volk nicht wert! Ein kombinierter Chor, bestehend aus den Torontoer und Kitchener Seniorenchören unter der Leitung des begabten und immer willigen Hans Müller, trugen einige traute Volkslieder vor. Darunter auch unsere Volkshymne „Seid gegrüßt ihr deutschen Brüder". Wenn ich diese Hymne höre, erweckt es unüberwindliche Gefühle für unsere ver- lorene Heimat in mir. Wenn wir nur die so oft besungene Heimat noch hätten!

Nach dieser schönen Einleitung trat der bewährte MC (Ansager) des Torontoer Vereins auf die Bühne und begrüßte die Gäste in Englisch, Deutsch und sogar auch in „Schwowisch". Also, man könnte sagen, in drei Sprachen! Ja, bei uns in Toronto gibt's begabte Leute. Die Ehrengäste wurden in englischer Sprache vorgestellt. Joyce Trimmer, Bürgermeisterin von Scarborough, war noch nicht bei der Eröffnung anwesend, sie kam aber später mit ihrem Ehemann und überreichte die Grüße der Stadt Scarborough.

Die deutschsprachigen Ehrengäste, darunter die Vereinspräsidenten und deren Vertreter, Adam Medel, Landespräsident der US-Donauschwaben, Gerry Meinzer, Präsident des Deutschkanadischen Kongresses, und Frau Gemahlin sowie auch Hans Daigeler, Mitglied des Ontario Parlaments, und Gattin. Daigeler brachte Grüße vom Premierminister von Ontario, David Peterson, der selbst leider nicht kommen konnte.

Fred Böhms Begrüßung lautete zum Teil: „Dear members and guests, greetings and welcome to our traditional Landestrachtenfest. I especially welcome the young performers. By their participation they help keep alive our traditions. Don't worry, be happy. Have an enjoyable evening." „Grüß Gott, ihr liewi Schwoweleit! Es freit das Organisationskomitee, daß so viel vun euch kumme sin. Ihr seid doch kumme, um eich zu ‚enjoye', net? Na ja, so schaut, daß eire Glas voll is, lohnt eich zurück un schaut, was die Kinner, die Jugend, die Heimat- un die Seniorengruppe heint Owed vorfiere werre."

Der Gastgeber, Präsident Tony Baumann von Toronto, begrüßte die Delegierten zur Jahreshauptversammlung, Teilnehmer und alle Gäste. Daraufhin folgte die Festrede des Veranstalters Stefan Jauch, Präsident des Verbandes der Donauschwaben in Kanada.

„Meine lieben donauschwäbischen Landsleute, liebe Jugendgruppen, liebe Trachtengruppen, meine Damen und Herren!

Es ist für mich eine ganz besondere Freude und Ehre, so viele Landsleute, Freunde und Gäste heute hier begrüßen zu können und aufs herzlichste willkommen zu heißen. Am Ende eines bewegten und ereignisvollen Jahres erachte ich es als eine angenehme Pflicht, ihnen für ihre Verbundenheit und für ihre wohlwollende Unterstützung unseres Dachverbandes herzlich zu danken.

Unser Dachverband ist eine lebendige Gemeinschaft, die gleich einer Familie die Sorgen sowie auch die Freuden seiner Vereine trägt und es sich zur Aufgabe gemacht hat, Feste wie den Tag der Donauschwaben oder das heutige Landestrachtenfest hier in Toronto gemeinsam zu feiern.

Vom Gründungstag des Dachverbandes bis zur heutigen Stunde stand bei uns der Gemeinnutz stets vor den Interessen des Einzelnen und bildet damit die Grundlage für das Zusammengehörigkeitsgefühl, welches unsere Vereine erfüllt, und von dem ich hoffe, daß es stets unter uns bestehen bleibt.

Liebe Landsleute, liebe Freunde. Eines möchte ich hier noch betonen, wir können stolz sein, Donauschwaben zu sein. Wo immer ein Donauschwabe seinen Fuß hinstellt, da geht es vorwärts, da wird aufgebaut und da wird gearbeitet. Ehrfurchtsvoll gedenken wir der Gründungsmitglieder, die aus Treue zu ihrer Heimat, der deutschen Sprache und Kultur diesen Verband ins Leben riefen.

Den Präsidenten, Vorstandsmitgliedern und allen, die mitgeholfen haben, gebührt unser aufrichtiger Dank, denn sie hatten schon damals die Voraussicht, daß ohne das Bindeglied einer Vereinigung unser ererbtes Gut unserer Vorväter verloren gehen würde.

Wir können die gesteckten Ziele nur dann erreichen und unsere vielseitigen Aufgaben auch in Zukunft erfüllen, wenn wir uns gegenseitig unterstützen und vertrauensvoll zusammenarbeiten.

Es genügt aber nicht, auf errungenem Lorbeer auszuruhen, denn alle unsere Anstrengungen können nur dann von bleibendem Erfolg gekrönt werden, wenn es uns gelingt, das, was wir in den ersten Jahren erarbeitet und verteidigt haben, hell und unversehrt an die nächste Generation weitergeben zu können. Ich bin voller Zuversicht, daß wir dieses Ziel durch gemeinschaftlichen Energieaufwand erreichen werden.

Toronto, wir sind heute hier und es freut mich sehr, mit euch gemeinsam dieses so schöne Fest, das Landestrachtenfest, zu feiern. Einem jeden Donauschwaben muß das Herz höher schlagen bei den so schönen Trachten, Gewändern und den vielen jungen Menschen.

Dem Torontoer Verein und Vorstand unter seinem Präsidenten Toni Baumann möchte ich einen herzlichen Dank aussprechen vom Komitee des Dachverbandes und allen angeschlossenen Vereinen für die gute Organisation, große Mühe und viel Arbeit hier in Toronto.

Allen Trachtenträgern ein Vergelt's Gott für die Mühe und Arbeit, daß sie uns jedes Jahr ihre herrlichen Trachten vorführen und somit unser Landestrachtenfest verschönern und für die Zukunft erhalten.

Aus großer Dankbarkeit für die Kraft und Liebe wollen wir unserem Herrgott auch im kommenden Jahr vertrauen und unser Schicksal in seine Hände legen. Damit erkläre ich das Landestrachtenfest für eröffnet und wünsche euch allen viel Vergnügen und gute Unterhaltung."

Nach dem darauffolgenden Aufmarsch der Jugend- und Trachtengruppen kam die Vorstellung der schönen Originaltrachten aus allen donauschwäbischen Siedlungsgebieten in der alten Heimat, vom Ofner Bergland/Ungarn, Schwäbische Türkei/Ungarn, Slawonien-Syrmien in Jugoslawien, Batschka/Ungarn/Jugoslawien und dem Banat/Rumänien/Jugoslawien. Alle wurden nach Herkunftsort und Namen der Träger vorgestellt. Leider waren es zu viele, um die Namen der Träger hier weiterzugeben. Man muß wirklich staunen, daß so viele Menschen noch daran Interesse haben und die Zeit und Geld aufopfern wollen, um diesen schönen Brauch weiterzupflegen. Ohne sie gäbe es kein Trachtenfest. Allen Teilnehmern und Herstellern der Trachten gebührt Lob, Anerkennung und ein wohlverdientes Dankeschön.

Zu den heimatlichen Klängen der Blaskapelle haben die Tanzgruppen ihre Tänze in dieser Reihenfolge vorgeführt: Toronto Senioren, Kitchener Senioren, Erste Kitchener, Kitchener Donauschwaben, Zweite Torontoer Jugend, Windsor Jugend, Erste Torontoer Jugend, Leamington Jugend, Toronto Heimatgruppe, und zuletzt folgten zwei Paare der Konzerttanzgruppe des St.-Michael-Werkes.

Während einer Tanzpause wurden folgende Personen vom Verband „als Anerkennung ihrer verdienstvollen Tätigkeit im Interesse der Donauschwaben" mit Urkunden und Ehrennadeln gewürdigt: Anton Baumann – Goldene Ehrennadel, Frank Schmidt – Goldene Ehrennadel, Maria Rendl – Silberne Ehrennadel, Rosina Ripp – Silberne

Ehrennadel, Josef Ripp – Silberne Ehrennadel, Hans Müller – Silberne Ehrennadel.

Nach Schlußworten von Fred Böhm begann der allgemeine Tanz, an dem alle Gäste freudigst teilnahmen.

Es wurden auch Tombola-Lose verkauft. Den Reinertrag der Tombola bekam die Landesfrauengruppe. Bei dieser Tombola hatte ich leider kein Glück, aber ich fühle mich überglücklich, daß ich wieder ein so schönes Landestrachtenfest miterleben konnte.   Frank Schmidt

Vor dem Clubhaus Germany-Village in Kanada.

In Leamington (Kanada)

Es war ein guter Gedanke von Peter Adam, mit uns nach Leamington zu fahren und uns das schöne Heim des „Rhein-Donau-Vereins" zu zeigen. Die Sonne brannte vom wolkenlosen Himmel herab, über der Landschaft lag der süßliche Geruch von Obst, Tomaten und Melonen. Im großen Saal des Heimes erwartete uns Präsident Schönherr, ein Donauschabe, der aus der landsmannschaftlichen Arbeit in Kanada nicht wegzudenken ist.

Beim Gang durch die Säle und Zimmer des geräumigen Hauses wurden Bilder aus der Vergangenheit wach. Im Jahr 1930 wurde im Nachbarort Kingsville der deutsche Verein „Frohsinn" ins Leben gerufen. Der Verein setzte sich für die Erhaltung der kulturellen Tradition, der Sprache, der Sitten und Bräuche aus der alten Heimat ein. Bei Kriegsausbruch im September 1939 wurde der Verein aufgelöst und mußte seine Tätigkeit einstellen.

Zwischen 1949 und 1952 fanden deutsche Einwanderer, unter ihnen zahlreiche Donauschwaben, in Leamington, Kingsville und Harrow eine neue Heimat. Die Landwirtschaft am Eriesee mit ihrem Gemüseanbau, Obstbau und Tabakpflanzungen bot den Neueinwanderern günstige Existenz- und Verdienstmöglichkeiten. Bei geselligen Zusammenkünften und sonstigen Veranstaltungen wurde der Wunsch lebendig, einen eigenen Verein zu gründen. 1955 ging dieser Wunsch in Erfüllung. Eine intensive Mitgliederwerbung setzte ein. Lange wurde über die Namensgebung nachgedacht und diskutiert, bis man sich für den „Rhein-Donau-Verein" entschied. Man wollte mit diesem Namen sicherlich die geschichtliche Verbundenheit mit den beiden deutschen Schicksalsströmen Rhein und Donau bekunden und bekräftigen.

Zunächst wurde die Orchidhalle gemietet, als sich aber die Räume als zu klein erwiesen und man außerdem frei und unabhängig sein wollte, kaufte der Vorstand das Haus Nr. 75 in der John Street. Es dient dem Verein zur Ehre, daß er seine dortige Tätigkeit mit der Einrichtung einer Sonnabendschule begann. 1957 erhielt der Verein seine Charter-Urkunde, unterschrieben vom damaligen Präsidenten der Provinzialregierung F. Tober.

Anfang 1960 erwarb der Verein die Leamington Fairtoard-Halle. Es mußten Schulden gemacht und Bürgschaften übernommen werden. Idealismus und Opferbereitschaft überwanden alle Gefahren und Schwierigkeiten. Am 29. April 1961 konnte die umgestaltete Halle feierlich eröffnet und ihrer Bestimmung übergeben werden. Allen Bürgern und Helfern wurde Dank und Anerkennung ausgesprochen.

Schon im September 1961 fand im Heim des „Rhein-Donau-Vereins" der „Tag der Donauschwaben" statt. Zahlreiche Landsleute aus nah und fern waren gekommen, um an diesem bedeutsamen Ereignis teilzunehmen. Im gleichen Jahr wurde eine Frauengruppe gegründet. „Was wäre unser Verein ohne unsere Frauengruppe?" meint Peter Schönherr in einem Bericht, „sie sind das Fundament unserer Arbeit, wir sind stolz auf unsere Frauen."

Und in der Tat, die Frauen entwickelten eine rege Tätigkeit auf allen Gebieten der Fürsorge und der Wohlfahrt. Am Muttertag, beim Kirchweihfest, bei der traditionellen Weihnachtsfeier und bei anderen Veranstaltungen standen sie in der Küche, schmückten die Säle und die Tische und sorgten für ein gutes und schmackhaftes Festessen. Wie gut sie kochten, beweist ein Kochbuch, das sie mit vielen donauschwäbischen Rezepten herausgegeben haben. Ab 1975 wurde der „Rosentanz" der Frauengruppe durchgeführt. Zum Arbeitsprogramm der Frauen gehörte die gernbesuchte „Modenschau". Der Reingewinn floß dem Ortskrankenhaus zu. Stolz sind die Frauen auf die Trachten der alten Heimat, die sie bei allen feierlichen und geselligen Anlässen tragen.

1963 beschloß der Vorstand, das Heim zu vergrößern; Speisezimmer, Servierküche und Bar wurden angebaut. Mit der Vergrößerung wuchs auch die Intensität der Vereinsarbeit, so auf dem Gebiet der Jugendarbeit, des Sports, der Musik, des Gesangs, der Pflege von Sitte und Brauchtum. Besonders schöne Erfolge hat die Sprachschule zu verzeichnen, die sich um die Erhaltung der Muttersprache bemüht.

Anläßlich des 15jährigen Jubiläums konnte der Verein eine stolze Bilanz ziehen. Dazu führt Peter Schönherr unter anderem aus: „Heute müssen wir denjenigen sagen, die noch aktiv sind und sich treu als Kanadier deutscher Abstammung bekennen, daß es eine heilige Pflicht ist, unsere Art durch unser deutsches Kulturgut, durch Tradition, Glaube, Sitten und Bräuche unseren Kindern weiterzugeben. Wenn uns das gelingt, dann haben wir nicht umsonst geopfert und gelebt."

Der Präsident des „Rhein-Donau-Vereins" richtete einen Appell an die Mitglieder: „Wichtig war es und muß es auch in Zukunft bleiben, daß der Verein seinen Idealen und Zielen treu bleibt, daß es immer nur ein Miteinander und Füreinander geben darf, denn nur so wird das Bestehen gesichert sein."

Unter den Gratulanten befand sich auch Premierminister Pierre Elliott Trudeau. Der Generalkonsul der Bundesrepublik Deutschland in Toronto, Dr. Ernst-Gunther Koch, übermittelte den Mitgliedern des Vereins seine herzlichsten Glückwünsche und führte in seiner Grußbotschaft weiter aus: „Ich hatte die große Freude, im vergangenen Jahr in Leamington Ihr Gast zu sein. Bei dieser Gelegenheit konnte ich mir ein anschauliches Bild von den Aktivitäten der Mitglieder Ihres Clubs machen. Sie dürfen versichert sein, daß die Bundesregierung es stets sehr zu schätzen weiß, wenn Menschen deutschen Ursprungs sich auch in ihrer neuen Heimat zur Pflege des deutschen Sprach- und Kulturgutes zusammenschließen."

Peter Adam, Präsident des Verbandes der Donauschwaben in Kanada, übermittelte ebenfalls seine herzlichen Grüße und meinte, daß die Landsleute durch ihrer Hände Arbeit und Ihre Liebe zu dem neuen Land sowie durch ihr Vertrauen Kanada zu ihrer neuen Heimat gemacht hätten. Es sei befriedigend, an den Zukunftsaufgaben, die diesem Land vorgezeichnet seien, mitzuwirken und dabei gleichzeitig aus dem Schatz alter Traditionen das neue Land bereichern zu können. „Der Glaube unserer Väter, der auch unser Glaube ist, soll unserem Jubiläumsverein noch recht glückliche und segensvolle Jahre schenken."

Gelungener Volkstumsabend in Windsor

Zum Volkstumsabend im Heim der „Teutonia" waren viele Gäste aus nah und fern gekommen. Beeindruckend war der schön geschmückte Festsaal und die Jugend in ihren buntfarbenen Trachten. Nachdem der Präsident der „Teutonia" mit herzlichen Worten der Begrüßung den Abend eröffnet hatte, sprach Peter Adam, Präsident des Verban-

des der Donauschwaben in Kanada, zu den versammelten Freunden und Gästen.

Adam gab einen Überblick über die Geschichte des Deutschtums in Kanada, wobei er insbesondere auf das Schicksal und die Lebensverhältnisse der Donauschwaben zu sprechen kam. Nach dem totalen Zusammenbruch im Jahre 1945 sei für das Südostdeutschtum eine schwere Zeit angebrochen. Flucht, Vertreibung und Vernichtung hätten das Werk von Generationen zerstört. Viele Donauschwaben hätten in Kanada eine neue Heimat gefunden. Auch hier seien sie durch Fleiß, Sparsamkeit und Friedensliebe zu einer neuen Existenz gekommen. Kanada sei ihnen zur zweiten Heimat geworden, und sie seien bestrebt, das in sie gesetzte Vertrauen zu rechtfertigen.

Adam wies sodann auf die vielseitige Arbeit der donauschwäbischen landsmannschaftlichen Organisationen hin und betonte, daß die Erhaltung der angestammten Kultur, insbesondere der Sprache, nach wie vor ein großes Anliegen der Landsmannschaft sei. Der Besuch aus Deutschland habe gezeigt, wie wichtig die landsmannschaftliche Verbindung über Meere und Kontinente sei. Schließlich sprach er die Hoffnung aus, daß diese Verbundenheit auch in Zukunft bestehen bleiben werde.

Bundesvorsitzender Brücker dankte für die freundliche Begrüßung und auch für die freundliche Aufnahme in Windsor. Die 300-Jahr-Feier unter dem Leitwort „300 Jahre Deutsche in Amerika" sei nicht bloß ein Termin im Kalender, sondern eine Verpflichtung der Geschichte gegenüber. Vor allem sei das Jubiläum Anlaß, auf den Spuren der deutschen Kolonisten zu wandeln, um gewaltige Leistungen auf wirtschaftlichem und kulturellem Gebiet der Vergessenheit zu entreißen und sie gebührend zu würdigen. Dies habe nichts mit nationaler Überheblichkeit zu tun, sondern sei Pflicht und Aufgabe einer objektiven und wahrheitsgetreuen Geschichtsforschung.

Die Deutschen in Kanada dürften auf ihre umfangreichen und vielseitigen Leistungen stolz sein. Sie hätten am Aufbau des Landes treu und zuverlässig mitgewirkt und sich überall als ein Element des Fortschritts und der Stabilität erwiesen. Wenn sie ihre landsmannschaftlichen Organisationen gründeten, Gemeinschaft pflegten und das geistig-ethische Erbe ihrer Ahnen und Väter achteten, so auch aus dem Grunde, zur kulturellen Bereicherung der neuen Heimat beizutragen. Kultur beinhalte geistige und schöpferische Werte, die der Allgemeinheit zugute kämen.

So zum Beispiel besitze die deutsche Sprache einen hohen wissenschaftlichen und weltverbindenen Stellenwert. Deshalb sollte sie nicht bloß in den deutschen Familien, sondern auch in den Sprachschulen und in den staatlichen Schulen gepflegt und gefördert werden. Zweisprachigkeit vermittle geistige Stärke und sei ein wichtiger Faktor in den zwischenstaatlichen Beziehungen.

Brücker lobte die vielseitige Arbeit der donauschwäbischen landsmannschaftlichen Organisation in Kanada und wies abschließend auf die Brückenfunktion des Dachverbandes donauschwäbischer Landsmannschaften in Europa und in Übersee hin. Über Grenzen und Kontinente hinweg seien die Donauschwaben eine geistige Gemeinschaft, verbunden durch die gemeinsame Geschichte und Aufbauleistung.

Heinrich Juhn, der Leiter der Donauschwäbischen Tanzgruppe aus Rastatt, dankte ebenfalls für die freundliche Aufnahme. Er berichtete über seine Heimatstadt Rastatt, die auf eine lange und bewegte Geschichte zurückblicke. Nach dem 2. Weltkrieg seien dort viele Heimatvertriebene aus dem Osten und dem Südosten Europas ansässig geworden. Verhältnismäßig früh habe man in Rastatt eine donauschwäbische Landsmannschaft gegründet und durch eine gute Zusammenarbeit aller Landsleute beachtenswerte Erfolge erzielt.

Juhn berichtete sodann ausführlich über die Entstehung und Entwicklung der Tanzgruppe. Man pflege die Trachten und die Tänze der alten Heimat, man liebe aber auch die Volkstänze der neuen Heimat. Hier zeige es sich, daß zwischen der alten und der neuen Heimat eine große und enge Verwandtschaft bestehe. Die Verbindungen reichen aber auch über den Ozean hinweg. So habe man die Donauschwäbische Jugendgruppe aus Cleveland in Rastatt begrüßen und enge Freundschaft schließen können. Nun erwidere man den Besuch und fühle sich in den USA und in Kanada unter deutschen Landsleuten sehr wohl.

Unter den Klängen der Musikkapelle Lehmann zog die Rastatter Gruppe unter dem Beifall der Gäste ein und erfreute alt und jung mit ihren schönen und altehrwürdigen Volkstänzen. Der gehaltvolle Abend wird sowohl den Landsleuten aus Kanada als auch den Gästen aus Deutschland in langer und lieber Erinnerung bleiben.

(Brücker, 1984)

Abschied

Lied eines Auswandernden.

Sei mir zum letztenmal gegrüßt,
Mein Vaterland, das feige dumm,
Die Ferse dem Despoten küßt,
Und seinem Wink gehorchet stumm.

Wohl schlief das Kind in deinem Arm;
Da gabst, was Knaben freuen kann;
Der Jüngling fand ein Liebchen warm;
Doch keine Freiheit fand der Mann.

Im Hochland streckt der Jäger sich
Zu Boden schnell, wenn Wildesschar
Heran sich stürzet fürchterlich;
Dann schnaubt vorüber die Gefahr:

Mein Vaterland, so sinkst du hin,
Rauscht deines Herrschers Tritt heran,
Und lässest ihn vorüberziehn,
Und hältst den bangen Atem an.

Fleug, Schiff, wie Wolken durch die Luft,
Hin, wo die Götterflamme brennt!
Meer, spüle mir hinweg die Kluft,
Die von der Freiheit noch mich trennt!

Du neue Welt, du freie Welt,
An deren blütenreichem Strand
Die Flut der Tyrannei zerschellt,
Ich grüße dich, mein Vaterland!

Nikolaus Lenau

Caravan-Woche in Toronto

Zahlreiche Besucher aus der ganzen Welt besuchten während der Caravan-Woche (14. bis 24. Juni) den „Blue Danube Pavillon" im Heim der Donauschwaben.

Die Hauptrolle bei dieser Großveranstaltung spielte der Präsident Anton Baumann und sein Vorstand. Von Anfang an beteiligten sich auch die Frauengruppe, die vier Trachtengruppen, die Musikkapelle und der Geschäftsführer. Küchenchef Herald Kaltenbach aus der Umgebung des Titisees im Schwarzwald hatte die Möglichkeit, sein Können zu beweisen.

Die „Miß Donauschwaben" Martina Rendl und ihre Stellvertreterin Karen Böhm begrüßten abwechselnd am Eingang die Gäste. Als Ansager fungierten Joe Schmidt, Ferdinand Böhm und Jungs aus der Jugendgruppe mit heiteren Bemerkungen. Die Musikkapelle sorgte jeden Abend für eine richtige Caravan-Stimmung im vollbesetzten Saal. Die Gäste würdigten die Tänzer der Kinder-, Jugend-, Senioren- und Heimatgruppe mit lebhaftem Beifall. In der unteren Prinz-Eugen-Halle befanden sich die herrlichen Handarbeiten der Frauen. Für die Verkaufsangebote gab es reichlichen Absatz. Nebenan war „Silverware" ausgestellt. Der Reihe nach kamen die Bauernstube als Schlafzimmer eingerichtet mit einer herrlichen Wiege, eine Küche wie daheim eingerichtet, dann ein „Bauernhof" mit lebendigen Küken, eine Modell-Kleinstadt an der blauen Donau mit einer weißen Kirche am Bergrand und eine „Ulmer Schachtel" im Fluß, ein Mini-Museum mit sämtlichen Bauerngeräten, ein Siedlerhaus (1780) und ein Neubau (zirka 1939). In den Glaskästen sah man antike Gebrauchsgegenstände, Bilder, Bücher, Dokumente, Gebet- und Kochbücher – alles über 100 Jahre alt. Zum Schluß folgte die Backstube im oberen Stock, wo fleißige Frauenhände für das leibliche Wohl sorgten. Alois Ruppert

Noch is se mein!

Noch is se mein, die Heimat! 's is net wohr,
daß ich se schun vergeß hätt un verlor.
Ich han se meer gebhall in Herz un Sin,
sie is noch mein un werd's aa ewich sin.

Noch is se mein! Un mein im tiefe Schlof
mei stilles Haus, mei Acker un mei Hof.
Ich heer de Wind noch seifze, wann ich trääm,
om Brunne in de hoche Papplbääm.

Mein is die Heimat noch im Owedrot,
im junge Tag, wann er friehmarjets groot;
im Sunnestrahl, dem hell, im Sunneschein,
dem goldiche, is sie noch immer mein.

Sie is noch mein dart in de weide Fern,
om hoche Himmel in e jedm Stern,
im Voglsang, der aus de Wälder schallt,
im Silwertau, der vun de Blätter fallt.

Un mein in dem, on was mei Herz hot ghang:
im ewich-scheene Heimatglockeklang,
im Heimatlied, im alt, das längscht veklung . . .
Sie is noch mein – in de Erinnerung!

Johann Petri

Gäste aus Kitchener

Wie immer bei solchen Besuchen aus Übersee, die vom Landesverband der Landsmannschaft der Donauschwaben in Baden-Württemberg vorbereitet und durchgeführt wurden, hat sich auch die Gesangs- und Trachtengruppe aus Kanada bei der Landesregierung vorgestellt. Nach ihren Debüts in Mosbach, Rastatt und Hirrlingen vor Antritt ihres Aufenthaltes in Reutlingen waren die Gäste für den 17. September in der Villa Reitzenstein angemeldet. Sie wurden vom Landesbeauftragen für Vertriebene, Flüchtlinge, Aussiedler und Kriegsgeschädigte, Ministerialdirigent a. D. Helmut Haun, sowie dem Leitenden Ministerialrat Dr. Heinz Krämer empfangen und begrüßt.

Herr Haun hieß die Gäste aus Kanada im Namen des Ministerpräsidenten Lothar Späth sowie des ganzen Kabinetts am Sitz der Landesregierung willkommen und bezog sich auf die nun schon traditionelle Gepflogenheit fast aller Besuchergruppen von Donauschwaben aus Übersee, jeweils auf ihren Rundreisen auch nach Stuttgart zu kommen, um der Landespatenschaft ihre Aufwartung zu machen. Er gab einen kurzen Überblick über die Entstehung dieser Patenschaft durch den seinerzeitigen Ministerpräsidenten Dr. Gebhard Müller, dessen Porträt in dem runden Empfangssaal ebenso angebracht ist wie das seines Nachfolgers, des ehemaligen Bundeskanzlers Dr. Kurt Georg Kiesinger. Lobend hob er die Anhänglichkeit der Auslandsdeutschen dem Lande ihrer Vorfahren gegenüber hervor und würdigte desgleichen die landsmännische Verbundenheit der Nachkommen der seinerzeitigen Auswanderer untereinander, ob sie nun hier, in der alten Heimat oder irgendwo sonst in der weiten Welt lebten. Dafür sei den Gästen gedankt.

Dr. Krämer wieder berichtete ausführlich über das Land unserer Ahnen, über die Geschichte der Stadt Stuttgart und das Haus, das als Villa Reitzenstein bekannt und seit Kriegsende wieder Sitz der Landesregierung ist und das Staatsministerium beherbergt. Der für alle Fälle für eine englische Ansprache gewappnete hohe Beamte, der des öfteren dazu gefordert ist und bei Bedarf in die Bresche springt, konnte es sich diesmal ersparen, weil alle Teilnehmer der Tournee, selbst die in Kanada geborenen Landsleute, der deutschen Sprache mächtig sind.

Bundesvorsitzender Christian Brücker, der in Begleitung des Landesvorsitzenden Jakob Wolf, seiner Stellvertreter Ludwig Schuhmacher und Stefan Sehl sowie des Ortsvorsitzenden von Sindelfingen, Johann Reck, gekommen war, entbot der Gruppe seinen Willkommensgruß und wies auf die Wichtigkeit der vom Landesverband Baden-Württemberg organisierten Besuche und Gegenbesuche hin, die auf alle Fälle der Erhaltung der landsmännischen und familiären Kontakte dienlich seien und daher nie abreißen dürften.

Dann waren die Gäste an der Reihe: Mit einem Grußlied gaben sie gewissermaßen einen Vorgeschmack von ihrem Können, um dann weitere Lieder zu Gehör zu bringen. Die Ziehharmonika bediente Lm. Müller; der Chor ist ein harmonisches Klanggebilde. – Anschließend überreichte Frau Hamburger Geschenke und Erinnerungsstücke und nahm auch ihrerseits die von Herrn Haun bereitgestellten Souvenirs entgegen.

Daraufhin fuhren die Gäste mit dem Empfangskomitee der Landsmannschaft nach Sindelfingen, wo sie zu einem Mittagessen eingeladen waren, um nachher das Haus der Donauschwaben zu besichtigen, dessen Einrichtungen sie tief beeindruckten. Man saß noch im Gespräch beisammen, berichtete sich gegenseitig über das Leben unserer Menschen in ihrer neuen Umwelt und in den Heimatvereinen, in denen sich fast eine familiäre Zusammengehörigkeit entwickelte.

Auch hier wurden Geschenke ausgetauscht in der guten Absicht, sich gegenseitig auch weiterhin in Erinnerung zu halten und von dem Erlebten denjenigen zu berichten, die leider nicht dabeisein konnten. So verabschiedete man sich, da für die Besucher noch weitere Programme anstanden. Mit allen guten Wünschen für das weitere Gelingen fuhren sie nach Reutlingen, wo die dortige Trachtengruppe mit zahlreichen Landsleuten auf sie wartete. Bis zum Ende der Woche standen noch die Auftritte in Ulm sowie in Herbrechtingen an. Die daran angehängten Verwandtenbesuche (manche kamen ihnen schon unterwegs an mehreren Veranstaltungsorten entgegen) ließen eine Woche der Erholung erwarten.

Donauschwäbische Trachtengruppe, Kitchener.

Oktoberfest im Teutonia Club in Windsor

Der Teutonia Club Windsor veranstaltete sein Oktoberfest am letzten September- und ersten Oktober-Wochenende. Am Freitag wurde nach kurzer Begrüßungsansprache des Präsidenten Arno Erdmann das Bierfaß „o'zapft" und somit das Oktoberfest eröffnet. Das von Brauereien geschenkte Bier wurde an die Gäste frei ausgegeben. Danach begann die Feier ihre „Gestalt" anzunehmen.

Eine Jury von fünf Personen wählte Annette Erdmann zur „Miß Oktoberfest '89", eine Studentin aus Windsor. Sie ist 20 Jahre jung, begabt, fleißig, ambitiös und seit ihrem sechsten Lebensjahr ein aktives Mitglied der Jugendgruppe im Teutonia-Verein. Sie tanzt leidenschaftlich in der Jugendvolkstanzgruppe und gibt gleichzeitig Unterricht im Tanzen für die Kleineren in der Gruppe.

Sie ist sehr stolz darauf, deutscher Abstammung zu sein und daß sie im Teutonia-Verein mithelfen kann, die Sitten und Kultur zu pflegen und sie zu erhalten. Privat studiert Annette Mathematik und Englisch an der Universität in Windsor. Sie möchte Fachlehrerin werden. Tanzen, Lesen und Musik sind ihre Hobbys. Als freiwillige Helferin ist sie in einem Hochzeitsmodengeschäft tätig, spielt begeistert Piano und unterrichtet Englisch als zweite Sprache.

Dazwischen führten die Jugendvolkstanzgruppen ihre Tänze auf, und die „Golden Keys", „Majestics", „Ron Hetzel" und „Continentals" sorgten für Tanz und gute Laune. In der Küche brutzelte und dampfte es aus den Töpfen und Pfannen rund um die Uhr; die vielen freiwilligen Helfer an den Kassen, Essensausgaben und Ausschänken gaben sich große Mühe, um ihre Gäste zu befriedigen. Das Oktoberfest war für viele ein unterhaltsames, fröhliches Erlebnis.   1989

Schwabenklub in Kitchener (Ontario, Kanada).

St. Michaelswerk

Alljährlich findet diese denkwürdige Feier in Deutschland (Altötting), Kanada (Mary Lake in der Nähe von Toronto – immer am zweiten Sonntag im Juni), in Philadelphia in der St.-Peters-Kirche zum Grab des einzigen Heiligen von Amerika, Bischof Johann Neumanns – immer am dritten Sonntag im Mai – statt, ferner organisiert der Deutsche Familienverein in Akron unter der Leitung vom Vereinspräsidenten Joseph Rickert eine Wallfahrt alljährlich nach Yougstown, und in Chicago führt alljährlich Frau Erbe die Seniorengruppe von Chicago und Umgebung nach Holy Hill in Wisconsin, immer am zweiten Sonntag im September.

Um die Gründung und Organisation der Wallfahrten in Kanada und Amerika hat sich das St. Michaelswerk von Toronto seit 1962 eingesetzt. Auch in Brasilien und Argentinien finden auf den donauschwäbischen Siedlungen ähnliche Wallfahrten statt.

Das St. Michaelswerk versuchte bisher jedes zweite Jahr einen Heimatpriester von Europa als Festprediger zu diesen Wallfahrten einzuladen. Das Resultat solcher Besuchsreisen war immer sehr erfolg- und segensreich für unsere Gemeinschaft.

Der Ursprung dieser Wallfahrten geht auf ein Gelöbnis in den schwergeprüften Tagen der Vernichtungslager am 24. März 1946 im Lager Gakowo zurück.

Pater Gruber war es, der damals mit seinen in den Lagern ohne jegliche menschliche Hoffnung dahinhungernden Landsleuten das Gelöbnis ablegte. Das Gelöbnis wurde in Gakowo während eines von der Lagerleitung ausnahmsweise erlaubten Gottesdienstes in der überfüllen Dorfkirche zum ersten Mal abgelegt und am Pfingstfest darauf in einem großen Hinterhof eines Bauernhauses in Rudolfsgnad (Banat), in Anwesenheit von zirka 1000 Lagerleuten, während einer Messe unter freiem Himmel wiederholt.

Der Pater erläuterte in seiner Predigt die ausweglose Situation unserer Landsleute.

Hilfe war damals von keiner Seite zu erwarten. Der furchtbare Hungertod war von den damaligen Machthabern allen Donauschwaben zugedacht. Eine schreckliche Schicksalsstunde! Aber das Sprichwort sagt: „Wo die Not am größten, da ist Gott am nächsten."

So wandten sich diese todgeweihten Menschen an den Himmel. Sie erwählten sich als Fürbitterin Maria, die Mutter Jesu, und legten das Gelübde ab, wenn sie am Leben bleiben, wollen sie jährlich wallfahren, und wenn sie wieder zu Hab und Gut kommen sollten, versprechen sie, eine Kirche aus Dankbarkeit zu errichten und der Muttergottes zu weihen.

Im Jahre 1960 initiierte er die erste der nunmehr alljährlich stattfindenden Wallfahrten der Donauschwaben zum großen Marienheiligtum Altötting und wurde somit der Begründer der donauschwäbischen Gedächtniswallfahrten in der ganzen Welt.

Gründung des Verbandes der Donauschwaben

Durch den Zustrom der Heimatvertriebenen aus den donauschwäbischen Siedlungsgebieten stieg die Mitgliederzahl der bestehenden landsmannschaftlichen Organisationen in den USA und in Kanada sprunghaft an. Auf allen Gebieten entfalteten sich neue Aktivitäten, die hauptsächlich das Ziel hatten, die Neueinwanderer zu integrieren und ihnen das Einleben zu erleichtern. Es war eine schwierige, aber auch dankenswerte Aufgabe!

Wie aus einem Bericht des bekannten und verdienten Pressereferenten Anton Kremling hervorgeht, bildeten sich nach der Masseneinwanderung unserer Landsleute in die USA drei Zentren: Das Hilfswerk in New York unter der Leitung von Peter Max Wagner, die Hilfsstellen in Chicago unter Nikolaus Pesch und in Los Angeles unter Father Lani. Die alten beziehungsweise bestehenden Vereine dehnten sich aus, neue wurden gegründet. Das Heimweh, die Sehnsucht nach einem Wiedersehen mit Landsleuten, die verstreut in einzelnen Städten und Gebieten lebten, aber auch das Bewußtsein, daß man als Gemeinschaft leichter und schneller die angestrebten Ziele erreichen könne, dürfte zum Entschluß geführt haben, eine Gesamtorganisation auf Landesebene zu schaffen.

Konkrete Formen nahmen diese Pläne an, als die donauschwäbische Bundestagsabgeordnete Annemarie Ackermann gelegentlich eines Besuches in den USA 1956 ein Treffen führender Landsleute in New York anregte. Bei einer Zusammenkunft in den Räumen des Donauschwäbischen Hilfswerks in Brooklyn, an der neben Frau Ackermann die Landsleute Peter Max Wagner, Fred Dindinger und Frau sowie Dr. Krumes aus New York, Philipp Dorth aus Chicago, Anton K. Rumpf, Fred Wintergerst mit Frau und Anton Kremling aus Cleveland und schließlich Franz Jack und Philipp Korell aus Philadelphia teilnahmen, wurde einstimmig beschlossen, in den USA einen Landesverband zu gründen. Peter Max Wagner übernahm die Aufgabe, die organisatorischen Arbeiten durchzuführen und die Gründungsversammlung vorzubereiten.

Präsident Peter Max Wagner

An der konstituierenden Sitzung, die unter der Leitung von Peter Max Wagner am 28. September 1957 in Brooklyn stattfand, nahmen Vertreter vieler donauschwäbischer Städtegruppen aus den USA teil. Es war die Geburtsstunde des „Verbandes der Donauschwaben" in den Vereinigten Staaten von Nordamerika. Als Gründer des Verbandes führt Kremling folgende Landsleute an: Franz A. Jack, Philipp Korell aus Philadelphia; Christ N. Herr aus Chicago; Anton K. Rumpf und Anton Zillich aus Cleveland; Helene Lindenmeyer, Josef Bohn, Jakob Fleith und Sebastian Gauss aus Trenton; Philippe Sehne aus Detroit; Erich Schmidt, Adam Diener, Fred Dindinger, Peter Max Wagner, Gertrude Schröder, Georg Kraeling, Dr. Hans Krumes, Anton Leinz, Franz Sayer, Christian Müller, Fred

Peter Max Wagner.

Freund, Nikolaus Bruck und William Cahill aus New York. Auf der Sitzung wurden die Satzungen des Verbandes konzipiert, die Stiftungsurkunde (Charter) verlesen und genehmigt sowie ein arbeitsfähiger Vorstand gewählt. Der erste Vorstand des Verbandes setzte sich wie folgt zusammen: Präsident – Peter Max Wagner; 1. Vizepräsident – Christ N. Herr; 2. Vizepräsident – Anton K. Rumpf; Sekretär – Nikolaus Bruck; Sekretär-Stellvertreter – Erich Schmidt; Protokollsekretärin – Helene Lindenmeyer; Jugendreferat – Eugen Philipps; Pressereferent – Philipp Korell.

Schon bei der ersten Generalversammlung, die am 6. September 1958 in Brooklyn, N. Y., stattfand, wurden die Satzungen genehmigt, die Aufnahme enger Beziehungen zu den landsmannschaftlichen Organisationen in Deutschland beschlossen und nach neuen Wegen zur Unterstützung hilfsbedürftiger Landsleute gesucht. Auch wurden die Vermögensentschädigung (LAG) und die Familienzusammenführung in das Programm des Verbandes aufgenommen. Der alte Vorstand, durch Karl Herz, Peter Gänger, Gertrude Schröder und Hans J. Bundy ergänzt, erhielt bei der Abstimmung das volle Vertrauen der Versammlung. Um

die Gemeinschaft zu festigen, wurde auf der Jahreshauptversammlung beschlossen, den ersten „Tag der Donauschwaben" auf Landesebene durchzuführen.

Mit Idealismus und Energie ging es an die weitere Arbeit. Zwar mußten im Laufe der Zeit einige Schwierigkeiten und Krisen überwunden werden, doch entfaltete der Verband eine vielseitige und geradezu segensreiche Tätigkeit. Der Generalversammlung, die am 17. und 18. Oktober 1959 in Trenton stattfand, schloß sich ein großes und wohlgelungenes Trachtenfest an. Auf einer Sitzung am 12. März 1960 in Cleveland wurde in einer Resolution an die UN das Recht auf Wiedergutmachung und Familienzusammenführung begründet und geltend gemacht.

Präsident Christ N. Herr

Die Generalversammlung am 5. September 1960 in Chicago billigte eine Änderung und Ergänzung der Satzung. Um eine engere Zusammenarbeit und wirksamere Verbindung innerhalb der weiten Gebiete der USA zu erreichen, wurde der Verband in Regionalverbände aufgegliedert, denen von nun an je ein Regionalpräsident vorstand. Da Peter Max Wagner sein Amt als Präsident niedergelegt hatte, wählte die Versammlung Christ N. Herr zu seinem Nachfolger. Ihm stand ein bewährter Kreis von Mitarbeitern und Mitarbeiterinnen zur Seite.

Die Zahl der angeschlossenen Städtegruppen erhöhte sich ständig, so erklärten Rochester, Akron, Aurora, Detroit und Harrisburg ihren Beitritt. Die enge und freundschaftliche Zusammenarbeit mit dem Bruderverband in Kanada erwies sich als wesentliche Bereicherung der Verbandsarbeit, insbesondere bei der gemeinsamen Veranstaltung am „Tag der Donauschwaben", bei gegenseitigen Besuchen einzelner Gruppen und bei gemeinsamem Vorgehen zur Lösung gleicher oder ähnlicher Probleme der Landsleute in beiden Ländern.

Die Jugendarbeit unter Eugen Philipp und die Frauenarbeit unter Helene Lindenmeyer erfuhren neue Impulse und entwickelten erfolgreiche Aktivitäten. Ebenso machten die Musik unter Peter Glatt und der Sport unter Franz Dietrich erfreuliche Fortschritte und waren integrale Bestandteile festlicher Veranstaltungen.

Mit großer Gewissenhaftigkeit führte der Verband eine Vermögenserfassung derjenigen Landsleute durch, die im Zuge der Vertreibung nach Amerika ausgewandert sind. Diese Maßnahme diente, wie Anton Kremling in einem Bericht hervorhebt, dem Zweck, den „Stiefkindern", das heißt den von allen bisherigen Entschädigungsgesetzgebungen ausgeschlossenen (zum Beispiel über Österreich ausgewanderten) Landsleuten, zu ihrem Recht zu verhelfen.

Eine Verbandsfahne wurde geschaffen und diente bei allen Zusammenkünften als Symbol der Zugehörigkeit zur donauschwäbischen Gemeinschaft. Wichtig erschien dem Verband die Aufnahme und der Ausbau der Beziehungen zu den landsmannschaftlichen Persönlichkeiten und Organisationen in Deutschland, Österreich und anderen Ländern. Die gegenseitigen Besuche einzelner Tanz-, Jugend-, Sing-, Sport- und Musikgruppen trugen viel zur Festigung der Freundschaft und der weltweiten Verbundenheit bei.

Präsident Josef Rickert

Nachdem der erfolgreiche und verdiente Präsident Christ N. Herr 1965 aus gesundheitlichen Gründen von seinem Amt zurückgetreten war, wählte die Generalversammlung am 3./4. September 1966 in Philadelphia Josef Rickert zu seinem Nachfolger. Mit dieser Wahl wurde in der „Josef-Rickert-Ära" (1966 bis 1972) der Sitz des Verbandes nach Akron verlegt. Christ N. Herr erhielt – wie früher Peter Max Wagner – in Anerkennung seiner Verdienste um den Landesverband die Würde eines Ehrenpräsidenten.

Rickert und die Vorstandsmitglieder setzten mit Energie die verantwortungsvolle Tätigkeit des Verbandes zielstrebig fort. Nach wie vor galt eines der Hauptaugenmerke der Entschädigung der nach dem Krieg willkürlich enteigneten deutschen Vermögenswerte sowie die Ausdehnung des Lastenausgleichs auf die aus Österreich in die Vereinigten Staaten eingewanderten Landsleute.

Durch die Herausgabe des „Heimatboten" mit Stefan Krög als Redakteur erhielten die beiden Verbände in den USA und in Kanada ein gemeinsames Nachrichtenblatt, das sich bis heute großer Beliebtheit und Verbreitung erfreut. Auch wurde mit dem Verband in Kanada vereinbart, jedes zweite Jahr einen gemeinsamen Verbandstag durchzuführen. Josef Rickert und Frau sowie Helene Lindenmeyer nahmen 1971 an der Einweihung des Hauses der Donauschwaben in Sindelfingen teil. Auch zeichnete der Verband einen Stifteranteil in Höhe von 10 000 Mark für das Haus. Im gleichen Jahr nahmen J. Rickert und Dr. J. Awender an der 20-Jahr-Feier der Siedlung in Guarapuava, Brasilien, teil und bekundeten damit die Verbundenheit des Verbandes mit den Landsleuten in Südamerika.

Sowohl der gegenseitige Besuch von Musikkapellen wie auch der Austausch von Sport-, Jugend-, Sing- und Tanzgruppen zwischen dem Verband und der Landsmannschaft in Deutschland wurde fortgesetzt und intensiviert. Erfolgversprechend war die von Stefan Rettig, dem Vorsitzenden der Donaudeutschen Landsmannschaft in Rheinland-Pfalz, und Adam Medel, dem Schulamtsleiter des Verbandes, organisierte Kinderlandverschickung nach Deutschland. Die Ortsgruppen Cincinnati und Milwaukee traten dem Verband bei.

Vizepräsident Franz Awender organisierte 1971 einen Charterflug nach Kalifornien, an dem auch die Blaskapelle und der Jugendchor aus Cleveland teilgenommen haben. Mit diesem Flug stellten die Landsleute aus dem Osten der USA ihre enge Verbundenheit mit den Landsleuten aus dem Westen des Landes unter Beweis.

Auf der Jahreshauptversammlung vom 2. bis 4. September 1972 in Cleveland trat Josef Rickert von seinem Amt als Präsident zurück. Die Versammlung quittierte seine sechsjährige erfolgreiche Tätigkeit mit der Wahl zum Ehrenpräsidenten. Nikolaus Franzen, der langjährige Jugend- und Kulturamtsleiter sowie der Leiter des Clevelander Jugendchors erhielt für seine Verdienste um die Förderung der Jugendarbeit und der Kultur die Ehrenmitgliedschaft.

Präsident Theodor Junker

Mit der Wahl Theodor Junkers zum Präsidenten des Verbandes begann 1972 die „Ära Junker" und ein neuer erfolgreicher Abschnitt in der Geschichte landsmannschaftlicher Arbeit in Nordamerika. Zum Vorstand gehörten Männer und Frauen, die sich schon in früheren Jahren in der Landsmannschaft bewährt hatten. Der gegenseitige Kontakt innerhalb der einzelnen Regionen sollte intensiviert werden. Da aber die Vierteljahressitzungen des Verbandes infolge der großen Entfernungen und der damit verbundenen hohen Kosten von einigen Ortsgruppen nicht beschickt werden konnten, regte Präsident Junker an, wie dies aus einem Protokoll hervorgeht, jede zweite Sitzung über das Telefon als „Conference Call" durchzuführen. Dieser technische Fortschritt ersparte den Ortsgruppen beziehungsweise Delegierten viel Zeit und Geld.

Probleme der Jugenderziehung lagen Junker und dem Vorstand besonders am Herzen. Vor allem wirkte sich der Mangel an ausgebildeten Jugendleitern nachteilig auf die weitere Jugendarbeit aus. Um hier Abhilfe zu schaffen, beschlossen die beiden Verbandspräsidenten Junker (USA) und Peter Adam (Kanada), auf der Farm der Familie Junker in Elkhorn, Wisconsin, ein Jugendschulungslager durchzuführen. Der Lehrgang stand unter der Leitung des Jugenderziehers und Schriftstellers Professor Wolfram Hockl, der damals in den USA zu Besuch weilte. Die Landestrachtenfeste erwiesen sich bald als großer Erfolg und erfreuten sich großen Zuspruchs von alt und jung. So nahmen, um ein Beispiel zu nennen, an den Trachtenfesten 1974 und 1976 in Cleveland Tausende von Landsleuten und Freunden teil. Über 350 beziehungsweise 400 Trachtenträger erfreuten in ihren bunten und farbenfrohen Trachten der alten Heimat ihre zahlreichen Zuschauer.

Auf einem dieser Trachtenfeste wurden verdienstvolle Mitglieder des Verbandes mit der neugeschaffenen Ehrennadel des Verbandes – Wappen der Donauschwaben mit der Fackel der Freiheitsstatue in New York – ausgezeichnet. Auch erhielten Jugendgruppen den zum Gedenken an den verstorbenen und verdienstvollen Pressereferenten und gewesenen Generalsekretär Dr. Jakob Awender gestifteten „Dr.-Jakob-Awender-Kultur-Wanderpreis".

Um die freundschaftliche Zusammenarbeit mit dem Bruderverband in Kanada unter Präsident Peter Adam zu fördern und die Bande der Freundschaft enger zu knüpfen, wurde beschlossen, die gegenseitigen Austauschaktionen auf dem Gebiete der allgemeinen Jugendarbeit, der Musik, des Volkstanzes und des Sports tatkräftig zu unterstützen. Der Verband ermöglichte der Jugend durch die Herausgabe des Buches „The Seven Susannahs" von Eve Köhler einen Einblick in die Geschichte der Donauschwaben. Mit

der Teilnahme im „Bicentennial-Jahr" stellten die einzelnen Ortsgruppen bei verschiedenen Veranstaltungen ihre Verbundenheit mit ihrer neuen Heimat USA unter Beweis.

Auf der Generalversammlung 1975 in New York wurde der Gründer und erste Präsident des Verbandes, Peter Max Wagner, besonders geehrt. Große Aufmerksamkeit schenkte der Vorstand der Frage einer öffentlich rechtlichen deutschen Schule. Der über die Grenzen der USA hinaus und auch in Deutschland bekannte Schulmann Franz Sayer aus New York stellte auch diesmal sein pädagogisch-schulisches Wissen und seine langjährigen Erfahrungen als Leiter der Deutschen Sprachschule in New York in den Dienst der Schulplanung.

Bei der Generalversammlung am 18./19. September 1976 in Akron faßte der Vorstand den Beschluß, zum 20jährigen Jubiläum des Verbandes eine Festschrift in Buchform herauszugeben und den gemeinsamen „Tag der Donauschwaben" USA/Kanada im September 1977 in Detroit als 20-Jahr-Feier festlich und traditionsgemäß zu gestalten.

Adam Medel

Auf der Jahreshauptversammlung des Landesverbandes der Donauschwaben in den USA, die am 3./4. September 1988 in Detroit stattfand, wurde Adam Medel zum Nachfolger von Theo Junker gewählt. Medel steht seit Jahrzehnten im Dienste der landsmannschaftlichen Arbeit und widmete sich mit großem Idealismus der Jugendarbeit. Er baute nicht bloß in Detroit eine überaus aktive Jugendgruppe auf, sondern führte auch Jugendtreffen und Jugendfahrten durch. Große Verdienste erwarb er sich bei der Durchführung der nun schon zur Tradition gewordenen Jugendaustauschaktionen zwischen den Verbänden in USA und Kanada einerseits und Deutschland und Österreich andererseits.

Medel gehört seit vielen Jahren auch dem Landesvorstand an und bekleidete hier verschiedene Ämter und Funktionen. Die Wahl zum Landesvorsitzenden des Verbandes der Donauschwaben in den USA ist die Anerkennung seiner Verdienste und auch ein Zeichen des Vertrauens und der Verbundenheit.

Die Organisation des Landesverbandes und der Ortsverbände

Der Landesverband stellt eine Dachorganisation der Ortsverbände dar und erfüllt heute eine überaus wichtige Gesamtaufgabe. An der Spitze des Landesverbandes steht der Vorstand, der aus freien beziehungsweise geheimen Wahlen hervorgeht. Die Geschäfte der Verwaltung und Administration werden von einem Geschäftsführer geleitet.

Auf Halbjahresversammlungen, die abwechselnd in den Zentren der Ortsverbände stattfinden, berichten die Vertreter der Ortsverbände und deren Gliederungen über die geleistete Arbeit. Diskussionen sowie der Austausch von Erfahrungen und Meinungen schliessen sich an. Beschlußfassungen sind für die Vorstände verbindlich.

Ein Beispiel aus dem Sitzungsprotokoll der Halbjahresversammlung des Landesverbandes am 3./4. September 1988 in Detroit: 1. Die donauschwäbische Presse soll unterstützt werden. 2. Es ist wichtig, starke Kindergruppen aufzubauen. 3. Die Mitarbeiter des Vorstandes in den Ortsgruppen sind zu schätzen. 4. Die deutsche Sprache in der Familie soll man fördern und pflegen. 5. Donauschwaben, die in Not sind, müssen unterstützt werden. 6. Die Verbindung zu den Landsleuten in der ganzen Welt soll man weiterhin pflegen. 7. Führende Persönlichkeiten sollen die Notwendigkeit eines starken Verbandes unterstützen.

Die Neuwahl (3./4. September 1988 in Detroit) erbrachte folgendes Ergebnis: Landespräsident: Adam Medel; 1. Vizepräsident: Adam Dickmann; 2. Vizepräsident: Anton Siladi; Generalsekretär: Annerose Goerge; Protokollsekretärin: Helga Blaumüller; Schatzmeister: Ron Blasius; Kulturreferentin: Karoline Lindenmaier; Verbandspresse: Hans Niederkorn; Landessportleiter: Franz Schönberger; Archivar: Franz Bohnert; Landesschulrat: Franz Sayer. Der Landesjugendleiter wird von Präsident Medel ernannt.

Regionalpräsidenten – Ost: Adam Mattes; West: Friedrich Stuhlmüller; Mittelwest: Peter Schuster; Nord: Josef Holzer. Jede Ortsgruppe bestimmt zwei Direktoren und schickt die Namen an die Generalsekretärin. Ferner wurde der Vorstand der Frauengruppe gewählt. Landesfrauenleiterin: Hedwig Weil; Frauenleiterstellvertreterin: Maria Abt; Landesfrauensekretärin: Betty Gossler.

Auch die Ortsverbände weisen eine arbeitstragende Gliederung auf: Präsident, 1. Vizepräsident, 2. Vizepräsident, Sekretär, Schatzmeister, Kultur- und Pressewart, Jugendwart, Sportwart, Frauenleitern, Archivar. Hinzu kommen – je nach Bedarf – weitere Amts- und Funktionsstellen.

Stellvertretend für die übrigen Ortsverbände seien die Gruppen des Deutsch-Amerikanischen Kulturzentrums in Cleveland genannt: Die Interessengemeinschaft zur Pflege der deutschen Sprache; Deutsche Sprachschule und Kindergarten; Donauschwäbische Jugend- und Kindergruppe; Donauschwäbische Kulturgruppe; Donauschwäbische Sportgruppe S.C. Concordia; Donauschwäbische Frauengruppe; Donauschwäbische Blaskapelle; Skigruppe „Edelweiß"; Das Deutsche Konzertorchester; Tennisgruppe „Blau-Weiß"; Banater Damen- und Männerchor; Der Altheimatliche Kegelverein.

In verschiedenen Veröffentlichungen werden folgende Ortsverbände in den USA genannt: Akron, Chicago, Cincinnati, Cleveland, Detroit, Mansfield, Milwaukee, New York, Philadelphia, Rochester, Los Angeles, S. Louis, Trenton, Warren, Rock Island, New Jersey.

Brücker, Junker, Schmidt, Roth.

70

Jubiläum des Verbandes der Donauschwaben (USA)

Der Verband der Donauschwaben in den USA entwickelte seit seiner Gründung eine überaus erfolgreiche Tätigkeit. Gelegentlich seines 20jährigen Bestehens zogen die Leiter der einzelnen Organisationen und Abteilungen Bilanz, die in einer beachtlichen Festschrift in Wort und Bild ihren Niederschlag fand. Planung und Redaktion der Schrift lagen in den bewährten Händen des bekannten Journalisten Anton Kremling.

Die Grußbotschaften und Wertungen namhafter Persönlichkeiten umreißen ein Arbeitsprogramm, das heute noch Gültigkeit besitzt und zukunftsweisend ist. Nikolaus Franzen, der langjährige Leiter des Jugendchors in Cleveland, meint in seiner Widmung zum Jubiläum: „Wir können uns Gefühlen niemals ganz verschließen, wenn uns ein Fest wie dieses an unsere Heimat mahnt." Und in der sich anschließenden Volkshymne der Donauschwaben heißt es: „Seid gegrüßt, ihr deutschen Brüder, wachet auf, es ruft die Zeit! Laßt uns rühmen, laßt uns preisen unseres Volkes Einigkeit."

Der derzeitige Präsident des Verbandes, Theo Junker, umreißt wichtige Anliegen des Verbandes: Jugenderziehung, schulische Bildung mit Pflege und Förderung der deutschen Sprache, Frauenarbeit, Sport und Leibeserziehung, aber auch gemeinsames Eintreten für die donauschwäbischen Belange in allen Fragen des Lastenausgleichs und der Familienzusammenführung sowie die Zusammenarbeit mit allen Donauschwaben in ihrer weltweiten Zerstreuung.

Der ehemalige Oberbürgermeister der Patenstadt Sindelfingen, Arthur Gruber, bekennt: „Es war für mich bei meinen Besuchen in den verschiedenen Städten Amerikas, in denen die Gliederungen Ihres Verbandes am Werke sind, jedesmal ein Erlebnis ganz besonderer Art, zumal ich feststellen durfte, welche bindende Kraft aus ihrem Stammesbewußtsein und dessen Zusammenhalt erwächst, die dazu geeignet erscheint, Werte wie Muttersprache und Väterglaube auf weite Sicht zu erhalten."

Gelegentlich seiner mehrmaligen Reise zu den Landsleuten in Nordamerika konnte Dr. Adam Krämer mit größter Zufriedenheit und Genugtuung feststellen, daß seine do-nauschwäbischen Landsleute bestrebt waren, „nicht nur durch Fleiß und Sparsamkeit unseren Ahnen, die vor zwei Jahrhunderten im europäischen Südosten aus dem Nichts ein Paradies schufen, nachzueifern, sondern auch aus deren Sitten und Bräuchen die Kraft zu den Leistungen in ihrer neuen Heimat USA herleiten".

Ministerialdirigent Stocker meint, daß es den Donauschwaben weiterhin aufgegeben sei, Vereinigungen aufrechtzuerhalten, die in der Lage seien, die Interessen der Landsleute so gut als nur irgend möglich vor allen Instanzen zu vertreten. „Dem aus unserer Schicksalsgemeinschaft entsprungenen Gebot der gegenseitigen Hilfe müssen wir auch weiterhin gerecht werden." Mit Stolz weist Ingenieur V. Reimann auf die jahrhundertelange Tradition des donauschwäbischen Volkstums hin, das sich im Südosten Europas befruchtend ausgewirkt habe. Die Donauschwaben seien zu jeder Zeit ein Element des Aufbaues und der Ordnung gewesen.

Gruß nach drüben

Jakob Wolf beklagt in seinem Gedicht „Auswanderer" das schwere Schicksal der Heimatvertriebenen, die Unersetzbares verloren hätten und nun heimatlos und verzagt vor fremden Toren stünden. „Dem aber werden sie Erinnerungen bewahren, / der ihnen drückte brüderlich die Hand, / wenn sich nach neuen leiddurchzogenen Jahren, / nach neuen schweren Nöten und Gefahren / ein hilfsbereiter Bruder wieder fand."

Mutig und zukunftsorientiert sind die Grußworte des Präsidenten des Verbandes der Donauschwaben in Kanada, Peter Adam: Die Pflege der Freundschaft und die Förderung der Zusammenarbeit zwischen den einzelnen Verbänden der Donauschwaben sei allen eine Herzensangelegenheit. In der 20jährigen Geschichte des Verbandes in den USA sehe er einen Beweis für die Kraft der Idee, sich auf geistige und kulturelle Güter der Vorfahren und ihrer Nachkommen zu besinnen, diese zu fördern und zu verbreiten.

In seinem „Gruß nach drüben" gedenkt Hans Wolfram Hockl der verlorenen Heimat und der Toten. „Doch wollen wir auch danken, / daß Gott uns Hilfe bot / und Heilung unseren Kindern, / ein sichres Heim und Brot." Nikolaus Engelmann schildert ein Erlebnis auf seinem Flug in die USA und meinte, daß es gut und ratsam sei, die englische Sprache zu erlernen, man dürfe aber dabei seine Muttersprache nicht vergessen.

In einem Beitrag wird Peter Max Wagner, der erste Präsident des Verbandes, gebührend gewürdigt und auf seine großen Verdienste in Stunden der Not hingewiesen. Man dürfe nicht vergessen, daß er einer der ersten war, die die Not der Flüchtlinge nach dem 2. Weltkrieg erkannt und Sofort-Hilfsmaßnahmen organisiert und dadurch vielen Menschen das Leben gerettet hätte. Auch Anton Rumpf würdigt als Referent des Sozial- und Wirtschaftsamtes die Leistungen bei der Betreuung und Eingliederung der vertriebenen Landsleute.

Christ Herr wirft einen Rückblick auf die Entstehung und Entwicklung des Verbandes und freut sich, daß anfängliche Schwierigkeiten überwunden werden konnten. Mit Worten der Anerkennung verbindet er den Dank an alle Städtegruppen und Landsleute für jede Mithilfe und Unterstützung. Ähnlich äußert sich Josef Rickert und meint: „Der Kontakt und die schöne Zusammenarbeit mit unseren Landsleuten im In- und Ausland waren für mich einige meiner schönsten Lebenserfahrungen." Er glaube, daß der Verband auf festem Fundament stehe, noch lange bestehen bleibe und in diesem Sinne auch Liebe, gute Freundschaft und bestes Verständnis unter den Donauschwaben in den USA noch lange gefördert würden.

Chicago
Heim der Donauschwaben
1965 angekauft

Milwaukee
Schwabenhof der Donauschwaben
1966 angekauft

Cleveland
Deutsch-Amerikanisches Kulturzentrum, 1986 eingeweiht

Akron
Deutscher Familienverein
1974 eingeweiht

Donauschwäbische Heime in den USA

Cincinnati
Verein der Donauschwaben
1978 eingeweiht

Detroit
Carpathia Club 1913 gegründet
1961 umgebaut

St. Louis
Deutscher Kulturverein
1982 eingeweiht

Philadelphia
Vereinigung der Donauschwaben
1975 eingeweiht

Käthe Meindl gratuliert dem Verband zu seinem 20jährigen Bestehen und fordert alle Mitglieder auf, die Jugend bei ihrer Arbeit zu unterstützen und dem „Tag der Donauschwaben", den Trachtenfesten, Sportfesten und anderen Veranstaltungen die Treue zu halten.

In einem Gedicht findet Eugen Philipps tiefgehende Worte des Dankes: „Amerika, in Deinen Städten, Feldern, Auen, – Die des Glückes und des Reichtums Zier, / Fanden Heimatlose wieder Gottvertrauen: / Wir Heimatvertriebenen, wir danken Dir." Der Verband gedenkt der Landsleute Dr. Jakob Awender, Jakob Eppli, Friedrich Hild, Karl Herz, Philipp Korell und Peter Gänger, die pflichtbewußt und mit Idealismus dem Verband der Donauschwaben in den USA gedient haben.

Wunderwerk göttlicher Fügungen

Pastor Horst Hoyer hat viele Jahre hindurch als Seelsorger die heimatvertriebenen Donauschwaben betreut, wobei ihm Wohl und Wehe dieser Menschen zum Lebensinhalt geworden sind. Beeindruckend sind seine Worte: „Aus geschlagenen, beraubten, vertriebenen und mit dem Tode vernarbten Familien entstand neues Leben und neuer Wohlstand. Zum Tode verurteiltes Volksgut und Heimaterbe blühen und gedeihen in einem weitaus verstärkten Drang zum deutschen Erbe der Väter, das man euch nicht hat rauben können. Euer Verband stellt heute eine der stärksten Fundamente dar, die das leider von vielen heute oft geringgeschätzte deutsche Erbe tragen und hochhalten."

Pater Carlos Boskamps erinnert an das schwere Schicksal der Heimatvertriebenen und dankt Gott für die gütige Führung in schweren Zeiten. „Trotz allem tragischen Geschehen stehen wir vor einem Wunderwerk göttlicher Fügungen und Führungen. Im Jubiläumsjahr, das ein Jahr der Besinnung sein soll, müssen wir uns erneut auf unser christliches Erbe besinnen und es nicht nur zu erhalten suchen, sondern auch bemüht sein, es immer wieder den neuen Orts- und Zeitverhältnissen seinsgemäß anzupassen."

Nach den schrecklichen Geschehnissen des 2. Weltkrieges habe niemand es sich träumen lassen, „daß sich unser

zerstreutes Volk je einmal wieder zusammenfinden kann oder geahnt, daß Heimatortsgemeinschaften, Ortsgruppen oder gar Kreis- und Landesverbände entstehen werden, die uns Donauschwaben wieder eng miteinander verbinden", meint Matthias Aringer. Die Donauschwaben hätten sich emporgearbeitet und zählten heute überall zu den tüchtigsten Bürgern der betreffenden Länder. Aringer überreichte dem damaligen Präsidenten der USA, Gerald R. Ford, die Ehrennadel des Verbandes, worauf sich der Präsident in einem persönlichen Schreiben bedankte und dem Verband für die Zukunft alles Gute wünschte.

Schließlich wirft Eugen Philips einen Rückblick auf die Entstehung und Tätigkeit des Verbandes und meint, daß es unterwegs Höhen und Tiefen, Erfolge und Mißerfolge gegeben habe. Zunächst habe es gegolten, das Heimweh der heimatvertriebenen Menschen zu stillen. Von einem kleinen Häuflein sei viel Idealismus ausgegangen. „Als in den ersten gemieteten Sälen unsere Lieder erklangen, die ersten Volkstänze begeisterten und Heimatgedichte vorgetragen wurden, leuchteten die Augen der Landsleute dank-

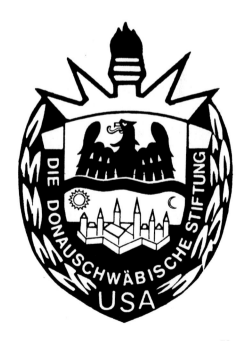

bar auf . . . Der Landesverband – die Zentrale unserer Schwerpunkte – hat die Weiten im Rahmen der Möglichkeiten überbrückt, und erst durch das Zusammenkommen und den Gedankenaustausch kamen viele Erfolge zustande: Jugendgruppen, Tanzgruppen, Singgruppen, Kapellen, Sportabteilungen, Frauenabteilungen... Unsere Organisationen haben eigene Heime, in denen die Abteilungen ihre vielseitigen Tätigkeiten ausüben können. – Dem Landesverband zum 20. Geburtstag: Gesundheit, Erfolge, langes Leben."

Der Verband heute

Jahre sind seither vergangen. Der Verband der Donauschwaben in den USA ist nach wie vor sehr aktiv. Seite an Seite mit dem Verband in Kanada sind unsere Landsleute bestrebt, deutsches Kulturgut zu pflegen und zu erhalten. Als treue und loyale Staatsbürger sind sie sich dessen bewußt, daß die Liebe zum Erbe der Ahnen die Treue zur neuen Heimat nicht ausschließt.
In bestimmten Abständen treffen sich die Vertreter der einzelnen Städtegruppen, um unter dem Vorsitz des Präsidenten über ihre Tätigkeit zu berichten, Probleme und

Präsident Bush im Deutsch-Amerikanischen Kulturzentrum, Cleveland.

Anliegen zu besprechen und die Arbeitsrichtlinien für die nächsten Monate festzulegen. Die Landsmannschaften in Europa und in Übersee verfolgen mit Interesse und Wohlgefallen diese intensive Arbeit. Ihre gemeinsame Hauptaufgabe liegt in der Förderung der Jugendarbeit und der Sprachschulen. Hier ist ein Wort von Theo Junker angebracht: „Denn nur, wenn du dir selber treu bleibst, kannst du deinem Volk und deinem Staate treu bleiben."

Dreißig Jahre

Dreißig Jahre im menschlichen Leben
bedeuten; längst erwachsen zu sein,
und nach eingehend beruflichem Streben
sich einer eigenen Familie zu freun.

Dreißig Jahre in einem Verein
bedeuten das Wirken von Generationen,
mit Gleichgesinnten verbunden zu sein,
und selbstgestellten Zielen beizuwohnen.

Dreißig Jahre in einer Gemeinschaft,
die sich hohe und hehre Aufgaben gesetzt:
Und vieles geschaffen aus eigener Kraft,
veranlassen, daß man dieses auch schätzt.

Einer solchen gedenkt man am heutigen Tage.
Nicht Eigenlob ist's was dazu uns bewegt.
Doch, betrachtet man unsere heutige Lage;
so ist doch hier mehr als nur der Grundstein gelegt.

Der Anfang war alles andere als leicht;
in neuer Umgebung den Anfang zu wagen.
Was durch Ausdauer, Ehrgeiz hier alles erreicht
dafür gilt es entsprechend auch Dank zu sagen.

Dank allen für ihr emsiges Schaffen und Walten.
Auch denen, die man nicht mehr unter uns find't.
Nun mögen die Nachkommen hier weitergestalten,
die ja die Erben des Geschaffenen sind!

Nikolaus Franzen

Grußwort zur 30-Jahr-Feier

Liebe Landsleute, liebe Freunde!

Der 2. Weltkrieg schlug auch den Südostdeutschen tiefe und schmerzvolle Wunden. Menschen wurden entrechtet, vernichtet, deportiert oder vertrieben. Viele Donauschwaben leben heute in Deutschland und in Österreich. Eine große Zahl der Donauschwaben wanderte unter dem Eindruck von Krieg und Vertreibung nach Übersee aus.

Wenn wir heute den geschichtlichen Weg der Südostdeutschen überschauen, so werden wir in Gedanken und Erinnerungen über Zeit und Raum hinweggeführt, dorthin, wo wir noch vor einigen Jahrzehnten daheim waren. Die schönen Bilder der Vergangenheit werden überschattet von jenen düsteren Ereignissen eines unheilvollen Krieges, der wie ein Sturmwind über eine blühende Kulturlandschaft hereinbrach und in kurzer Zeit die Arbeit von Generationen zerstörte.

Da gedenken wir unserer gefallenen und vermißten Kameraden, der Entrechteten, der in den Vernichtungslagern Umgekommenen, der Verschleppten und der Opfer auf den Straßen der Flucht und der Vertreibung.

Wenn wir diesen Weg zurückverfolgen, erinnern wir uns an das Einströmen einer Millionenmasse aus Ost und Südost in ein zerbombtes und hungerndes Restdeutschland, an die Begegnung der Heimatverbliebenen und der Heimatvertriebenen, an die gemeinsame Not und das gemeinsame Elend, aber auch an den Willen, am Leben nicht zu verzweifeln, nicht den Mut und den Glauben zu verlieren, nicht zu einem Objekt der Unruhe, der Anarchie zu werden, nicht zuzulassen, daß aus einer alten deutschen Kulturlandschaft eine Steppe, Schaf- und Ziegenweide wird.

Woher bezogen unsere Menschen in dieser leidvollen Zeit ihre Kraft? Schlimmer als die physische war die psychische Not. Ein Goethe-Wort: „Wer nie sein Brot mit Tränen aß, nie in kummervollen Nächten weinend auf seinem Bette saß, der kennt euch nicht, ihr himmlischen Mächte."

Ja, es waren das Leid, das Heimweh, die Härte des täglichen Lebens, die unsere Menschen in diesem ursprünglichen Chaos reifen und zu sich selbst finden ließen. Sie stießen zu Quellen vor, aus denen ihre Siedlerahnen

Schnitter (Leicht).

schöpften. Es zeigte sich, daß Heimat nicht nur Häuser, Gassen, Kirchen und Schulen, Felder und Fluren, sondern in erster Linie die Menschen sind. Menschen durch eine gemeinsame Geschichte, ein gemeinsames Schicksal, eine gemeinsame Kultur und Zivilisation verbunden!

Hier liegt auch der Ursprung der Landsmannschaft. Man wollte keine politische Partei, keine Opposition gegen die staatliche Ordnung, kein revolutionäres Sammelbecken der Unzufriedenen sein, sondern eine Gemeinschaft, die in schwerer Not hilft und tröstet, die den vertriebenen Menschen einen Ersatz für die verlorene Heimat bietet.

Manche hielten die LM für überflüssig, ja hinderlich, schädlich. Dazu ein Wort von Schiller: „Aber nichts ist verloren und verschwunden, was die geheimnisvoll waltenden Stunden in den dunkel schaffenden Schoß aufnehmen. Die Zeit ist eine blühende Flur, ein großes Lebendiges die Natur, und alles ist Frucht, und alles ist Samen."

Was lebte und wirkte in unseren Menschen: Der Geist der Kolonisten, die christlich-abendländische Glaubensbereitschaft, der Familiensinn, die Nachbarschaftshilfe, aber auch der Sinn für Ordnung, für Fleiß und Sparsamkeit.

Es vollzog sich der Prozeß der Eingliederung, der Integration. Häuser und Wohnungen wurden gebaut, eine neue Generation wuchs heran. Wurde nun die LM überflüssig? Nein! Es verlagerten sich bloß die Akzente, die Schwerpunkte.

Es galt, auch das geistig-ethische, das kulturelle Erbe zu pflegen, zu erhalten und einzubauen in das geistige Bild der neuen, eigentlich der alt-neuen Heimat. Darauf zu verzichten wäre eine Verlust für die gesamte deutsche Kultur, ja für das gesamte Volk.

Diese Gedanken und Feststellungen lassen sich auch auf das Schicksal und die Lebensverhältnisse unserer Landsleute in Übersee anwenden. Auch sie nahmen schweren Herzens Abschied von der alten Heimat, auch sie haben sich – oft unter schwierigsten Verhältnissen – in Nordamerika, Südamerika und in Australien ihre von den Ahnen ererbten Tugenden wie Gottvertrauen, Fleiß, Sparsamkeit, Strebsamkeit und Unternehmensgeist unter Beweis gestellt und erwiesen sich als ein Element der Ruhe und Ordnung und des Friedens.

In vielen Städten haben sie in enger Zusammenarbeit mit alteingesessenen Landsleuten landsmannschaftliche und kulturelle Organisationen, kirchliche Institutionen, Schulen und Vereine gegründet und diese zu Mittelpunkten ihrer intensiven geistig-kulturellen Arbeit gemacht. Diese Tätigkeit war oft mit großen Schwierigkeiten verbunden und erforderte von den Trägern dieser Organisationen Solidarität, Opferbereitschaft und Idealismus.

Vor einigen Jahren wies Präsident Reagan in seiner großen Rede vor dem Bundestag der Bundesrepublik Deutschland auf die Bedeutung der 300jährigen Geschichte der deutschstämmigen Bürger in den Vereinigten Staaten von Nordamerika (US) hin und würdigte die großartige Leistung der Deutschen in den USA auf vielen Gebieten der Politik, der nationalen Sicherheit, der Kultur und der Wirtschaft. Die Deutschen in aller Welt registrierten diese Würdigung mit Stolz, Freude und Dankbarkeit. Nun aber erschien im Jahre 1986 in einigen Tageszeitungen in Baden-Württemberg ein geradezu alarmierender Bericht unter der Überschrift „Germany rangiert unter ‚ferner liefen‘ – Das Interesse an der Sprache ist rapide geschwunden". Nach diesem Bericht soll das Unterrichtsministerium in Washington mitgeteilt haben, daß das Interesse an Deutschland und der deutschen Sprache in den Schulen der USA in den letzten Jahren immer weiter gesunken sei. Man könne, so der Vertreter des Unterrichtsministeriums, Studenten deshalb nur davon abraten, Lehrer für deutsche Sprache oder deutsche Geschichte zu werden.

Dies sei nur ein Zeichen dafür, daß immer weniger Amerikaner sich mit Deutschland und den Deutschen beschäftigten. Noch vor einigen Jahren habe es in amerikanischen Großstädten jeweils noch zumindest eine Schule gegeben, in der Schüler als Fremdsprache Deutsch hätten wählen können. Doch mangels Nachfrage seien im Lande die Deutschkurse reihenweise abgesetzt und Hunderte von Deutschlehrern entlassen worden. Zunehmende amerikanische Gleichgültigkeit gegenüber Deutschland und den Deutschen zeige sich auch in den amerikanischen Medien. Der amerikanische „Mann auf der Straße" zeige jedenfalls ein nur sehr mäßiges Interesse an Deutschland, und selbst das sei in den letzten Jahren nachweislich noch gesunken. Zwar kann und darf man aus dieser sachlichen und objektiven Berichterstattung auf keine Deutschfeindlichkeit in den USA schließen, doch zwingt sie uns, über die Situation der donauschwäbischen Landsleute und über die Chancen der deutschen Sprache in den USA nachzudenken. Hier zeigt sich recht deutlich, welche Aufgaben die deutschstämmigen Bürger und insbesondere die deutschsprachigen Wochenendschulen und andere kulturelle Institutionen zu erfüllen haben: Nicht der Resignation und der Lethargie zu verfallen, sondern um eine konsequente Intensivierung und Aktivierung der Schulungs- und Kulturarbeit bemüht zu sein.

Die Aufbauarbeit und die vielseitigen Leistungen der deutschstämmigen Amerikaner können beziehungsweise dürfen nicht aus der Geschichte ausgeklammert und der Vergessenheit preisgegeben werden.

Dieses Vermächtnis enthält:

1. Das christlich-abendländische Erbe wie Glaubensbereitschaft, Gottvertrauen, Nächstenliebe.
2. Das volkhaft-menschliche Erbe: Familiensinn, nachbarschaftliche Verbundenheit, Gemeinschaftssinn und Heimatliebe, Tugenden wie Fleiß, Ordnungsliebe, Zuverlässigkeit, Sparsamkeit und Unternehmungsgeist.
3. Das geschichtlich-kolonisatorische Erbe: Kenntnisse über Leben, Schicksal und Bewährung der Auswande-

rer, ihrer kolonisatorischen und historischen Leistungen sowie ihre Beiträge zur Sicherheit, zur Entwicklung und Förderung der USA.

4. Das geistig-kulturelle Erbe: Die deutsche Kultur als geistiges Element, die deutsche Sprache und ihre völkerverbindende Funktion, Sitte und Brauchtum, musische Kräfte wie Musik, Lieder und Tänze.

Die kirchlichen und landsmannschaftlichen Institutionen, die deutschsprachigen Kindergärten, die Sprach- und Wochenendschulen haben die Aufgabe, die deutsche Sprache und die vielfältigen deutschen Kulturgüter zu erhalten und zu pflegen. Damit leisten sie einen wichtigen Beitrag zur geistig-kulturellen Förderung ihrer amerikanischen Heimat. Die Zweisprachigkeit ist heute von großer Wichtigkeit und hoher Bedeutung und für Völkerverständigung und Völkerfrieden von unschätzbarem Wert.

Diesem Ziele dient auch die Tätigkeit des Verbandes der Donauschwaben in den Vereinigten Staaten von Nordamerika. In den vergangenen 30 Jahren haben die Mitglieder dieses Verbandes – Männer, Frauen und Jugendliche – eine hervorragende Leistung vollbracht, die Dank und Anerkennung verdient. Im Namen des Dachverbandes der donauschwäbischen Landsmannschaftsorganisation in Europa und in Übersee sowie im Namen der Landsmannschaft der Donauschwaben in der Bundesrepublik Deutschland entbiete ich der Leitung, den Mitgliedern und Freunden des Verbandes die herzlichsten Grüße und die besten Wünsche für eine erfolgreiche Weiterarbeit.

Macht so weiter, liebe Brüder und Schwestern!

Denkt immer an unsere donauschwäbische Losung:

Leit, halle zamme!

Ihr Christian Ludwig Brücker

Deutsche Sprachschule in Cleveland: Bei Sprachlehre und Leseunterricht.

Neues Rathaus in Sindelfingen.

Ein Grußwort

Liebe donauschwäbische Landsleute,

zum 30jährigen Bestehen des Verbandes der Donauschwaben in den USA grüße ich Sie ganz herzlich namens der Patenstadt Sindelfingen. Es ist mir eine große Freude, Sie zu diesem runden Jubiläum zu beglückwünschen.

Seit der Verband der Donauschwaben in den USA besteht, hat sich innerhalb der donauschwäbischen Bewegung viel getan. Die sogenannte Erlebnisgeneration, die die alte Heimat noch aus Erfahrung kennt, verläßt uns nach und nach. All derer, die nicht mehr unter uns sein können an diesem 30jährigen Jubiläum, ihrer aller wollen wir heute gedenken und ihnen ein ehrendes Andenken bewahren. Die junge Generation wächst auch in den Vereinigten Staaten in die Tradition hinein, wie wir dies in Europa ebenfalls beobachten.

Insbesondere für diese jungen Menschen ist es wichtig und notwendig, daß die Donauschwaben enger zusammenrük-ken. Die Gründung des Dachverbands der Donauschwaben in Europa und Übersee und die zwei Arbeitstagungen in Cleveland und in Sindelfingen haben deutlich gemacht, daß die Donauschwaben weiterhin eng zusammenbleiben

wollen. Gemeinschaftsgeist, Aufbauwille, Gestaltung der neuen Heimat sowie Glaube, Volkstum und Tradition zeichnen die Donauschwaben in den USA wie ihre Landsleute in der ganzen Welt gleichermaßen aus. Nach wie vor ist es eines der Hauptanliegen der Donauschwaben, die eigenständige Kultur und das Gedankengut der Väter und der Mütter zu bewahren. Die Donauschwaben in den Vereinigten Staaten von Amerika leisten dazu einen wesentlichen Anteil im englischen Sprachraum. Die donauschwäbische Jugendarbeit und Schulbildung ist auch in Zukunft wichtig, um den Fortbestand donauschwäbischer Tradition zu sichern.

Während ich diese Zeilen formuliere, bereitet das Land Baden-Würtemberg im Neuen Schloß in Stuttgart eine bedeutende Ausstellung über die donauschwäbischen Siedlungsgebiete im Südosten Europas vor. Sie wird im April 1987 in Stuttgart und sodann in weiteren Städten unseres Bundeslandes zu sehen sein. Erweiterungspläne und neue Aufgaben bewegen das Haus der Donauschwaben in Sindelfingen, wobei eine Zusammenarbeit mit einem künftigen donauschwäbischen Universitätsinstitut genauso in Frage kommt wie ein donauschwäbisches Landesmuseum. Dies gibt mir Gelegenheit, an den wichtigen finanziellen Beitrag zu erinnern, den donauschwäbische Landsleute aus den USA für die Errichtung des Hauses der Donauschwaben in Sindelfingen bis zum Jahre 1970 zur Verfügung gestellt haben.

Die donauschwäbischen Landsleute haben in den USA eine neue Heimat gefunden. Sie haben Existenzen gegründet und sind ihrer deutschen Abstammung treu geblieben. Aus Sindelfingen wollen wir die Verbindungen halten und freuen uns über jeden Besuch aus den USA im Haus der Donauschwaben und in unserer Stadt.

Im Namen des Gemeinderats, des Patenschaftsrats und der Sindelfinger Bevölkerung übermittle ich Ihnen die besten Wünsche zum 30jährigen Bestehen des Verbands der Donauschwaben in den USA. Ich wünsche Ihnen alles Gute und hoffe mit Ihnen, daß die angefangene Arbeit in den kommenden Jahren und Jahrzehnten fortbestehen kann und zukunftsträchtig ausgebaut wird.

Dr. Dieter Burger
Oberbürgermeister der Patenstadt Sindelfingen

Besuche und Gegenbesuche

Kulturelle Wechselbeziehungen über Länder und Grenzen hinweg

Sindelfingen. – Seit vielen Jahren pflegt die Landsmannschaft der Donauschwaben Rundreisen von Jugend-, Trachten-, Gesangs- und Musikgruppen aus Übersee zu organisieren, umgekehrt aber auch Tourneen hiesiger Gruppen nach dort zu unterstützen und mit begleitender Fürsorge zum Gelingen zu verhelfen. Die Zahl der Besuche und Gegenbesuche geht schon an die anderthalb Dutzend nach beiden Richtungen, wollte man diese einmal in der Gesamtheit erfassen. Auch heuer stehen wieder derlei Programme an: Die Jugend- und Trachtengruppe Mosbach fliegt nach USA und Kanada und wird dort in sechs Städten, und zwar in Detroit, Akron, Mansfield, Cleveland, Toronto sowie Kitchener gastieren.

Welche Opfer diese Reiseteilnehmer – trotz Unterstützung in mehrfacher Hinsicht – auf sich nehmen, kann nur ermessen, wer einmal dabei war oder eine Abrechnung zu Gesicht bekommen hat. Undenkbar wäre ein solches Unterfangen dennoch, wenn nicht die betreffenden Gastgeber ihre Vorbereitungen in der Weise getroffen hätten, daß jeder Gast an Ort und Stelle erfährt, wo er schlafen kann, sein Frühstück bekommt oder bei Gemeinschaftsessen mitversorgt wird. Das nehmen die Landsleute hüben wie drüben, ob es sich nun um Baden-Württemberg, Rheinland-Pfalz, Hessen oder Bayern, in den USA, Kanada, Brasilien und Argentinien oder gar Australien handelt, auf sich. So etwas will organisatorisch bewältigt werden und ist daher nur denkbar, wo es noch eine Gemeinschaft gibt.

In der Bundesrepublik wird eine Gruppe aus Kitchener/ Kanada vom 9. bis 22. September mit 26 Personen eine Tournee antreten. Die Vorbereitungen sind getroffen. Um die Durchführung ist die Landsmannschaft bemüht.

Rückblickend sollte man sich wohl auch einmal der einzelnen Besuchergruppen erinnern, die zuweilen bis Berlin oder gar Wien herumgekommen sind. Da wäre erstens der Jugendchor aus Cleveland zu nennen, der unter der Leitung von Nikolaus und Sidonia Franzen stand und mindestens dreimal bei uns gewesen ist; dann der Chor der Frau Zimmermann (jetzt Frau Reddig), die aus Detroit kam und zweimal eine längere Rundreise machte; ferner die „Carpathia"-Sing- und Tanzgruppe unter der Leitung von Adam Medel, ebenfalls aus Detroit und auch zwei-, dreimal hier war; die Jugendgruppe Akron, angeführt von Lm. Bohnert; die Gruppe aus Kitchener in Kanada, erstmals unter der Leitung von Peter Quiering, dem Inhaber einer privaten deutschen Schule; später dann mit dem Ehepaar Haas – und jetzt der Frau Hamburger, einer geborenen Holzgerlingerin, die mit einem Donauschwaben verheiratet ist und sich der Landsleute dort annahm wie auch als Initiatorin dieses Vorhabens auftritt; nicht zu vergessen die Musikkapelle aus Cleveland unter der Stabführung eines Gottscheer Landsmannes wie auch die Jugendkapelle von Karl Adam aus Rochester; zweimal sogar ein Mädchengesangs-Quartett aus Chicago, das von Landsmann Schuster begleitet wurde; des weiteren wäre noch der Sportverein „Grün-Weiß" aus Chicago zu nennen, der zuerst durch Vermittlung der Landsmannschaft, dann aber auch über eigene Bekanntschaften vornehmlich in Sindelfingen seine Spiele ausgetragen hat; nicht zuletzt, aber als besondere Begebenheit, muß der Jugend- und Trachtengruppe aus Entre Rios, der Siedlung der Donauschwaben in Brasilien, Erwähnung getan werden, die die ganze Bundesrepublik und Österreich bereist und gar an den Heimattagen Baden-Württemberg in Offenburg teilgenommen hat.

Drüben wieder waren die Trachtengruppe Reutlingen, der Sportverein Reutlingen, die Stadtkapelle Sindelfingen (zweimal), die Ulmer Jugend- und Trachtengruppe sowohl in den USA als auch in Australien, die Gruppe Merkle in Giengen-Herbrechtingen in Nord- wie in Südamerika, die Rastatter mit Heinrich Juhn und – so steht es bevor – die Mosbacher mit dem Kreisvorsitzenden Erich Schreiner und dem Jugendreferenten Stefan Ihas.

Insgesamt acht Charter-Flüge hat die Landsmannschaft nach den USA organisiert, wobei jedesmal um die 140 bis 145 Personen die Gelegenheit zu Verwandtenbesuchen geboten bekamen. Die Reiseleiter waren der Berichterstatter selbst, die Landsleute Stefan Sehl, Ludwig Schumacher, Hans Klein und Jakob Hild. Die Gegenbesuche von dort, die von den Stadtverbänden Cleveland, Chicago, Detroit,

Landesverband.

Akron, Los Angeles und New York durchgeführt wurden, sind kaum noch alle erfaßbar.

Was damals noch möglich war und von einzelnen Vereinen wahrgenommen werden konnte, ist heute durch die Gelegenheiten über die sogenannten ABC-Flüge zwar erleichtert, für größere und geschlossene Gruppen aber erschwert, weil jedes Reisebüro Fluggäste anwerben und ihnen die Möglichkeit zum Mitflug gewährleisten kann. Seither sind Gruppenflüge noch die einzigen geschlossenen Aktionen und können mit 25 bis 30 Reiseteilnehmern gestartet werden. Was hierbei zu Buche schlägt, läßt sich nur andeutungsweise mit einigen Millionen abschätzen, die von den einzelnen Initiatoren dank der Reiselust der Landsleute aufgebracht werden konnten. Der ideelle Wert demgegenüber ist noch weniger in Zahlen auszudrücken, schaffte er doch die Kontakte, die der Erhaltung heimatlicher Bindungen und familiärer Zusammengehörigkeit dienten. **Wolf**

Schön war's daheim . . .

Schön war's daheim in Sigmundfeld,
vor langer Zeit, vor vielen Jahren.
Dort schlug für uns das Herz der Welt,
als wir dort einst zu Hause waren.

Graue Schleier, voll Vergessen,
hüllen das Gedächtnis ein.
Doch was gut, was schön gewesen,
wird stets in unsrer Seele sein.

Noch singt der Wind das Lied, den Ton,
dem Herzen voller Sehnsucht lauschen.
Er trägt uns nachts im Traum davon,
dorthin, wo Maulbeerbäume rauschen.

Dann streicht er durch die breiten Gassen,
wo unserer Eltern Häuser stehn.
Über Gräber, die verlassen,
durch Gärten, Felder und Alleen.

Sucht starke Bauern, stolze Pferde,
die hier gesät, geerntet haben,
die für Haus und Heimaterde,
ihre letzte Kraft hingaben.

Fragt nach den Mädchen jung und fröhlich,
in schöner alter Bauerntracht.
Nach Kindern, die einst barfuß, selig
im Dorf gespielt, gerauft, gelacht.

Der Krieg hat uns von dort vertrieben
in alle Winde, weit verstreut.
Nur stilles Heimweh ist geblieben,
nach einer längst vergangenen Zeit.

Wilma Laub

Der Flug von Frankfurt/Main nach Cleveland

Die 13 Mennonitenfamilien, die 1683 ihren Heimatort Krefeld verlassen haben und als erste geschlossene deutsche Gruppe nach Amerika auswanderten, benötigten für ihre Überfahrt auf dem Segelschiff „Concord" 75 Tage. Man kann sich leicht vorstellen, mit welchen Gefahren und Strapazen diese Fahrt verbunden war. 1819 fuhr in 26 Tagen zum erstenmal ein Dampfschiff von den USA nach Europa und eröffnete damit eine neue Epoche der Transatlantik-Schiffahrt. Ein Großflugzeug der Lufthansa legt heute diesen Weg in acht Stunden zurück. So ändern sich die Zeiten und die Verkehrsverhältnisse.

Es war ein herrlicher Flug, der die Rastatter Gruppe am 16. August 1983 bei klarem und sonnigem Wetter von Frankfurt am Main über die europäische Westküste hinweg über England, den Atlantischen Ozean, Grönland, Nordost-Kanada über Montreal, Toronto und den Lake Erie nach Cleveland führte. Weich und sicher setzte das Riesenflugzeug der Lufthansa auf, – ein herzlicher Applaus für den Kapitän und seine Mannschaft, ein herzliches Dankeschön für die freundlichen Stewardessen.

Beim Blick durch das winzige Fensterlein des Flugzeugs gewahrte man eine Gruppe von Jungen und Mädchen, die sich auf einer Terrasse des Clevelander Flughafengebäudes versammelt hatten und freudig winkten. Es waren, wie sich später bestätigte, „unsere Clevelander", die vor Ungeduld unsere Ankunft kaum erwarten konnten. Als dann die Paßkontrolle und die Zollabfertigung erledigt waren und die Türen zur Empfangshalle sich endlich öffneten, gab es einen überaus herzlichen Empfang.

Adam Hetzel, die Familie Hornung und viele Jungen und Mädchen der Clevelander donauschwäbischen Jugendgruppe hatten sich um ein Transparent mit der Aufschrift versammelt „Herzlich willkommen Rastatt". Dann wurden unter freudigen Zurufen die Hände geschüttelt, – man umarmte und küßte sich, – man lachte und weinte, alles an eem Stick! War das ein schönes und ergreifendes Bild, war das eine spontane Bekundung treuer und herzlicher Verbundenheit! Aber auch andere Landsleute, unter ihnen die Familien Haug, Werth und Hetzel, waren gekommen, um ihre Freunde aus Deutschland zu begrüßen.

Holzer, Philips, Sehl und Brücker im Amtszimmer des Oberbürgermeisters in Cleveland.

Die Empfangszeit war knapp, denn auf dem Parkplatz wartete schon ein Bus, der die Gäste in das benachbarte Akron brachte. Damit hatte eine dreiwöchige Rundfahrt begonnen, die vom Verband der Donauschwaben in den USA und in Kanada in Zusammenarbeit mit der Landsmannschaft der Donauschwaben in der Bundesrepublik Deutschland organisiert wurde und in verschiedene Städte führte. Es war ein guter Start, denn Akron hat im landsmannschaftlichen Leben und Wirken eine alte und beachtenswerte Tradition.

In Akron

Akron, am Ohiokanal südlich des Eriesees gelegen, hat sich im Laufe der Zeit aus bescheidenen Anfängen zu einer großen Industriestadt mit etwa 300 000 Einwohnern und mit Gummifabriken, Maschinenfabriken und Mühlen entwickelt. Schon im 18. und im 19. Jahrhundert wurden hier deutsche Auswanderer ansässig, die viel zum wirtschaftlichen und kulturellen Fortschritt der Stadt und ihrer unmittelbaren Umgebung beitrugen. Ihre Zahl vergrößerte sich im 20. Jahrhundert, insbesondere nach dem 2. Weltkrieg, durch den Zustrom donauschwäbischer beziehungsweise südostdeutscher Heimatvertriebener.

Mittelpunkt des kirchlichen und landsmannschaftlichen Lebens war in den 50er Jahren die St.-Bernhards-Kirchengemeinde, die für die Heimatlosen die Bürgschaft übernahm und ihnen dadurch die Einwanderung in die USA ermöglichte. Der warme Zuspruch in deutschsprachigen Gottesdiensten, die Missionswochen und die gemeinsamen kirchlichen Feste gaben den Neueinwanderern in krisenvollen Zeiten neue Kraft sowie Hoffnung und Zuversicht.

Der im Januar 1955 gegründete „St. Bernhardt Deutscher Verein Akron" hatte sich die Aufgabe gestellt, den Vertriebenen zu helfen, sich in ihrer neuen Umgebung zurechtzufinden und Fuß zu fassen. Insbesondere war man ihnen bei der Wohnungs- und Arbeitssuche behilflich.

Aus dieser Zelle entwickelte sich im Laufe von Jahren und Jahrzehnten eine überaus aktive und erfolgreiche landsmannschaftliche Vereinigung, die sowohl auf kirchlichsozialem und kulturellem wie auch auf organisatorischem Gebiet hervorragende Leistungen vollbrachte. Man führte Wallfahrten durch, widmete sich karitativen Aufgaben, sammelte Geld für verwaiste Kinder in Deutschland, gründete eine Jugendgruppe und eine Musikkapelle und suchte Kontakte mit deutschsprachigen Organisationen in Akron und in anderen Städten der USA.

1960 schloß sich der Verein dem German American Club in der Grant Street in Akron an und wandelte seinen Namen in „German American Family Society" um. Nun standen größere Räume zur Verfügung, was sich auf die weitere Arbeit der einzelnen Abteilungen und Gliederungen günstig auswirkte. Eine Frauengruppe, eine Kindergruppe, eine Schuhplattlergruppe und ein Fußballklub wurden gegründet. Die Monatszeitung „Der Heimatbote" fand im Verein und in den Familien eine warme Aufnahme. Die Chronik des Vereins registriert Feste und Feiern im Kreislauf des Jahres, Konzerte, Lieder- und Musikabende, Bälle verschiedenster Art, Theaterabende, Trachtenfeste, Tanzabende, sportliche Veranstaltungen sowie Vortragsabende mit Gästen aus Deutschland und Österreich. Die Gründung einer deutschen Wochenendschule diente der Pflege der Muttersprache und der Förderung deutscher Kultur.

Ein Markstein in der Geschichte des Vereins ist der Erwerb eines eigenen Grundstücks in 3871 Ranfield Road in Brimfield. Das Gelände erhielt – sicherlich zur Erinnerung an die einstige Heimat – den Namen „Donaupark"; der Verein aber änderte seinen Namen und ist heute allseits als „Deutscher Familienverein von Akron e. V." bekannt. Durch Opferwilligkeit und Einsatzbereitschaft war es 1973 gelungen, „auf eigenem und sicherem Land ein Stück Heimat zu gründen und zu dem zu entwickeln, was heute hier steht".

Hier entstand im Laufe einiger Jahre ein ansehnliches Heim mit geschmackvoll und zweckdienlich eingerichteten Versammlungs- und Gesellschaftsräumen mit Theke, Küche und Bühne. Um das Heim ziehen sich blumenreiche Gärten sowie Sport- und Spielplätze. In einem Bericht von Helmut Germer heißt es unter anderem: „Hier nehmen die Jugendgruppe, die Frauengruppe, die Kulturgruppe, der Goldene Ring, die Schuhplattler und die Mitglieder an den Veranstaltungen teil, bieten Kraft auf, opfern Arbeitszeit und helfen so am weiteren Auf- und Ausbau unserer im freien Lande, den Vereinigten Staaten von Amerika, mit Geld und Schweiß erbauten eigenen Heimen und eigenen Parks. Allen sei an dieser Stelle für die vielen Stunden der Arbeit und der Aufopferung recht herzlich gedankt."

Überschaut man also die Chronik des Deutschen Familienvereins in Akron, so darf mit Freude festgestellt werden, daß die Rastatter Gruppe mit ihrem Besuch im August 1983 eine alte und bewährte Tradition, nämlich den Jugend- und Kulturaustausch, kontinuierlich fortgesetzt und die Bande der Freundschaft zwischen den landsmannschaftlichen Gruppen hüben und drüben gefestigt hat.

Die Rastatter Gruppe wurde im Donaupark von Vertretern des Familienvereins, an ihrer Spitze Präsident Joseph Rickert mit Frau Maria, herzlich empfangen und in das Heim geleitet, wo sie von den Gastgebern in Empfang genommen wurde. Die Kapelle revanchierte sich mit drei Tänzen für den freundlichen Empfang.

„Am nächsten Tag", so berichtet die Pressereferentin der Rastatter Gruppe, Frau Anni Funk, „fuhren wir wieder in den Donaupark, wo wir mit den Frauen vom Goldenen Ring einen gemütlichen Nachmittag verbrachten. Wir wurden mit Kaffee und Kuchen bewirtet, wobei es an guter Laune, an Scherz und Humor nicht fehlte. Am Abend gab es ein ausgezeichnetes Essen, anschließend wurde gesungen und getanzt."

Zahlreiche Gäste und Freunde hatten sich am nächsten Abend im Donaupark versammelt, wo sie vom Präsidenten des Familienvereins Joseph Rickert herzlich begrüßt wurden. Er freue sich über den Besuch aus Deutschland, denn auf diese Weise werde die landsmannschaftliche Verbundenheit erneut unter Beweis gestellt. Diese Arbeit müsse auch in Zukunft fortgesetzt werden.

Bundesvorsitzender Brücker überbrachte die Grüße des Ministerpräsidenten des Patenlandes Baden-Württemberg, Lothar Späth, des Oberbürgermeisters der Patenstadt Sindelfingen, Dr. Dieter Burger, und des Bundesvorstandes der Landsmannschaft der Donauschwaben in Deutschland. Das Jahr 1983 sei ein geschichtsträchtiges Jubiläumsjahr, denn es erinnere an die Schlacht am Kahlenberg bei Wien 1683 und die Südostkolonisation. Es weise auch auf die Besiedlung des nordamerikanischen Raumes durch deutsche Auswanderer hin.

Sowohl die Kolonisten im südosteuropäischen Raum als auch die deutschen Auswanderer in Amerika seien Jahrhunderte hindurch ein Faktor des Friedens und der Aufbaubereitschaft gewesen und hätten auf allen Gebieten der Kultur und der Wirtschaft hervorragende Leistungen vollbracht. Es gelte, das geistig-ethische Erbe der Vorfahren zu erhalten und zu pflegen.

Es folgte nun ein farbenfrohes und abwechslungsreiches Programm, gestaltet von der Rastatter Trachtengruppe. Unter den Klängen der Musikkapelle und unter dem Beifall der Zuschauer zogen die Gäste aus Deutschland in den Saal ein, voran die kleine Renate und die beiden Fahnenträger, dann folgten die Trachtenpaare. Heinrich Juhn stellte die Gruppe vor und dankte für die freundliche Aufnahme.

Vor den Augen der Zuschauer entfaltete sich anschließend ein Bild der Schönheit und Harmonie; Musik, Tanz und Tracht verschmolzen zu einer Einheit. Was sich hier in Wort, Lied und Tanz darbot, war keine Show, sondern echte und unverfälschte Volkskunst. Herzlicher Beifall belohnte diese reichhaltige und abwechslungsreiche Darbietung.

Brücker, 1984

Auch die Donauschwäbische Trachtengruppe Freising besuchte Kanada und die USA.

Chicago, eine großartige Stadt

Das vor Lebensfülle strotzende Chicago liegt an den Ufern des Michigansees und ist mit seinen etwa vier Millionen Einwohnern eines der größten Handels- und Verkehrszentren der Welt. Seine geographische Lage ist sehr günstig: Es öffnet das Tor nach Süden, zu den Farmen und Städten in Illinois und Indiana und nach Nordwesten zu den Erholungsgebieten in Wisconsin. Als zweitgrößte Stadt der USA gilt Chicago heute vielfach als zweite Hauptstadt, obwohl sie in mancher Hinsicht durchaus den ersten Platz beanspruchen könnte.

Weltbekannt ist die riesige Stadt als größter Eisenbahnknotenpunkt und bedeutendster Getreide-, Vieh-, Fleisch-, Holz-, Eisen- und Stahlmarkt der USA. Chicagos O'Hare International Airport ist der verkehrsreichste Flughafen der Welt mit einem jährlichen Passagieraufkommen von 38 bis 40 Millionen. Großbanken, Eisen- und Stahlwerke, riesige Schlachthöfe, Fleisch- und Fettkonservenfabriken, Getreidemühlen, Maschinen- und Waggonbau, Konfektions-, Lederwaren-, chemische und feinmechanische Industrie, Druckereien, Musikinstrumentenherstellung, Verlage, Rundfunk- und Fernsehunternehmen und Großversandhäuser ließen die Stadt zu einem bedeutungsvollen Wirtschaftszentrum werden.

Mehrere Universitäten, technische Hochschulen, Mittel- und Berufsschulen dienen der schulischen und beruflichen Ausbildung der Jugend und der Allgemeinheit. Die Stadt kultiviert nicht nur Größe, sie hat auch Stil. Chicago hat auf dem Gebiet der Architektur eine lange und reiche Tradition, die bis in die 80er Jahre des vergangenen Jahrhunderts zurückreicht, auf die Jahre nach dem „Großen Feuer", dem ein großer Teil der Stadt zum Opfer fiel. In der Stadt steht das größte Gebäude der Welt, der Sears Tower, der mit 110 Stockwerken 443 Meter hoch aufragt, außerdem der viertgrößte (Standard Oil Building) und der fünftgrößte Bau (John Hancock Center) der Weltrangliste. Das Image Chicagos ist geprägt von einer Mischung aus Kühnheit und Größe. Gleichzeitig hat die Stadt aber auch ihre charmant-liebenswürdigen Seiten: Sandstrände und Jachthäfen am mehr als 45 Kilometer langen Seeufer, Parks, überragt von der mächtigen Wolkenkratzer-Skyline der City. Es gibt 24 Kilometer öffentliche Strände, 430 Parks, 14 300 Hektar Forstgehege, Zoos und Museen. Chicago bietet auch ein vielfältiges und abwechslungsreiches kulturelles Programm mit Konzerten, Oper, Ballett und Schauspiel.

Überschaut man die geschichtlich-kommunale Entwicklung Chicagos, so steigen im Hintergrund unmißverständlich die Worte von Konrad Krez auf: „Als Bettler sind wir nicht gekommen, / Aus unserem deutschen Vaterland. / Wir hatten manches mitgenommen, / Was hier noch fremd und unbekannt. / Und als man schuf aus dichten Wäldern, / Aus öder, düstrer Wüstenei – / Den Kranz von reichen Feldern, / Da waren Deutsche auch dabei." Die Rückschau in deutsche Vergangenheit in den USA läßt uns neben dieser Bauernarbeit ein gerüttelt Maß von Gewerbefleiß, von Handwerks- und Werkmannsleistung feststellen, von Erfindergabe und Unternehmermut.

1840 stellten die Deutschen die zweitgrößte Einwanderergruppe in den USA. 1855 war jeder vierte Einwohner von Chicago deutscher Abstammung. Sie bauten nicht bloß ihre Wohnhäuser, Werkstätten und Fabriken, ihre Kirchen und Schulen, sondern gründeten auch ihre Vereine, in denen sie Gemeinschaft und ihre althergebrachte Kultur pflegten. Schon 1844 erschien der „Chicagoer Volksfreund" als erste deutsche Wochenzeitung der Stadt.

Im Jahre 1880 betrug der deutschgebürtige Einwohneranteil 75 205, im Jahre 1890 203 733 und im Jahre 1900 etwa 204 000 Seelen. Anders als ihre Vorgänger, deren Lebensmitte zumeist die Kirchengemeinde gewesen war, brachten die deutschen Einwanderer des 19. Jahrhunderts eine unwiderstehliche Leidenschaft für die Gründung von Vereinen in ihre neue Heimat mit. Kaum ein Aspekt des menschlichen Lebens blieb ohne den einschlägigen Verein, wenn auch Gesangs-, Turn- und Schützenvereine sich der größten Beliebtheit erfreuten.

In den zahlreichen deutschen Gesangs- und Musikvereinen Chicagos wurden deutsche Volks- und Kunstlieder sowie deutsche Musik mit Hingabe gepflegt. Turnvereine dienten nicht bloß der Körperertüchtigung, sondern auch im Sinne des Turnvaters Jahn der Gemeinschaftspflege. Hier einige Beispiele: Chicago Turners (1852), Aurora Turn-Verein Chicago (1864), Forward Turner Society, Chicago (1867), Lincoln Turners Chicago (1885), Socialer Turnverein Chicago (1887), Eiche Turn-Verein Chicago (1890).

American Aid Society of German Descendants Chicago, Illinois

Während des 2. Weltkrieges gehörten in den USA viel Mut und Selbstvertrauen dazu, sich zu seiner deutschen Abstammung zu bekennen und sich in deutsch-amerikanischen Vereinen und landsmannschaftlichen Organisationen zu betätigen. Männern wie Baumann, Gartner, Funk, Müller, Deppong, Kaiser, Hack und Marschall, die sich in Chicago um Nick Pesch scharten und am 17. September 1944 die American Aid Society gründeten, gebühren Dank und Anerkennung für ihr mutiges und soziales Verhalten. Die Gründer des Hilfsvereins hatten sich zum Ziel gesetzt, den vertriebenen und heimatlos gewordenen Landsleuten aus Südosteuropa zu helfen und sie mit Nahrungsmitteln und Bekleidung zu unterstützen. Eine große Sammelaktion wurde in die Wege geleitet. Pakete im Werte von etwa 130 000 Dollar, gespendet von volksverbundenen Landsleuten, zogen über den großen Teich und wurden in den Flüchtlingslagern verteilt.

Und als dann nach bangem Warten endlich die Auswanderung nach Amerika einsetzte, vollbrachte die Aid Society eine Leistung, die in die Geschichte der Südostdeutschen eingegangen ist. Sie übernahm viele Bürgschaften und ermöglichte auf diese Weise zahlreichen Landsleuten die Einwanderung in die USA. Die erste Einwanderungsgruppe wurde am 20. Dezember 1950 von Sam Baumann in der neuen Heimat willkommen geheißen. Weitere Gruppen folgten.

Nun galt es, den Neueinwanderern moralisch und finanziell zu helfen und ihnen bei der Wohnungssuche und der Arbeitsplatzvermittlung beratend zur Seite zu stehen. Man mußte sie mit den Gepflogenheiten und Gebräuchen, insbesondere mit der Sprache ihrer neuen Umwelt vertraut machen. An Heimatabenden wurde deutsches Kulturgut gepflegt.

Zu der früheren und heutigen Tätigkeit der Aid Society meint Präsident Anton Ertl: „Das Entstehen der Aid Society und ihre erfolgreiche Tätigkeit waren nur möglich durch die Unterstützung der Deutsch-Amerikaner aus dem Südosten Europas. Solange es noch volksbewußte Menschen gibt, ist die Zukunft der Aid Society gesichert."

Die Vereinigung der Donauschwaben von Chicago

Im Jahre 1953 wurde die Vereinigung der Donauschwaben von Chicago gegründet. Unter anderem hatten sich die Gründer die Erhaltung der Muttersprache und die Pflege altüberlieferter Sitten und Bräuche zum Ziel der Vereinigung gesetzt. Aus dieser Verpflichtung heraus habe sich, wie Martin Nagel in einem Bericht feststellt, eine enge Zusammenarbeit mit allen landsmannschaftlichen Vereinen auf dem Gebiete des Schulwesens, der gemeinsamen Veranstaltungen und der Unterstützung aller landsmannschaftlichen Bestrebungen innerhalb der Stadt Chicago ergeben. Durch die Mitgliedschaft im Landesverband der Donauschwaben in den USA wolle man zur Erhaltung und Förderung der donauschwäbischen Überlieferungen, der landsmannschaftlichen Zielsetzungen und der Stärkung des Gemeinschaftssinns innerhalb der donauschwäbischen Familie beitragen.

Aus bescheidenen Anfängen hat sich die Vereinigung dank des Einsatzes zahlreicher volksbewußter Männer, Frauen und Jugendlicher und unter der zielstrebigen Leitung von Nikolaus Schneider zu einer der größten und aktivsten donauschwäbischen Organisationen in den Staaten entwickelt. „Die Nachrichten der Donauschwaben in Chicago" erfreuen sich als Sprachrohr der Landsmannschaft eines guten Rufes und einer weiten Verbreitung.

Mittelpunkt und Versammlungsstätte der Vereinigung der Donauschwaben in Chicago ist das schöne und geräumige Heim in der Lincoln Avenue. Hier finden im Ablauf des Jahres zahlreiche Feste, Feierstunden und Veranstaltungen statt, so das Trachtenfest im Januar, das Bankett im März, die Muttertagsfeier, der Tag der Donauschwaben im August, das Kirchweihfest im September, das Schlachtfest im Oktober, der Kathrein- und Rosenball im November, die Advents- und Weihnachtsfeier und als Ausklang des Jahres die Silvesterfeier.

Die einzelnen Abteilungen entfalten eine rege Tätigkeit. In der Wochenendschule, die von etwa 200 Kindern besucht wird, sind volksbewußte Lehrer unentwegt bemüht, den Schülern das Lesen und Schreiben in der deutschen Muttersprache beizubringen und sie mit Handarbeit, Volksliedern, Volkstänzen und Märchenspielen zu beschäftigen.

An der Gestaltung der Muttertagsfeier und des Weihnachtsfestes ist die Wochenendschule maßgeblich beteiligt. Sehr aktiv ist die Jugendgruppe. Aus dem Bericht von Martin Nagel geht hervor, daß die Jugend mit einer Sing- und Tanzgruppe, einer „Lustigen Buwe-Gruppe" und einer „Holzhackergruppe" das Kernstück vieler Veranstaltungen der Vereinigung bilden. Auch pflegt die Jugendgruppe enge Kontakte mit auswärtigen Gruppen in den USA und in Kanada.

Lobend wird in Nagels Bericht die vielseitige Tätigkeit der Frauenabteilung hervorgehoben. Ihre Mithilfe bei verschiedenen Veranstaltungen ist unentbehrlich. Im Mittelpunkt der Heimabende stehen Vorträge, Filmvorführungen und Handarbeit. Auch erfreut sich die Modeschau großer Beliebtheit.

Die Sportabteilung „Grün-Weiß" zählt zu den Spitzenmannschaften der Major Division und ist aus den Meisterspielen nicht wegzudenken. Mit Liebe und großer Fürsorge betreut man die Jungmannschaften, die im Geist und in der Tradition der Vereinigung herangezogen und geschult werden. Das Jugendorchester und die Donauschwäbische Blaskapelle spielen in der Programmgestaltung der donauschwäbischen Veranstaltungen eine bedeutsame Rolle.

Das Heim der Donauschwaben in der 4219 Lincoln Avenue wird nach wie vor von der Opferbereitschaft der Donauschwaben und ihrer Freunde getragen. Dazu Josef Kommanschek: „Was mich in Chicago aber besonders beeindruckt hat, war der Wille zur Pflege der Zusammengehörigkeit und die Geselligkeit untereinander und zur Erhaltung der heimatlichen Kulturgüter. Wie glücklich waren die Landsleute Junker und Schneider, als sie mir das neuerworbene Haus in Chicago zeigen und dann darlegen konnten, was sie nun alles in diesem eigenen Heim an kulturellen und geselligen Veranstaltungen machen können. – In Chicago schaffen unsere Landsleute nicht nur den Erwerb des Hauses ohne jegliche staatliche Hilfe, sondern sind auch bereit, laufend Mittel für den Unterhalt von Deutschkursen und kostspieligen Veranstaltungen verschiedenster Art aufzubringen." Christian Ludwig Brücker

Donauschwäbische Mädchen in altheimatlicher Tracht bei der Steubenparade in Chicago.

In Cleveland

Die Alteinwanderer

Das Land der „Großen Seen" ist durch lebendige Gegensätze geprägt. Die Seen, die als riesige Binnenwasserstraßen die Verbindung zu den Weltmärkten herstellen, haben an ihren Rändern bedeutende Industriestädte entstehen lassen. Es sind Zentren moderner Technik in unmittelbarer Nachbarschaft von Mais- und Weizenfeldern, die sich scheinbar endlos auf dem fruchtbaren Boden rund um diese größte Seenplatte der Welt ausdehnen. Es ist daher keineswegs übertrieben, wenn man das Land der Großen Seen als „Kernland" der Vereinigten Staaten bezeichnet, denn von hier aus bezog Amerika einen Großteil seiner Vitalität.

Cleveland, die größte Stadt Ohios, liegt am südlichen Ufer des Lake Erie und ist als Industriezentrum bedeutend. Europäische Einflüsse machen sich auf allen Gebieten der Kultur und der Wirtschaft bemerkbar. Die vortreffliche Verkehrslage der Stadt zwischen dem Eisenrevier Wisconsin/Michigan und dem Kohlenrevier Ohio/Pennsylvania trug viel zur Entwicklung als Hafen- und Industrieort in Ohio bei. Hervorzuheben sind die Eisen- und Stahlerzeugung, die Erdölraffinerien, der Schiffbau sowie die Auto-, Leder- und Textilindustrie. Mehrere Universitäten, technische Hochschulen und andere kulturelle Institutionen verleihen der Metropole am Eriesee ein beachtliches geistiges Niveau.

Diese günstige Entwicklung hat schon im 18./19. Jahrhundert viele Europäer, unter ihnen auch Deutsche, bewogen, ihre Heimat zu verlassen und in Cleveland ansässig zu werden. In der Mitte des 19. Jahrhunderts waren etwa 20 Prozent der Einwohner deutscher Abstammung. Zu Beginn des 20. Jahrhunderts siedelten sich zunehmend auch deutsche Auswanderer aus dem südöstlichen Donauraum an. Sie waren als Handwerker, Kaufleute und Farmer tätig, betrieben Werkstätten, Gasthäuser, Bäckereien und Milchgeschäfte.

Heimweh und ein sehr stark entwickeltes Solidaritätsbewußtsein dürften unsere donaudeutschen beziehungsweise donauschwäbischen Landsleute veranlaßt haben, verschiedene Vereine zu gründen. Ziel dieser Vereine war, die Tradition der alten Heimat zu pflegen und die Mitglieder kulturell sowie sozial zu betreuen. 1906 wurde der Deutsch-Ungarische Selbstbildungsverein, 1907 der Deutsch-Ungarische Leichenverein, 1910 der Krankenunterstützungsverein gegründet. 1920 kam es zur Gründung des „Liederkranzes", der sich die Pflege des deutschen Kirchen-, Volks- und Kunstliedes zum Ziele seiner Arbeit setzte.

Die Opferbereitschaft der „Alteinwanderer" ist ein Stück Heimatgeschichte! Ob es um die Anschaffung von neuen Glocken, um die Errichtung des Ehrendenkmals anläßlich der 150-Jahr-Feier oder um die Unterstützung der Waisenkinder ging, überall trugen sie ihr Scherflein bei und bekundeten damit ihre Verbundenheit mit der alten, unvergessenen Heimat. Was sie aber nach dem 2. Weltkrieg leisteten, übertraf alles bisher Dagewesene. Abgesehen von den Spenden an die verschiedenen Hilfsorganisationen sandten Tausende und Abertausende große Pakete an die Internierten in verschiedenen Lagern, an ihre Verwandten, Freunde und Nachbarn.

Als im Jahr 1950 die Auswanderung begann, mußte bekanntlich jeder Einwanderer einen „Gutsteher" haben, der für ihn bürgte. Auch da scheuten sich die Alteinwanderer nicht, solche mit moralischer wie materieller Verantwortung verbundene Bürgschaft zu übernehmen.

Die Neueinwanderer

Nach dem 2. Weltkrieg setzte innerhalb der donauschwäbischen Gruppe eine neue Entwicklung ein. Die Neueinwanderer entfalteten eine überaus starke landsmannschaftliche Aktivität. Wer wollte es ihnen verargen, daß sie Anschluß an ihre Volks- und Schicksalsgenossen suchten und im Rahmen ihrer Vereinigungen und Organisationen auch fanden. Zunächst schlossen sie sich an den bestehenden „Banater Club" an, gründeten aber 1958 die „Vereinigung der Donauschwaben in Cleveland, Ohio".

Umsicht, Idealismus und Opferbereitschaft ließen die Vereinigung unter der zielstrebigen Führung beherzter Männer, Frauen und Jugendlicher zu der stärksten deutschen Organisation im Raume Groß-Cleveland werden. Die Vereinigung stand bisher unter der Leitung der Präsidenten Anton K. Rumpf, Franz Awender, Fred Wintergerst und Sepp Holzer (letzterer ist seit 1966 Präsident).

Nun blickt die Vereinigung auf ihr 25jähriges Bestehen zurück und hat sich zu einer der stärksten deutsch-amerikanischen Organisationen in den USA entwickelt. Sie ist, wie Sepp Holzer in einem Bericht betont, ein tragendes Mitglied des Verbandes der Donauschwaben in den USA und ist bestrebt, durch intensive Mitarbeit die Ziele der Donauschwaben in den Vereinigten Staaten von Amerika zu verwirklichen. Gleichzeitig hält sie auch die Verbindung mit allen donauschwäbischen Organisationen, wo immer diese in der Welt verstreut sind, aufrecht und versucht, diese durch gegenseitige Besuche der einzelnen Gruppen sowie durch einen planmäßigen Jugend- und Schüleraustausch zu vertiefen.

Wie umfassend die Arbeit, wie groß das gesamte Arbeitsfeld und wie differenziert die einzelnen Gruppierungen sind, zeigt sich schon beim bloßen Aufzählen der Abteilungen und Gliederungen: Interessengemeinschaft zur Pflege der deutschen Sprache; Deutsche Sprachschule; Deutscher Kindergarten; Donauschwäbische Jugend; Donauschwäbische Kindergruppe; Donauschwäbische Kulturgruppe; Donauschwäbische Sportgruppe; Donauschwäbische Frauengruppe; Donauschwäbische Blaskapelle; Skigruppe „Edelweiß"; Deutsches Konzertorchester; die Kegler; Tennisgruppe „Blau-Weiß"; Deutscher Jugendchor.

Eines der wichtigsten Ereignisse in der Geschichte der Vereinigung der Donauschwaben war im Jahre 1970 der Kauf eines Grundstückes von 17 Acker in Olmsted Township. Dieses Grundstück, das man sinnigerweise als „Lenau-Park" bezeichnet, wurde in der Zwischenzeit unter freiwilliger Mithilfe und dank der Opferbereitschaft der Mitglieder ausgebaut und zu einem beliebten Treffpunkt der Senioren, der Jugend, der Sportler, ja aller Freunde und Gönner. „Der Lenau-Park", so berichtet der verdiente Journalist A. Kremling, „bildet unser zweites Heim, das vom Frühling bis zum Herbst für verschiedene Veranstaltungen im Freien verwendet wird. Der Endzweck ist der Bau eines Hauses der Donauschwaben mit einem großen Saal und Schulräumen."

Das größte Vorhaben der Vereinigung ist demnach der Bau eines repräsentativen Heimes als „Deutsch-Amerikanisches Kulturzentrum" im Lenau-Park. Das Gebäude, das bisher ausschließlich durch Spenden der Landsleute und der Freunde der Donauschwaben sowie unter Mithilfe freiwilliger und unbezahlter Arbeitskräfte und Bauunternehmen errichtet wurde, ist bereits unter Dach. Neben einem großen Saal, einer geräumigen Turn- und Sporthalle und einigen Schul- und Sitzungsräumen sind Küche und Bar sowie eine Wohnung für den Verwalter vorgesehen. Zur Vollendung des Projekts sind weitere finanzielle Opfer nötig, die im Interesse der Erhaltung der Gemeinschaft und der deutsch-amerikanischen Kultur erbracht werden müssen!

Das Oktoberfest

Die Gäste aus Baden-Württemberg fanden in Cleveland eine warme, ja überaus herzliche Aufnahme. Alte Freundschaften wurden erneuert und vertieft, neue geschlossen. Die Gastgeber waren, wie in Akron, stets bemüht, den Rastattern die Zeit und den Aufenthalt in Cleveland angenehm und abwechslungsreich zu gestalten.

Das diesjährige Sommer-Oktoberfest stand ganz im Zeichen der 300-Jahr-Feier zum Gedenken an die ersten deutschen Einwanderer in Amerika. Nachdem Adam Hetzel das Fest eröffnet hatte, begrüßte Präsident Sepp Holzer die zahlreichen Gäste aus nah und fern, unter ihnen die offiziellen Vertreter der Stadt und des deutschen Konsulats, ferner Oberbürgermeister Dr. Burger aus Sindelfingen und die Rastatter Gruppe. Die ungewöhnlich große Zahl von Besuchern, so Holzer, könne als Beweis dienen, daß sich die Donauschwaben im Laufe der Jahre nicht nur in den Reihen der Landsleute, sondern darüber hinaus bei allen Bewohnern, ohne Unterschied auf ihre Herkunft, viele Freunde erworben hätten.

Bundesvorsitzender Brücker überbrachte die Grüße und besten Wünsche des Ministerpräsidenten des Landes Baden-Württemberg, Lothar Späth, und des Bundesvorstandes der Landsmannschaft der Donauschwaben, wobei er auf die weltweite enge Verbundenheit der Donauschwaben hinwies. Er überreichte der Clevelander Jugendgruppe einen namhaften Geldbetrag als Spende des Kreisverbandes der donauschwäbischen Landsmannschaft im Rems-

Murr-Kreis und Liederbücher mit den schönsten deutschen Volksliedern.

Oberbürgermeister Dr. Burger, der einige Stunden vorher im Rathaus den „Goldenen Schlüssel der Stadt Cleveland" als Dank und Anerkennung erhalten hatte, übermittelte die Grüße der Patenstadt Sindelfingen und erfreute die Gäste mit einem eigenen Gedicht, in dem es unter anderem heißt: „Vom Stammland aller Donauschwaben, / Von Rastatt, Neckarstrand und Rhein, / Sind alle wir hierher gefahren, / Wollen Brüder euch und Schwestern sein. / Erholt euch nun von Müh' und Hast, / Laßt tanzen uns und Lieder singen. / Ich grüß euch gern als euer Gast, / Vom Schwabenland und Sindelfingen."

Sodann stach der Oberbürgermeister unter dem Beifall der Gäste das Bierfaß an und eröffnete damit den unterhaltsamen Teil des Festprogramms. „Die Vorführungen der Gäste aus Rastatt mit ihrer eigenen Trachtenkapelle", schreibt Kremling im „Wächter und Anzeiger", „die Donauschwäbische Blaskapelle, das Hornung-Trio, die ‚Blauen Jungs' und die Westside Buttenbox sowie unsere Kinder-, Jugend- und Kulturgruppe und nicht zuletzt die Donauschwäbische Tanzgruppe aus Akron haben die Gäste sehr beeindruckt und viel Beifall erhalten". Zahlreiche Helfer auf dem Parkplatz, in der Küche und in den Zelten sorgten für die Bewirtung der Festgäste.

In ihrer Freizeit hatten die Freunde aus Deutschland Gelegenheit, Cleveland und Umgebung etwas näher kennenzulernen. Für Besucher interessant sind die Museen, das Planetarium, der Zoo und die zahlreichen Sportstätten. Rings um die Stadt gruppieren sich neue Siedlungen mit schmucken Häusern und gepflegten Gärten. Hier haben viele Landsleute ihre Eigenheime errichtet. Sehenswert in der Nähe Clevelands in Aurora ist Sea World, ein Wasserpark mit Mörderwalen, Delphinen, Seehunden und Pinguindressuren.

Am Mittwochabend, dem 24. August 1983, versammelten sich Gäste und Gastgeber im Lenau-Park, um die Rastatter zu ihrer Weiterfahrt in andere Städte in den USA und in Kanada zu verabschieden. Grüße wurden bestellt, Geschenke ausgetauscht und alte Volkslieder gesungen. Bundesvorsitzender Brücker verwies unter anderem auf die Wichtigkeit solcher Begegnungen und auf die weitere Vertiefung der Beziehungen der weltweit verstreuten Donauschwaben. Er ermahnte die Clevelander Landsleute, an den geistig-ethischen Überlieferungen der Ahnen festzuhalten, die althergebrachte Kultur, insbesondere aber die Muttersprache, zu pflegen. Die Verbundenheit mit deutscher Wesensart schließe die Treue zur amerikanischen Heimat nicht aus. Er fordert abschließend die Landsleute auf, nicht müde zu werden, und lobte besonders die Errichtung des Deutsch-Amerikanischen Kulturzentrums, das jede Hilfe und Unterstützung, auch von Freunden aus Deutschland, verdiene.

Mit Schlußworten und dem Dank des Präsidenten Holzer sowohl an die Gäste aus Deutschland als auch an alle Landsleute in Cleveland, die mitgeholfen haben, diese Großveranstaltung der Donauschwaben zu einem außerordentlich großen Erfolg werden zu lassen, fand ein ereignisvolles Wochenende im Lenau-Park seinen Abschluß.

Brücker, 1984

Begegnung in Cleveland.

Jahreshauptversammlung in Cleveland

Die diesjährige Jahreshauptversammlung der Donauschwaben in Cleveland fand am Sonntagnachmittag, dem 4. März, im großen Festsaal des Deutsch-Amerikanischen Kulturzentrums der Donauschwaben im Lenau-Park statt. Der wichtigste Punkt der Tagesordnung war zweifellos der Jahresbericht des langjährigen, verdienstvollen Präsidenten Sepp Holzer. Er eröffnete um 14.30 Uhr die Versammlung, hieß die Mitglieder willkommen, und nach einer Gedenkminute für die verstorbenen Mitglieder und Freunde gab er einen eindrucksvollen Bericht über die Ereignisse und Veranstaltungen des abgelaufenen Geschäftsjahres.

Holzer konnte zunächst berichten, daß die Clevelander Donauschwaben seit Inbetriebnahme des neuen Heimes weiterhin große Erfolge, sowohl in bezug auf die erhöhte Mitgliederzahl als auch auf die Zahl der Besucher bei den Veranstaltungen verzeichnen können. Alle jährlich wiederkehrenden Ereignisse wie Schwabenball, Tag der Donauschwaben, Picknick, Oktoberfest, Kirchweihfest, Weihnachts- und Silvesterfeier sowie die Fish-Fry-Abende waren sehr gut besucht.

Als besonderes Ereignis des abgelaufenen Jahres bezeichnete Holzer das am 2. und 3. September (Labourday-Wochenende) stattgefundene Landestrachtenfest der Verbände der Donauschwaben in den USA und Kanada. An diesem großen Fest haben etwa 5000 Besucher (zur Hälfte Jugendliche in Tracht) aus allen Teilen der USA und Kanadas sowie die Trachtengruppe aus Freising in Bayern teilgenommen.

Der Präsident dankte allen Mitgliedern, Landsleuten und Freunden für die Mitarbeit in der großen Familie der Donauschwaben. Er dankte des weiteren Rundfunk und Presse für die Zusammenarbeit und würdigte die Leistungen der Pensionisten und ihrer Frauen, die unter Führung des Vizepräsidenten Georg Keupert und Toni Pfisters (†) den Lenau-Park instandhalten und mit Hilfe der Großgärtnerei Huhn den Rasen und die Blumenanlagen pflegen.

Für das leibliche Wohl der Gäste bei den Veranstaltungen sorgten unter der Leitung von Franziska Bernhardt viele fleißige Hände. Bäckermeister Peter Weber sr., die Köchinnen Eva Kühn und Elisabeth Weiss und viele andere.

Ein weiteres interessantes Bild der facettenreichen Tätigkeit zeigten die Berichte der angeschlossenen Gruppen: Karoline Lindenmaier als Schulleiterin berichtete auch im Namen der Unterrichtsleiterin Gerda Juhasz über die Sprachschule, die in Kürze ihr 30. Jubiläum begeht, und als Leiterin der Donauschwäbischen Frauengruppe.

Anneliese Julian berichtete über die umfangreiche Arbeit, die sie mit Hilfe von Hilde Radke mit einer erfreulicherweise sehr zahlreichen Kindergruppe zu bewältigen hat; Ingrid Doerr gab ein anschauliches Bild von der Kulturgruppe, die unter ihrer Leitung, oft mit Hilfe von Frau Hornung und Frau Miehle, ein reiches kulturelles Programm im abgelaufenen Jahr bewältigte; Peter Sartschev mit seiner Helferin Susi Tischler vermittelten einen Einblick in die Leistungen der Jugendtanzgruppe.

Als Leiter der Tennisgruppe berichtete Henry Sternweiler über die Liebhaber dieses Sportes, die auch oft für andere Aufgaben der Gemeinschaft zur Verfügung stehen. Das gleiche kann auch über die unter der Leitung von Franz Schmidt stehende sehr erfolgreiche Skigruppe gesagt werden. Die Donauschwäbische Blaskapelle unter Präsident Mike Siffermann und Dirigent Bob Kozsy ist das ganze Jahr hindurch sowohl bei den donauschwäbischen Veranstaltungen als auch bei vielen anderen Organisationen in- und außerhalb Clevelands beschäftigt.

Der Präsident der Donauschwäbischen Sportgruppe „Concordia", Hans Miehle, Leiter einer der stärksten Gruppen der Vereinigung, zeichnete ein vielschichtiges Bild der Tätigkeit der Mitglieder. Mehrere Fußball(Soccer)-Teams stehen immer im Wettbewerb, und in der großen Turnhalle trainieren oft bis 200 und mehr Vereine und Schulen Hallenfußball (Indoor Soccer). Er gab bekannt, daß Heinrich Haller jr. zum neuen Präsident der Sportgruppe gewählt wurde.

Toni Ludwig, Leiter der Keglergruppe, berichtete über die gute Kameradschaft in der kleinen Gruppe der Kegler, die aber durch ihre vielseitige Arbeit in der großen Familie der Donauschwaben (Wurstmarkt usw.) verhältnismäßig große Summen zur Erhaltung des Heimes im Lenau-Park beiträgt.

Maria Spaan von den Schuhplattlern „Bavaria", die ein ständiges Heim im Kulturzentrum fanden, verlas den Jahresbericht dieser erfolgreichen Organisation.

Schließlich berichteten die Präsidentin des Banater Damenchors, Franziska Bernhardt, und der Präsident des Banater Männerchors, Robert Filippi, über die Pflege des deutschen Liedes. Die Chöre haben ihr ständiges Heim bei den Donauschwaben und stehen außerdem in enger Verbindung mit dem Kulturzentrum.

Aus dem Kassabericht von Tim Tabar und Karl Basch, der einen sehr großen Umfang angenommen hat, konnte man ersehen, daß sich die Bauschulden im abgelaufenen Jahr weiter verringert haben. Bei den Neuwahlen beim Deutsch-Amerikanischen Kulturzentrum der Donauschwaben und auch der Vereinigung der Donauschwaben wurden die gleichen Amtsträger wiedergewählt. Lediglich die Präsidentin der V. d. D., Frau Bernhardt, konnte krankheitshalber ihr Amt nicht wieder annehmen. Die G. V. dankte ihr für ihre wertvolle Arbeit und gab der Hoffnung Ausdruck, daß sie nach ihrer Genesung wieder mitarbeiten könne. An ihre Stelle wurde der bisherige Vizepräsident Robert Filippi gewählt. Das Amt des Vp. übernahm Ingrid Doerr. Als Organisationsleiterin wurde Barbara Valentin gewählt.

Der seit 24 Jahren ununterbrochen im Amte befindliche Präsident Sepp Holzer dankte sowohl in seinem als auch im Namen des wiedergewählten Vorstandes für das Vertrauen. Als nächste wichtige Aufgabe schlug er vor, einen Gedenkstein vor dem Heim zur Erinnerung an die Toten in der alten und neuen Heimat zu errichten. Der Vorschlag und ein Entwurf des Mitgliedes Stefan Hornung wurden von der Generalversammlung angenommen und der Vorstand mit der Verwirklichung beauftragt. Die Kosten sollen mit Sonderbeiträgen von den Mitgliedern gedeckt werden. Nachdem die bisherige deutsche Zeitung „Wächter und Anzeiger" leider ihr Erscheinen einstellen mußte, hat Johanna Roth den Vorschlag unterbreitet, ein deutsches Nachrichtenblatt „Germania" herauszubringen, und bat die Mitglieder um Unterstützung.

Der Verfasser dieses Berichtes dankte für die ihm von der Generalversammlung zuteil gewordenen Wünsche zu seinem 85. Geburtstag.   A. Kremling

Holzer, Brücker, Sehl.

Jugend beim Volkstanz.

Große Donauschwaben-Familie trifft sich gern im Lenaupark

Seit dem ersten Tag der Donauschwaben vor 24 Jahren hat es in unserer großen Donauschwaben-Familie bedeutende Änderungen gegeben, aber trotzdem wir und vor allen Dingen unsere Kinder und Enkel in der Zwischenzeit hier heimisch beziehungsweise vollwertige Amerikaner wurden, hat der zahlreiche Besuch dieses traditionellen Festtages am Sonntag, dem 10. Juni, in unserem schönen Lenaupark bewiesen, daß der Geist der Zusammengehörigkeit noch besteht und sich alle als Deutsch-Amerikaner bekennen. Besonders erfreulich ist die Tatsache, daß neben der großen Zahl von Jugendlichen sehr viele junge Ehepaare mit ihren Kindern gekommen waren. Die Kinder in unserer Deutschen Sprachschule und Kindergarten, die zahlreichen Mitglieder in der Jugend- und Kindergruppe, Sportgruppe und in den sonstigen Gliederungen unserer Gemeinschaft lassen uns beruhigt in die Zukunft sehen. Als besonderes Symbol und Ausdruck des Gemeinschaftsgeistes konnten wir das im Rohbau fertige neue Heim, das „Donauschwaben Deutsch-Amerikanisches Kulturzentrum", in unserem Lenaupark bewundern.

Um 14.30 Uhr marschierten die teilnehmenden Gruppen in Trachten oder Dirndlkleidung zu den Klängen der Blaskapelle vor die Rednerbühne. Präsident Sepp Holzer hieß die Gäste herzlich willkommen, darunter die Ehrengäste Deutscher Ehrengeneralkonsul Dr. Robert Fricke mit Gattin, den Präsidenten des Deutschen Stadtverbandes Hans Wiewel, die Herausgeber der deutschen Zeitung „Wächter und Anzeiger" Stefan und Hella Deubel, State Senator Gary C. Suhadolnik, Ehrenpräsident des Verbandes der Donauschwaben in den USA Josef Rickert mit Gattin sowie gew. Sheriff Ralph Krieger.

Nachdem die Donauschwäbische Blaskapelle die amerikanische, deutsche und donauschwäbische Hymne gespielt hatte, hielt Lm. Josef Rickert aus Akron die Festrede. Er sprach über die Bedeutung des Tages der Donauschwaben, über die Einwanderung nach dem 2. Weltkrieg, über die großen Helfer in unserer schwersten Notzeit, die Landsleute Wagner, Pesch, Father Lani und andere. Wie wir das Vertrauen unserer Mitbewohner, Volksvertreter und der

Behörden durch Arbeit, Fleiß, Ehrlichkeit und Achtung der Gesetze erwarben und schließlich sowohl auf Orts- wie auch Landesebene wirksame donauschwäbische Organisationen gründeten und erhalten. Mit der Aufforderung, an den Sitten der alten Heimat und dem Gottesglauben festzuhalten, schloß Rickert seine – oft von Beifall unterbrochene – Ansprache.

Präsident Holzer gab den Beschluß des Vorstandes bekannt, die schon lange fällige Ehrung der ehemaligen langjährigen Leiterin der Frauengruppe Anni Laut und des unermüdlichen Organisationsleiters Franz Kroo bei dieser Gelegenheit nachzuholen und überreichte beiden je eine schöne, gravierte Bronzeplakette. Ferner wurden Frauen für ihre aktive und oft schwere Arbeit bei der Sorge um das leibliche Wohl der Gäste ausgezeichnet. Es erhielten die Ehrennadel der Vereinigung der Donauschwaben in Gold oder Silber: Helene Awender, Fanny Holzer, Elisabeth Keipert, Leni Kroo, Eva Kühn, Katharina Ludwig, Katharina Ritzmann, Elisabeth Weiss, Margaret Hohmann, Katharina Hack, Käthe Straky, Helga Egel, Linn Haller, Anni Kinkopf, Karoline Baumgartner, Julie Geisler, Rosina Lusch, Käthe Spildener.

Schulleiterin Karoline Lindenmaier, Unterrichtsleiterin Gerda Juhasz und Frau Zimmer (in Vertretung der Schulleiterin Ost) sowie Helga Schlothauer verabschiedeten die Abschlußklasse der Deutschen Sprachschule West und Ost mit der Zeugnisverteilung. Der Präsident des Deutschen Stadtverbandes Hans Wiewel überreichte im Auftrage der Steubengesellschaft anstelle des verhinderten Präsidenten Hans Krauss der Schülerin Ingrid Wagner für ihren besonderen Erfolg bei der Erlernung der deutschen Sprache die Steubenmedaille. Die Schülerinnen Helga Wowries und Nicole Julian erhielten die Steubenurkunde. Buchprämien erhielten Ingrid Wagner, Helga Wowries, Nicole Julian, Adrian Rausche, Erich Stalzer und Lisa Bahm. – Frau Lindenmaier dankte auch den Lehrkräften für ihre selbstlose Arbeit und überreichte Buchgeschenke an die früheren Lehrerinnen Heide Baumgartner, Barbara Göbel, Christa Herbert, Elisabeth Miehle, Elisabeth Feitl-Langan, Renate Rock-Elber, Elvira Weissgerber-Di Pietro und Maria Paul.

Präsident Sepp Holzer dankte besonders der Donauschwäbischen Blaskapelle unter der Leitung von Jackie Hack und dem Dirigenten Robert Kosey für ihren Beitrag zum Gelingen des Tages der Donauschwaben.

State Senator Gary C. Suhadolnik fand warme Worte des Lobes für die Donauschwaben und überreichte eine Fahne des Staates Ohio sowie eine Geldspende zum Baufonds.

Sepp Holzer dankte außerdem der Großgärtnerei beziehungsweise den Eheleuten Huhn, die schon seit vielen Jahren ihre gärtnerische Erfahrung sowie die Blumen und Pflanzen zur Verschönerung des Lenauparks kostenlos zur Verfügung stellen. Ferner dankte er den Pensionisten, die den Park in Stand halten, sowie den vielen freiwilligen Arbeitskräften, die ihre Wochenenden ohne Entlohnung opferten, um den Bau zu errichten, desgleichen den Freunden und Mitgliedern, die finanziell mithalfen, den Bau zu ermöglichen. Einen besonderen Dank verdiente sich wieder die Frauengruppe unter der Leitung von Frau Lindenmaier und der Organisationsleiterin Frau Franziska Bernhardt. Alle haben trotz der großen Hitze fast Unmögliches geleistet, einschließlich der Omas beim Backen der Berge von Krapfen. Auch die Ski- und Tennisgruppe hatte die Hände voll zu tun, um die vielen Wagen ordnungsgemäß zu parken.

Franz Awender, 1. Vizepräsident des Verbandes der Donauschwaben in den USA, erinnerte daran, daß Präsident Holzer allen aktiv Beteiligten dankt und verwies darauf, daß wohl Holzer es ist, der die meiste Arbeit und Sorgen trägt und daher in erster Linie den Dank der Gemeinschaft verdient. Den größten und wertvollsten Dank können wir ihm wohl damit abstatten, wenn wir uns nochmals zu einem fühlbaren Opfer entschließen, um das von ihm mit soviel Liebe, Ausdauer und Opfer begonnene Werk, Bau eines neuen Heimes für uns alle und besonders für unsere Jugend, je eher fertigstellen und seiner Bestimmung übergeben können.

Anschließend übernahm Jugendleiter Peter Sartschev die Leitung des Programmes, das hauptsächlich in der Vorführung schöner und gut eingeübter Volkstänze bestand. – Die Donauschwäbische Kindergruppe unter der Leitung von Rosi Koch und Ingrid Dörr erfreute mit ihrem guten Auftreten die Anwesenden. – Es folgten die Sächsische Tanz- und Trachtengruppe in ihren schönen Heimattrachten unter der Leitung von Mike Gierscher und Käthe Schief und der „Cleveland"-Schuhplattler-Verein unter der Lei-

tung von Hans Reichel und dem Vorplattler Dieter Schöps.
– Die Akroner Tanzgruppe unter der Leitung des Ehepaa-
res Langenfeld und zum Abschluß die Kulturgruppe unter
der Leitung von Ingrid Dörr sowie die Donauschwäbische
Jugendgruppe aus Cleveland, zum Teil in den heimatlichen
Originaltrachten und der Leitung von Peter Sartschev und
Johanna Graef, zeigten ebenfalls ihr Können. Alle Vorführungen haben den reichlichen Beifall verdient.
Es war zweifellos wieder ein Meilenstein in der Geschichte
unserer großen Familie der Donauschwaben und die Zahl
der anwesenden Jugendlichen und der jüngeren Generation beweist uns, daß unsere Arbeit nicht vergeblich war
und wir beruhigt in die Zukunft blicken können.

A. Kremling, 1986

Lenaupark von *Eugen Philips*

Auf herrlichem Gelände
haben fleißige Schwabenhände
Mit vielem Schweiß und Geld
Den Rohbau schon erstellt.
Was da im Entstehen,
Das läßt sich sehen:
Ein Kulturzentrum der Donauschwaben,
Wie sie bisher keines haben.
Hallen und Gesellschaftsräume
Umstellen schöne Bäume,
Sportplätze und Tenniscourt
Umgeben diesen schönen Ort.
Mittendrin – so wie ich seh'
Liegt ein kleiner Baggersee,
In dem sich Fische laben
Und die Menschen baden.
Diesem vollendeten Planen
Möcht ich aus dem Herzen sagen:
Der Gedanke und das Werk sind groß;

Härte war immer unser Schicksalslos.
Wenn das Heim mal steht in voller Pracht,
Dann dürft ihr sagen: Es ist vollbracht.
Dann wird das Werk den Meister loben
Und der Segen kommt von oben.
Mögen darin Donauschwaben
Noch lange eine Heimat haben,
Ihre Kulturbelange pflegen,
Ihre Muttersprache reden,
Ihre Lieder singen,
Ihre Tänze schwingen,
Stolz die Trachten tragen
Und Freude am Leben haben.
Der fromme Wunsch sei allen Lieben
in das Stammbuch geschrieben:
Euer Werk, wie ich es sah,
Ist einmalig in den USA.
Erwartet keinen großen Lohn,
Ihr seid Helden unserer Generation.

Fahrt in die USA und nach Kanada

Das Ziel und die Planung

Mit ihrer Fahrt in die USA und nach Kanada setzten Bundesvorsitzender Brücker und die Donauschwäbische Trachtengruppe Rastatt unter der Leitung des Kreisvorsitzenden Heinrich Juhn eine alte und bewährte Tradition der Landsmannschaft der Donauschwaben fort. Vertreter der Landsmannschaft, der Kirchen und der Schulen führten in den vergangenen 35 Jahren Besuchsfahrten durch, um Kontakte zu den Landsleuten in Übersee aufzunehmen, die gegenseitige Verbundenheit zu stärken und die Zusammenarbeit auf landsmannschaftlichem, kirchlichem und schulischem Gebiet zu pflegen und zu aktivieren. Oft hörte man bei diesen Begegnungen die Worte aus dem Lied der Donauschwaben: „Wir sind eines Volkes Söhne, deutsche Sprache, deutsche Art, die die Väter hochgehalten, haben treu wir uns bewahrt."

Bei der diesjährigen Fahrt und dem ausgedehnten Besuch folgten der Bundesvorsitzende und die Donauschwäbische Trachtengruppe Rastatt einer Einladung des Dachverbandes der Donauschwaben in den USA und in Kanada sowie der Einladung der Donauschwäbischen Jugendgruppe in Cleveland (USA). Es sei daran erinnert, daß Verbandspräsident Theo Junker (USA) und Generalsekretär Ferdinand Berencz (Kanada) 1982 in der Bundesrepublik Deutschland und in Österreich weilten, um mit Vertretern der Landsmannschaften und der Kirchen Fragen der zukünftigen intensiveren Zusammenarbeit zu besprechen.

Auch führte die Donauschwäbische Jugendgruppe Cleveland unter der Leitung von Adam Hetzel und Hilde Hornung im Sommer 1982 auf Einladung der Landsmannschaft der Donauschwaben eine Fahrt in die Bundesrepublik Deutschland durch, um einerseits ihre Verwandten und Bekannten zu besuchen, andererseits die landsmannschaftlichen Einrichtungen sowie die landschaftlichen Schönheiten und einige Kulturstätten Deutschlands kennenzulernen. Ihre Auftritte in einigen Städten und im Fernsehen, wo sie Zeugnis ihres vielseitigen Könnens auf dem Gebiete des Volkstanzes und des Liedes ablegte, werden den zahlreichen Besuchern und Zuschauern noch lange in lieber Erinnerung bleiben.

Daß im Jahre 1983 die Einladung nach Amerika an die Donauschwäbische Tanzgruppe Rastatt erging, sollte im Vergleich mit anderen Gruppen unserer Landsmannschaft keineswegs als Leistungswertung oder gar Bevorzugung gedeutet werden, im Gegenteil, alle donauschwäbischen Trachten- und Volkstanzgruppen haben es sich zur Aufgabe gemacht, die Trachten der alten Heimat, die althergebrachten Volkstänze und das deutsche Liedgut nach Möglichkeit zu pflegen. Dabei ist es ihnen ein Anliegen, auch die Überlieferungen der neuen Heimat in ihr umfangreiches Arbeits- und Darbietungsprogramm mit einzubeziehen. Einige unserer Jugendgruppen sind bisher mit großem Erfolg in Nordamerika und Südamerika aufgetreten. Die Ulmer Gruppe stattete unter der Leitung von Franz Flock sogar den Landsleuten in Australien einen Besuch ab.

Die Donauschwäbische Trachtengruppe Rastatt

Die Rastatter Gruppe wurde, wie aus einem Bericht von Heinrich Juhn hervorgeht, 1979 gegründet. Im Verhältnis zu den anderen acht Landestrachtengruppen in Baden-Württemberg ist sie daher noch relativ jung. Im Juni 1979 trat die Gruppe beim Bundestreffen der Brasilienrückwanderer zum erstenmal vor die Öffentlichkeit. Mit elf Erwachsenenpaaren wurde der Anfang gemacht. Heute zählen sich 20 Erwachsenen- und 10 Kinderpaare zu dieser überaus aktiven Gruppe, welche die Landsmannschaft der Donauschwaben, Orts- und Kreisverband Rastatt, in der Bundesrepublik Deutschland und über die Grenze hinaus repräsentiert.

Seit der Gründung hat sich die Gruppe in einer relativ kurzen Zeit bei einer breiten Bevölkerungsschicht hohes Ansehen erworben. Dieser Erfolg ist, wie Heinrich Juhn feststellt, an erster Stelle dem Leitungspaar Maria und Josef Lehmann zu verdanken. Seit mehr als 40 Jahren liegt die Leitung donauschwäbischer Volkstanzgruppen in der alten Heimat, in Brasilien und in Deutschland in deren Händen. Mit viel Idealismus und Aufopferung haben sie Volkstänze von Generation zu Generation eingeübt und mit Jungen und Mädchen erfolgreich vorgeführt. Nach dem

Motto: „Haltet fest an der Art eurer Väter" haben der Sohn Paul und dessen Ehefrau Anna die Aufgabe von den Eltern übernommen und pflegen somit Tänze und Trachten weiter.

Das Ziel der Gruppe ist nach wie vor die Erhaltung und die Pflege des deutschen Kulturgutes. Damit soll die Erinnerung an die alte Heimat aufrechterhalten bleiben, Sitte und Brauchtum der alten und der neuen Heimat der breiten Öffentlichkeit dargestellt werden.

Die teils originalen, teils nachgemachten Trachten der Gruppe erinnern an folgende Ortschaften in der alten Heimat: India, Ruma, Tovarnik, Sotin, Tomaschanzi und Jarmina. Die Tracht der Burschen besteht aus schwarzer Hose, weißem Hemd, weißen Socken, schwarzen Schuhen und einem schwarzen „Leiwl", das einen roten Randstreifen und eine Reihe Silberknöpfe zur Verzierung aufweist. Die Mädchen und Frauen der Volkstanzgruppe tragen heute Röcke aus buntem Stoff, die kunstvoll plissiert und gestärkt sind. Über den drei Unterröcken wird die Schürze getragen. Hübsch sind die knielangen Strümpfe. Das Mieder ist einfach gehalten und meist vorne geknöpft. Darüber trägt man das Schultertuch, das in den Schürzenbändern festgesteckt wird.

Die Tänze aus der alten Heimat werden von der Volkstanzgruppe weitergepflegt; einige davon haben sich über 200 Jahre lang erhalten. Andere Tänze aus der neuen Heimat wurden auch übernommen; somit haben sich manche Tanzformen erst im Laufe der Zeit entwickelt. Ein sehr charakteristisches Merkmal der donauschwäbischen Tänze und der Tänze aus der neuen Heimat sind die vielen Hüpf- und Hopserschritte, die in jedem angestammten Volkstanz vorkommen. Hinzu kommen Walzer-, Marsch-, Masurka-, Rheinländer- und Polkaschritte, welche allen Tänzen ein fröhlich beschwingtes Gepräge geben.

Erfreulich ist besonders, daß die Volkstänze instrumental von der eigenen Trachtenkapelle begleitet werden, so von Paul Lehmann (Saxophon und Klarinette), Jakob Göttel (Trompete), Georg Kernst (Schlagzeug), Josef Lehmann, Josef Schwarz und Cornelia Wagner (Akkordeon), Hans Gangl (Tamburin). Organisator und Manager der Gruppe ist Heinrich Juhn.

Gute und herzliche Wünsche begleiteten die Gruppe auf ihrer Fahrt. Der Rastatter Oberbürgermeister Franz J. Rothenbiller schrieb an Juhn: „So geht nun die Donauschwäbische Trachtengruppe Rastatt über die Stadtgrenzen, über die Landesgrenzen hinaus in die ‚Neue Welt' und wirkt als Bindeglied zwischen der Heimat und all jenen Menschen, die in Europa, Nordamerika und Kanada eine neue Heimat gefunden haben. Ich wünsche – auch namens des Gemeinderates unserer Stadt – den Gästen und Freunden der Trachtengruppe eine erlebnisreiche Begegnung und frohe Stunden. Gleichzeitig übermittle ich die Grüße unserer Stadt an alle den Donauschwaben verbundenen Landsleute in nah und fern."

Und Heinrich Juhn meinte: „Zum erstenmal startet die Gruppe zu Freunden in einen weiten, anderen Kontinent. Jedoch ist die Entfernung nicht weit genug, um nicht über unendliche Weiten auch Brücken schlagen zu können. Bereits vorhandene freundschaftliche Beziehungen sollen dadurch gestärkt und neue Kontakte geknüpft werden."

Die Donauschwäbische Jugendgruppe Cleveland

Die Gruppe besteht seit 1958 und feierte 1983 ihr 25jähriges Bestandsjubiläum. In diesen 25 Jahren ist es in mühevoller Kleinarbeit, mit Idealismus und Geduld gelungen, die größte deutschstämmige Jugendgruppe in den USA aufzubauen. Als im Mai 1958 der Grundriß zum Aufbau der Vereinigung der Donauschwaben in Cleveland entworfen wurde, plante man, in diesem Rahmen auch eine Jugendgruppe ins Leben zu rufen.

Für diesen Plan seien, so der ehemalige Jugendleiter Peter Rein, zwei Faktoren von ausschlaggebender Bedeutung gewesen: Einerseits wollte man Jugendliche mit der Gemeinschaft verbinden, um der Pflege der kulturellen Überlieferung auf örtlicher Ebene gerecht zu werden. Außerdem sollten die dadurch erworbenen Kenntnisse und Fertigkeiten in Form von Darbietungen bei Veranstaltungen das Programm ausfüllen beziehungsweise verschönern. Die Trachten hinwieder verbürgten, dem Ganzen den Stempel des festlichen und volkstümlichen Gepräges aufzusetzen. Andererseits wollte man sich auf dem Gebiet der Jugendarbeit auch erzieherisch betätigen und zugleich einen Nachwuchsstamm von charakterfesten jungen Menschen heranbilden, der in Zukunft die Fortsetzung der

Aufbauarbeit und die Lebensdauer der Vereinigung gewährleisten sollte.

Bald hatte die Gruppe die Verbindung mit auswärtigen donaudeutschen Landsmannschaften aufgenommen, um das Gefühl der Zusammengehörigkeit zu vertiefen. So hat sie aktiven Anteil an der Programmgestaltung bei Schwestervereinigungen in Mansfield, Youngtown, Akron, Chicago, Trenton, Rochester, Detroit, Cincinnati, Milwaukee und Windsor. Außerdem nimmt die Gruppe regen Anteil an dem Geschehen des Landesverbandes, zumal sie sich an jedem Tag der Donauschwaben in Nordamerika beteiligte. Dem Tag der Donauschwaben in Kanada konnte die Gruppe zweimal aktiv beiwohnen.

Bei einem Wettbewerb in Milwaukee errang die Jugendgruppe Cleveland den ersten Preis. Höhepunkt ihres bisherigen Wirkens war zweifelsohne der Besuch in der Bundesrepublik Deutschland im Jahre 1982. „Der Empfang in Deutschland", so Hilde Hornung, „war unvorstellbar schön. Viele Freundschaften wurden geschlossen. Der Inhalt und die Durchführung unseres Programms sprachen sich schnell herum, und wir landeten dabei im Fernsehen Stuttgart."

Der Präsident der Donauschwaben und des deutsch-amerikanischen Kulturzentrums in Cleveland, Sepp Holzer, ist stolz auf die Jugendgruppe: „Ich habe es immer als eine meiner Hauptaufgaben im Rahmen meiner landsmannschaftlichen Tätigkeit betrachtet, unsere Jugendlichen an unserer völkischen Arbeit durch Pflege der deutschen Muttersprache und der überlieferten kulturellen Sitten und Bräuche zu interessieren und aktiv teilnehmen zu lassen. Wenn wir heute, also nach 25jähriger Tätigkeit, zum Anlaß des silbernen Jubiläums unserer Jugendgruppe Bilanz ziehen, können wir mit Freude und Genugtuung feststellen, daß unsere Jugend uns nicht nur nicht enttäuschte, sondern daß sie das in sie gesetzte Vertrauen voll erfüllte und unsere Erwartungen vielfach übertroffen hat."

Wenn die Jugendgruppe, so Sepp Holzer – was sowohl die Anzahl der Mitglieder als auch die Leistung betreffe –, 1983 einen Höhepunkt erreicht habe, „können wir mit Stolz feststellen, daß wir in der Lage und fähig waren, unsere Jugendlichen an unseren Aufgaben und Zielen teilnehmen zu lassen".

Der Bürgermeister der Stadt Cleveland, George V. Voinovich, zollte der Donauschwäbischen Jugendgruppe anläßlich ihres 25jährigen Jubiläums ebenfalls sehr viel Lob und Anerkennung. Dabei verwies er in einem Schreiben auf die stolze Geschichte der Gruppe. In den letzten 25 Jahren habe die Gruppe Anteil an der Bereicherung des Clevelander ethnischen Mosaiks und an der Erhaltung der donauschwäbischen Folklore und Tradition. „Sie singen, sie tanzen und gehören der deutschen Sprachschule an", bestätigte lobend der Mayor!

1982 habe die Gruppe Deutschland besucht und sich in verschiedenen Städten aufgehalten, sei in verschiedenen Städten sowie im Fernsehen aufgetreten. Sie hätten als junge Botschafter des guten Willens gedient und mit Stolz die Stadt Cleveland, den Staat Ohio und die Vereinigten Staaten vertreten. Der Bürgermeister übermittelte abschließend der gesamten Jugendgruppe sowie Adam Hetzel und Hilde Hornung seinen Dank und wünschte für die Zukunft viel Erfolg.

Schließlich noch ein Wort von Adam Hetzel: „Mein größter Erfolg, den ich als Leiter der Jugendgruppe miterleben durfte, war die Reise nach Deutschland im Jahre 1982, wo die Gruppe erfahren durfte, woher die Kultur unserer Vorfahren stammt und warum sie gepflegt und erhalten bleiben soll."   Brücker, 1984

Begegnung mit Landsleuten in Chicago

Überaus herzlich war der Empfang, den unsere donauschwäbischen Landsleute in Chicago ihren Gästen aus Deutschland bei ihrem Eintreffen im Heim der Donauschwaben bereiteten. Frau Annerose Goerge von dem Hilfsverein Aid Society of German Descendants Chicago begrüßte den Bundesvorsitzenden und die Rastatter Gruppe und meinte, daß mit diesem Besuch eine alte Tradition fortgesetzt werde. Es gelte, die landsmannschaftliche Verbundenheit über Meere und Kontinente hinweg zu erhalten. Man möge sich im Kreise der Donauschwaben in Chicago wohlfühlen.

Schon am nächsten Tag hatten die Gäste auf einer Rundfahrt Gelegenheit, die wichtigsten Sehenswürdigkeiten der Stadt Chicago kennenzulernen. Die Organisation lag in den Händen von Josef und Milly Mayer sowie Annerose Goerge. Hier die wichtigsten Stationen: Lincoln Park, Lake Shore Drive, Buckingham Fountain, Grand Park, Sear's Tower, Stadtmitte, Michigan Avenue, Evanston, Northwestern University, Bahai Temple, Old Orchard Shopping Center.

Am Abend waren die Rastatter Gäste der American Aid Society. Der Vorsitzende des Vereins gab in seinem Grußwort einen beeindruckenden Überblick über die Tätigkeit der Hilfsorganisation und lobte die Hilfsbereitschaft der Mitglieder. Bundesvorsitzender Brücker erinnerte an die segensreiche Arbeit von Nikolaus Pesch und seiner Freunde, die sich als Helfer in der Not große Verdienste erworben hätten. Reiseleiter Juhn überbrachte die Grüße seiner Heimatstadt Rastatt und der dort beheimateten Donauschwaben. Anschließend erfreute die Rastatter Gruppe die Anwesenden mit schönen deutschen Volksliedern.

Ein mit echt donauschwäbischen Leckerbissen reichgedeckter Tisch lud zum Zugreifen und Verweilen ein. Ein zwangloses Beisammensein mit Gesprächen und Austausch von Erinnerungen an die alte Heimat füllten den weiteren Abend aus. Ein altes Mitglied des Vereins meinte: „Eigenartig – wir kannten uns bisher persönlich nicht und gehören doch zusammen, wir sind eben noch immer eine donauschwäbische Gemeinschaft." Besinnlich und mit einem herzlichen Dankeschön an die freundlichen Gastgeber klang der Abend aus.

Volkstumsabend im Heim der Donauschwaben

Der Volkstumsabend, der am nächsten Tag im Heim der Donauschwaben stattfand, könnte man unter ein Wort des verdienstvollen Landsmannes in den USA, Christ N. Herr, stellen: „Ich waas nit, was des bedeite soll, / awr mei Bruscht is derart voll, / so daß se bal vrschringe tut, – un mei Blut, des jahd un gar nit ruht. / – Ich moon, ich han's, was mich so gfreit, / was mr heint in de Bruscht drinn leit? / es is darum, far was ich war un sin: / weil ich a echtr, rechtr Schwob noch bin!"

Ja, echte und rechte Donauschwaben und ihre Freunde hatten sich im geräumigen Saal des Heimes versammelt, um einige froh-besinnliche Stunden miteinander zu verbringen. Die Heimatpresse hatte frühzeitig auf die Bedeutung des Abends hingewiesen, ebenso ein nett gestaltetes Flugblatt. Verbandssekretär Joseph Hugery hatte „etwas Besonderes" in Aussicht gestellt und hat recht behalten, denn der gut organisierte Abend wurde zu einem vollen Erfolg.

Und als dann die Rastatter Tanzgruppe und die Chicagoer donauschwäbischen Jugendgruppen unter den Klängen der Rastatter Musikkapelle in den Saal zogen, brauste ein herzlicher Beifall auf. Ein buntfarbiges Trachtenbild bot sich von der Bühne her dem Auge dar. Sichtlich bewegt begrüßte Joseph Hugery die zahlreichen Gäste aus fern und nah. Konsul Dr. Goldschmidt bezeichnete es in seinem Grußwort als angenehme Aufgabe, an diesem Abend nicht nur die Grüße seiner Kollegen, sondern auch die der Bundesregierung überbringen zu dürfen. Weiter ging Dr. Goldschmidt auf die Geschichte der Deutsch-Amerikaner ein und nannte all die Zahlen und Fakten, die den Besuchern der deutsch-amerikanischen Veranstaltungen 1983 recht geläufig wurden. Auch erinnerte der Diplomat an den Besuch von Bundespräsident Carstens.

Konsulin Aloisia Schmidt, Vertreterin der Republik Österreich, erinnerte nach herzlichen Grußworten an die 300jährige Wiederkehr der Schlacht am Kahlenberg und die nachfolgende Besiedlung des südöstlichen Donaugebietes durch deutsche Kolonisten. Frau Schmidt machte auf die große Ausstellung aufmerksam, die aus diesem Anlaß in Wien zu sehen sei. Dr. Rosenzweig ging in seiner Ansprache auf die Geschichte der USA ein und verlas eine lange Liste von bedeutenden Deutsch-Amerikanern, die durch ihre Leistung auf vielen Gebieten der Kultur, der Wirtschaft und des öffentlichen Lebens in die Geschichte der Staaten eingegangen seien.

Bundesvorsitzender Brücker überbrachte die Grüße des Patenlandes Baden-Württemberg, der Patenstadt Sindelfingen und der Landsmannschaft der Donauschwaben. Er erinnerte in seiner Ansprache an die Schlacht am Kahlenberg bei Wien und an die deutsche Einwanderung in Amerika. Die deutschen Siedler und ihre Nachkommen seien nicht als Kolonialherren und Unterdrücker in das Land gekommen, sondern seien stets ein Element des Friedens und der Aufbaubereitschaft gewesen. Als Träger christlich-abendländischer Gesittung und europäischer Zivilisation sowie als Vertreter deutscher Kultur hätten sie viel zum geistigen und materiellen Fortschritt ihrer neuen Heimat beigetragen.

Brücker betonte, daß die Liebe zum angestammten Volkstum die Treue zur neuen Heimat nicht ausschließe. Er richtete den dringenden Appell an die Mitglieder der Landsmannschaft, die deutsche Sprache und die mit ihr verbundene Kultur zu pflegen. Schließlich bekannte er sich im Sinne der Charta der Heimatvertriebenen zum Weltfrieden und zur Völkerverständigung.

Verbandspräsident Theo Junker begrüßte mit herzlichen Worten die Landsleute und Gäste und sagte allen Mitgliedern und Helfern, so auch den gastgebenden Freunden, innigen Dank für jede Hilfe und Unterstützung. Der Rastatter Gruppe wünschte er auch weiterhin einen angenehmen und erlebnisreichen Aufenthalt in den USA und in Kanada.

Zur Eröffnung des gehaltvollen Abendprogramms sang Linda Ruby die Hymnen der Vereinigten Staaten und der Bundesrepublik Deutschland. Heinrich Juhn stellte seine Volkstanzgruppe vor, die dann in ihren bunten Trachten mit ihren Tänzen und Liedern die Zuschauer sowohl in die alte Heimat der Donauschwaben als auch in das schöne Badener Land führten. Musikkapelle und Tänzer erhielten für ihre ausgezeichneten Darbietungen reichen Beifall.

Daß man auch in Chicago das donauschwäbische beziehungsweise deutsche Volkstum zu pflegen und im festlichen Rahmen zu repräsentieren versteht, zeigte die „Egerländer Tanzgruppe" mit einem hübschen Wiener Walzer und die Jugendgruppe der Chicagoer Donauschwaben mit gut dargebotenen Tänzen und Liedern. Die Gäste aus Deutschland quittierten diese Leistungen nicht bloß mit Bewunderung, sondern auch mit einem herzlichen Applaus.

Der schöne und erlebnisreiche Abend schloß mit der Volkshymne der Donauschwaben, in der es unter anderem heißt: „Deiner Sprache, deiner Sitte, deinen Toten bleibe treu! / Steh in deines Volkes Mitte, was sein Schicksal immer sei."

In Milwaukee

Interessant und abwechslungsreich war die Fahrt von Chicago nach Milwaukee. Das Landschaftsbild ist außerordentlich abwechslungsreich und geprägt durch Laub- und Nadelwälder, Felder, Hügel und Wasser. Milwaukee, 145 Kilometer nördlich von Chicago am Michigansee gelegen, ist mit seinen etwa 750 000 Einwohnern die größte Stadt von Wisconsin und verfügt über Universitäten, Colleges und moderne Industrieanlagen.

Der deutschgebürtige Einwohneranteil betrug laut Statistik im Jahre 1850 etwa 8000, 1860 16 000, 1870 22 500, 1880 31 500, 1890 55 000, 1900 69 000 Seelen. Zahlreiche kirchliche, kulturelle, gesellschaftliche und wirtschaftliche Vereine, Klubs und sonstige Organisationen deuten auf eine rege deutschstämmige Tätigkeit hin.

Der im Jahre 1945 in Milwaukee gegründete „Tolnauer Komitat-Vergnügungsklub" setzte sich, wie aus einem Bericht von Stefan Eusch hervorgeht, „Aufrechterhaltung schwäbischer Sitten, Hilfeleistungen und Geselligkeit" zum Ziel seiner Tätigkeit. Der Klub stellte die Verbindung zu den bestehenden Vereinen deutscher Herkunft her und beteiligte sich über das „Internationale Institut" am alljährlichen „Holiday-Folk-Fair". Eine Tanzgruppe, 1949 gegründet, pflegte mit großem Erfolg deutsche Tänze und Volkslieder.

Um den zahlreichen donauschwäbischen Neueinwanderern in den 50er Jahren den Beitritt zu ermöglichen, wurde der Verein auf „Donauschwaben-Vergnügungsklub" umbenannt. Daß es dem Vorstand nicht um bloßes Vergnügen ging, beweist die Gründung einer zusätzlichen Kindergruppe, einer Jugendkapelle und die Erweiterung der Jugendarbeit. Auch die Frauenschaft wurde aktiv. Sämtliche Gruppen beteiligten sich an den kulturellen Veranstaltungen des Klubs, so auch an einer großen Heimatausstellung, die einen Einblick in das geschichtlich-volkliche, kulturelle und wirtschaftliche Leben der Donauschwaben bot.

Im Jahre 1966 haben vier donauschwäbische Vereinigungen in Milwaukee, und zwar der „Verein der Apatiner", der „Mucsier Familien-Verein", der „Milwaukee Sport-Klub" und der „Donauschwaben-Vergnügungsklub", eine Vereinbarung getroffen, sich um die Erwerbung eines gemeinsamen Heimes zu bemühen, ohne ihre Eigenständigkeit aufzugeben. Großzügige Spenden und Vereinsgelder ermöglichten den „Vereinigten Donauschwaben von Milwaukee" den Erwerb von etwa zwölf Acker Land mit einem Gasthof, einem Wohnhaus und einem Sportplatz. Das gemeinsame Heim erhielt die Bezeichnung „Schwabenhof" und ist auch heute noch Mittelpunkt des landsmannschaftlichen Lebens in Milwaukee.

Anbauten und Erweiterungen folgten. Die einzelnen Abteilungen und Gliederungen erhielten neuen Auftrieb. Eine Wochenendschule und eine Musikschule wurden ins Leben gerufen. Die der Jugendgruppe entwachsenden Jungen und Mädchen schlossen sich zu den „Jungdonauschwaben" zusammen. Auch beteiligte sich der „Donauschwaben-Vergnügungsklub" mit Erfolg an den Veranstaltungen der „Gesamtdeutschen Vereine von Milwaukee". Die Mitgliedschaft beim „Internationalen Institut" erhielt neues Gewicht. Über den Landesverband der Donauschwaben in den USA reihte sich der Verein in die große Familie der Donauschwaben ein.

Zusammenarbeit mit der Kirche

Eng ist die Zusammenarbeit mit der Kirche. Jedes Hauptfest der Donauschwaben im „Schwabenhof" wird mit einer Feldmesse eingeleitet. Die hier wirkenden katholischen Schönstatt-Priester mahnen die Gläubigen, an der donauschwäbischen Eigenart mit Väterglaube und Muttersprache festzuhalten. Gründer des Internationalen Schönstattwerkes ist Pater Josef Kentich, geboren 1885 in Gymnich bei Köln, gestorben 1968 in Milwaukee. Zu seinem Sarkophag in der Anbetungskirche mit der Inschrift DILEXIT ECCLESIAM pilgern Tausende von Menschen im Vertrauen auf seine Fürbitte bei Gott.

Pater Kentenich war von 1955 bis 1965 Seelsorger der deutschen Landsleute in Milwaukee und Umgebung. So wurde er mit vielen Donauschwaben bekannt. Er unterstützte mit Rat und Tat den Aufbau der Vereine und hielt zur Kirchweihfeier die heilige Messe mit Predigt. Von ihm haben die Schönstattpatres eine große Aufgabe übernommen: Sie pflegen den Kontakt und unterstützen die Ausbreitung der Vereine mit wegweisenden Gedanken und Anregungen. Die donauschwäbischen Vereine hingegen halten die deutsche Fronleichnamprozession jedes Jahr auf dem schönen Gelände des Internationalen Schönstatt Centers in Waukesha bei Milwaukee.

Mit den Nachbarn in Chicago – Donauschwaben und Aid-Society – kommt es zu regelmäßigen, fruchtbaren Wechselbesuchen. So auch mit dem weiter entfernten „Südostdeutsch-amerikanischen Familienverein" in Rock Island. In einem Bericht werden die Verdienste der Präsidenten Johann Stier, Johann Iller und Matthias Aringer anerkannt und gebührend gewürdigt.

Die Jugend

Es kann kein Zweifel darüber bestehen, daß in der Gesamtarbeit die Jugendgruppe der Vereinigten Donauschwaben in Milwaukee eine hervorragende Rolle spielt. Sowohl die erste Jugendleiterin Anni Jüng als auch ihre Nachfolgerin Maria Abt waren stets bemüht, die Jugend in der Erhaltung der deutschen Muttersprache und der althergebrachten Sitten und Bräuche, insbesondere aber des deutschen Liedes und des deutschen Volkstanzes, zu unterstützen und zu ermuntern. Sie vertraten die Anschauung, daß diese Werte auch in der Wahlheimat nicht vergessen werden dürfen.

So ist die Jugend nach wie vor der Mittelpunkt bei den Veranstaltungen der Vereine und bei den Aufführungen anderer Vereine in Milwaukee, so bei den Muttertagsfeiern, den Kirchweihfesten und den Weihnachtsfeiern. Aber auch frohe Veranstaltungen der Jugend wie der „Rosenball" und der „Schneeball" in der Winterszeit erfreuen jung und alt, wenn alle das Tanzbein schwingen. Auch die Musikkapellen bestehen zum Großteil aus ehemaligen Mitgliedern der Jugendgruppe.

Rührig und erfolgreich ist auch der „Apatiner Club von Milwaukee". Da viele Apatiner nach ihrer Vertreibung in Milwaukee eine neue Heimat fanden, entwickelte sich hier der Apatiner Schwerpunkt in Nordamerika. Schon in den 50er Jahren fanden Veranstaltungen im engeren Kreise statt.

Als dann im August 1964 aus Anlaß des Besuches des verdienstvollen Lehrers und Historikers Josef Volkmar Senz das erste große Apatiner Kirchweihfest in Milwaukee stattfand, kam es zur Gründung des „Vereins der Apatiner in Milwaukee".

Der Verein der Apatiner möchte Brückenbauer von der Vergangenheit in die Zukunft für alle Landsleute sein und verfolgt folgende Ziele: Sammlung und Erfassung aller Landsleute, Pflege der väterlichen Sitten und Bräuche, Erhaltung der Muttersprache und Pflege der Apatiner Mundart, die Stärkung der Bande der Nachbarschaft und Gemeinschaft im Rahmen geeigneter Veranstaltungen, schließlich das Bestreben, das Herkunftsbewußtsein und das Bekenntnis zu den Ahnen zu erhalten und zu stärken, die Verbindung zur weltweiten Apatiner Gemeinschaft nicht erlahmen zu lassen. Als Verbindungsorgan dienen die „Apatiner Heimatblätter". Präsidenten des Vereins der Apatiner waren bisher Toni Pfalz, Josef Viola, Hans Reitmann, Peter Pless und Hans Immer.

Teilnahme am „Oktoberfest" in Milwaukee

Der Empfang und der Aufenthalt in Milwaukee und Umgebung war für die Rastatter Gruppe ein schönes und unvergeßliches Erlebnis. Gerne und dankbar erinnert sie sich der gewährten Gastfreundschaft. Der jetzige Präsident der Vereinigung Anton Siladi erwies sich als ein vorzügli-

cher Organisator und als Kenner der Geschichte der Stadt Milwaukee. Dies zeigte sich insbesondere bei einer Stadtrundfahrt.

Milwaukee ist so deutsch, wie man es sich nur denken kann. Seine deutschen Restaurants sind berühmt und nicht weniger die Besichtigungen in den Bierbrauereien Pabst, Schlitz und Miller. In Milwaukee haben deutsche Bierbrauer eine starke Tradition. Und da es in der Rastatter Gruppe auch einen Pabst gab, war die freundschaftliche Verbindung zur großen Bierbrauerei Pabst bald hergestellt. Der Milwaukeer County Zoo und die Museen der Stadt gehören zu dem Besten, was die USA auf diesem Gebiet zu bieten haben. Sehenswert sind ferner das riesige Veranstaltungsgelände der Stadt, durch das Siladi führte, die Parks am Ufer des Michigansees, der Pflanzengarten und das Museum of the Experimental Aircraft Association.

Da die Vereinigten Donauschwaben im festlich geschmückten „Schwabenhof" ihr „Oktoberfest" feierten, konnten die Darbietungen der Donauschwäbischen Tanzgruppe aus Rastatt sinnvoll und harmonisch in das Gesamtprogramm eingebaut werden. Als die Gruppe auf der geräumigen Bühne Aufstellung genommen hatte, begrüßte Präsident Siladi mit herzlichen Worten die Gäste aus Deutschland. Er gab einen kurzen Überblick über die gesamte Anlage des „Schwabenhofes" und dessen Verwendung bei allen Veranstaltungen der Vereinigung. Eine großzügige und zweckentsprechende Erweiterung sei in Planung. Man werde keine Arbeit und keine finanziellen Belastungen scheuen, um diese Pläne zu realisieren.

Verbandspräsident Theo Junker hieß die Gäste ebenfalls willkommen und meinte, daß solche Begegnungen der gesamten donauschwäbischen Gemeinschaft dienlich seien. Man werde den Jugendaustausch auch in Zukunft fortsetzen. Junker zollte den Landsleuten in Milwaukee Dank und Anerkennung für die bisher geleistete Arbeit.

Bundesvorsitzender Brücker wies in seinem Grußwort auf Sinn und Zweck der Besuchsfahrt hin und bat die vier tragenden Organisationen des „Schwabenhofes", auch in Zukunft eng und harmonisch zusammenzuarbeiten. Die 300-Jahr-Feier sei Anlaß, die Leistungen der Deutschamerikaner gebührend zu würdigen, doch sei damit die Aufgabe verbunden, die Blicke auch in die Zukunft zu werfen.

Eine Zusammenarbeit mit den weltweit verbundenen donauschwäbischen Landsmannschaften sei unerläßlich.

Nachdem Reiseleiter Heinrich Juhn auf die Arbeit seiner Gruppe hingewiesen und sich für die freundliche Aufnahme bedankt hatte, legten die Rastatter ein recht anschauliches und farbenfrohes Zeugnis ihres vielseitigen Könnens ab. Volkstänze, Lieder, Gedichte und kunstvolle Sondereinlagen wechselten einander ab und ernteten viel Beifall. Die Jugendgruppe der Vereinigung revanchierte sich unter dem stürmischen Applaus der zahlreichen Besucher mit hübschen Volkstänzen und alten Volksliedern. Dem offiziellen Programm schloß sich ein gemütliches Beisammensein bei einer ausgezeichneten Bewirtung mit donauschwäbischen Spezialitäten an. Brücker, 1984

Chicagos Donauschwaben feierten ihren Tag

Das alljährlich größte Ereignis der Vereinigung der Donauschwaben von Chicago ist der „Tag der Donauschwaben". Es wurde ein selten schöner Tag; nahezu 1000 Menschen feierten mit ihren Freunden in Gottes freier Natur. Besonders freuten sich die Landsleute in „der windigen Stadt" über den Besuch der Donauschwäbischen Blaskapelle aus Reutlingen und den Jugendgruppen aus St. Louis und Los Angeles sowie der American Aid Society. Vier Jugendgruppen unter einem Dach, ein Beweis der Zusammengehörigkeit.

Zunächst sah es so aus, als würde das Fest ins Wasser fallen, denn es regnete in Strömen. Trotzdem war die von dem kroatischen Dominikanerpater Hrvoje Hadzic zelebrierte Messe sehr gut besucht. Der Gemischte Chor der Donauschwaben umrahmte die hl. Messe mit passenden Liedern. Nach der feierlichen Messe wurde zum Essen geladen. In der Küche sorgten die fleißigen Frauen für ein schwowisches Mittagessen, für die Bar war Franz Winter mit seinen Helfern verantwortlich. Das Wetter hatte sich aufgeklärt, die Luft wehte frisch und gesund, so daß die Mahlzeit im Freien besonders gut schmeckte. Die Blaskapelle aus Reutlingen mit ihren beiden Sängerinnen gab ein mit viel Beifall aufgenommenes Konzert.

Mit den beiden Nationalhymnen und Grußworten von Präsident Nikolaus Kreiling wurde das Programm eröffnet.

Vizepräsident Willi Milleker sowie Kulturleiterin Kathy Schweininger führten mit Umsicht und Charme durch die reichhaltige Festfolge. Einige Redner überbrachten die Grüße ihrer Vereinigungen. Der deutsche Konsul, Dr. Wirth, würdigte den kulturellen Beitrag der Donauschwaben zur Erhaltung der deutschen Sprache, wobei er besonders der Wochenendschule ein Lob aussprach; Elsbeth Seewald, D.A.N.K.-Nationalpräsidentin, forderte die Donauschwaben auf, den Deutsch-Amerikanischen Tag am 6. Oktober festlich und würdig zu begehen; Theo Junker, Präsident der Donauschwaben-Stiftung, brachte Grüße vom Landesverband; Richard Gunther, Präsident der American Aid Society, hob die gemeinsamen Aufgaben hervor; Karl Laschet, Präsident der Deutschen-Tag-Vereinigung, zeichnete vier verdiente Donauschwaben mit Goldmedaillen aus: Nikolaus Schneider, Ehrenpräsident der Vereinigung der Donauschwaben, Richard Gunther, Präsident der American Aid Society, Helen Meiszner, Deutsche-Tag-Vereinigung, und Michael Bruckner, langjähriges Mitglied der Vereinigung der Donauschwaben.

Am Programm beteiligten sich die Kinder- und Jugendgruppen unter der Leitung von Jugendleiter Adolf Mueller und Resi Ruscheinski. Mit der Blaskapelle aus Reutlingen kehrten nach dem Kulturprogramm wieder Schwung und Begeisterung auf die Bühne zurück. Die Klänge luden alt und jung zum Tanzen ein.   Nachrichten, 1989

Nachrichten
der
DONAUSCHWABEN IN CHICAGO
Monatsschrift der Vereinigung der Donauschwaben von Chicago
Second Class Postage Paid, Chicago, Illinois   USPS 370-480
POSTMASTER: Send Address Corrections to "Nachrichten", 6251 W. Touhy Avenue, Chicago, IL 60648

In New York

New York ist eine großartige, ja faszinierende Stadt. In der Gesamtentwicklung der Metropole an der Hudsonmündung, auf beiden Seiten des Meeresarms East River aufgebaut, spiegeln sich bewegte und abwechslungsreiche Epochen, die auch europäische Auswanderer, unter ihnen zahlreiche Deutsche, schicksalhaft umschließen.

Die Stadt, 1612 aus einer kleinen, von holländischen Kaufleuten errichteten Handelsstation erwachsen, wurde 1626 von dem in Wesel am Rhein geborenen Deutschen Peter Minnewitt (Minuit) erweitert und befestigt. Bekannt wurde Minnewitt auch durch seinen legendären Tauschhandel mit den Algonkin-Indianern, der die Granitinsel Manhattan für Schmuckketten und Tuche im Werte von 60 Gulden in den Besitz der niederländischen Westindischen Kompanie brachte.

Die Zahl der deutschen Auswanderer in Neu-Amsterdam, wie New York damals hieß, war verhältnismäßig hoch, etwa ein Viertel der Gesamtbevölkerung. Namen wie Schrick, Gutwasser, Meyer, Hoffmann, Stein, Steinhauser, Bussing und andere (nach Franz Sayer) erinnern an die ersten Siedler. Dr. Hans Kiersted aus Magdeburg war der erste praktizierende Arzt in New Amsterdam. Der Name Bronx (heute Stadtbezirk) geht zweifellos auf Jonas Bronck zurück, der aus Norddeutschland stammt und sich später am Harlemfluß niederließ.

Das Gebiet beziehungsweise Umfeld von New York wurde 1610 von dem in holländischen Diensten stehenden Engländer Hudson entdeckt und seit 1614 von den Holländern besiedelt. Mit New Jersey bildete es die Kolonie Neuniederland, die aber 1664 von den Engländern eingenommen wurde. Karl II. schenkte das ganze Land dem Herzog von York, dem späteren Jakob II., dem zu Ehren es den Namen New York erhielt.

1689 übernahm der gebürtige Frankfurter Jacob Leisler als Statthalter die Regierung der Kolonie, nachdem der englische Gouverneur die Stadt im Zusammenhang mit den politischen Umwälzungen im Mutterland verlassen hatte. Leisler war es, der die Vertreter aus New Amsterdam/New York, Maryland, Pennsylvania, New Jersey und Massachusetts zum ersten Nationalkongreß einberief. Da er auf der Seite der Bürgerschaftspartei gegen die Aristokraten stand, geriet er in große Schwierigkeiten und Gefahren. Obzwar er beim Volk beliebt war, wurde er 1691 als Opfer politischer Intrigen von seinen Gegnern verurteilt und hingerichtet, vier Jahre später aber posthum rehabilitiert.

Im Unabhängigkeitskrieg verlegte George Washington 1776 nach der Einnahme von Boston durch die Briten sein Hauptquartier nach New York, mußte es jedoch nach der verlorenen Schlacht von Long Island den Briten überlassen. Von März 1789 bis August 1790 war New York Sitz der Unionsregierung, bis 1797 Hauptstadt des Staates New York.

Ende des 18. Jahrhunderts begann der planmäßige Aufbau der Stadt, wobei die Architekten und Bauplaner durch die schachbrettartige Anlage des Straßennetzes der Metropole ein besonderes Gepräge verliehen. Im 19. Jahrhundert entwickelte sich New York, begünstigt durch seine Lage am Ufer des Hudson River, der hier in den Atlantik mündet, zur führenden Industrie- und Verwaltungsstadt der USA.

New York umfaßt heute fünf Stadtteile – Manhattan, das Herz der Stadt, Bronx, Queens, Brooklyn und Richmond – mit zusammen 816 Quadratkilometern und etwa acht Millionen Einwohnern. Die Stadt ist das kulturelle und wirtschaftliche Zentrum der Vereinigten Staaten von Nordamerika, besitzt zahlreiche Colleges und Universitäten, darunter die größte der Erde (City University of New York), Institute für Lehre und Forschung, viele Museen, Bibliotheken, Archive und Theater.

Erinnert sei an die berühmte Metropolitan Opera, an das Philharmonische Orchester sowie an die prunkvollen Konzertsäle und an die geräumigen Ausstellungshallen. Hinzu gesellen sich die zahlreichen Veranstaltungen auf wissenschaftlichem und auf kulturellem sowie musischem Gebiet. Bedeutungsvoll sind die Banken, Versicherungen, Verlagsanstalten und Pressezentren. Botanische und zoologische Gärten dienen der Forschung und der Entspannung. Kirchen aller Konfessionen zieren das Stadtbild. Schon aus der Ferne grüßen die riesigen Wolkenkratzer. New York ist Sitz der Vereinten Nationen, damit Zentrum weltpolitischer Aktivitäten.

Es braucht nicht besonders betont zu werden, daß die Stadt eine der größten Industriestandorte der USA, ja der ganzen Welt ist. Sämtliche Industriezweige sind hier vertreten. Große wirtschaftliche Bedeutung hat der Hafen mit seinen

Verwaltungsgebäuden, Hallen, Niederlassungen und technischen Einrichtungen. Die Uferlinie der Hafenanlage ist viele Kilometer lang. Über 60 größere und kleinere Brücken überspannen das Hafengelände, mehrere Tunnels unterqueren es. Zwölf Haupteisenbahnlinien mit vielen Nebenstrecken schneiden sich in der Stadt. Das Streckennetz der U-Bahn ist über 900 Kilometer lang. Zwei Weltflughäfen sind Zentren des Flugverkehrs.

Deutsche waren auch dabei

Der Aufstieg der Stadt spiegelt sich auch in der Bevölkerungsstatistik: 1656 zählte sie etwa 1000 Einwohner; 1755 rund 16 000; 1850 rund 515 000; 1899 rund 1,4 Millionen. Groß-New York – einschließlich der mit New York zusammenwachsenden Städte des Staates New Jersey – zählt etwa 15 Millionen Einwohner.

An der geradezu gigantischen materiellen und geistigen Aufwärtsentwicklung der Stadt New York waren und sind auch deutschstämmige Auswanderer beteiligt. Sie haben sich im Verlaufe von Jahrhunderten als Arbeiter, Handwerker, Kaufleute, Techniker, als Lehrer und Pfarrer, Wissenschaftler und Forscher, als Soldaten, Ärzte, Ingenieure, Musiker, Künstler, Literaten und Journalisten bewährt und zur Gesamtentwicklung der Stadt und ihrer Umgebung beigetragen.

Es ist verständlicherweise nicht möglich, in diesem engen Rahmen den vielseitigen Beitrag deutschstämmiger Bürger mit Zahlen und sonstigen Angaben zu belegen und entsprechend zu würdigen. Stellvertretend für viele Namen, die hier genannt werden müßten, sei kurz auf die Verdienste und Leistungen einiger Persönlichkeiten hingewiesen.

Unter den 3000 Pfälzern, die im Zuge der Massenauswanderung von 1709 mit Unterstützung von Queen Anne nach New York transportiert worden waren, befand sich der 13jährige Johann Peter Zenger. Sein Vater hatte die Seereise nicht überlebt. Als Halbwaise erlernte er bei William Bradford das Druckereigewerbe. 1733 gab er die erste unabhängige politische Zeitung Amerikas heraus, das „New York Weekly Journal", in dem er mutig für die freie Meinungsäußerung eintrat. Vor allem protestierte er gegen die ungerechte Behandlung der Kolonien und die Unterdrückung der Bevölkerung durch die Engländer. 1737 wurde Zenger in Anerkennung seiner Verdienste zum offiziellen Drucker der Stadt New York ernannt.

Nicholas Herkimer (Herchheimer) war einer der ersten Helden des Revolutionskrieges, der sich insbesondere in der Schlacht bei Oriskany/New York als General auszeichnete. Mit seinen etwa 800 Pfälzer Landsleuten aus dem Mohawk-Tal verhinderte er das von den Engländern angestrebte Auseinanderreißen der amerikanischen Truppen. Während der Schlacht, in der Herkimer fiel, wurden die Befehle, Anweisungen und Zurufe in deutscher Sprache erteilt, Washington dazu: „The battle of Oriskany is the first ray of sunshine."

Friedrich Wilhelm von Steuben ist als „Drillmeister" der amerikanischen Revolutionsarmee und als Generalinspekteur der Truppen der Vereinigten Staaten im Range eines Generalmajors in die Geschichte der USA eingegangen. Nach seinem Ausscheiden aus dem aktiven Dienst ließ er sich im Staate New York nieder. Einige Jahre hindurch war er Präsident der Deutschen Gesellschaft der Stadt New York. Die Rolle, die von Steuben seit dem späten 19. Jahrhundert als Integrationsfigur für die Amerikaner deutscher Abstammung spielte, wird heute vor allem in der New Yorker Steubenparade deutlich, die seit 1958 alljährlich abgehalten wird.

Einer der populärsten „Achtundvierziger" (1848) war Friedrich Karl Franz Hecker, Führer der Aufstände in Baden. Nach der mißglückten Revolution floh er nach Amerika. Als er in New York ankam, erwarteten ihn der Bürgermeister und über 20 000 Menschen mit einem Meer von schwarz-rot-goldenen Fahnen. Sein Freund und Gesinnungsgenosse Carl Schurz erwarb sich im Bürgerkrieg als Brigadegeneral der Unionstruppen große Verdienste. 1913 wurde im New Yorker Morningside Park ein Denkmal für Schurz errichtet, das auf dem Sockel die Inschrift trägt: „Carl Schurz, ein Verteidiger der Freiheit und Freund der Menschenrechte."

Franz (Francis) Lieber, 1800 in Berlin geboren, floh 1827 vor den „Demagogenverfolgungen" in die Vereinigten Staaten, wo er als Professor für politische Wissenschaften am South Carolina College und am Columbia College in New York wirkte. Er gab die „Encyclopedia Americana" heraus und wurde mit seinem „Manual of Political Ethics"

(1838/1839) zum Begründer der amerikansichen Politikwissenschaft.

Die Familie Steinweg stammt aus Wolfshagen, Niedersachsen. Als Heinrich Engelhard Steinweg unversehrt aus dem Napoleonischen Krieg heimgekehrt war, wandte er sich dem Orgel- und Klavierbau zu. 1851 übersiedelte er mit seiner Familie nach New York. Aus bescheidenen Anfängen entwickelte sich die weltbekannte Firma Steinway & Sons. Die Steinway Hall in New York erinnert an Heinrich Engelhard Steinweg und sein Lebenswerk.

Wenn von der Musik die Rede ist, soll nicht der Hinweis fehlen, daß im Laufe der Zeit in New York viele Musik- und Gesangvereine entstanden sind, so der „Liederkranz", die „Liedertafel", Männerchöre und Frauenchöre. Allein in New York und Umgebung gibt es etwa 30 deutsche Gesangvereine, die sich der Pflege des deutschen Liedes widmen. Unvergessen sind die Philharmonische Gesellschaft der Stadt New York und das Germania Orchester New York.

Leopold Damrosch, 1832 in Posen geboren, ist der Wegbereiter der klassischen Musik in den USA. Nach dem Ausbruch des deutsch-französischen Krieges 1870/71 folgte er der Einladung, Dirigent des New Yorker Arion-Vereins zu werden. Er komponierte Sinfonien, Violinkonzerte und Kantaten. Seine Aufführungen machten die Werke Wagners zum festen Bestandteil der Metropolitan Opera.

Johann (John) Augustus Roebling (1806 bis 1869) baute Brücken über große Ströme. In seiner 1841 in Saxonburg errichteten Fabrik stellte er Drahtseile her und schuf damit die Grundlage für seine späteren Hängebrücken, so für seine Eisenbahnhängebrücke über den Niagara oberhalb der berühmten Fälle, für die Brücke über den Alleghany River bei Pittsburg und schließlich für die weltberühmte Brooklyn Bridge in New York.

Mit 25 Dollar kam Johann (John) Jacob Astor (1763 bis 1848), geboren in Walldorf bei Heidelberg, im März 1784 nach New York. Der Handel mit Pelzen und Grundstücken machte ihn zum reichsten Mann der USA. Als er im März 1848 starb, schätzte man sein Vermögen auf über 20 Millionen Dollar. Astor war ein großer Wohltäter: 400 000 Dollar stiftete er für die Errichtung einer öffentlichen Bibliothek, aus der die heutige New York Public Library hervorgegangen ist.

Maximilian Berlitz (1852 bis 1921), ein Württemberger, ist der Erneuerer der Sprachpädagogik. In seinen Sprachschulen in Boston und New York erzielte er mit seinen neuartigen Sprachmethoden große Erfolge. – Albert Bierstadt, in Solingen geboren, erlangte in New York als Maler des Wilden Westens internationale Berühmtheit. – Heinrich Conried, der 1878 nach New York kam, war Leiter des Deutschen Theaters am Irving Place in New York City. – William Bouck (Bauk) war Gouverneur in New York. – Senator Robert Wagner aus New York setzte sich unermüdlich für den sozialen Fortschritt ein und war maßgeblich an der Ausarbeitung des „Social Security Acts" beteiligt. Sein Sohn Robert war dreimal Bürgermeister in New York. Auch der Name Rockefeller ist in die Geschichte der Stadt eingegangen.

In der Liste namhafter Persönlichkeiten und Institutionen dürften Pfarrer und Lehrer nicht fehlen. Die deutschen Sprachschulen in New York haben viel zur Erhaltung der deutschen Sprache und der deutschen Kultur beigetragen, so beispielsweise der Deutsch-Amerikanische Schulverein New York mit Schulleiter Franz Sayer. Paul Tillich erhielt einen Lehrauftrag am Union Theological Seminary in New York und wurde durch seine zahlreichen Schriften ein Erneuerer christlichen Denkens.

Die Turner und Sportler sollen nicht unerwähnt bleiben. Die ersten Deutschen, die sich freiwillig zum Kriegsdienst im Unabhängigkeitskrieg meldeten, waren die Turner aus Washington, Cincinnati, New York und Baltimore. Auf einer Ehrentafel im New York Turnverein in Yorkville sind die Namen der deutschen Turner aus New York verzeichnet, die in der Schlacht bei Antietam gefallen sind. Hier einige Turnvereine, die im 19. Jahrhundert gegründet wurden: New York Turn-Verein (1850); Brooklyn E. D. Turn-Verein New York (1853); Buffalo Turn-Verein New York (1870); Turnverein Vorwaerts, Brooklyn, New York; Central Turn-Verein New York (1886).

Schließlich sei der Männer und Frauen gedacht, die in der NS-Zeit aus der Heimat vertrieben wurden und hauptsächlich in New York eine bleibende oder vorübergehende Heimat fanden. Von Thomas Mann bis Albert Einstein ging damals ein beachtlicher Teil der geistigen Elite Deutschlands ins amerikanische Exil.   Brücker, 1984

Donauschwaben in New York

Aus einzelnen Heimatbüchern, die von donauschwäbischen Heimatortsgemeinschaften in der Bundesrepublik Deutschland und in Österreich veröffentlicht wurden, geht hervor, daß kleinere Gruppen und Einzelpersonen schon vor dem 1. Weltkrieg ihre Heimat an der Donau und an der Theiß verlassen und sich in der aufstrebenden Stadt New York niedergelassen haben.

Die Zahl der donaudeutschen Auswanderer stieg nach dem Zusammenbruch der Donaumonarchie sprunghaft an, zumal die neuen, oftmals unsicheren und spannungsgeladenen Lebensverhältnisse in den Nachfolgestaaten, hauptsächlich in Jugoslawien und Rumänien, viele Landsleute veranlaßte, zum Wanderstab zu greifen und ihr Glück in Amerika, unter anderem auch in New York, zu suchen. Gegen Ende der 20er Jahre flaute dieser Zustrom ab.

Da unsere Landsleute mit vielerlei Gaben der praktischen Arbeit und des beruflichen Könnens, aber auch mit den Tugenden des Fleißes, der Sparsamkeit und des Unternehmungsgeistes ausgestattet waren, gelang es ihnen trotz Schwierigkeiten in New York eine neue Existenz aufzubauen, ja zu Reichtum und Ansehen zu kommen. So stoßen wir bei näheren Untersuchungen auf Handwerker, Techniker, Kaufleute und Gastronomen, aber auch Geistliche, Lehrer, Ärzte, Finanzfachleute, Unternehmer im Bereich der Wirtschaft, des Handels und des Geldwesens, nicht zuletzt auch auf Sozialarbeiter und Krankenschwestern.

Freilich war das Zurechtfinden in dieser riesigen Stadt oft schwierig und mit mancherlei Risiken verbunden. Manche Landsleute kehrten deshalb New York den Rücken und siedelten sich in anderen Gebieten der Vereinigten Staaten an oder traten gar die Rückfahrt in die alte Heimat an.

Die meisten aber suchten bald nach ihrer Ankunft den Anschluß an die bestehenden kirchlichen und landsmannschaftlichen Organisationen, in denen sie einen Ersatz für die frühere Heimat an Donau und Theiß fanden. In New York hatten sich schon im 19. Jahrhundert und in den ersten Jahrzehnten des 20. Jahrhunderts verschiedene deutschstämmige Vereine und Klubs gebildet, in denen deutsche Kultur und Tradition sowie auch Gemeinschaft und Geselligkeit gepflegt und gefördert wurden. Besonders die Chorgemeinschaften und Sportklubs erfreuten sich großer Beliebtheit und entfalteten eine erfolgreiche Tätigkeit.

Eine neue Situation trat am Ende des 2. Weltkrieges ein. Mit Entsetzen, Kummer und Sorgen vernahmen die Donauschwaben und ihre Freunde in New York, in welch katastrophale Lage ihre Landsleute im Südosten Europas durch Pogrome, Verfolgung, Vernichtung, Vertreibung und Verschleppung geraten waren. Nachdem sich der erste Schock gelegt hatte, galt es, schnell, besonnen und planvoll, aber auch mutig und energisch zu handeln und die nötigen Hilfsmaßnahmen einzuleiten.

In einem Gespräch umriß Hans J. Bundy, Ehrenpräsident des Hilfswerks, Gründer und erster Präsident der Vereinigung der Südostdeutschen in New York und langjähriger Direktor des später gegründeten Verbandes der Donauschwaben in Amerika, die damalige Lage unserer Landsleute mit folgenden Worten: „Die Furie Krieg hat ihres getan! Aber Chaos löst sie ab und setzt bald danach die brutale Willkür auf den Thron. Menschen, Opfer des Chaos, werden nun von brutaler Willkür verjagt, gefangengenommen, in Lager gesteckt, bestialisch hingemordet oder sonst auf irgendeine Weise in den Tod geschickt. Der Rest von ihnen wird vertrieben; sie irren besitz- und heimatlos umher, bis man sie irgendwo aufnimmt und notdürftig unterbringt. Hunger und Entbehrungen sind jetzt ihre ständigen Begleiter. Und wo diese sind, stellen sich Krankheiten gerne als Gast ein. Dann zackt die Kurve hinauf bis zur obersten Alarmstufe. Hier kann dann nur noch organisierte Hilfe die Bedrängnis der Opfer zum Besseren wenden . . ."

Donauschwäbisches Hilfswerk in New York

Es war eine Katastrophe, die nach Lösung verlangte, ein Notschrei an das Gewissen der Welt! Die Rufe nach Hilfe wurden in der Neuen Welt, so auch in New York, gehört und verstanden. Edelgesinnte Männer und Frauen, an ihrer Spitze Peter Max Wagner, leiteten in Ridgewood-New York eine Hilfsaktion für ihre aus der Heimat vertriebenen Landsleute ein. Die Bereitschaft zur Mitarbeit war überwältigend. Und so wurde aus der Hilfsaktion sehr bald eine ansehnliche Hilfsorganisation, die sich über mehrere Städte erstreckte, die „United Friends of Needy and Displaced People of Yugoslavia, Inc." (Vereinigte Freunde für bedürftige und versetzte Personen aus Jugoslawien e. V.). Der Gründung der Organisation wurde mit der Bildung eines Komitees am 17. April 1946 in Brooklyn vorbereitet. Ein Freund und Helfer der Landsleute in New York, der aus Irland stammende Rechtsanwalt William Cahill, erreichte am 3. Mai 1946 die Genehmigung durch das Oberste Gericht des Staates New York. Die Eintragung in das Vereinsregister erfolgte am 6. Mai 1946.

Die erste Mitgliederversammlung wurde am 8. Mai 1946 im Hause Fairview Avenue, Ecke Menahan Straße, Queens, abgehalten, angemeldet von Peter M. Wagner, Jakob Hauser, Lucas Müller, Henry Webel, Christ Breitwieser, Karl Eng, Frank J. Kern, Christian Müller, Nikolaus Becker und William J. Cahill. Der Versammlung wohnte auch Michael Haug bei. Nach Annahme der Satzungen wurden in den vorläufigen Vorstand gewählt: Präsident Peter Max Wagner, Vizepräsidenten Nikolaus Becker und Henry Webel, Schatzmeister Karl Eng, Hilfsschatzmeister Christ Breitwieser, Sekretär Christian Müller, Hilfssekretär Fritz Dindinger.

Die Tätigkeit schwoll an, so daß die Vorstandssitzung am 21. Juni 1946 beschloß, im Hause Onderdonk Avenue 487 die Hauptstelle zu errichten und die notwendige Ausstattung freiwillig zu spenden. Wagner berichtete, daß er und mehrere Vorstandsmitglieder seit dem 20. Mai 16 500 Dollar für den Verein gesammelt hätten. Der Spendenstand aus der Mitgliedschaft betrug laut Sitzung vom 28. Juni 1946 bereits 24 043 Dollar.

Einzelhilfen und Vereinshilfe ergänzten sich. Neben 521 Care-Paketen waren, wie der Vorsitzende am 24. Januar 1947 berichtete, 1076 eigene nach Deutschland und Österreich versandt worden. Sammeln, Packen, Adressenschreiben, Sockenstricken – alles in freiwilliger und selbstloser Arbeit geleistet. Schnell ging die Arbeit voran, Tag und Nacht war man warmherzig am Werk.

Tausendfache Not konnte so gelindert werden. Was dieses Werk wahrer Nächstenliebe an Zuwendungen, Hilfe und moralischer Unterstützung leistete, kann man kaum erfassen oder in Worten beziehungsweise Zahlen ausdrücken. Name und Wirken dieser Organisation waren bald zu einem weltweiten Begriff geworden, worauf das Donauschwabentum in aller Welt mit Recht stolz sein darf. Präsident des Hilfswerkes ist seit 1972 Adam Roth, Gründungsmitglied des Donauschwäbischen Jugendvereins in New York.

Verband der Deutschen aus Rumänien

Schon 1960 tauchte der Gedanke auf, die deutschen Auswanderer aus Rumänien in einer einheitlichen Organisation zusammenzufassen und sie zu betreuen. So wurde im April 1963 der Verband der Deutschen aus Rumänien mit dem Sitz in New York gegründet (German Romanian Society of America, Inc.). Der Verband ist eine kulturelle, gesellschaftliche Organisation, die sich zum Ziele setzte, die Interessen der Landsleute wahrzunehmen und zu fördern. „Wir fördern daher die alte Tradition der ehemaligen Heimat mit Trachten, Volksliedern, Sitten und Bräuchen", heißt es in einem Bericht. „Als eine Volksgruppe streben wir eine bundesstaatliche Anerkennung unserer Rechte und Interessen an, wie sie auch andere ethnische Gruppen haben."

Aus bescheidenen Anfängen wuchs eine große Gemeinschaft. „In der alten Heimat hat sich unsere donauschwäbische Gruppe über 200 Jahre erhalten, daran soll auch hier, in der freien Welt, festgehalten werden." 1964 wurde der Entschluß gefaßt, eine Trachtengruppe zu gründen. Begeisterten Beifall erntete diese Gruppe beim Aufmarsch am Deutschen Tag der New Yorker Weltausstellung 1964/1965. Mit der „Trachtenkönigin" an der Spitze schmücken die bunten Trachten der Deutschen aus Rumänien alljährlich die Steubenparade in New York.

Ein großes Ereignis im Ablauf des Jahres ist der Trachtenball. Bei dem Trachtenaufmarsch wird die schönste Trachtenträgerin zur „Trachtenkönigin" gewählt, wobei ihr ein buntgeschmückter Rosmarinstrauß überreicht wird. Die Nachmittage am Wochenende dienen der Geselligkeit. Bei den Wochenendbusfahrten geht es immer lustig zu.

Das sinnvollste Fest ist allerdings die Weihnachtsfeier. Mit deutschen Liedern, Gedichten und Spielen tragen die Kinder viel zur Gestaltung des Programmes bei. Mit einem mit Geschenken beladenen Schlitten, von Englein gezogen, kehrt der Nikolaus persönlich ein. Auf den festlich geschmückten Tischen steht von den Frauen und Mädchen selbstgebackenes Weihnachtsgebäck.

Vereinigung der Südostdeutschen in New York

Die Gründung dieser Vereinigung erfolgte am 13. März 1970 mit Hans J. Bundy als erstem Präsidenten, dem Jakob Schaffhauser und Helmuth Baron als Vizepräsidenten, Adam Roth als Schatzmeister und Maria Braschel als Sekretärin zur Seite standen. In der Vereinigung der Südostdeutschen in New York sind folgende Gruppen zusammengeschlossen: Deutsch-ungarischer Sport-Club (1927), Donauschwäbisches Hilfswerk (1946), Donauschwäbischer Jugendverein (1956) und Verband der Deutschen aus Rumänien (1962).

Aufgabe der Vereinigung ist es, die Gemeinschaft zu pflegen und die Arbeit zu koordinieren. Im Großraum New York hat sich diese Zusammenarbeit auf allen Gebieten der Kultur und der Traditionspflege als sehr vorteilhaft und erfolgreich erwiesen.

Dank und Anerkennung des Bundesvorsitzenden

Auf einer großen Versammlung, die im September 1983 in New York stattfand, gedachte der Bundesvorsitzende der Landsmannschaft der Donauschwaben mit herzlichen Worten der Dankbarkeit und der Anerkennung der umfassenden Hilfsbereitschaft der donaudeutschen Landsleute in den Vereinigten Staaten und in Kanada. Stellvertretend für alle Helfer nannte Brücker drei Namen: Peter Max Wagner, langjähriger Präsident des Hilfswerkes der Donauschwaben in New York, Nikolaus Pesch, Gründer des donauschwäbischen Hilfswerkes „American Aid Societies" in Chicago, und Father Mathias Lani als Gründer und Leiter des St.-Emmerich-Vereins in Los Angeles. Durch ihren unermüdlichen Einsatz und durch die Opfer- und Hilfsbereitschaft vieler Donauschwaben in den USA und in Kanada sei den in Südosteuropa in Not geratenen Landsleuten vielfach geholfen worden.

Brücker würdigte sodann das Werk des Präsidenten Peter Max Wagner, der sich dank seiner menschlichen und geistigen Qualitäten zu einer der führenden Persönlichkeiten des Deutschtums in Übersee entwickelt und verdient gemacht habe. Wagner sei Mensch und Politiker gewesen. Viele Eingaben an die US-Regierung, an Senatoren und Kongreßmänner, an die Vertreiberstaaten und an das Internationale Rote Kreuz bewiesen sehr eindrucksvoll, mit welcher Entschlossenheit und Überzeugungskraft er in Zeiten der Not für Recht und Gerechtigkeit eingetreten sei. Es sei Aufgabe der Landsmannschaft, dem verdienten Landsmann nicht bloß ein ehrendes Gedenken zu bewahren, sondern auch seinen archivalischen Nachlaß sicherzustellen.

Der Bundesvorsitzende kam sodann auf die Leistungen der deutschstämmigen Bürger in New York zu sprechen und meinte, daß die Deutschen auf diesen Beitrag auf allen Gebieten der Wirtschaft und der Kultur stolz sein dürften. Durch die Erhaltung der Muttersprache und die Pflege der deutschverwurzelten Kultur betreibe man keine Opposition gegen den Staat, im Gegenteil, man schlage durch solche Bemühungen eine geistige Brücke von Volk zu Volk.

In diesem Zusammenhang wies Brücker nicht bloß auf die Tätigkeit der landsmannschaftlichen Organisationen, sondern auch auf die Erfolge der Deutschen Sprachschule in New York unter der zielstrebigen Leitung von Direktor Franz Sayer hin. Der Bundesvorsitzende dankte den Landsleuten Erich Schmidt, Franz Sayer, Hans Bundy, Adam Roth, Johann Hoffmann und allen anderen führenden Landsleuten und Helfern für ihre treue und selbstlose Mitarbeit zum Wohle und zum Gedeihen der einzelnen Organisationen.

Am Schluß seines Aufenthaltes in New York legte der Bundesvorsitzende im Beisein von Frau Johanna Wagner und einer Gruppe von Landsleuten im Auftrage des Bundesvorstandes der Landsmannschaft der Donauschwaben am Grabe von Peter Max Wagner ein Blumengebinde nieder und gedachte des großen Sohnes der donauschwäbischen Volksgruppe.   Brücker, 1984

Schöne Stunden in New York

Im festlich geschmückten Saal in College Point mit strahlendem Weihnachtsbaum begrüßte Eva Mayer am 7. Dezember 1989 die Gäste und eröffnete die Weihnachtsfeier. Als Ehrengast wurde Father Seeger von der St.-Fidelis-Kirche erwähnt.

Anschließend verlas sie die Grußbotschaft des abwesenden Verbandspräsidenten Sebastian Hoch. Nach ein paar besinnlichen Worten über die schönste Zeit des Jahres, die Vorweihnachtszeit, gab Fr. Mayer das Programm der Feier bekannt.

Recht feierlich erklangen die alten deutschen Weihnachtslieder, begleitet von Hans Kopp am Akkordeon. Zwischendurch trugen Kinder ihre Verse und Liedchen in deutsch und englisch vor: Erika Zanner, Barbara Corbo, Kirsten Freer, Marg. Vormittag, Gloria Angela, Regina, Melanie, Jessica Mann, Lydia Titsch, Amanda, Nicole Weber. Mit viel Beifall wurden die Kleinen empfangen. Gespannt hörte man der Geschichte „Deutsche Weihnacht" von Hans Niederkorn zu und auch der Geschichten „Vorweihnachtszeit" von Martha Freer und „Vor der Krippe" von Magdalena Vormittag.

Bei den Klängen „Ihr Kinderlein kommet" öffnete sich der Vorhang zu einem lebenden Krippenbild, dargestellt von: Lisa Alson (Maria), Charly Tabor (Josef), die Engelein: Marg. Vormittag, Erika Zauner, Regina, Angela und Gloria, Melanie Lydia Titsch.

Mit dem „Stille Nacht, heilige Nacht" (englisch Silent Night . . .) wurde der erste und ernste Teil der Feier beendet. Unter den Klängen des Nikolaus-Marsches zog der Weihnachtsmann (Hans Kuehbauch) mit von Geschenken beladenem Schlitten von den Englein gezogen ein. Mit roten Wangen warteten die Kleinen darauf, ob die Nikolaus-Helferin Anna Fischer auch ihren Namen rief.

In der Zwischenzeit duftete bereits der Kaffee aus der Küche (unter Leitung von Elisabeth Tissler), und man genoß bei Kaffee und Kuchen das Beisammensein und ging dann mit den gegenseitigen Wünschen für ein gutes Jahr 1990 nach Hause.

Aus Gesundheitsgründen konnten die Trachtenpräsidentin Marie Kuehbauch, Ehepaar Wiedmann, langjähriger Präsident Otto Krachtus mit Frau Regina und Ehepaar Sayer nicht dabei sein. Ihnen allen die besten Genesungswünsche.   J. Billich, 1990

Grabstein von Peter Max Wagner.

Peter Max Wagner

In einer Zeit schier ohne Gnade und Hoffnung erstand in dem donauschwäbischen Amerikaner Peter Max Wagner ein Helfer und Menschenfreund, der zweifellos als Pionier der Humanität in die Geschichte der Donauschwaben und der Deutschamerikaner eingegangen ist. Als 1918 auch sein Heimatort Sekitsch in der Batschka an den neugegründeten Staat der Serben, Kroaten und Slowenen gefallen war und damit für die deutsche Minderheit schwere Zeiten angebrochen sind, wanderte Wagner in die USA aus. Am 27. Januar 1921 traf er in New York ein.

Die Stadt wurde für Wagner Aufgabe, Schicksal und Bewährung, sowohl in seinem persönlichen Leben als auch im Wirken innerhalb der donauschwäbischen Gemeinschaft. Schon in den ersten Jahren seines Aufenthaltes in den USA regte sich sein soziales Gewissen und damit auch der Wille, den in die USA eingewanderten Landsleuten zu helfen. Er gründete in Brooklyn den „Deutschen Sportklub" und den „Deutsch-Ungarischen Sportklub". Sangesfreudige Männer, Frauen und Jugendliche scharten sich um Peter und gründeten den „Arion-Gesangverein" und den „Schwäbischen Sängerbund". Außerdem rief er die „Plattdeutsche Altenheim-Gesellschaft" und den „Schützen-Chor" ins Leben. Groß sind seine Verdienste auf humanitärem Gebiet, insbesondere als Vizepräsident der „Rot-Kreuz-Gesellschaft" in Brooklyn.

Schwere und kritische Zeiten brachen für Wagner im 2. Weltkrieg an. Als pflichtbewußter und loyaler Staatsbürger stellte er sich seinem Land zur Verfügung und war beim Preiskontrollamt, beim Rationierungsamt und beim Strafgericht tätig. Präsident Franklin Delano Roosevelt sprach ihm für diese treuen Dienste seinen Dank aus.

Wagners große Stunde schlug aber nach dem furchtbaren Ende des 2. Weltkrieges. Aus der alten Heimat erreichten ihn nicht bloß Hiobsbotschaften, sondern wahre Schreckensnachrichten und schmerzvolle Hilferufe. Lähmendes Entsetzen packte ihn, als er folgende Nachricht erhielt: „Schlechter als das wilde Tier hat man uns von Haus und Hof vertrieben und all unserer Habe beraubt, Tausende schmachten in Konzentrationslagern, die an Dantes Höllenvisionen mahnen. Es sind meist Kranke, Greise, dann Kinder, deren Eltern erschlagen wurden. Peter Wagner, hilf uns! Deinen alten Vater erschlug man, nur weil er einen deutschen Namen führte. Deine ältere Schwester Barbara starb in Mitrovica an Hungertyphus, ihren Mann verschleppte man zur Zwangsarbeit, als er völlig erschöpft an Malaria erkrankte, erschoß man ihn in Semlin."

Kaum hatte sich Peter von dieser Schreckensnachricht erholt, stand für ihn der Entschluß fest: keine Opfer zu scheuen, sondern schnellstens zu helfen, zu helfen und wieder zu helfen! Am 6. Mai 1946 gründete er, gestützt auf Freunde und Helfer, das Hilfswerk „United Friends of Needy and Displaced People of Yugoslavia, Inc". Nun brauchte er freie Hände, frei von geschäftlichen und beruflichen Verpflichtungen. Seine Schwester Helene und sein Schwager Fritz Dindinger nahmen ihm alle geschäftlichen Sorgen und Arbeiten ab.

Wagner opferte nicht nur seine kostbare Zeit und seine Gesundheit für ein erhabenes Ziel, sondern auch einen Teil seines Vermögens. Freilich standen ihm etwa 45 treue Geschäftsleute und viele freiwillige Helfer zur Seite. Ein grandioses Hilfswerk nahm seinen Anfang! Aufrufe und Hilferufe ergingen an die Landsleute und an andere amerikanische Bürger.

Eine großartige Spendenaktion setzte ein. Bald liefen die ersten Geld- und Sachspenden ein. Zu Bergen häuften sich die Lebensmittel, Kleider, Wäsche, Bettzeug und Medikamente. Die Spenden wurden von fleißigen Händen schnell verpackt und als Liebesgaben nach Deutschland und nach Österreich in die Flüchtlingslager verschickt. Auf Umwegen gelangten solche Gaben auch in die Lager in Jugoslawien. Wie dankbar die Vertriebenen für diese willkommene Hilfe in großer Not waren, beweisen die zahlreichen Briefe, die laufend bei Peter Max Wagner eintrafen. Sein und seiner Helfer edles Werk hatte Licht und neue Hoffnung in das Dunkel der Elendsbaracken gebracht!

Diese Erfolge genügten ihm nicht – Wagner verfolgte weitere Ziele: seinen internierten und leidenden Landsleuten in den jugoslawischen Lagern zu helfen. Freilich kamen ihm hier seine engen und freundschaftlichen Kontakte zum Weißen Haus und zum Senat zu Hilfe. Wo die offiziellen Organisationen nicht aus- beziehungsweise hinreichten, half die Freimaurer-Loge nach, zu deren höheren Mitgliedern und Funktionären Wagner gehörte.

So reiste Wagner als amerikanischer Staatsbürger und auch mit amtlicher Legitimation ausgestatteter Beauftragter der Staaten nach Deutschland und nach Österreich, wo er in amerikanischen und deutschen Dienststellen vorsprach und sich für die Heimatvertriebenen einsetzte. Er besuchte zahlreiche Flüchtlingslager, wo er die Lebensverhältnisse der Heimatvertriebenen an Ort und Stelle kennenlernte. Daß man ihn wie einen „rettenden Engel" begrüßte, braucht hier nicht besonders betont zu werden. Großzügige Planungen für die „Donauschwäbische Flüchtlingshilfe" wurden ausgearbeitet und diese auf schnellstem Wege in die Tat umgesetzt.

Wagner scheute nicht den Gang nach Belgrad, wo er mit jugoslawischen Dienststellen verhandelte und auf die schreckliche Not der Lagerinsassen hinwies. Verhandlungen kamen in Gang! Erleichterungen und andere Lösungen bahnten sich an! Wagner war ein zäher und unnachgiebiger Mann! Unter anderem gewann er einen jugoslawischen Violinvirtuosen, sich für die Volksdeutschen an höchster Stelle einzusetzen. So waren 1946 und 1947 für Wagner aufregende und bewegte Jahre.

Auf seiner Fahrt durch die Batschka besuchte Peter Max Wagner auch seinen Geburtsort Sekitsch. Am Ziegelofen und am Grabe seiner Eltern umringten ihn Hunderte seiner Landsleute, weinten und schluchzten und baten ihn, sich für ihre Rettung einzusetzen. Es waren für Peter die schwersten Stunden seines Lebens!

Nach seiner Rückkehr nach New York ging die Hilfsarbeit unaufhörlich weiter. So konnte er nach einer Vorsprache bei Präsident Truman und Präsident Eisenhower sowie beim Senatsausschuß für seine Hilfsbestrebungen aufnahmebereite Herzen im „Einwanderungskomitee" wie im „Komitee für Auslandspolitik" finden.

Als deutsche Menschen in Rumänien in die Baragan-Steppe verschleppt wurden, setzte sich auch hier Wagner für die Hilflosen und Bedrängten ein. Er verhandelte mit Dr. van Heuven-Goedhardt (Flüchtlings-Hochkommissar der UN), dem Lutherischen Weltverband und dem Weltkirchenrat. Seine Intervention wurde von Genf aufgegriffen. Namhafte Vertreter des politischen, kirchlichen, kulturellen und wirtschaftlichen Lebens konnten gelegentlich ihrer Besuche in New York die Gastfreundschaft von Peter und seiner Frau Johanna genießen, so Franz Hamm, Dr.

Josef Trischler, Dr. Adam Krämer, Jakob Wolf, Bischof Franz Hein, Christian Ludwig Brücker und andere.

Peter Max Wagner wurde für seine hervorragenden Verdienste als Humanist und Menschenfreund mit hohen Ehrungen und Auszeichnungen bedacht. So erhielt er hohe Ehrungen von seiner Freimaurer-Loge in New York; wurde zum Malteser-Ritter erhoben und mit dem Johanniterorden ausgezeichnet; Bundespräsident Lübke zeichnete den verdienten Donauschwaben aus den USA mit dem Bundesverdienstkreuz am Bande aus; die Landsmannschaft der Donauschwaben verlieh ihrem Freund, Helfer und Gönner das goldene Ehrenzeichen.

1964 wurden in Kirchheim/Teck der Pannonia-Brunnen und der Peter-Max-Wagner-Platz, beide von Bildhauer Fritz Müller kunstvoll gestaltet, feierlich eingeweiht. Die Tafel des Platzes trägt folgende Inschrift: „Dieser Platz mit dem Pannonia-Brunnen wurde zur Erinnerung an die verlorene Heimat im pannonischen Raume und zur besonderen Ehre Peter Max Wagners, des großen deutsch-amerikanischen Helfers der Donauschwaben, von seinen in die Urheimat zurückgekehrten Landsleuten und der Stadt Kirchheim unter Teck – A. D. 1964 im 20. Jahr nach der Vertreibung geschaffen."

Als Peter Max Wagner in New York seine Augen für immer schloß, gedachten unzählige seiner Landsleute des großen Helfers und Menschenfreundes in Ehrfurcht und Dankbarkeit. Seine liebenswerte Gattin Johanna, geb. Vorreiter, die ihm in den bewegten und arbeitsreichen Jahren der Nachkriegszeit als Helferin und Beraterin treu zur Seite stand und ihn mit Geduld und Aufmunterung durch die Zeit begleitete, ließ ihrem Peter 1984 auf dem New Yorker Friedhof, wo er seine letzte Ruhe fand, ein monumentales Denkmal errichten.

Es war ein großer und bedeutungsvoller Tag für Frau Johanna Wagner und viele Donauschwaben in New York und Umgebung, als am 2. November 1984 auf dem Linden Hill-Friedhof, 303 Woodward Avenue, Ridgewood, N. Y., das Denkmal zum Gedenken an den großen und unvergeßlichen Wohltäter Peter Max Wagner enthüllt wurde.

Die Feierlichkeit nahm mit einem Gottesdienst in der The Triniaty Reformed Church im Beisein zahlreicher Gäste und Landsleute ihren Anfang. Pfarrer Dr. Gerhard Van Dyk machte Worte aus dem Psalm 23 und Jesaja 54 zur

Grundlage seiner gehaltvollen Predigt, in der er des Lebenswerkes von Peter Max Wagner gedachte. Die Darbietungen eines Chores und der Sologesang des Landsmannes Joseph Loffl umrahmten die gottesdienstliche Handlung.

Der zweite Teil der festlichen Veranstaltung, der ebenfalls in der Kirche stattfand, wurde mit einem Grußwort des Präsidenten des Donauschwäbischen Hilfs- und Jugendvereins in New York, Adam Roth, eröffnet, wobei er die zahlreichen Gäste aus New York und Umgebung sowie Präsident Junker und den Bundesvorsitzenden der Donauschwaben in der Bundesrepublik Deutschland, Christian Ludwig Brücker, begrüßte.

Bundesvorsitzender Brücker unternahm in seiner Gedenkansprache einen Querschnitt durch das Leben und Wirken des Wohltäters Peter Max Wagner.

Nach dem Gottesdienst begaben sich die Festteilnehmer auf den Linden Hill-Friedhof, wo Frau Wagner die Enthüllung des Denkmals vornahm. Nachdem Pfarrer Dr. Gerhard Van Dyk ein Gebet gesprochen hatte, sprach Präsident Adam Roth Frau Wagner den Dank des Donauschwäbischen Hilfs- und Jugendvereins aus und meinte, daß mit der Errichtung des Denkmals eine bleibende Gedenkstätte geschaffen worden sei. Präsident Theo Junker gedachte der

großen Verdienste des Landsmannes Peter Max Wagner, der sehr viel für seine Landsleute geleistet und als 1. Präsident des Verbandes der Donauschwaben große Verdienste erworben habe.

Der langjährige Freund und Mitarbeiter Peter Max Wagners, Hans J. Bundy, sagte: „Du, lieber Peter Wagner, warst die treibende Kraft in diesem Werk menschlicher Nächstenliebe."

Bundesvorsitzender Brücker betonte, daß mit der Errichtung der Gedenkstätte der Dank sichtbaren Ausdruck gewonnen habe, der dem Wohltäter Peter Max Wagner gebühre. In Niederschriften werde Wagner als „Vater der Donauschwaben", in vielen Briefen heimatvertriebener Donauschwaben als „Engel der Donauschwaben" bezeichnet; Peter winke bescheiden ab und zeige stumm auf die Anschrift am Sockel des Denkmals: „Ich habe meine Pflicht getan."

Abschließend dankte Bundesvorsitzender Brücker Frau Johanna Wagner für ihre Initiative zur Errichtung des Denkmals, für alle Mühe und Arbeit und für die treue Verbundenheit mit dem Werk ihres Gatten. Er übermittelte den Dank an alle Helfer und Spender des Hilfswerks für die aufopfernde Arbeit und große Hilfe in Jahren der Not.

Brücker, 1984

Frau Johanna übergibt dem Bundesvorsitzenden Brücker den Schlüssel zum Peter-Max-Wagner-Archiv.

Detroit

Wenn Detroit sich im Laufe von etwa 300 Jahren zur fünftgrößten Stadt der Vereinigten Staaten von Nordamerika entwickelt hat, so ist dieser beachtenswerte Aufstieg zweifellos auf seine günstige geographische Lage, aber auch auf die Tüchtigkeit seiner Bürger zurückzuführen. Die Stadt liegt am Detroit River im Norden des westlichen Zipfels des Eriesees und im Süden des Huronsees.

Bewegt und abwechslungsreich ist die Geschichte der Stadt: Die Stelle des heutigen Detroit, dessen Name von der den Huronensee mit dem Eriesee verbindenden Wasserstraße – französisch „detroit" – kommt, wurde 1701 von Sieur Antoine de la Mothe Cadillac wegen der strategisch günstigen Lage gewählt, als er dort das Fort Pontchartain du Detroit zum Schutz französischer Interessen errichtete. Zunächst dominierten Landwirtschaft, Tierzucht, Holzverarbeitung und Pelzhandel, als aber auch hier die industrielle Entwicklung einsetzte, begann ein steiler Aufstieg: Detroit, die heutige US-Metropole des Automobils, ist das Zentrum der Kraftfahrzeugindustrie, denn hier entstehen etwa 23 Prozent aller in Amerika gebauten Personenwagen und 20 Prozent aller Lastkraftwagen. Erst durch die von Henry Ford und andere Erfinder um die letzte Jahrhundertwende begründete Automobilindustrie, speziell durch die Erfindung seines Fließbandes zur Serienherstellung, wurde Detroit zur Millionenstadt und dehnt sich ständig weiter aus.

Die Stadt besitzt nach Chicago und Duluth den verkehrsreichsten Binnenhafen des Landes, der nach dem Bau des Sankt-Lorenz-Seeweges auch Seeschiffen zugänglich ist. Auf dem Detroit River wird mehr Fracht befördert, als jemals den Suez- und Panamakanal passiert.

Aber heute ist Detroit weit mehr als nur eine „Motor City", denn es gibt hier eine Menge Sehenswertes, beispielsweise Museen, Kunstgalerien, zoologische Gärten, Sportanlagen, Vergnügungsparks und viele Institutionen mit kulturellen Einrichtungen und Veranstaltungen.

Schon im 18. Jahrhundert waren hier französische und englische Interessen aktiv geworden. Insbesondere die Franzosen erforschten die weitere Umgebung. Von Anfang an bemühten sie sich um gute Kontakte mit den eingeborenen Indianern. Ihr Pelzhandel mit den kanadischen Indianerstämmen florierte, Felle wurden gegen Gold getauscht. Die Chronik verzeichnet deutsche Einwanderungen aus fast allen Teilen des deutschen Reiches. Man schätzte insbesondere den deutschen Handwerker.

Donaudeutsche Einwanderer

Zu den Auswanderern aus dem Reich gesellten sich im 19./20. Jahrhundert Deutsche aus der Donaumonarchie hinzu. Sie fanden sich in Detroit in kleineren Einzelvereinigungen zusammen, doch ließ eine allumfassende landsmannschaftliche Organisation lange auf sich warten.

Peter Schock, ein „Erzschwabe aus dem Banat", wie es in einem Bericht heißt, erkannte sowohl die Wichtigkeit als auch die Möglichkeit eines Zusammenschlusses deutschstämmiger Bürger. Auf seine Anregung hin erschien im Januar 1913 ein Aufruf in der „Detroiter Abendpost" zur Gründung eines Deutsch-Österreich-Ungarischen Gesangvereins. Der Aufruf fand in Kreisen der deutschstämmigen Bevölkerung ein erfreuliches Echo. Bei der Gründung des Vereins wählte die Versammlung den Initiator Schock zum ersten Präsidenten.

Schon im Februar 1913 setzte eine intensive Tätigkeit des Vereins ein. In der Pflege des deutschen Liedes sah man eine vornehme und verpflichtende Aufgabe. Um Schwierigkeiten aus dem Wege zu gehen, taufte man bei Beginn des 1. Weltkrieges den Verein in „Carpathia-Verein" um und erinnerte mit diesem Namenswechsel an die alte Heimat zwischen der Donau und den Karpaten.

Es folgten Jahre der unermüdlichen Tätigkeit im Bereich der Musik und des Gesangs, aber auch der Geselligkeit. In der „Carpathia" waren die Mitglieder daheim, sie fühlten sie wie zu Hause, denn hier wurde deutsch gesprochen, deutsch gesungen sowie althergebrachte Sitten und Bräuche gepflegt. Ja, noch mehr, sie fühlten sich mit ihrem Verein und der hier erfaßten Gemeinschaft so eng verbunden, daß sie fast spontan in einer großangelegten Spendenaktion 90 000 Dollar zusammenbrachten und ein Heim kauften. Es sollte das schönste Heim werden, das je ein Verein in Detroit sein eigen nannte.

Der Verein war nun in der Lage, im eigenen Hause großangelegte Konzerte zu geben, wobei die Detroit-Symphoniker mitwirkten. Namhafte Künstler wurden für die „Carpathia-Konzerte" verpflichtet, unter ihnen der berühmte Violinvirtuose Fritz Kreisler. Der Reingewinn war fast ausschließlich für kulturelle und soziale Zwecke bestimmt, so auch für Kinder aus den Hungerstädten Berlin und Wien, die man in der Batschka, im Banat und in Syrmien in donauschwäbischen Familien unterbrachte und dadurch sehr viel Not linderte.

Die Weltwirtschaftskrise bereitete dieser schönen Entwicklung ein bitteres Ende. Viele Familien verloren ihr erspartes Geld, die „Carpathia" aber ihr schönes Heim. Es dauerte lange, bis man sich von diesem schweren Schlag erholte und wieder mit einer erfolgversprechenden Tätigkeit beginnen konnte.

Neue Rückschläge erfolgten im 2. Weltkrieg. Krisen und Enttäuschungen blieben verständlicherweise nicht aus. Verdiente Mitglieder waren alt und müde geworden, die Jugend aber fand kaum noch Verständnis oder gar Begeisterung für Ideale, die ihren Vätern und Müttern Sinn und Lebenszweck waren.

Man muß die Donauschwaben, ihre Mentalität und ihre Standfestigkeit kennen, um verstehen zu können, daß gerade in dieser Not- und Krisenzeit in den USA ein großes soziales Werk ins Leben gerufen wurde. Männer der „Carpathia" waren auch dabei, als führende Donauschwaben aus New York, Chicago und anderen Zentren ein „Hilfswerk" gründeten, um vertriebenen Landsleuten in ihrer Not Hilfe und Beistand zu leisten. Durch die mutige und unermüdliche Arbeit dieser Männer wurde es Tausenden ermöglicht, nach Übersee auszuwandern und in den USA und in Kanada eine neue Heimat zu finden.

Zu Beginn der 50er Jahre fanden viele der neueingewanderten Landsleute den Weg zur „Carpathia" und zum Hilfswerk. Freilich traten in der Zusammenarbeit zwischen den Alt-Einwanderern und den neueingewanderten Donauschwaben Schwierigkeiten und Spannungen auf, allmählich aber fand man den Weg zueinander und zu einem

harmonischen Miteinander und Füreinander. Aus dem „Carpathia-Gesangverein" entwickelte sich 1960 der „Carpathia Club, Inc.", aus dem ehemaligen Männerchor (1913) wurde ein gemischter Chor, der unter Leitung von Robert Bauer große Erfolge errang.

1963 wurde die „Carpathia-Jugendgruppe" unter der Leitung von Adam Medel gegründet; 1974 übernahm Palvay die Leitung. Ziel und Zweck der Jugendgruppe ist nach wie vor, die deutsche Sprache und die deutsche Kultur zu pflegen sowie Sitten und Bräuche der Vorfahren nach Möglichkeit zu wahren. Die Jungen und Mädchen gestalten viele Feste, wobei sie mit ihren Liedern, Volkstänzen und Theaterstücken viel zum guten Gelingen der Veranstaltungen beitragen. Der Mädchenkranz der „Carpathia" widmete sich mit großem Idealismus der Musik und war bald über die Grenzen der Auto-Metropole bekannt und beliebt; ja, er unternahm sogar eine erfolgreiche Konzertreise durch das Mutterland Deutschland.

Die „Carpathia-Frauengruppe" wurde 1966 von Therese Schneider ins Leben gerufen und ist seither aus dem Leben und Wirken des Vereins nicht wegzudenken. Ihre Arbeit wirkt sich segensreich bei der Betreuung der Mütter und der Kleinkinder sowie bei der Ausgestaltung der Feste und Feiern im Kreislauf des Jahres aus. Besonders hervorzuheben sind die handwerklichen und künstlerischen Ausstellungen der Frauengruppe.

Die deutsche Wochenendschule in der Carpathia-Halle wurde 1964 von Adam Medel gegründet. Insgesamt zwölf Kinder besuchten anfänglich den Unterricht, wie aus einer Schulstatistik hervorgeht. Im Laufe eines Jahres wuchs die Zahl auf 30 Kinder an. Als die Zahl der Schüler auf 60 anstieg, mußte die Klasse geteilt werden. Aus zwei Klassen wurden drei, dann vier, dann sechs. 1975 besuchten 110 Kinder die Sprachschule, die von sechs Lehrkräften unterrichtet wurden.

Die „Kickers" wurden im Jahre 1952 von einigen fußballbegeisterten Neueinwanderern gegründet. Schon im ersten Jahr ihres Bestehens wurden sie Meister der zweiten Division und stiegen dadurch in die erste Division auf. Hier eroberten sie sich bald den ersten Platz und wurden 1962 amerikanischer Amateur-Fußballmeister. Seit 1962 sind die „Carpathia-Kicker" eine Sektion des „Carpathia-Clubs".

Die Blaskapelle der „Carpathia" erfreut bei vielen Anlässen, hauptsächlich bei festlichen Veranstaltungen, alt und jung mit heimatlichen Klängen. „Wir fürchten Wind und Wetter nicht, wir jagen, jagen, jagen", ist das Motto der „Carpathia-Jäger". Zweck der Abteilung ist das Hasenjagen in Kanada, der Austausch von Jagderlebnissen und die Pflege der guten Kameradschaft.

Durch die großherzige Spende von Mitgliedern war es möglich, die Vereinshalle zu vergrößern und zu verschönern. Hier wird auch heute Gemeinschaft gepflegt, deutsch gesprochen, gesungen, getanzt und altes Brauchtum erhalten und gefördert. Man ist nach wie vor bemüht, im selben Geiste fortzufahren, den jene Männer im Herzen trugen, als sie vor vielen Jahrzehnten den Verein ins Leben riefen.

Christian Ludwig Brücker

Und wenn die Nähe verklungen,
Dann kommen an die Reih,
Die leisen Erinnerungen,
Und weinen fern vorbei.

Daß alles vorübersterbe,
Ist alt und allbekannt;
Doch diese Wehmut, die herbe,
Hat niemand noch gebannt.

Lenau

Tag der Donauschwaben in Detroit.

Erinnerung an Detroit.

117

Zum „Tag der Donauschwaben" in Detroit

Am Sonntag nachmittag erreichte der „Tag der Donauschwaben" seinen Höhepunkt. Nachdem sich die zahlreichen Jugendgruppen zu einem Umzug formiert hatten, setzten sich die einzelnen Gruppen und Abteilungen unter den Klängen einiger Blaskapellen in Bewegung: voran die diplomatischen Vertretungen, gefolgt von den Präsidenten der landsmannschaftlichen Vereinigungen in den USA und in Kanada, in ihrer Mitte Prälat Haltmayer und Bundesvorsitzender Brücker, dann viele Ehrengäste aus nah und fern und schließlich der lange Zug der Jugendgruppen in ihren buntfarbenen Trachten. Herzlich und anhaltend war der Beifall der etwa 6000 Zuschauer.

Als der Umzug beendet war und sowohl die Ehrengäste auf der Tribüne ihre Plätze und die Jugendgruppen in einem riesigen Kreis Aufstellung genommen hatten, ertönten in die feierliche Stille die Hymnen der Vereinigten Staaten, Kanadas, der Bundesrepublik Deutschland, Österreichs und der Schweiz sowie die Hymne der Donauschwaben. Sodann eröffnete Festleiter Jacob Pautz mit einem herzlichen Grußwort die Großveranstaltung und betonte, daß es für ihn eine wahre Freude sei, so viele Gäste und Freunde in Detroit begrüßen zu können. Die Ortsgruppe Detroit bemühe sich schon seit Monaten, das Fest gründlich vorzubereiten und das Beste für die Gäste zu tun. Man sei stolz darauf, den „Tag der Donauschwaben" mit der Jubiläumsfeier „300 Jahre Deutsche in Amerika" verbinden und sinnvoll begehen zu können.

Der Präsident des „Carpathia-Vereins" und Vizepräsident des Verbandes der Donauschwaben in den USA, Peter Rausch, stellte erfreut fest, daß wieder die Zeit gekommen sei, mit lieben Landsleuten schöne Stunden zu erleben und alte Freundschaften zu erneuern. Zweck des Treffens sei auch, die Treue zur Muttersprache und zum Väterglauben zu festigen. Das Jubiläumsjahr „300 Jahre Deutsche in Amerika" erfülle jeden Donauschwaben mit Stolz, denn die Väter und Vorfahren hätten sehr viel zum kulturellen und wirtschaftlichen Fortschritt des Landes beigetragen. „Ich bin sehr stolz darauf, daß wir in dieser langen Zeitspanne noch immer den deutschen Volksstamm erhalten haben."

Peter Adam, Präsident des Verbandes der Donauschwaben in Kanada, rief allen Gästen und Freunden ein herzliches Willkommen zu. Die Pflege der Freundschaft und der Zusammenarbeit zwischen den einzelnen Verbänden der Donauschwaben sei allen eine Herzensangelegenheit. Er hoffe, so Adam, daß die Organisationen auch weiterhin in der harmonischen Zusammenarbeit die Kraft und die Stärke finden würden, die zur „Pflege unserer Sitten und Gebräuche" nötig seien.

Der Präsident des Verbandes der Donauschwaben in den USA, Theo Junker, dankte in seinem Grußwort allen Gästen, die gekommen waren, um an dem bedeutungsvollen „Tag der Donauschwaben" teilzunehmen. Als vor 300 Jahren nach der Vertreibung der Türken aus dem pannonischen Becken der Raum freigeworden sei, habe man begonnen, das Land durch deutsche Kolonisten zu besiedeln. Damals habe die Geschichte der Donauschwaben begonnen. Groß sei die Leistung der Siedler gewesen. Nach dem 2. Weltkrieg hätten viele Donauschwaben ihre Heimat verlassen müssen und seien in den USA und in Kanada ansässig geworden.

Die Donauschwaben seien der jüngste deutsche Volksstamm. „Wir wollen", so führte Junker weiter aus, „als Deutsche hier in den USA unsere körperlichen, geistigen und seelischen Kräfte genauso einsetzen, wie es die Deutschen seit 300 Jahren bis zum heutigen Tag getan haben, dies zum Wohle der USA und der freien westlichen Welt. Wir wollen unserer Art treu bleiben, Sitten, Brauchtum und die deutsche Sprache erhalten. Denn nur, wenn wir uns selber treu bleiben, können wir vollwertige und treue Bürger unseres Staates sein."

Junker führte weiter aus: „Unsere wichtigste Arbeit soll in der Jugendarbeit liegen, denn die Jugend ist unsere Zukunft. Wir Donauschwaben werden noch Jahrhunderte weiterleben, wenn wir den Glauben an die Zukunft unseres Stammes nicht aufgeben. Wir sind in der ganzen Welt zerstreut, dadurch können wir, die frei sind, den Unfreien und in Not geratenen Landsleuten helfen. Dies stärkt unseren Zusammenhalt und hilft mit, unsere donauschwäbische Gemeinschaft in Europa und in Übersee auf lange Sicht zu erhalten. Jeder soll nach seiner Art mithelfen, diese große donauschwäbische Gemeinschaft zu pflegen."
Nachdem die offiziellen diplomatischen Vertreter ihre

Grüße und die besten Wünsche zum „Tag der Donauschwaben" dargebracht hatten, hielt Bundesvorsitzender Christian Ludwig Brücker die Festrede. Er erinnerte einleitend daran, daß 1983 ein denkwürdiges und geschichtsträchtiges Jahr sei, zumal es an zwei denkwürdige Ereignisse erinnere. Vor 300 Jahren habe ein riesiges Heer des osmanischen Sultans die Stadt Wien belagert, um im Namen Allahs die mitteleuropäische Metropole zu erobern und das christlich-abendländische Reich zu zerstören.

In der Schlacht am Kahlenberg im September 1683 sei es dem Reichsheer unter Karl von Lothringen und mit Unterstützung durch ein polnisches Entsatzheer unter König Sobieski gelungen, die Türken entscheidend zu schlagen. Die nun unter Karl von Lothringen, Max Emanuel von Bayern, Ludwig von Baden und Prinz Eugen von Savoyen geführten Befreiungskriege hätten die Grundlage zur Kolonisierung des südöstlichen Donauraumes geschaffen. Durch ihren Fleiß und ihre Initiative, durch ihre Friedfertigkeit und Genügsamkeit, aber auch durch ihr festes Gottvertrauen und ihre geistige Aktivität hätten sie und ihre Nachkommen aus einer Wüstenei eine christlich-abendländische Kulturlandschaft geschaffen. Der 2. Weltkrieg habe dieser Entwicklung ein jähes und trauriges Ende bereitet. Der Kriegseinsatz im Dienste der deutschen Wehrmacht, die Vernichtung in den Lagern, die Verschleppung und Vertreibung von Haus und Hof hätten den Donauschwaben schwere Verluste an Gut und Blut zugefügt.

Im Oktober 1683 sei die erste Gruppe deutscher Auswanderer, von Krefeld in Deutschland kommend, in Philadelphia/Pennsylvanien eingetroffen. Sieben Millionen seien ihnen im Ablauf von Jahrhunderten gefolgt. Als Bauern, Handwerker, Techniker, Militärs, Politiker, Wissenschaftler und Künstler hätten sie zum Werden und zum Fortschritt der Neuen Welt einen wesentlichen Beitrag geleistet. Heute gebe es etwa 60 Millionen Amerikaner deutscher Abstammung.

Es sei eine Geste von historischer Bedeutung gewesen, als Präsident Reagan seine denkwürdige Rede vor dem Bundestag der Bundesrepublik Deutschland mit einer ausführlichen Würdigung der Verdienste deutscher Auswanderer um die wirtschaftliche, kulturelle und politische Entwicklung der Vereinigten Staaten eingeleitet habe. Er habe damit einen Schlußstrich unter die Zweifel und Bedräng-

nisse gezogen, denen die Amerikadeutschen in den beiden Weltkriegen ausgesetzt gewesen seien, in denen ihre alte Heimat mit ihrer neuen in jahrelangem erbittertem Ringen gestanden habe.

Die Folgen des 30jährigen Krieges in Deutschland, die völkisch-politische Zerrissenheit innerhalb des Reiches, Ausbeutung und Unterdrückung, religiöse Intoleranz und schließlich die Sehnsucht nach Frieden, Freiheit und Gleichberechtigung hätten deutsche Menschen veranlaßt, ihre angestammte Heimat zu verlassen und nach dem Südosten Europas zu ziehen oder nach Übersee auszuwandern. Die deutschstämmigen Bürger, so setzte Brücker seine Festrede fort, seien nicht als Imperialisten oder Kolonialherren ins Land gekommen, sie seien vielmehr ein Element des Friedens und der Aufbaubereitschaft gewesen, Träger christlich-abendländischer Gesittung und europäischer Zivilisation, Träger deutscher Kultur, ein Faktor der Arbeit und der Strebsamkeit, der Ordnung und der Stabilität, der Ruhe und des Fortschritts, somit auch Garanten der geistigen und materiellen Fortentwicklung.

Wörtlich führte Brücker aus: „Sie rodeten Wälder, legten Sümpfe trocken und schufen fruchtbares Ackerland; sie bauten Häuser und legten Siedlungen an; sie errichteten Kirchen und Schulen, gründeten Vereine und Klubs; sie pflegten die Sprache, Sitten und Bräuche ihrer Väter und Ahnen; sie gründeten Werkstätten, Fabriken und Handelszentren, kurz: Sie stellten ihr Wissen und Können, ihren Fleiß, ihre Sparsamkeit, ihren Unternehmungsgeist in den Dienst des Gewerbes, des Handels, der Landwirtschaft, der Technik, des Gesundheitswesens, der Erziehung und des Schulwesens, der kirchlich-religiösen Tätigkeit, der Wissenschaft und der Forschung, der Architektur, der Kunst und der Musik und trugen auf diese Weise sehr viel zum Gedeihen und zum Fortschritt ihrer neuen Heimat bei."

„Sie waren – und sind es auch heute noch! – treue und zuverlässige Staatsbürger, die schon 1776 bis 1783 für die Freiheit und Unabhängigkeit der USA mutig gekämpft haben. Sie respektierten die Verfassung und die Gesetze des Staates und waren stets bestrebt, mit anderen Bürgern und ethischen Gruppen in Frieden und Eintracht zusammenzuleben." Freilich seien sie bestrebt, das geistig-etische Erbe ihrer Ahnen, insbesondere die deutsche Muttersprache, zu erhalten. Die Verbundenheit mit dem Erbe der Väter schließe die Treue zur neuen Heimat nicht aus.

Man erkenne sowohl in den USA als auch in Kanada die Brückenfunktion der vielen Volksgruppen, die dort eine neue Heimat gefunden hätten. Es setze sich immer mehr die Überzeugung durch, wie sehr eine planvolle, organische Eingliederung der ethnischen Gruppen einer nivellierenden Einschmelzung gegenüber zu bevorzugen sei. Niemand habe die Absicht, die deutschstämmigen Bürger ihrer amerikanischen Heimat zu entfremden, im Gegenteil, die Deutschen in Übersee hätten heute mehr denn je eine wichtige Brückenfunktion zu erfüllen. Nur die echte und gleichberechtigte Verbindung von Volk zu Volk sichere auf die Dauer die gegenseitige Verständigung und den Weltfrieden.

An der wirtschaftlichen und kulturellen Aufbauarbeit in Amerika hätten auch die ausgewanderten Donauschwaben großen Anteil. Sie seien auch in der Neuen Welt ein Element des Friedens und des Fortschrittes. Die Donauschwaben in Übersee und in Europa nähmen die Jubiläumsfeierlichkeiten zum Anlaß, der Pionierarbeit ihrer Ahnen ehrfurchtsvoll und dankbar zu gedenken. Gleichzeitig wollten sie ihre herzliche Verbundenheit und weltweite Solidarität bekunden. Brücker zollte den landsmannschaftlichen Verbänden Dank und Anerkennung und bezeichnete sie als Hort der Gemeinschaftspflege und schöpferischer Kulturarbeit. Man dürfe nicht müde werden und müsse insbesondere der Jugend als Beispiel der Haltung und des Pflichtbewußtseins dienen. Es gelte, die einzelnen landsmannschaftlichen Organisationen tatkräftig zu unterstützen. Vor allem müsse man den deutschstämmigen Kindergärten, den Sprach- und Wochenendschulen Hilfe gewähren und den Lehrern echte und feste Stütze sein. Der gegenseitige Jugendaustausch sei für alle Verbände Auftrag und Verpflichtung.

„Möge uns bei allen landsmannschaftlichen Treffen bewußt werden", so schloß Brücker seine Ansprache, „daß uns über Zeit und Raum hinweg das gemeinsame geschichtliche und geistig-ethische Erbe unserer Vorfahren eng verbindet. Möge der ,Tag der Donauschwaben' und alle anderen Heimattreffen die vorhandenen Bindungen stärken, neue knüpfen und die gegenseitige Zusammenarbeit, insbesondere aber das gegenseitige Vertrauen fördern. Gleichzeitig sollen sie ein Ausdruck des Dankes an die für Deutsche weithin verbundenen Auswanderungsländer USA und Kanada sowie ein Beitrag zum Frieden und zur Völkerverständigung sein."

Tag der Donauschwaben in Detroit.

Festpredigt von Prälat Haltmayer am Tag der Donauschwaben in Detroit

Sowohl am Samstag als auch am Sonntag bot sich den zahlreichen Besuchern aus nah und fern – es dürften etwa 6000 gewesen sein – ein buntbewegtes Bild: Jungen und Mädchen in farbenfrohen Trachten zogen über den Festplatz und führten abwechselnd unter der Regie von Adam Medel (USA) und Helen Blender (Kanada) und unter dem Beifall der Zuschauer ihre Volkstänze vor. Hierzu meint der „Heimatbote" in einem Kommentar: „Die Jugend ist es, welche die Zukunft unseres weiteren Bestehens in unseren beiden Ländern gestalten wird. Für die Leistungsbereitschaft ihrer Eltern und Großeltern kann man ein wirklich wohlverdientes Lob aussprechen. Ohne Verantwortung, Bereitschaft und Pflichtbewußtsein ist keine Zukunft möglich. Alle miteinander vollbrachten an beiden Tagen bei dieser großen Hitze großartige Leistungen."

Das Sonntagsprogramm wurde mit einem Festgottesdienst feierlich eröffnet. Die Festpredigt hielt Prälat Josef Haltmayer, Beauftragter des Bischofs der Diözese Rottenburg-Stuttgart für Vertriebene, Flüchtlinge und Aussiedler sowie Sprecher des Südostdeutschen Priesterwerks St. Gerhard. Als Konzelebrant fungierte P. Karl Boskamp, der mit einer Gruppe von Donauschwaben aus Milwaukee-Waukesha (Winconsin) nach Detroit gekommen war. Zur Einleitung sang der Detroiter Chor mit Blasmusikbegleitung eine Schubert-Messe

Nachdem Prälat Haltmayer seine zahlreichen Zuhörer mit herzlichen Worten begrüßt und seine Freude über das Wiedersehen mit seinen Landsleuten zum Ausdruck gebracht hatte, erinnerte er an das große Heimattreffen in Linz/Donau im Jahre 1950. Das Treffen sei zwar von der Not, aber auch „von unserer Hoffnung, unserem Glauben und von unserem Willen, noch einmal von vorne zu beginnen", gezeichnet gewesen. Der Prälat lobte sodann die in den vergangenen Jahrzehnten vollbrachte Leistung und meinte: „Ich beglückwünsche nicht nur alle Vorstände, ich beglückwünsche alle Väter und Mütter, daß sie so treu zu ihrem Volksstamm halten und daß sie ihre Kinder und Kindeskinder noch in Kenntnis setzen, aber nicht theoretisch durch schöne Reden nur, sondern auch hier durch

Erlebnisse, wie es dieses hier ist, und viele andere, die schon zurückliegen."

Mit Freude begrüßte der Prälat „besonders die jungen Menschen, die hier sind und mit uns diesen Tag begehen. Vielleicht ist es ihnen nicht ganz einfach, sich mit unseren alten Vorstellungen zu identifizieren, aber sie halten trotzdem zu ihren Eltern und Vorfahren, und das ist es, was sie zu Donauschwaben macht. Ich begrüße die Trachtengruppen, die hier sind, auch die, die hier am Altar stehen, denn die Trachten sind ein ganz kostbares Stück unseres Erbes, das auch die Vereinigten Staaten von Amerika mit diesem Jubiläumsjahr ‚300 Jahre Deutschamerikaner' ehren wollen."

Der erste Bischof dieser Stadt und der Diözese Detroit sei der Hannoveraner Friedrich Rese gewesen. Vor 150 Jahren habe Bischof Rese den österreichischen Kaiser Franz bewogen, die Leopoldinenstiftung zur Unterstützung armer Katholiken zu gründen. In ähnlicher Mission habe er bei seinem Besuch in München König Ludwig von Bayern gebeten, den Ludwig-Missions-Verein ins Leben zu rufen und dadurch den in Not geratenen Glaubensbrüdern zu helfen. „So ist die Rolle der Deutschen auch kirchlich eingemauert in die Fundamente dieses Landes" führte der Prälat aus.

Das Bild von Gott

Im Hauptteil seiner Predigt sprach Prälat Haltmayer von drei Prägezeichen, die den Donauschwaben über Länder und Meere hinweg innerlich, das heißt ohne Rücksicht auf Mundart, Tracht und Herkunftsgebiet, ausmachten beziehungsweise charakterisierten. Als erstes grundlegendes Prägezeichen nannte er das Bild von Gott, dem Herrn und Vater, das jeder Donauschwabe im Herzen trage. „Wir Donauschwaben sind Menschen, die davon ausgehen, daß Gott existiert: ‚Ich glaube an Gott, den Vater, den Allmächtigen, den Schöpfer des Himmels und der Erde.' Gott ist für uns existent! Daran kann niemand zweifeln. Es zweifelt auch kein Donauschwabe daran. Es steht eindeutig fest: Es gibt keinen gottlosen, atheistischen Donauschwaben."

Für die Donauschwaben war Gott der „Herrgott", der allmächtige Schöpfer, der gütige Vater, „sie haben an diese Vatergüte Gottes geglaubt, sie haben geglaubt an den barmherzigen Vater, an den Gott, der seinen Sohn dahingegeben hat, um uns zu erlösen." Die Donauschwaben hätten fest daran geglaubt, daß sie Kinder Gottes seien. Sie seien keine Heiligen gewesen, die Donauschwaben, „aber geglaubt haben sie, und dieses Bild von Gott dem Herrn und Vater haben sie in der Seele getragen. Sie haben es übernommen von ihren Großvätern und gesehen an den Großvätern und haben es selbst übernommen und ihren Kindern und Kindeskindern weitergegeben. Wir haben nicht umsonst das Wort gehabt – es war ein gutes Wort – der ‚Väterglaube'. Der Väterglaube, der ist es, an dem halten wir fest."

Das Bild vom Menschen

Das zweite Prägezeichen der Donauschwaben sei ihr Bild vom Menschen als einem Ebenbild Gottes, dessen Fundament die Gerechtigkeit und dessen Gipfelpunkt die Liebe sei. Mit dieser Vorstellung vom Menschen hätten sie, so Prälat Haltmayer, gelebt und seien sie gestorben, auch dann, wenn ihre Mörder und Feinde diesem Menschenbild keineswegs entsprochen hätten. Das Bild vom Menschen, die Vorstellung des Donauschwaben vom Menschen, sei die folgende gewesen: „Der Mensch ist ein Wesen, dessen Fundament die Gerechtigkeit ist und dessen Gipfelpunkt die Liebe ist."
Ein Gipfelpunkt, der allerdings nicht oft erreicht worden sei, aber „den sie gesehen haben, den sie gekannt haben, dem sie nachstreben sollten und auch nachstreben wollten. Aber das Fundament war die Gerechtigkeit und darum die Rechtlichkeit. Und danach haben sie auch alle Menschen, die anderen Nationen und Nationalitäten von diesem Bild her gesehen und haben gesucht, ob der andere gerecht ist, und haben gesucht, ob er die Liebe hat, und haben ihm vergeben, wenn er nicht fleißig und vielleicht nicht besonders redlich war. Sie waren keine Heilige, auch hier nicht."
Die Donauschwaben hätten ihre Fehler und Schwächen gehabt, aber ihr Fundament sei trotzdem die Gerechtigkeit und ihr Gipfelpunkt die Liebe gewesen. Dieses Bild trügen sie noch heute in sich. „Wir werden nicht so schnell unter-gehen, weil diese Kennzeichen uns ausmachen, nicht nur die Sprache und nicht nur die äußeren Merkmale. Dieses Bild ist es auch, liebe Brüder und Schwestern, das unsere Menschen in den Vernichtungslagern bis zuletzt geleitet hat. Sie haben die Fremden, die Ungerechten, die grausamen Wächter und Schergen vor sich gesehen, und von ihnen sind sie unterdrückt worden. Aber in ihnen lebte ihre Vorstellung vom Menschen, und dieser Vorstellung sind sie treu geblieben, und mit dieser Vorstellung sind sie in den Vernichtungslagern oder in Rußland in der Verschleppung oder auch sonstwo auf den Straßen Europas gestorben."

Das Bild von der Welt

Das dritte Wertzeichen, das den Donauschwaben präge, sei ein Bild von der Welt. Dieses Bild sei allerdings kein äußeres Bild von der Welt, kein Bild, das sich auf die alte Heimat mit ihren Dörfern, Feldern und Fluren beziehe, sondern vielmehr auf die Familie. Das sei für ihn eine Welt im Kleinen, – die Familie, aus der er komme, in der er mit seinen Geschwistern groß geworden sei und viel Schönes und Gutes gesehen, gelernt und erlebt habe. Da seien auch die Onkel und die Tanten, die Bekannten und die Nachbarn, – sie alle seien geprägt von diesem Bild der Welt der Familie, das die Donauschwaben in sich getragen hätten. Sie hätten dieses Bild nicht bloß in sich getragen, sondern im Ablauf des Kirchenjahres mit seinen Festen und Feiern verwirklicht. Der Donauschwabe sei auch ein froher Mensch gewesen, „der feiern konnte und wollte". Er sei auch traurig gewesen, weil er so viel Leid erlitten habe. Aber er sei ein Mensch gewesen, der von der Familie geprägt worden sei und das Bild von der Welt der Familie in sich getragen und um sich herum verbreitet habe.
Nun gelte es, so schloß Prälat Haltmayer seine tiefgründige Predigt, diesem dreifachen Präge- und Wertzeichen treu zu bleiben und es im Leben zu verwirklichen. „Mögen unsere Kinder und Kindeskinder auch hier im großen Lande, wo sie zerstreut sind und wo sie sich vielleicht leichter verlieren, noch lange an diesen donauschwäbischen Wertzeichen hängen und ihnen treu bleiben! Treu dem Glauben in dem Volkstum oder anders gesagt: treu dem Bild von Gott, treu dem Bild vom Menschen und treu dem Bild von der Welt."

Ausklang des Tages der Donauschwaben in Detroit

Der weitere Teil des Nachmittags stand ganz im Zeichen der Jugend und ihrer vielseitigen Darbietungen. Ihre mit Hingabe, großem Einfühlungsvermögen und sichtlicher Freude – in den Trachten der alten Heimat – vorgetragenen Tänze waren Höhepunkte des Tages der Donauschwaben und fanden den großen Beifall der zahlreichen Gäste und Zuschauer.

An dieser Stelle verdient ein Bericht, der in der Wochenzeitung „Nordamerikanische Wochen-Post und Detroiter Abend-Post", Detroit (-zie-) erschienen ist, hervorgehoben und auszugsweise veröffentlicht zu werden: „Jedenfalls verlief am Labor-Day-Wochenende das dreitägige Landestreffen der Donauschwaben Nordamerikas im Macomb County ,Dollier-Galinee' Park so phantastisch, wie ich mich kaum eines anderen Volksfestes erinnern kann. Ich möchte auf diese Qualifizierung noch etwas näher eingehen:

Das Großartige bei diesem vom Carpathia Club Warren organisierten ,Tag der Donauschwaben' im Macomb County ,Dollier-Galinee' Park lag darin, daß das Fest nicht von einem äußerlichen Zur-Schau-stellen-Wollen getragen wurde, nicht von einem Präsentieren oder ,Veranstalten' deutscher Kultur. Vielmehr machte sich ein Element bemerkbar, das einen mitreißt, da es sich in der Regel bei ethnischen Festen durch Seltenheit auszeichnet: die Ausgelassenheit und Fröhlichkeit von jugendlichen Festteilnehmern.

Ist es doch den hiesigen Gastgebern, dem Carpathia-Club Detroit und dem Dachverband der Donauschwaben für die USA und Kanada gelungen, 36 Gruppen aus ganz Nordamerika (eine Gruppe kam sogar aus Deutschland, aus Rastatt!) hier in Detroit zusammenzubringen und elf Kapellen aufspielen zu lassen. Und zwar kam nicht jeweils eine Gruppe aus einem Staat. So brachte der Deutsche Familienverein aus Akron, Ohio, seine Jugendgruppe, Frauengruppe, Mittelgruppe, Kindergruppe, Sportgruppe und Pensioniertengruppe. Der Verein der Donauschwaben Cincinnati, Ohio, kam mit vier Tanzgruppen, die drei Generationen im Alter von 6 bis 60 repräsentierten, nach Detroit.

Weitere Gäste kamen aus Aurora, Chicago, Cleveland, Los Angeles, Milwaukee, New York, Philadelphia, Rochester, Rock Island, St. Louis und Trenton. Die Donauschwaben Kanadas kamen aus Cambridge, Kitchener, Leamington, Mount Forest, Montreal, Niagara Falls, Sutton West, Queensville, Toronto und Windsor.

Wie kommt es zu diesem ungewöhnlich starken inneren Zusammenhalt allein dieser einen deutschen Volksgruppe, der Donauschwaben? Sicherlich scheint es so, daß man ihnen nicht den oft gehörten auslandsdeutschen Vorwurf machen kann, ihre Kultur bestünde hauptsächlich aus Bratwurst, Sauerkraut und Bier. Neben gutem Essen und Trinken boten die Donauschwaben in Detroit wesentlich bleibendere Werte fürs Auge und fürs Ohr des Betrachters. Ein Blickfang waren zum Beispiel die herrlichen und in geschmackvollen Farben leuchtenden Dirndl. Mit am schönsten schienen die langen Dirndl der Gruppen aus Los Angeles und Cincinnati zu sein, deren besonderes Kennzeichen außer den langen Röcken ein Dreieck-Schultertuch bildet, das vorne, am oberen Rand des Mieders, von einer Brosche zusammengehalten wird.

Besondere Aufmerksamkeit verdiente ein Volkstanz der Toronto-Jugendgruppe. Mitten unter die ordentlich formierten Mädchen und Burschen mischte sich eine vagabundenähnliche Gestalt, die wie ein armer Bauer aussah und sich ,ungebührlich' benahm, den Mädchen unter die Röcke guckte und die Burschen dreist angriff. Plötzlich schlug der ,Eindringling' halsbrecherische Purzelbäume in der Luft und am Boden und bewegte sich so akrobatisch, daß alle Umstehenden sich zuwisperten: ,Gehört der denn dazu?' Es stellte sich heraus, daß dieser Tanz eine alte Volksszene darstellte, nach der ein armer, schäbig gekleideter Bauer bei sonntäglichem Tanz den Burschen ihre Mädchen abspenstig machen möchte, aber von den feschen Burschen verjagt wird. Die Gastgruppe aus Toronto erntete für ihre Darbietungen großen Applaus und viele Bravorufe.

Eine großartige Idee war es, alle Volkstanz-Jugendgruppen bei einem Massentanz gemeinsam auftreten zu lassen. Auf der großen Wiesenfläche am Rande der Buden und Zelte formierten sich viele Tänzerinnen und Tänzer zu Kreisen, Spiralen und Vierecken, wobei alle Formationen gleichsam fließend ineinander übergingen. Wenn man als Zuschauer das Glück hatte, sich auf eine Bank stellen zu können, glichen von oben gesehen die gleichmäßigen Bewegungen des ‚tanzenden‘ Feldes dem leichten Wellenspiel einer Seeoberfläche.

Das Erstaunliche am festen, inneren Band aller Donauschwaben ist, daß sie aus vielen verschiedenen Gebieten Deutschlands und vielen deutschen Siedlungsgebieten des Ostens und des Südostens Europas kommen und eine große Gemeinschaft bilden. Die zweite Strophe ihrer Volkshymne drückt das so aus: Ob wir in der Batschka wohnen, in der Schwäbischen Türkei, / Buchenwald und Schildgebirge unsre teure Heimat sei; / Das Banat, Slawonien, Syrmien, Ofner Bergland sei der Ort, / wollen niemals wir vergessen, jenes schöne Dichterwort: / ‚Deiner Sprache, deiner Sitte, deinen Toten bleibe treu! / Steh in deines Volkes Mitte, was sein Schicksal immer sei! / Wie die Not auch droh und zwinge, hier ist Kraft, sie zu bestehn. / Trittst du aus dem heil’gen Ringe, wirst du ehrlos untergehn.“

Abschied von Detroit

Es war um Mitternacht, als sich die Gäste aus der Bundesrepublik Deutschland von ihren Gastgebern verabschiedeten und die Rückfahrt nach Cleveland antraten. Bundesvorsitzender Brücker und der Leiter der Rastatter Gruppe, Heinrich Juhn, dankten den Präsidenten Junker, Adam und Rausch sowie deren Mitarbeitern und Helfern für die Ausgestaltung des Tages der Donauschwaben in Detroit und für die freundliche Aufnahme.

Dieses große und beispielhafte Volks- und Heimattreffen, so Brücker, sei für alle Teilnehmer aus nah und fern nicht bloß ein großes Erlebnis gewesen, sondern habe unmißverständlich Akzente und Maßstäbe gesetzt und weise den Weg in die Zukunft. Die Stärkung der donauschwäbischen Gemeinschaft in aller Welt und die Pflege der überlieferten Kulturwerte vieler Generationen sei Aufgabe und Verpflichtung jedes einzelnen und aller landsmannschaftlichen Organisationen und Vereinigungen. Die Donauschwaben seien über Meere und Kontinente hinweg eine geistige und kulturhistorische Einheit; dies habe der Tag der Donauschwaben bewiesen. „Wir sind stolz auf unsere Freunde und Landsleute in Amerika, möge die Zukunft diese Freundschaft stärken und festigen!“

Der Abschied fiel schwer! „Wahre Freundschaft soll nicht wanken! Auf Wiedersehen, auf Wiedersehen!“ Langsam setzten sich die Busse in Bewegung – bald verschwand der riesige Festplatz in Detroit mit seinen winkenden Mädchen und Jungen, mit seinen Frauen und Männern, bald verschwand das Lichtermeer der Riesenstadt Detroit im Dunkel der Nacht.

Abschied von Cleveland

Am Spätnachmittag des nächsten Tages trafen sich Gäste und Gastgeber im Lenau-Park, um in gemütlich-besinnlicher Runde Abschied zu nehmen. Präsident Holzer ließ in seinem Abschiedswort die Bilder des gemeinsamen Beisammenseins lebendig werden und dankte dem Bundesvorsitzenden und der Rastatter Gruppe für ihr Kommen und ihre aktive Teilnahme am Oktoberfest sowie an vielen anderen landsmannschaftlichen Veranstaltungen. Adam Hetzel und Hilde Hornung schlossen sich seinen Ausführungen an. Man müsse sich jetzt zwar verabschieden, doch freue man sich auf das nächste Wiedersehen, sei es in Deutschland oder in Amerika, versicherte Hetzel.

Heinrich Juhn dankte im Namen seiner Gruppe für die freundliche Aufnahme und die erfolgreiche Zusammenarbeit. Man wolle und werde auch weiterhin diesem Ziel dienen, denn es gehe um die Erhaltung eines wertvollen Erbes.

Bundesvorsitzender Brücker stellte in seinem Abschiedswort Nikolaus Lenau in den Mittelpunkt seiner Ausführungen und Betrachtungen und meinte, daß dieser große deutsche Lyriker nicht bloß die Heimat der Donauschwaben, sondern auch ihr feinfühliges Wesen und ihre Heimatverbundenheit in seiner Poesie verdeutlicht habe. „Dort nach Süden zieht der Regen, / Winde brausen südenwärts. / Nach des Donners fernen Schlägen, / Dort nach Süden will mein Herz.“

Der Abschied von Cleveland falle ihm und seiner Frau, so Brücker, schwer, denn in dieser Stadt und ihrer Umgebung lebten viele Landsleute und Freunde. Auch hier verwendete der Bundesvorsitzende ein Wort von Lenau: „Und wenn die Nähe verklungen, / Dann kommen an die Reih / Die leisen Erinnerungen / Und weinen fern vorbei. / – Daß alles vorübersterbe, / ist alt und allbekannt; / Doch diese Wehmut, die herbe, / Hat niemand noch gebannt."

Der Lenau-Park sei der kulturelle und der gesellschaftliche Mittelpunkt der Donauschwaben in Cleveland und ihrer Freunde. Ein neues Heim sei im Entstehen begriffen. Alle Landsleute seien aufgerufen, dieses Werk tatkräftig zu unterstützen, damit es ein echtes und bleibendes deutsch-amerikanisches Kulturzentrum werde.

Brücker dankte mit bewegten Worten seinen Freunden Sepp Holzer, Adam Hetzel, Hilde Hornung, Karoline Lindenmayer, der gesamten Jugend und allen Mitarbeitern und Helfern für das Beisammensein in Cleveland. Er und seine Frau hätten sich wie daheim gefühlt. Gleichzeitig verabschiedete er sich von der Rastatter Gruppe und dankte ihr und ihrem Leiter Juhn für alle Mühe und Arbeit. Da er deutsche Sprachschulen in den USA besuchen wolle, werde er noch einige Wochen in den USA verbringen.

Es folgte ein gemütliches Beisammensein mit einer Filmvorführung über den Aufenthalt der Clevelander Jugendgruppe in Deutschland. Viel Beifall war zu vernehmen, als Adam Hetzel die einzelnen Bilder und Erlebnisse mit Witz und Humor kommentierte, dabei aber auch auf die große Bedeutung des gegenseitigen Jugendaustausches hinwies. Lieder und Tänze beschlossen den gehaltvollen Abend im Lenau-Park.

Viele Jungen und Mädchen waren am nächsten Tag auf dem Clevelander Flugplatz erschienen, um sich von den Rastattern zu verabschieden. Und als dann das riesige Flugzeug der Lufthansa startete und bald in den Wolken verschwand, ging eine schöne und herzliche Jugendbegegnung zu Ende.

Dart mecht ich hin

Dart wu die goldne Ähre
im Feld so stolz un scheen
sich uf de Halme wieje,
wann eischt die Liftcher wehn,

dart wu die Plapperrose
wie Flamm un Feier gliehn,
dart wu die scheene blooe
Karnblumme stehn un bliehn,

wu in de Farch die Wachtl
so froh un munder schlaat,
die Lerchl ehre Liedcher
enuf zum Himml traat,

dart is 's om allerschenschte,
dart mecht ich widder hin:
De Heimat Flur un Felder
wollt ich noch eemol siehn!

Dart tät ich's Leed vergesse,
des schwer un riesegroß,
wär glücklich, weil dart nemmt mich
die Heimat in de Schoß.

Johann Petri

Der Schwengelbrunnen
Schöpfungen aus Amerika

Zum Geleit

Liebe Landsleute, liebe Freunde!

Wer sich mit der bewegten Geschichte des nordamerikanischen Kontinents befaßt, wird feststellen, daß die deutschstämmigen Bürger im Laufe von Jahrhunderten einen beachtlichen Beitrag zum Fortschritt ihrer neuen Heimat geleistet haben. Diese Leistung ist gekennzeichnet durch die vielseitige manuelle und geistige Tätigkeit der Einwanderer und ihrer Nachkommen auf allen Gebieten der Kultur, der Wirtschaft sowie des politischen und sozialen Lebens.

Auch die südostdeutschen beziehungsweise donauschwäbischen Einwanderer brachten neben ihrem praktisch-manuellen Können, verbunden mit Fleiß, Sparsamkeit und Unternehmungsgeist, auch geistige Fähigkeiten und Qualitäten mit, die sich auf verschiedenen Sektoren intellektuellen Lebens und Schaffens positiv auswirken.

Die Donauschwaben verfügen über eine natürliche, von den Ahnen ererbte Intelligenz, die sich in der volksfremden Umgebung im südlichen Donauraum nicht bloß bewährte, sondern sich unentwegt weiterentwickelte. In der Tiefe der Volksseele schlummerte die gesunde, unverbrauchte und viel verheißende Urkraft eines Bauernstammes. Die sprachliche Begabung, die Fertigkeiten im Handwerk, der Sinn für Farbe und Form und für das Musische sind als besondere Merkmale der Fähigkeiten unseres Stammes anzusehen.

Das Bild wäre unvollständig, wollte man nicht auch die heiteren Seiten des Charakters der Donauschwaben beleuchten. Sie haben ein heiteres und weltoffenes Gemüt und wissen das Leben im besten Sinne des Wortes zu genießen. Sie lieben Gesellschaft, die Musik und den Tanz. Man liebt und pflegt mit Hingabe das Volkslied. Scherz, Ulk und Neckereien gehören zum alltäglichen Leben. In ihren Reihen finden wir nicht bloß tüchtige Landwirte, Handwerker und Kaufleute, sondern auch Akademiker, Künstler und Wissenschaftler.

Unsere donauschwäbischen Freunde in den USA und in Kanada waren stets bestrebt, im Rahmen der landsmannschaftlichen Arbeit die geistig-ethische Tradition der Ahnen und Vorväter zu pflegen, zu erhalten und als Erbe an die Nachkommen weiterzugeben. Großen Wert legen sie auf die Pflege der deutschen Muttersprache, des Volksliedes und des Volkstanzes. In diesem Bestreben wurzeln die Sprach- und Wochenendschulen sowie die Sing-, Trachten- und Volkstanzgruppen. Liebevolle Pflege erfahren auch althergebrachte Sitten und Bräuche bei der Fest- und Feiergestaltung im Kreislauf des Jahres.

Es ist durchaus möglich, daß bei dieser vielseitigen völkisch-kulturellen Tätigkeit die rein geistig-wissenschaftliche Arbeit und das künstlerische Schaffen etwas zu kurz kamen und nicht die Beachtung fanden, die sie verdient hätten. Es ist daher sehr erfreulich und begrüßenswert, daß bei der Halbjahresversammlung des Verbandes der Donauschwaben in den USA die Abteilung „Geistig Schaffende" gegründet wurde.

Als Präsident des Weltdachverbandes donauschwäbischer Landsmannschaften übermittle ich den Initiatoren, Freunden und Mitarbeitern der Abteilung „Geistig Schaffende" meinen Dank für alle Mühe und Arbeit sowie meine herzlichsten Glückwünsche. Ich darf versichern, daß meine Freunde und ich diese Institution mit allen uns zur Verfügung stehenden Kräften und Mitteln unterstützen werden. Der große deutsche Dichter Friedrich Schiller prägte das bedeutsame Wort: „Es ist der Geist, der sich den Körper baut." Möge der Geist der Gemeinschaft und Solidarität, der gegenseitigen Verbundenheit und der Hilfsbereitschaft im Kreise der „Geistig Schaffenden" walten. Glück auf, Gott befohlen, Leit, halle zamme!" Euer

Christian Ludwig Brücker

Mein Besuch im Jahre 1965

1. De Moines, Iowa (5. August 1965)

5. August 1965: Aussprache mit Andreas Lichtenberger über die Situation der Deutschamerikaner in Iowa; Ermunterung zur Gründung einer deutschsprachigen Wochenendschule. Besichtigung des College und der öffentlichen Volksschule (Elementarschule).

2. Chicago (6. bis 11. August 1965)

6. August 1965: Aussprache mit Frau Luise Oberth, Mitglied des Ortsschulrates und Pressereferentin über die Situation der deutschsprachigen Presse in den USA und über die Aufgaben des deutschen Sprachunterrichts.

Aussprache mit Josef Schuster, Jugendwart, über Probleme der Jugendarbeit in der Weltstadt Chicago.

Aussprache mit Nikolaus Schneider, Präsident der Donauschwaben in Chicago, über die Arbeit der Landsmannschaft und über Möglichkeiten zur Förderung der deutschsprachigen Wochenendschulen.

Jugendabend im „Heim der Donauschwaben"; ich sprach vor zahlreichen Jungen und Mädchen über das Thema: „Unsere deutsche Muttersprache als Trägerin geistig-seelischer Werte und als Brücke von Volk zu Volk."

7. August 1965: Lehrerarbeitstagung in der Geschäftsstelle des Deutsch-Amerikanischen Nationalkongresses. Ich habe zwei Vorträge gehalten: a) „Muttersprache und Jugenderziehung", b) „Methodisch-didaktische Hinweise für den Sprachunterricht an den deutschsprachigen Wochenendschulen". Es folgte eine interessante und ausgiebige Diskussion über Fragen der Lehr- und Lernmittel.

Aussprache mit Christ N. Herr, Präsident der Donauschwaben, über verschiedene Anliegen der Sprachschulen und über einige Probleme der landsmannschaftlichen Arbeit.

8. August 1965: Aussprache mit Lehrer Matthias Welsch, Leiter der Wochenendschulen in Chicago, über die Situation der Schule und über unsere Hilfsmöglichkeiten für die Schularbeit.

9. August 1965: Besichtigungen – Lake Shore Drive, Chicago Natural History Museum, Adler Planetarium, Illinois Institute of Technology, Prudential Building, North Park College. Besuch des Deutschen Konsulats, Aussprache mit Herrn Mittelsdorfer, Kulturreferent, über meine bisherigen Eindrücke und Erfahrungen sowie über die Möglichkeiten der Förderung der deutschsprachigen Schularbeit. Gespräch mit Lehrerin Klammt über die Arbeit im Kindergarten. Gespräch mit Herrn Borchers vom Deutschen Rundfunk Chicago über Fragen der Kulturarbeit.

10. August 1965: Besichtigung des Lehrer-College und der angeschlossenen Übungsschule.

Tonbandaufnahme für eine Sendung der deutschen Abteilung beim Rundfunk. Im Gespräch mit Fritz Siegfried Berg berichtete ich über meine bisherigen Eindrücke und unterstrich die Wichtigkeit der Pflege der deutschen Sprache im Elternhaus und in der Schule. Elternversammlung im „Haus der Donauschwaben", Vortrag über das Thema: „Das zweisprachige Kind im Elternhaus und in der Schule. Vorteile der Zweisprachigkeit. Die deutsche Sprache als Trägerin der Kultur und der Wissenschaft." Aussprache mit dem Schulvorstand und den Vertretern der Elternschaft.

3. Detroit (12. bis 13. August 1965)

12. August 1965: Aussprache mit der Leiterin der Wochenendschule in Detroit, Frau Anny Zimmermann, über ihre Tätigkeit als Sprachlehrerin sowie über ihre Erfahrungen im Schulbetrieb; ich gab Hinweise und Ratschläge zur Beschaffung von Schul- und Handbüchern für Lehrer und Schüler, über die Gliederung des Unterrichtsstoffes sowie über die Gestaltung und Führung des Unterrichts.

Gespräch mit Philipp Egger, Elternbeirat, über allgemeine Schulprobleme und über Möglichkeiten zur Förderung der deutschsprachigen Wochenendschule in Detroit.

Besuch der Wochenendschule, Teilnahme am Unterricht. Große Elternversammlung im Heim der „Carpathia"; Vortrag über das Thema: „Das zweisprachige Kind im Elternhaus und in der Schule, Muttersprache und Jugenderziehung. Die Bedeutung der Zweisprachigkeit in der heutigen Zeit." – Aussprache mit den Eltern und Elternbeiräten, Beratung und Hinweise.

13. August 1965: Besichtigung der High School in Detroit, Diskussion mit Lehrern über Probleme der Schulreform. Besichtigung des Naturwissenschaftlichen Museums (Greenfield Village – The Henry Ford Museum).

4. Cleveland (14. bis 20. August 1965)

14. August 1965: Aussprache mit dem Ehrenvorsitzenden der Vereinigung der Donauschwaben, Anton Rumpf (auch

Vorsitzender der Deutschen Sprachschule) über Fragen der Versorgung mit Schulbüchern und Klassenlesestoffen. Besichtigung der Kunstakademie und des staatlichen College.

15. August 1965: Fahrt nach Akron. Elternversammlung im Vereinshaus, Lieder und Volkstänze der Jugend. Ansprache über das Thema: „Die deutsche Sprache als Trägerin der Kultur und der Wissenschaft. Vorteile der Zweisprachigkeit. Wie pflege ich die Muttersprache im Elternhaus und in der Schule."

Aussprache mit Präsident Franz Paitz und den Mitgliedern des Schulvorstands und des Elternbeirats über Fragen des Unterrichts und der Versorgung mit Lehr- und Lernmaterial.

16. August 1965: Aussprache und Gedankenaustausch mit Professor John R. Sinnema, Ritter Library/Baldwin Wallace College. Besuch des Deutschen Konsulats, Aussprache mit Vizekonsul Dr. Linke und Herrn Kurt M. Protz, Kulturreferent, über Möglichkeiten zur Förderung der deutschsprachigen Wochenendschulen.

17. August 1965: Lehrerarbeitstagung in der „Banater Hall". Vorträge: a) „Die pädagogischen Grundprobleme im Zeitalter der Technik und der Industrialisierung", b) „Methodisch-didaktische Hinweise zum Deutschunterricht an den Sprachschulen". – Anschließend Aussprache und Diskussion über: Schulbücher, zeitgemäßes Lehr- und Lernmaterial, technische Hilfsmittel, Film, Bild und Tonband im Dienste des Sprachunterrichts.

18. August 1965: Gedanken- und Erfahrungsaustausch über Fragen der Erziehung und des Unterrichts mit folgenden Lehrerinnen: Frau Berta Rosenberger, Leiterin der Sprachschule, Frau Karolina Lindenmayer, Frau Therese Herzberger und Frau Anneliese Geyer, Vorsitzende der Interessengemeinschaft zur Pflege der deutschen Sprache.

19. August 1965: Aussprache mit dem Präsidenten der Vereinigung der Donauschwaben in Cleveland, Franz Awender, dem Vizepräsidenten der Banater Schwaben, Fritz Seelig, mit der Sekretärin der Siebenbürger Sachsen in Cleveland, Frau Klara Seelig, und mit dem Presserefenenten Anton Kremling über Fragen der landsmannschaftlichen Arbeit und der Förderung der Wochenendschulen. Gespräch mit Heinrich Haller über Fragen des Sports und

der körperlichen Ertüchtigung innerhalb einzelner Jugendgruppen und Schulen.

20. August 1965: Besichtigung eines Kindergartens, eines Sportplatzes und einer Schwimmhalle. Besuch einiger Familien aus dem donauschwäbischen Raum (Häuser, Werkstätten). Elternversammlung mit einem Vortrag über das Thema „Muttersprache und Jugenderziehung".

5. Philadelphia und Trenton (21. bis 25. August 1965)

21. August 1965: Aussprache mit Philipp Korell, Präsident der Vereinigung der Donauschwaben in Philadelphia, und Franz Jack, Präsident des Schulausschusses der Sprachschule, über Fragen der Schule, der Landsmannschaft und des amerikanischen-deutschen Vereinswesens. – Besichtigung der Redaktion der deutschen Zeitung, Gespräch mit Korell über die Situation der Presse und der öffentlichen Meinungsbildung.

Besichtigung des historischen Stadtteils; Gespräch mit Studenten der Universität über Fragen der deutsch-amerikanischen Beziehungen, auch über Probleme der Schulreform in Deutschland (BRD).

Besichtigung der Bibliothek der Deutschen Gesellschaft von Pennsylvanien, Aussprache mit Bibliothekarin Lidy Pohl über die Tätigkeit dieser kulturellen Institution.

22. August 1965: Fahrt nach Trenton. – Aussprache mit Landesfrauenleiterin Helene Lindenmayer über Fragen der landsmannschaftlichen Arbeit und der schulischen Selbsthilfe.

Besichtigung der Farm Eppli. Aussprache mit Herrn Eppli, Präsident der Sprachschule, und mit Vertretern des Schulausschusses über Fragen der schulischen Betreuung der deutschen Kinder und über den Bedarf an Schulbüchern und sonstigen Hilfsmitteln. Besuch des Deutsch-Amerikanischen Vereins.

23. August 1965: Besichtigung der Farm und der großen Werkstätte der Familie Herdt. Fahrt mit Franz Herdt in die Umgebung, Besichtigung einer modernen Milchverwertungsanlage. Besichtigung der Universität in Princeton. Eltern- und Lehrerversammlung im Deutschen Haus; ich sprach über das Thema: „Die Bedeutung der deutschen Sprache; die Pflege der Muttersprache im Elternhaus und in der Schule; die Bedeutung der Zweisprachigkeit in der

heutigen Zeit." – Ergiebige Diskussion mit Eltern und Lehrern über methodisch-didaktische Fragen im Deutschunterricht sowie über Schulbücher und Lehrmittel.

24. August 1965: Rückfahrt nach Philadelphia
Besuch der Carl-Schurz-Organisation. Aussprache bezüglich der Verteilung von Stipendien der VW-Werke.
Lehrertagung im Heim des „Bayernvereins". Es nahmen auch Mitglieder des Schulausschusses teil. Ich sprach über das Thema: „Das zweisprachige Kind im Elternhaus und in der Schule; methodisch-didaktische Hinweise zur Förderung des Unterrichts in den Wochenendschulen; Gruppenunterricht und Differenzierung." – Diskussion über Probleme der praktischen Schularbeit, Schulbücher und Lehrmittel, Film, Bild und Ton.
Gespräch mit Dr. Austin J. App. Professor für englische Sprache am La Salle College, Philadelphia, über die Möglichkeiten zur Förderung des Deutschunterrichts an höheren Schulen und über Möglichkeiten der schulischen Selbsthilfe.

25. August 1965: Schulleiter Michael Leisch berichtete mir ausführlich über die Tätigkeit der Deutschen Wochenendsprachschule. Wir unterhielten uns ferner über Möglichkeiten der schulischen Selbsthilfe und über den Bedarf an Schulmaterial.

26. August 1965: Abflug nach Rochester
6. Rochester (26. bis 28. August 1965)
26. August 1965: Aussprache mit Stephan Schröder, Präsident des Vereins der Donauschwaben und Vorstand der Wochenendschule, über die Situation der Landsmannschaft und über die Tätigkeit der Schule.
Lehrerarbeitstagung im „Labor Lyceum", 580 St. Paul Street. Ich sprach über das Thema: „Muttersprache und Jugenderziehung; Vorteile der Zweisprachigkeit". Anschließend gab ich Ratschläge und Hinweise zum Deutschunterricht an den Wochenendschulen. Auch sprachen wir ausführlich über den Bedarf an Lehr- und Lernmitteln.

27. August 1965: Elternversammlung im Labor Lyceum. Es musizierte die Kindergruppe und das Jugendorchester unter der Leitung von Karl Adam. Die Leistung verdient Dank und Anerkennung, die Gruppe aber jede Förderung. Ich sprach sodann über das Thema „Die Erhaltung und die Pflege der deutschen Muttersprache als Aufgabe des Elternhauses und der Schule; Vorteile der Zweisprachigkeit; die deutsche Sprache als Brücke von Volk zu Volk." Lebhafte Aussprache mit Mitgliedern des Schulausschusses und den Vertretern der Elternschaft. Gespräch mit Professor Dr. Körner über den Stand der medizinischen Wissenschaft in den USA.

28. August 1965: Besuch einer Elementarschule, eines College und der Universität. Führung durch Ingenieur Hans Schröder, Gespräch über Wissenschaft und Forschung (technische Einrichtungen).

7. New Brunswick (29. bis 31. August 1965)
29. August 1965: Aussprache mit Pater Neumann, Präsident der Wochenendschule, über Möglichkeiten der schulischen Selbsthilfe. Er berichtete mir ausführlich über die Tätigkeit der Sprachschule.
Lehrerarbeitstagung im Hause v. P. Neumann. Ich sprach über das Thema: „Das zweisprachige Kind im Elternhaus und in der Schule". Außerdem gab ich Hinweise und Ratschläge zum Deutschunterricht an der Sprachschule.

30. August 1965: Besichtigung der Wochenendschule und des Kindergartens.
Elternversammlung im Deutschen Heim. Vortrag über das Thema: „Die Pflege und die Erhaltung der deutschen Sprache als Aufgabe des Elternhauses und der Schule; Vorteile der Zweisprachigkeit". – Aussprache mit den Eltern und den Mitgliedern des Ortschulrates. Darbietungen der Schüler: Musik und Gesang, Gedichte. Gespräch mit Nikolaus Blumm, Präsident des Krankenvereins, und Franz Mumber, Lehrer an der Hauptschule, über Möglichkeiten der Förderung des Deutschunterrichts.

31. August 1965: Besichtigung der Stadt, Kirchen und Schulen; Gespräch mit Ingenieur Erdmann über Fragen der Jugenderziehung (Erdmann ist Mitglied des Schulausschusses); Fahrt nach New York.

8. New York (1. bis 4. September 1965)
1. September 1965: Rundfunkreportage und Tonbandaufnahme, Gespräch mit Abteilungsleiter Sanders. Ich berichtete über meine bisherigen Eindrücke und über die erfolgreiche Tätigkeit der deutschsprachigen Wochenendschulen in den USA. Gleichzeitig wies ich auf die Bedeutung der deutschen Sprache als Trägerin geistig-wissenschaftlicher und musisch-künstlerischer Werte und als Brücke zwischen den Völkern hin.

Aussprache mit Franz Sayer, Schulleiter der Deutsch-Amerikanischen Schule, über die Tätigkeit seiner Schule und über die Zusammenarbeit aller Lehrer, die an Sprachschulen tätig sind.

Ferner sprachen wir über folgende Anliegen: Verstärkte Verbindung unter den Schulvereinen und Schulen, umfassende Organisation der Lehrer beziehungsweise Zusammenfassung der Lehrkräfte der Deutschen Sprach- und Wochenendschulen zu einer zielstrebigen Arbeitsgemeinschaft, regionale Lehrerarbeitstagungen, Hilfe bei der Auswahl von Schulbüchern und Handbüchern, Deutsch-Amerikanischer Lesebogen, Schüler- und Jugendbücherei, Schüleraustausch, Lehrerfortbildung in den USA und in der BRD, Ferienlager für Kinder.

Aussprache mit Rechtsanwalt Dr. Reimer Koch-Weser, Präsident des Deutsch-Amerikanischen Schulvereins, über die Situation der deutschen Schularbeit in New York und über Möglichkeiten zur Förderung des deutschsprachigen Unterrichts.

2. September 1965: Besichtigung der Stadt, insbesondere des UN-Gebäudes. Bankett des Donauschwäbischen Hilfswerks in Brooklyn. Begrüßung durch Peter M. Wagner, Präsident des Hilfswerks. In meiner Ansprache wies ich auf die Wichtigkeit einer engen Zusammenarbeit hin. Die Förderung der deutschen Sprache sollte ein Herzensanliegen aller deutschstämmigen Bürger der USA sein. Unsere Muttersprache habe als Trägerin geistig-seelischer Werte eine wichtige Aufgabe zu erfüllen, vor allem könnte sie zu einem wichtigen Bindeglied zwischen unseren beiden Völkern werden. Es sei daher Aufgabe und Verpflichtung aller Vereine, Kirchen, Landsmannschaften und anderer Organisationen, die deutschen Sprach- und Wochenendschulen tatkräftig zu unterstützen. Solche Arbeit stehe im Dienste des Friedens und der Völkerverständigung.

Aussprache mit Peter M. Wagner, Präsident, Hans J. Bundy, Vizepräsident, Johann Hoffmann, Vizepräsident, sowie mit den Direktoren Dr. Nikolaus Bruck, Georg Burger, Peter Fetzer, Adam Herzog, Philipp Karbiener, Karl Korell und Nikolaus Wagner über folgende Fragen: Förderung der Wochenendschulen – Sprachschulen, Zusammenarbeit im Interesse der Förderung und Pflege der deutschen Sprache, Lehr- und Lernmittel, Lehrerausbildung und Lehrerfortbildung, Schüleraustausch, Schullandheime, Jugendbüchereien.

3. September 1965: Besichtigung der Stadt; Aussprache mit Lehrer Arnold; Besichtigung der Weltausstellung.

SONETT: DIE MUTTERSPRACHE
Mundart und Schriftsprache

Die Muttersprache leiht uns Kraft zum Leben
im neuen Land mit unverstandnen Lauten.
Sie tauft mit Namen alles, was wir schauten,
will Heimatbilder in die Fremdschaft weben.

Die Mundart innert an dein Kinderstreben,
sie tröstet dich mit guten Worten, den vertrauten,
ermutigte, als wir die Gegenwart erbauten,
wird unsre Enkel in die Zukunft heben.

Das Hochdeutsch hilft uns neue Freunde finden,
den Landsmann kennen an den trauten Klängen
und über Meer und Grenzen uns verbinden.

Sie formt Geschichte unser in Gesängen.
Die Muttersprach' nur kann, was wir erfahren,
für Kindeskind in ferner Zeit bewahren.

Roland Vetter

Erlebnisreiche und erfolgreiche Tournee der Donauschwäbischen Trachtengruppe Freising

Über drei Wochen war die Donauschwäbische Trachtengruppe Freising in Kanada und den USA erfolgreich unterwegs.

Das erste Ziel war Toronto, wo sie von der Vereinigung der Donauschwaben am Flughafen herzlich empfangen wurde. Der Auftritt der Trachtengruppe war im Publikationsorgan für den nächsten Tag angekündigt. In einem dreistündigen Programm wurden die Volkstanzdarbietungen in der schönen Kirchweih-Festtracht die Mundartgedichte, Heimatlieder und das Theaterstück „Die Spinnstube" mit großem Beifall bedacht. Die Kanadier waren begeistert. Eine eindrucksvolle Stadtrundfahrt folgte am nächsten Tag. Vom höchsten freistehenden Turm der Welt, dem CN-Tower, bot sich ein wunderbarer Rundblick über die Millionenstadt und den Ontariosee.

Mit einem Autobus ging es dann weiter zur kanadischen Stadt Windsor. Unterwegs gab es Zeit, die rauschenden Niagara-Fälle anzuschauen, die bei Nacht – wunderschön angestrahlt – einen unvergeßlichen Anblick boten. In Windsor gab es ebenfalls eine herzliche Aufnahme durch den deutsch-kanadischen Verein Teutonia sowie großen Applaus beim Auftritt, der zusammen mit der Gesangsgruppe des Gastgebervereins gestaltet wurde. Die großen und kleinen Tänzer der 49 Trachtenträger umfassenden Freisinger Gruppe machten ihre Sache sehr gut.

Nach schönen Tagen mußte die Gruppe Abschied nehmen und gelangte nach einer Fahrt durch einen unter See führenden langen Straßentunnel nach Detroit (USA). In dieser Weltstadt im Staate Michigan gab es ein schönes Wiedersehen mit den Jugendlichen des Carpathia-Clubs, mit denen vor fünf Jahren und im letzten Jahr bereits in Freising freundschaftliche Bande geknüpft worden waren. In der Presse und auf Plakaten war die Gruppe auch hier bereits angekündigt worden. Die vielen Amerikaner – meistens deutschstämmig – waren von den originalgetreuen Trachten aus früherer heimatlicher Zeit sehr angetan. Sie weckten, zumal bei den Älteren, schöne, aber auch wehmütige Erinnerungen. Hier erfüllte die Freisinger Gruppe dem Landespräsidenten der Donauschwaben in den USA, Herrn Adam Medel, nach der Vorführung des volkstümlichen Theaterstücks „Die Spinnstube" einen langgehegten Wunsch und überreichte diesem Hauptorganisator der Nordamerikareise und guten Freund ein aus Freising mitgebrachtes Spinnrad aus alten Zeiten. Zusammen mit der Detroiter Jugend verbrachte man hier noch einen wunderschönen Badetag am Michigansee. Die wenigen Tage verflogen bei großartiger Gastfreundschaft auch hier viel zu schnell. Es ging weiter nach Chicago im Staate Illinois. Der Präsident der American Aid Society of German Descendante in Chicago hatte auch hier alles bestens vorbereitet. Der Auftritt war ebenfalls ein Erlebnis für alle. Die Gastgeber sorgten, wie auch bisher in den anderen Städten, fürsorglich für die Gäste und organisierten zusätzlich Ausflüge, unter anderem auch eine schöne Bootsrundfahrt auf dem Michigansee. Darüber hinaus konnte man dank fachkundiger Führung viele Sehenswürdigkeiten bestaunen, so auch zum höchsten Gebäude der Welt, dem Sears-Tower mit einer Höhe von 443 Metern, hinauffahren.

Von Chicago ging es nach Milwaukee im Staate Wisconsin. Die Vereinigung der Donauschwaben empfing die Freisinger Gruppe herzlich und organisierte die zwei Auftritte sowie die Betreuung durch private Gastgeber sehr gut. Für die Gäste aus Freising, der Stadt mit der ältesten Brauerei der Welt, durfte natürlich eine Führung durch eine große Bierbraustätte, der Miller-Brewley, nicht fehlen.

Nach der Abreise von Milwaukee sah das umfangreiche Programm noch einen zweiten Auftritt beim Chicagoer Heimatfest in Lake Villa vor. Dann ging es zu den Gasteltern nach Chicago zurück, wo der zweitägige Aufenthalt mit einem interessanten Stadtrundgang und einem Museumsbesuch bereichert wurde. Aus anderen Teilen der USA waren inzwischen auch Verwandte von Gruppenangehörigen angereist. So gab es seltene Wiedersehen.

Durch schier endlose amerikanische Landschaften, was für ein Kontrast zu den gewaltigen Großstädten, führte die anschließende siebenstündige Busfahrt in die Stadt Akron im Staate Ohio. Der Auftritt der Freisinger war schön und wurde gefeiert. Die im Vorjahr in Freising geknüpften Bande wurden weiter vertieft. Man verbrachte großartige Stunden, so auch einen ganztägigen Besuch im Freizeitparadies „Geauga Lake".

Nun ging es zur letzten Auftrittsstation in Cleveland am Eriesee. In Cleveland wurde gerade am Labourday-Wochenende der Tag der Donauschwaben im deutschamerikanischen Kulturzentrum im Lenau-Park mit Trachtengruppen aus amerikanischen Städten und Kanadas begangen. Die mitwirkende Donauschwäbische Trachtengruppe aus Freising erntete bei ihren Auftritten vor Tausenden von Zuschauern großen Applaus. Hier darf erwähnt werden, daß die Musiker der Gruppe mit ihrem Leiter, Herrn Reinhard Scherer, alle Auftritte verschönten und zum großen Erfolg wesentlich beigetragen haben. Die Heimatausstellung und Trachtenschau in Cleveland vermittelte den Freisingern, daß Zusammenhalt und Bewahrung des deutschen kulturellen Erbes den Donauschwaben in Amerika ein Herzensbedürfnis sind.

Nach 22 Tagen, jeder für sich einmalig und schön, mußte Abschied genommen werden. In Cleveland verzögerte sich wegen technischer Schwierigkeiten der Abflug, so daß es Verspätungen in Toronto und Frankfurt gab und die große Gruppe auf mehrere Flüge verteilt werden mußte. In München kamen sie aber schließlich alle wieder wohlbehalten an, einschließlich des Vorsitzenden Josef Schmidmaier, der mit seiner Familie zunächst in Toronto zurückgeblieben war und einige Stunden später, über London kommend, die Heimat erreichte.

Diese schöne erlebnisreiche Auslandsreise hat mit allen Auftritten dem Vertiefen früher geknüpfter Beziehungen und dem Kennenlernen von vielen liebenswerten, überaus gastfreundlichen Menschen bei jedem Teilnehmer der Gruppe einen gewaltigen Eindruck hinterlassen.

Nicht vergessen in diesem kurzen Bericht darf man schließlich, daß in allen Auftrittsorten die Leiterin der Trachtengruppe, Frau Annemarie Baer, und der erste Vorsitzende, Herr Josef Schmidmair, die Freude hatten, Erinnerungsgeschenke (Bücher, Krüge oder Teller) der Stadt und des Landkreises Freising an die Gastgeber zu überreichen. In ähnlicher Weise wurde die dankende Trachtengruppe von ihren großzügigen Gastgebern überall bedacht. Die Donauschwäbische Trachtengruppe, die dieses Jahr ihr 40jähriges Bestehen begeht, glaubt, Freising und den Landkreis gut vertreten zu haben. Das ist nicht zuletzt auch aus den Publikationen der deutsch-amerikanischen Presse ersichtlich geworden. So widmeten unter anderem die deutschsprachige „Nordamerikanische Wochenpost für die USA und Kanada" (Detroit), die Wochenzeitung „Eintracht" (Chicago) und das Monatsblatt des Verbandes der Donauschwaben in Kanada und USA „Der Heimatbote" (Toronto) den Auftritten und Seminaren ausführliche, zum Teil ganzseitige Berichte mit Fotos der Trachtengruppe.

Die erlebnisreichen Wochen in Kanada und den USA verbinden alle Gruppenteilnehmer mit ihrem sehr herzlichen Dank an alle ihre Gastgeber. Die schöne Erinnerung bleibt für immer erhalten!

J. Sch.

Auf dem Heimweg

Der Pilgrim, dem die blauen Heimathügel winken,
hält an in langem Schweigen vor dem letzten Gang;
im Ährenmeer die Sensen silbern blinken,
nicht ist der Tag für alle Mühn zu lang.

Behutsam reift der große, gute Frieden,
der ganz das stummgewordne Herz erfüllt,
vom Himmel rinnt die Wärme, und hinieden
ist alles in ein Feierkleid gehüllt.

Klar blickt das Auge und umfaßt die Ferne
wie eine Schale, an deren Glanze bricht
der Himmelssaum. Und alle Sterne,

die einst die jugendliche Stirne hellten,
verhüllt hat sie des Tags noch volles Licht –
und mittendrin lebt Gott in seinen Welten.

Rudolf Hollinger

Donauschwaben in Kalifornien

Kalifornien

Das Land ist der südlichste Teil der drei pazifischen Staaten der USA, ist 411 014 Quadratkilometer groß und besitzt etwa 21 Millionen Einwohner. Die ständige Bevölkerungszunahme ist ein Ausdruck der noch immer andauernden Westwanderung. Hauptstadt ist Sacramento.

Zwar haben die Spanier schon 1542 Südkalifornien von Mexiko aus entdeckt, doch begann die Besiedlung erst mit der Gründung von Missionen durch die Jesuiten 1697. Ab 1769 begannen die Franziskaner, Oberkalifornien von San Diego aus zu erschließen. Sie gründeten entlang der Küste und in den Tälern Missionsniederlassungen. Man betrieb Gartenbau und extensive Viehzucht.

Nachdem Kalifornien 1821 bis 1824 mexikanische Provinz geworden war, entdeckten Jäger und Walfänger die Fruchtbarkeit des Landes. Nach dem Krieg zwischen den Vereinigten Staaten und Mexiko 1846 bis 1848 trat Mexiko Oberkalifornien an die Vereinigten Staaten ab. Am 9. September 1850 wurde Kalifornien als 31. Staat in die Union aufgenommen.

Landschaft und Klima begünstigen eine ergiebige Landschaft und eine extensive Viehzucht. Das Land ist reich an Bodenschätzen: Silber, Kupfer, Blei, Zink, Quecksilber, Erdöl, Erdgas. In der Mitte des 19. Jahrhunderts wurden große Goldvorräte gefunden. Einer der bekanntesten und erfolgreichsten Goldsucher war Johann Sutter. Im Jahre 1834 wanderte er in Amerika ein. Seine frühere Heimat war Deutschland, seine Eltern waren Schweizer. Auf seinem Lande, das am Flußbett vom American River und Sacramento River lag, wurde sehr viel Gold gefunden. Heute steht auf diesem Ort ein historisches Museum, das Zeugnis ablegt vom damaligen Goldrausch.

Erwähnenswert ist die Flugzeugindustrie um Los Angeles und die Filmherstellung in Hollywood. Die bedeutende University of California, gegründet 1858, ist mit über 100 000 Studenten eine der größten Universitäten der Welt.

Die günstigen Lebensbedingungen haben schon im 19., insbesondere aber im 20. Jahrhundert auch Deutsche bewogen, sich in Kalifornien anzusiedeln. Sie haben sich durch Fleiß und Unternehmungsgeist ausgezeichnet und sind verhältnismäßig schnell zu Wohlhabenheit gekommen. Nach dem 2. Weltkrieg fanden hier, insbesondere in Los Angeles und Umgebung, viele Donauschwaben eine neue Heimat.

Father Lani – Aus einem Bericht:

In diesem reichen Land kamen die Donauschwaben im 6. Jahrzehnt dieses Jahrhunderts an. Gewiß waren wir in keiner beneidenswerten Lage, denn viel mehr als Handgepäck nannte keiner von uns sein Eigentum. Fremd war uns die Umgebung, fremd der Gang des Großbetriebs, fremd waren uns Gebräuche und Sitten dieses Landes, und fremd war uns die Vielfalt seiner Menschen. Am schmerzlichsten für uns war die Tatsache, daß wir die Landessprache nicht beherrschten. Dies war für uns ein besonders peinlicher und hemmender Faktor. Dazu kam noch, daß jede Familie bis 600 Dollar der Kirche schuldete, denn die Landreise und die Gepäckkosten bezahlte für uns die Kirche, und wir mußten diese Auslagen zurückerstatten.

Wir fanden hier aber Landsmann Father Lani. Vor seinem Gedenken stehen wir heute still, bewundern das vielseitige Wesen dieses Mannes und gedenken in Liebe seiner Tatkraft, die er für uns, seine Landsleute, entfaltet hatte.

Über die Ankunft in Los Angeles berichtet ein Landsmann folgendes:

Als wir mit dem Zuge auf der großen „Union Station" in Los Angeles ankamen, standen schon die Taxis wartend vor der Pforte des Bahnhofes, und eine Familie nach der anderen wurde zur Kirche gebracht. Hier wurden wir mit einem wohlschmeckenden Essen empfangen. Nie werde ich vergessen, es gab Speck und Eier, das amerikanische Frühstücksgericht. Zu Ehren der Frauen, die dieses Essen vorbereitet haben, muß ich sagen: Es hat vorzüglich geschmeckt. Soviel ich mich erinnern kann, wurde die Küche damals von Frau Noll geführt, einer gütigen Frau, die bestrebt war, jedem einzelnen von uns zu helfen. Ihre Tochter, Frau Maria Schönfeld, stand ihr hilfreich zur Seite und half später viel unseren Frauen. Sie half ihnen bei der Suche nach Arbeit, brachte sie in Krankheitsfällen ins

Krankenhaus, bei Geburten in die Klinik und stand ihnen in vielen anderen Gelegenheiten bei.

Für uns alle war dieses Essen eine Wohltat, denn vorher hatten wir uns 14 Tage lang auf dem Schiff mit einem konservierten Kommißessen begnügen müssen, und die meisten von uns waren seekrank. Nach der Seefahrt kam eine sozusagen endlose Bahnfahrt, die drei Nächte und zwei Tage dauerte, wo wir auch nur kalte Speisen hatten. Als wir endlich satt waren, begrüßte uns Father Lani, hieß uns herzlich willkommen und betonte, daß nun ein neues Leben für uns beginne. Unter anderem sagte er auch, ich werde es nie vergessen: „Wißt ihr, liewi Landsleit, Amerika is a wunderbares Land, da wachst es Geld en de Bäm, norr" – und hier setzte er eine Weile aus, gerade so, als überlegte er, ob er uns dies zutrauen könne oder nicht – „norr mir muß se gut schittle." Diese sinnbildlichen Worte, in unserer Mundart gesprochen, beeindruckten uns alle sehr. Wir verstanden auch ihren Sinn, denn er wollte bloß sagen, daß man materiell hier leicht vorwärts kommen kann, nur muß man bereit sein, zu arbeiten.

Bei Gott, das waren wir auch, denn wir hatten auch vorher in Österreich und Deutschland nicht gefaulenzt und kamen mit der Absicht hierher, ein neues Leben zu beginnen. Man frage nicht, zum wievielten Male wir ein neues Leben beginnen. Wenn aber jemals Worte eines führenden Mannes auf fruchtbaren Boden gefallen sind, so sind es diese Worte Father Lanis gewesen. Wir waren nicht nur bereit, jede Arbeit zu tun, sondern wir waren auch willig, um jeden Preis zu arbeiten. So mancher Betrieb in Los Angeles und Umgebung nützte diesen Willen zur Arbeit unserer Leute aus und bezahlte uns nur minimal, weil wir die Sprache nicht beherrschten und die Verhältnisse nicht kannten. Jedoch der Sparsinn unserer Leute und der biologisch gesunde Naturverstand unserer Menschen trug viel dazu bei, daß bald alle einen angemessenen und ihren Fähigkeiten entsprechenden Arbeitsplatz fanden.

Wir hatten aber auch eine gute Rückendeckung, denn angefangen von der Stunde unserer Ankunft hier, betrachtete es Father Lani als seine Aufgabe, für uns zu sorgen. Wir sprachen ihn nach amerikanischer Gepflogenheit als „Father" an und wir fanden alle einen „Vater" in ihm, der sich bemühte, uns eine Wohnung zu finden, einen Arbeits-

platz zu sichern, im Krankheitsfalle einen Arzt zu besorgen, in jeder Bedrängnis, ganz gleich welcher Art sie war, wandten wir uns an den „Father".

Seine Predigten, die er Sonntag für Sonntag hielt, waren immer auf das Niveau unserer Menschen ausgerichtet, ganz

Father Lani.

134

gleich zu welchem Thema er sprach, er hatte immer ein passendes Beispiel dazu. Gelegentlich, als er über die Andacht beim Beten predigte, führte er einmal folgendes Beispiel an: Im 1. Weltkrieg hatte ich einen Putzer, der hieß Michel. Er konnte nicht lesen und nicht schreiben. Wenn er zu Bett ging, faltete er die Hände und sagte: „Herrgott, der Michel geht jetzt schlofe", diese andächtig gesprochenen Worte waren sein Abendgebet. In der Früh, wenn er aufstand, faltete er wieder die Hände und sagte: „Herrgott, de Michel steht jetz uf."

Mit diesem einfachen, aber eindeutigen Beispiel versuchte er klar zu machen, daß das Gebet nur dann einen Sinn hat, wenn es in Andacht gesprochen wird und ihm eine innere Ergriffenheit zugrunde liegt.

Auf solche und ähnliche Art verstand es Father Lani, einen wunderbaren Kontakt mit unseren Menschen aufrecht zu erhalten. Dadurch wurde es uns auch erleicht, die harten Anfangszustände gut zu überstehen. Gewiß war das Leben in der neuen Welt nicht leicht, aber der zähe Wille unserer Menschen überbrückte oft ungeheure Schwierigkeiten.

Father Lani hatte im Laufe der kurzen Zeit alle nur möglichen Organisationen geschaffen, um viel mehr Menschen zu erfassen und dadurch an sich und die Kirche zu binden. Folgende Vereine hat Father Lani nach seinem Tode zurückgelassen:

Der St.-Emmerich-Verein, welcher schon vor unserer Zeit seine Gründung fand. Ursprünglich war er ein Krankenunterstützungs- und Sterbeverein. Erst nach Auflösung der Kultursektion Lenau wurden seine Statuten geändert und alle anderen Vereine wurden ihm als Sektionen einverleibt. Der Kirchenchor, welcher ein gemischter Chor war, trat sowohl in der Kirche wie auch öffentlich bei unseren Veranstaltungen auf.

Father Lani, der ein sehr vielseitig begabter Mensch war, dirigierte den Chor und hatte selber einige Kompositionen. Bei der Einweihung des Beethovendenkmals im Hindenburgpark bewies Father Lani der Öffentlichkeit, daß er auf musikalischem Gebiet ein Talent war, als er den 300 Personen umfassenden Chor dirigierte. Dieser Chor setzte sich aus dem „Frohsinn-Damen- und Männerchor", dem „Turner-Männerchor" und dem „Donauschwäbischen Kirchenchor" zusammen.

Bei dieser Gelegenheit erntete Father Lani mit seinen Sängern rauschenden Beifall, und er selbst gewann sehr viel an Popularität in allen deutschen Kreisen.

Durch Vorsprache einiger volksbewußter Männer bei Father Lani wurde schon im Sommer 1952 eine Schule für unsere Kinder bei der Kirche errichtet. Die neu errichtete Schule wurde im Festsaal der Kirche untergebracht. Der Unterricht wurde von Frau Maria Spitz, Frau Maria Metzger und Fräulein Seemayer durchgeführt. Father Lani bestritt den Religionsunterricht, gleichzeitig hatte er auch die Leitung der Schule inne.

Father Lani war nicht nur ein vielseitig begabter Mensch, sondern er war auch ein guter Menschenkenner, der die Fähigkeit hatte, eine gegebene Situation voll und ganz zu übersehen und mit einem entsprechenden Weitblick zu betrachten. Durch den Einwanderungsstrom seiner Landsleute, der Donauschwaben, blühte seine Kirche auf, und er war sich dessen bewußt, daß er der Hilfe der Jugend bedürfe. Mit nichts anderem aber konnte man die Jugend mehr fesseln und zusammenhalten, als durch die Gründung eines Sportvereins. Father Lani war selbst ein großer Anhänger des Fußballsports. Im April 1953 wurden die bereits bestehenden Mannschaften in die „Donauschwäbische Sportvereinigung" eingegliedert. Die von Frau Gassner gegründete Volkstanzgruppe machte es sich zur Aufgabe, die kulturellen Veranstaltungen mit ihren Darbietungen auszuschmücken.

Die Jugendmusikkapelle hat ihre Gründung Father Lani zu verdanken. Ungefähr 50 bis 60 Jugendliche beiderlei Geschlechts, alle noch im schulpflichtigen Alter, wurden mit Instrumenten versorgt. Kapellmeister war Father Lani. Father Lani schied viel zu früh aus unserer Mitte, denn am 19. November 1954 starb er und ließ seine Kirchengemeinde ohne ihren geliebten Seelenhirten zurück.

Donauschwäbische Vereinigung in Südkalifornien

Landsmann Josef Hock hatte mit 15 einflußreichen Landsleuten Fühlung genommen. Bei einem Festbankett mit Sen. Meder wurde der Gründungsausschuß für die Donauschwäbische Vereinigung ins Leben gerufen. Karl Herz übernahm den Vorsitz des Vorbereitungsausschusses.

Damit wurde am 17. September 1957 der Grundstein der Donauschwäbischen Vereinigung von Südkalifornien gelegt. Diese alles umfassende neue Vereinigung hatte es sich zur Aufgabe gemacht, alle Donauschwaben in unserem Bereich zu erfassen, ganz gleich, welchem Verein, welcher Konfession und welchem Gebiet sie angehörten. Nach diesem Grundsatz wurde die Donauschwäbische Vereinigung in all den späteren Jahren von Landsmann Karl Herz geführt.

Bei den Vorbereitungsarbeiten zur Gründung der Donauschwäbischen Vereinigung standen Landsmann Karl Herz folgende Landsleute als Mitarbeiter zur Seite:
Jakob Berlethi, Anton Büchler, Josef Büchler, Ferdinand Drumm, Franz Erdelji, Peter Gänger, Lorenz Hehn, Josef Hock, Georg Imhof, Sebastian Magnet, Georg Oberding, Heinrich Rick, Johann Schank, Richard Scherer, Theodor Schweininger, Jakob Täubel und Jakob Tauss.

In Zusammenarbeit mit den oben angeführten Landsleuten wurden die Satzungen ausgearbeitet und zur Genehmigung durch den Advokaten Burry nach Sacramento geschickt. Am 19. Dezember 1957 wurden die Satzungen vom State Department genehmigt und die Gründungsversammlung für den 23. Februar 1958 anberaumt. Dies war ein Sonntag, um 4 Uhr wurde die Versammlung eröffnet, bei welcher 135 Landsleute anwesend waren.

Die Eröffnung wurde von Landsmann Karl Herz vorgenommen. In seiner Begrüßung deutete er auf die Notwendigkeit hin, uns alle zusammenzuschließen in einer Organisation, worin unsere Rechte vertreten und unsere Interessen wahrgenommen werden. Gleichzeitig soll in dieser Organisation ein Rahmen gefunden werden, worin wir als Gemeinschaft unsere Sitten und Gebräuche pflegen und unsere Feste artgemäß feiern können. Von Landsmann

Lorenz Hehn wurden dann die Satzungen verlesen, wovon die Einleitung folgendermaßen lautet:
In der Erkenntnis, daß die Donauschwaben durch Abstammung – gemeinsame Geschichte und Kultur und durch gleiche Schicksalsschläge eine lebendige Gemeinschaft sind, schließen sie sich, ob Alt- oder Neueinwanderer, in der „Donauschwäbischen Vereinigung von Südkalifornien Inc." zusammen.

Ziel und Zweck der Vereinigung: Erhaltung und Förderung der deutschen Muttersprache; die geistig-kulturellen Werte und das Gedenken an ihre geschichtlichen und völkerverbindenden Leistungen zu erhalten und zu pflegen; die moralische und materielle Wiedergutmachung des ihnen von den jetzigen Regierungen ihrer Heimatstaaten zugefügten Unrechtes mit allen Kräften anzustreben.

Ein besonderes Augenmerk soll der Liebe und Treue zum neuen Vaterland gewidmet werden, mit der Empfehlung, amerikanische Staatsbürger zu werden.

Die Satzungen wurden von der Gründungsversammlung der Donauschwäbischen Vereinigung gutgeheißen und angenommen.

Anschließend wurde die Wahl des Vorstandes durchgeführt: Präsident Karl Herz; 1. Vizepräsident Peter Gänger; 2. Vizepräsident Heinrich Rick; Schriftführer Lorenz Hehn; 2. Schriftführer Karl Hauschka; Kassier Josef Hock; 2. Kassier Simon Metzger; Kassenprüfer Georg Imhof; 2. Kassenprüfer Kaspar Reiss; Ausschußmitglieder: Jakob Berleth, Josef Büchler, Helene Burger, Anton Hellebrandt, Magdalena Reyer, Richard Scherer, Jakob Tauss.
Folgende Vereine und Gruppen haben sich zum Teil sofort der Donauschwäbischen Vereinigung angeschlossen, zum Teil kamen sie im Laufe der Jahre dazu:
Das Donauschwäbische Hilfswerk: Das Donauschwäbische Hilfswerk wurde am 12. Dezember 1954 in der Halle der St.-Stephans-Kirche durch eine kleine Schar von Landsleuten gegründet. Der Leitgedanke, der bei dieser Gründung Pate stand, war, daß wir uns unseren Landsleuten gegenüber hier in Amerika, die uns seinerzeit laufend Liebespakete und viele andere Hilfe zuteil werden ließen, am würdigsten erweisen, wenn wir anderen notleidenden Landsleuten hilfreich entgegenkommen. Wir waren uns darüber im klaren, daß mit unserer Auswanderung das Problem

unserer Landsleute drüben in Europa noch nicht gelöst ist.

Beim Auf- und Ausbau des Hilfswerks wurde die Vereinsleitung durch Herrn und Frau Kleinhenz, die Inhaber der Filmbühne „La Tosca", und durch die „California Staatszeitung" maßgeblich unterstützt. Später kam noch die „California Freie Presse" dazu.

Durch die von Frau Kleinhenz geleitete deutsche Radiostunde erreichte das Hilfswerk die donauschwäbische und deutsche Hörerschaft und konnte auf diesem Wege die Öffentlichkeit über die Ziele und Absichten des Hilfswerkes aufklären. Die beiden genannten deutschen Zeitungen brachten die Aufrufe und Ergebnismeldungen des Hilfswerkes kostenlos.

Durch die vorstehend angeführten Wege zur Öffentlichkeit fand das Hilfswerk viel Unterstützung und Verständnis bei den Landsleuten wie auch bei den Inhabern von deutschen Firmen und Geschäften. Eine rege Aufbautätigkeit setzte ein. Trotzdem die Mitgliederzahl nie sehr hoch war (Höchststand 119), konnten beachtliche Erfolge erzielt werden.

In engster Zusammenarbeit mit kirchlichen und landsmannschaftlichen Stellen in Österreich und Deutschland wurden Weihnachtszuwendungen durchgeführt. Im Laufe der Zeit hatte sich, mit nachstehend angeführten Organisationen oder Einzelpersonen, eine sehr ersprießliche Zusammenarbeit herausgebildet:

Donauschwäbische Landsmannschaft Ried i. Innkreis, Österreich;
Charitas der Diözese Seckau;
Flüchtlingsfürsorge, Graz, Österreich;
Senior Heinrich Meder, Wien;
Rektor Gotthold Göring, Wien;
Landsmannschaft der Deutschen aus Jugoslawien, Bundesverband e. V., Stuttgart;
Evangelische Heimschule Siloah, Eglofstal, Kreis Wangen;
Jugenddorf Klinge, Seckach, Nordbaden;
Kinderheim „Josefsheim", Reitenbuch über Augsburg.

Die Vereinsleitung des Hilfswerkes, die im ersten Jahre des Bestehens vom Vorsitzenden Landsmann Martin Jung geführt und nachher von Landsmann Jakob Täubel übernommen wurde, ergänzte sich aus der nachstehend angeführten Namensliste von Landsleuten:

Josef Bauer, Jakob Berleth, Anton Büchler, Dr. Hans Büchler, Josef Büchler, Franz Erdelji, Peter Gänger, Karl Greger, Barbara Gregor, Lorenz Hehn, Josef Hock, Georg Imhof, Josef Lepold, Sebastian Magnet, Josef Maser, Martin Mayer, Anton Merkl, Elisabeth Merkl, Lorenz Merkl, Blasius Merli, Anna Oberding, Georg Oberding, Helene Öffler, Julius Öffler, Ven Remlinger, Johann Spitz, Maria Spitz, Stefan Veit.

„Danubia", Donauschwäbische Sportvereinigung: Am 1. Juni 1958, bei der Hauptversammlung der Donauschwäbischen Sportvereinigung, wurde der einstimmige Beschluß gefaßt, daß die „Danubia" der Donauschwäbischen Vereinigung als Mitglied beitreten wird. Die Leitung der Donauschwäbischen Vereinigung war sofort bereit, diesem Wunsch entgegenzukommen, und Landsmann Jakob Täubel und Landsmann Josef Hefner wurden von der Sportvereinigung als Vertreter in den Ausschuß der Donauschwäbischen Vereinigung entsandt.

In den darauffolgenden Jahren hat sich die Zusammenarbeit dieser zwei Vereine für beide Teile sehr fruchtbar ausgewirkt. Durch diesen Zusammenschluß ist es gelungen, einen Großteil unserer Jugend an die Vereinigung zu binden, und andererseits konnte dem Sportverein oftmals finanziell unter die Arme gegriffen werden, da die Aufrechterhaltung eines Sportvereins mit sehr viel Auslagen verbunden ist.

Ferner soll nicht vergessen werden, daß bei den großen Veranstaltungen der Donauschwäbischen Vereinigung, wie dem „Tag der Donauschwaben" und den Silversterfeiern, die jedes Jahr seit der Gründung stattfanden, die Mitglieder der „Danubia" immer hilfreich der Leitung entgegenkamen. Erst mit Hilfe unserer Jugend war es möglich, diese großen Feste zu organisieren und zu gestalten.

Die Donauschwäbische Vereinigung in Südkalifornien entfaltete im Laufe der Jahre eine überaus rege und erfolgreiche Tätigkeit. Die Jugendgruppe machte es sich zur Aufgabe, alle donauschwäbischen Jugendlichen, sowohl Jungen wie auch Mädchen, zu erfassen und ihnen deutsche Lieder und Volkstänze beizubringen. Desgleichen sollte sie über die angestammte Heimat im südöstlichen Donauraum und über die Geschichte und Kultur der Donauschwaben die nötigen Kenntnisse erwerben, gleichzeitig aber auch durch Sport und Spiel körperlich ertüchtigt werden.

Vorstand der Donauschwäbischen Vereinigung 1967.

Am 2. November 1965 wurde die Donauschwäbische Frauenabteilung gegründet. Die Leitung übernahm Frau Helene Burger geb. Sadlon, Stellvertreterin Maria Kecks. Die Frauen waren bemüht, die altüberlieferte Familientradition zu wahren, die Muttersprache zu pflegen und die Vereinigung bei der Fest- und Feiergestaltung zu untersützen.

Betroffen stehst du plötzlich still,
den Blick gedankenvoll auf das Vergangene heftend;
die Wehmut lehnt an deine Schulter sich
und wiederholt in deine Seele dir,
wie lieblich alles war, und
daß es damit zu Ende für immer sei,
für immer.

Mörike

Tag der Donauschwaben 1967. Dr. Montag Redner, sitzend die Herren Voh, Herz, Gassner, Brandt, stehend: Schank.

Aus der Überlegung heraus, mehr Jugendliche an die Vereinigung zu binden, wurde im Februar 1966 die Donauschwäbische Jugendkapelle ins Leben gerufen. Die Anregung kam vom damaligen Präsidenten Peter Kecks in Zusammenarbeit mit Musiklehrer Rudolf Schmelka. Nach ihrer Gründung erfreute die Kapelle ihre Zuhörer bei Muttertagsfeiern, Weihnachtsfeiern, Schulfeiern, Kirchweihfesten und Picknicks. Anklang fand sie auch in Altersheimen, Hospitälern und beim Rundfunk.

Die Donauschwäbische Tanzgruppe trat in ihrer hübschen, farbenprächtigen Tracht mit großem Erfolg bei verschiedenen Anlässen auf, so bei Festen und Paraden, und nahm an internationalen Veranstaltungen teil. Sie verstand es, mit ihren Volkstänzen die Zuschauer zu begeistern.

Erfolgreich war auch die Donauschwäbische Blaskapelle, die 1962 gegründet wurde. Bald erfreute sie sich großer Beliebtheit. Überall, wo es lustig und beschwingt zuging, war die Blaskapelle dabei. Man konnte sich ein Picknick oder eine Kirchweih ohne sie gar nicht mehr vorstellen.

Im geistigen Leben spielte die Bücherei eine bedeutsame Rolle. Sie wurde von Josef Hock unter der Mitarbeit von Jakob Täubel gegründet. Meta Kleinhenz, Inhaberin der deutschen Filmbühne „La Tosca", trug viel zum Aufbau der Bücherei bei. Als Leiterin des Deutschen Rundfunks gab sie kostenlos Aufforderungen zu Bücherspenden an die deutsche Bevölkerung weiter, die sehr erfolgreich waren. Betreuer der Bücherei: Josef Hock, Michael Leinz, Martin Jung, Bohmann, Liesel Hepp/Spitz, Karl Weinhardt, Jakob Täubel.

Der Wirkungskreis der Donauschwäbischen Vereinigung

Die Gründung der Vereinigung war Ausdruck der Treue zum angestammten Volkstum und ein gutes Zeichen vom Lebenswillen der kleinen donauschwäbischen Gemeinschaft, die sich durch den Einwanderungsstrom in den 50er Jahren bis 1000 Familien erhöhte.

Die Aufgabe der Vereinigung bestand vor allem darin, die Landsleute auf Vereinsbasis zu erfassen und durch verschiedene Veranstaltungen und Darbietungen in den Reihen der Landsmannschaft zu halten. Eine weitere Aufgabe bestand darin, die Verbindung zu den Landsmannschaften in Deutschland und Österreich aufrecht zu erhalten und diese zu pflegen. Ein besonderes Gewicht wurde auf die Jugendarbeit gelegt, zumal die Jugend Trägerin der Zukunft ist. Auch dachte man ursprünglich an den Bau eines „Hauses der Donauschwaben".

Überblickt man die vielseitige Tätigkeit der Vereinigung, so müssen folgende Tätigkeitsbereiche hervorgehoben werden: Der „Tag der Donauschwaben" war von Anfang an ein Bekenntnis zu der angeborenen Gemeinschaft, die das Nachkriegsschicksal notgedrungen ins Leben rief. Diese Großveranstaltung war und ist ein Bekenntnis zu der alten Heimat, zum Werk der Ahnen und Vorfahren, zu ihrer Kultur und ihren Traditionen, gleichzeitig aber auch ein Bekenntnis zur neuen Heimat.

Die Kirchweihfeier ist eigentlich ein Erntedankfest und wird nach den Überlieferungen der alten Heimat besinnlich-froh gefeiert. Das Programm liegt hauptsächlich in den Händen der Jugend.

Die Weihnachtsfeier und die Silvesterfeier stellen jedes Jahr mit ihrem sinnvollen Festprogramm ein Stück Heimat dar. Jung und alt freut sich auf diese Tage. Auch hier sind die Kinder und die Jugend an der Programmgestaltung mit Liedern, Gedichten und Weihnachtsspielen vielfach beteiligt.

Wie aus einem Bericht hervorgeht, betrachtet es die Vereinigung als eine ihrer Hauptaufgaben, die Verbindung mit den donauschwäbischen Landsmannschaften „von drüben" herzustellen und unermüdlich zu pflegen. Im Laufe der Zeit konnten folgende führende Männer und Frauen aus Deutschland beziehungsweise Österreich begrüßt werden: Pfarrer Paul Wagner, Professor Anton Valentin, Jakob Wolf, Franz Hamm, Leopold Egger, Gertrude Steiner, Dr. Josef Trischler, Dr. Adam Krämer, Lehrer Josef Senz, Lehrer Nikolaus Engelmann, Lehrer Christian Brücker, Generalsekretär Eugen Philips, Florian Krämer, Geschwister Kuhn, Josef Gassner.

Lobenswert werden in einem Bericht die Charterflüge, die Verdienste der Vorsitzenden in den 50er und 60er Jahren Karl Herz und Peter Kecks sowie der Beitritt der Vereinigung zum „Deutsch-Amerikanischen Verband" mit den Delegierten Reinhold Grassl, Richard Scherer, Fritz Stuhlmüller und Nikolaus Werth erwähnt.

30 Jahre Donauschwäbische Vereinigung von Südkalifornien

Das 30jährige Jubiläum war schon etwas ganz Besonderes für die Donauschwaben in Südkalifornien. Die Feier fing mit einem guten Tropfen in der Empfangshalle und um den Pool vom Hilton Hotel in Whittier an. Um 7 Uhr abends waren sämtliche 370 Plätze im Ballroom besetzt. Man saß an festlich gedeckten runden Tischen, und das Musikpodium war rechts und links von hübschen Blumenarrangements eingerahmt. Die Tischblumenarrangements waren von einigen donauschwäbischen Tanzgruppenmitgliedern fachmännisch gefertigt und verdienten großes Lob.

Nach der Begrüßung durch den Sprecher der Vereinigung – Rüdiger Stuhlmüller – wandte sich Pastor Bless von der Old World Evangelischen Kirche mit folgenden Worten an den Herrn:

„Im Namen des Vaters und des Sohnes und des Heiligen Geistes. Christus lehrt uns, auch für alle unsere Brüder zu beten. Er sagt nämlich nicht ‚Mein Vater‘, sondern ‚Unser Vater‘. Damit will er unsere Gebete zu einer Fürbitte für die ganze gemeinsame Kirche erheben und uns lehren, nie an uns allein zu denken, sondern immer auch an den Nächsten. Dadurch macht er aber auch Feindschaften unmöglich, unterdrückt den Stolz, verbannt den Neid und öffnet die Liebe – der Quelle alles Guten – den Zugang zu allen Menschen."

Nach der Bitte um Gottes Segen begann das Festessen. Zwischen Salat und Hauptmahlzeit wurden für jeden Anwesenden ein Los für einen Rückflug nach Deutschland für zwei Personen mit Plan Am Airline auf den Tischen deponiert. Leichte Dinner-Tanzmusik der „Dominos" gab dem Fest einen elegant gelockerten Rahmen. Spontan und ganz unprogrammgemäß begaben sich schon zwischen Hauptmahlzeit und Nachtisch einige leichtfüßige Paare auf die Tanzfläche.

Die Worte nach der Mahlzeit wurden von Father Hermann Josef Rettig I. Präm. gesprochen. Ein kurzer Rückblick auf die vergangenen 300 Jahre und die Historie der Donauschwaben leitete zu einem stillen Gebet für die vielen Opfer, welche auf dem Wege der donauschwäbischen Geschichte blieben.

Father Rettig sprach vom Fleiß, der Ehrlichkeit der Donauschwaben und von ihrer Treue zu Gott. Er ermahnte zum Beibehalten dieser Charaktereigenschaften im Gedenken an die Ahnen und als Bedürfnis für die donauschwäbische jüngere Generation. Er bestätigte diese Notwendigkeit zur Erinnerung, woher die Menschen kommen, wie auch die Notwendigkeit der Kirche als Wegweiser dazu, wohin sie einst gehen werden. In diesem Sinne erbat er dann Gottes Segen.

Begrüßt wurden vom Präsidenten der Donauschwäbischen Vereinigung von Südkalifornien Friedrich Stuhlmüller folgende Ehrengäste:
Father Hermann Josef Rettig, St. Stephanskirche; Pastor Bless und Gattin von der evangelischen Kirche in der Old World; Vizekonsul Hans Zeidler und Gattin vom Deutschen Generalkonsulat; der österreichische Konsul Dr. Nikolaus Scherk mit Gattin; Ehrenpräsident und ehemaliger Präsident des D.S.V. Peter Keks; Ehrenpräsident und Bundesverdienstkreuzträger Johann Schank; Ehrenpräsident des Deutsch-Amerikanischen Verbandes und Bundesverdienstkreuzträger 1. Klasse Walter Herms mit Gattin; Ehrenpräsident des Deutsch-Amerikanischen Verbandes und Bundesverdienstkreuzträger August Unterberger mit Gattin; Präsident der Donauschwäbischen Tanzgruppe Leo Mayer mit Gattin; Präsident der Kegler Christian Herz mit Gattin; Präsident des St.-Emmerich-Vereins Georg Schuller mit Gattin; Präsident des Phoenix-Clubs Paul Gunnemann mit Gattin.

Des weiteren waren unter den Gästen Präsident des Austrian-American Clubs Otto Friedler und Gattin; Präsident des Deutschen Schulvereins und Bundesverdienstkreuzträger Günther Kunkel mit Gattin; Präsident des Deutsch-Amerikanischen Verbandes Hans Schneider und Gattin und Fahnenpatin Maria Spitz.

Gratulationsschreiben trafen ein von den Oberlandlern, dem L. A. Stamm 252, dem Los Angeles Schwabenverein, vom „Frohsinn"-Damenchor und ein Telegramm des Bürgermeisters Dr. Dieter Burger von unserer Patenstadt Sindelfingen.

Der deutsche Vizekonsul Zeidler gab einen kurzen Rückblick über die donauschwäbische Geschichte, gratulierte und dankte dem Präsidenten Friedrich Stuhlmüller dafür, daß er in den letzten zehn Jahren so fleißig seine Landsleute zusammengehalten hat.

Zwischendurch fiel auch noch auf, daß Tibor Paul vom Deutschen Rundfunk vergessen wurde. Ihm, der für die Landsleute eine Brücke zur alten Heimat im Lied darstellt, wurde nun gesondert Ehre zuteil, mit Dankbarkeit in unser aller Herzen für seinen Beitrag für uns Deutschamerikaner über viele Jahre hinaus.

Der österreichische Konsul Dr. Scherk schloß sich mit kurzen Gratulationsworten den Gratulanten an.

Anschließend folgte ein von Gründungsmitglied Helene Burger vorgetragenes Gedicht mit dem Titel „Gebrochene Heimatglocken" und danach ein weiteres Gedicht in Mundart von heiterem Charakter, welches mit großem Applaus quittiert wurde.

Des weiteren wurden die Gründungs- und Ehrengäste begrüßt: 1. Vorstand Präsident Karl Herz, 1. Vizepräsident Peter Gaenger, 2. Vizepräsident Heinrich Rick, Schriftführer Karl Hauschka, Kassier Josef Hock, 2. Kassier Simon Metzger, Kassenprüfer Georg Imhof, 2. Kassenprüfer Kaspar Reiss, die Ausschußmitglieder Jakob Josef Buechler, Helene Burger, Anton Hellebrandt, Magdalena Reyer, Richard Scherer, Jakob Tauss, die Mitarbeiter Jakob Berleth, Anton Buechler, Josef Buechler, Ferdinand Drumm, Franz Erdeji, Peter Gaenger, Johann Schank, Theodor Schweininger, Jakob Tauss, Lorenz Hehn, Josef Hock, Georg Imhof, Sebastian Magnet, Georg Oberding, Heinrich Rick, Richard Scherer, Jakob Taeubel.

Nachdem die Präsidentin des „Frohsinn"-Damenchors, Maria Reidenbach, ihre Gratulation in Gedichtform vorgebracht hatte, überreichte der Sprecher der Vereinigung, Rüdiger Stuhlmüller, Fahnenpatin Maria Spitz einen Dankesstrauß für den Entwurf und die Farbzusammenstellung der Fahnen.

Nun verlas 1. Vizepräsident Dr. Frederick Sohl sein Gedicht an die – wie er spaßhaft meinte – Donauschwaben und an diejenigen, die es noch werden wollen.

Zu Worte meldete sich hernach noch kurz der Präsident des Austrian-American Clubs, Otto Friedler, mit seiner Gratulation in Form eines Buches über Österreich. Günther Kunkel vom Deutsch-Amerikanischen Schulverein sowie der Präsident des Phoenix-Clubs, Paul Gunnemann. Rüdiger Stuhlmüller verlas nun die Namen der Sponsoren für diesen unvergeßlichen Abend und erteilte Dankesurkunden an German-American League, Dr. Frederick und Charlotte Sohl, Ehepaar Niesner, Peter und Katharina Eschbach, Karl und Adele Burger, Donauschwäbische Bowling-League, Nick und Maria Becker, Jakob und Josefine Weggesser, Christian und Gerta Herz mit Magdalena Reyer, Richard und Katharina Scherer, Aerodynamic Engineering, Steve's Transmission Service, Multer Electric, Jakob und Maria Wersching, Zellner Plastering, Toni und Therese Merle, Alpine Village, Upland German Delicatessen, Josef und Hedwig Busch, Stefan Merle Plastering, Acme Food Specialties Inc.

Der offizielle Teil endete mit den Klängen des Radetzkymarsches und dem Einmarsch der Donauschwäbischen Tanzgruppe unter Leitung von Walter Wippler. Nach deren Vorführung war der Tanzboden für den allgemeinen Tanz freigegeben. Zwischendurch gaben Linda Linnebach, Opernstar, James Matranga, Tenor, und T. J. Lymenstull (am Klavier) eine Oper-/Operetteneinlage. Danach wurde Katharina Haas als Gewinnerin des Flugpreises gezogen. Helene Burger dankte im Namen der Donauschwäbischen Vereinigung von Südkalifornien dem Präsidenten der Vereinigung sowie dem Sprecher Rüdiger Stuhlmüller und der Vereinssekretärin Gerda Herz für die Mühe und die ganze mühsame Kleinarbeit, die sie bei der Organisation des Festes zu bewältigen hatten.

Friedrich Stuhlmüller hatte sich mit folgenden Worten an die Gäste gewandt: „Daß gerade ich heute zu unserer 30jährigen Bestehensfeier als ihr Präsident diene, erfüllt mich mit besonderem Stolz." Er erinnerte an die Gründung des Vereins am 23. Februar 1958 durch den 1. Präsidenten Karl Herz, den Entwurf der Fahne durch Maria Spitz, die Fahnenweihe, den persönlichen Einsatz unzähliger Landsleute. Stuhlmüller erbat Gottes Segen für die Arbeit der Vereinigung, damit sich die Ernte der Arbeit dreier Jahrzehnte in den Nachkommen genauso zeige, wie die Arbeit und der Fleiß der Vorfahren deren Charakter und Lebensstil bestimmt haben.　　　　Friedrich Stuhlmüller, 1988

Jahreshauptversammlung der Donauschwäbischen Vereinigung von Südkalifornien

Die Jahreshauptversammlung der Donauschwäbischen Vereinigung von Südkalifornien fand am 17. Januar im Heimathaus in Torrance statt. Präsident Fritz Stuhlmüller eröffnete die Versammlung mit der Begrüßung der anwesenden Mitglieder. Es folgte eine Minute des Gedenkens an den verdienten Lm. Lorenz Schwarz, der für mehrere Jahre Präsident der Sportvereinigung „Danubia" war.

Die Verlesung des Protokolls von der letzten Hauptversammlung erfolgte durch die Protokollsekretärin Gerta Herz. Hedwig Busch gab den Kassenbericht. Der Kassenstand zeigte einen erheblichen Gewinn. Die Kassenprüfer bestätigten die tadellose Buchführung. Erste Kassiererin Anna Schreiner berichtete über den Mitgliederstand der Vereinigung. Es ist kein Schwund zu verzeichnen. Insgesamt hat die Vereinigung 202 zahlende Mitglieder, und außerdem sind die Mitglieder des Sportklubs, der Tanzgruppe, des St.-Emmerich-Vereins und der Keglergruppe automatische Mitglieder ohne Beitragszahlung. Die früheren Mitglieder sind nach dem 75. Lebensjahr vom Beitrag befreit.

Der Bericht des Sportklubs mit 226 Mitgliedern wurde von Hans Spitz vorgetragen. Der Sportklub benötigt seit drei Jahren keine Subvention von der Vereinigung.

Über den St.-Emmerich-Verein berichtete Andreas Hubert. Der Verein hat seit der Gründung durch Father Lani im Jahre 1930 bis heute 42 100 Dollar Sterbegeld und 85 557 Dollar Krankengeld ausbezahlt und somit vielen Landsleuten geholfen. Besonders erfreut ist man, daß Georg Oberding seit 1969 Präsident ist und den Verein sehr erfolgreich leitet.

Der Bericht über die Tanzgruppe wurde durch Anna Schreiner gegeben. Er war sehr günstig, obwohl die Zahl der Auftritte etwas geringer war als 1980. Die drei Gruppen üben regelmäßig und sind erfolgreich. Besonderen Erfolg erzielte die Gruppe beim Besuch der Tanzgruppe „Carpatia" aus Detroit. Es war eine herzliche Begegnung. Die Kegler haben 12 Mannschaften, die sich wöchentlich treffen und eine gute Kameradschaft pflegen, berichtete Christian Herz.

Es folgte der Bericht des Regionals West, vorgetragen von Johann Schank. Er überbrachte zuerst die Grüße des Bundesvorsitzenden der donauschwäbischen Landsmannschaft in Deutschland, Christian L. Brücker. Sein Besuch in den Vereinigten Staaten ist sehr erwünscht, nicht nur von der hiesigen Vereinigung, sondern auch vom gesamten Verband der Donauschwaben auf diesem Kontinent, was von Präsident Theo Junker mitgeteilt wurde. Wir hoffen und wünschen, daß dieser Besuch heuer realisiert wird. Schank überbrachte auch Grüße des Landespräsidenten USA, Theodor Junker, der Schank telefonisch zur nächsten Sitzung des Verbandes im April in St. Louis einlud, da wichtige Verhandlungspunkte auf der Tagesordnung stehen. Pfarrer Griesser, der sehr viel zur Linderung der Flüchtlingsnot geleistet hat, wird in diesem Jahr eine Rundreise über unseren Kontinent machen. Er sollte auch eine Einladung von Los Angeles bekommen. Die Donauschwäbische Stiftung sollte noch heuer verwirklich werden. Weiter machte Schank auf zwei Neuerscheinungen auf dem Büchermarkt aufmerksam. Es handelt sich um „Entwicklung und Erbe des donauschwäbischen Volksstammes" und „Die Donauschwaben im Pannonischen Becken". Das erstgenannte Buch wurde von unseren bekanntesten und führenden Persönlichkeiten und Schriftstellern verfaßt.

Schank verwies darauf, daß noch Unterschriften für die Petition für unseren Lastenausgleich benötigt werden. Der Verband braucht noch viele Mitarbeiter für die Sammlung von Unterschriften. Ohne eine große Anzahl von Unterschriften gewinnen wir keine durchschlagende Kraft in diesem Land. Schank gab noch bekannt, daß er Mitte des Jahres in Pension gehen und sich noch mehr für das Wohl des Volkstums einsetzen wird.

Präsident Fritz Stuhlmüller berichtete über die Tätigkeit der Vereinigung. Er war tief beeindruckt vom Trachtenfest in Milwaukee. Der Besuch von Oberbürgermeister Dr. Dieter Burger aus Sindelfingen in unserer Gegend hinterließ einen nachhaltigen Eindruck. Er wird den Besuch beim Richtfest des erweiterten Baues des Hauses der Donauschwaben in Sindelfingen erwidern. Der Veranstaltungskalender für das Jahr 1982 ist wieder sehr reichhaltig.

Um Beteiligung aller Landsleute an den Veranstaltungen wird herzlich gebeten.

Nach einer Pause von 15 Minuten erfolgte die Wahl von sieben Ausschußmitgliedern. Von ihnen stellten sich sechs zur Wiederwahl, nämlich Rüdiger Stuhlmüller, Hedwig Busch, Gerta Herz, Josef Busch, Nick Thiel und Theresia Thiel. Frau Weber schied krankheitshalber aus. An ihre Stelle wurde Frau Katharina Scherer gewählt.

J. Schank, 1982

Vorstand der Donauschwaben von Südkalifornien 1990.

Die Landsleute in Südkalifornien feierten den Donauschwabentag

Auch heuer meinte es die Sonne recht gut zum großen Treffen im Alpine Village Park. Das hielt die Getreuen dennoch nicht zurück, sich pünktlich einzufinden. Nach der Eröffnung durch den Sprecher der Donauschwäbischen Vereinigung von Südkalifornien, Rüdiger Stuhlmüller, und nach dem stolzen Fahneneinmarsch sang Herbert Schwarz die vier Nationalhymnen. Begleitet wurde er von der deutsch-amerikanischen Blaskapelle unter der Leitung von Hans Schmelzer.

Pastor Röhr von der Wallfahrtsgemeinde Hambach am Fuße des Odenwaldes informierte vor einem kurzen Gebet über den wirtschaftlichen und moralischen Stand Deutschlands. Es war interessant, von der Befreiung vor der Atomangst zu hören, wofür alle der neuen internationalen Entspannung dankbar sind. Auch die deutschen Nöte, wie das Bangen um den Sonntag, wurden so bekannt, und mit dem Segen begann der offizielle Teil des „Tages der Donauschwaben". Beim Abmarsch der Gruppen und Fahnen von der Bühne gab es großen Applaus für Hans Schmelzer und seine vielbeliebte Kapelle.

Der Präsident der südkalifornischen Donauschwaben, Friedrich Stuhlmüller, begrüßte als Ehrengäste Peter Keks, langjähriger Präsident der DSV und jetziger Ehrenpräsident; Generalkonsul der Bundesrepublik Deutschland, Dr. Leopold Siefker; Bundestagsmitglied Gerhart Baum; Evelyn Kress, Vizekonsul und Vertreterin des österreichischen Konsulates; Pastor Röhr; Georg Schuler, Präsident des St.-Emmerich-Vereins; Ehrenpräsident Oberding, ebenfalls vom St.-Emmerich-Verein; Leo Mayer, Präsident der Donauschwäbischen Tanzgruppe; Christian Herz, Präsident der Kegler; Josef Baital, Präsident der Sportvereinigung; den ehemaligen Präsidenten und jetzigen Ehrenpräsidenten des DAV, August Underberg mit Frau; Tibor Paul mit Frau vom Deutschen Rundfunk; den Präsidenten des Deutsch-Amerikanischen Verbandes, Hans Schneider mit Frau; den Ehrenpräsident der Deutschen Schule und Bundesverdienstkreuzträger Johann Schank; den Präsidenten des Phönix-Clubs, Paul Gunneman mit Geschäftsführer Roland Kern. Alle sonstigen Präsidenten verschiedener Vereinigungen wurden gebeten, sich zu erheben. Dann wurde noch der Steubenpräsident Paul Michels mit Frau erwähnt sowie Christa Wolpe, welche die German Retirement- sowie die Österreichischen Retirement-Interessen vertritt.

Nach kurzen Worten des deutschen Generalkonsuls Dr. Siefker sprach Gerhart Baum, Bundesminister a. D. und Bundestagsmitglied, über seine Beziehungen zu den Donauschwaben und Siebenbürger Sachsen. Er erwähnte die besseren Beziehungen zu den Oststaaten (Rumänien ausgeschlossen) und über den Einsatz der Bundesrepublik für die rumäniendeutschen Donauschwaben, damit sie das Land verlassen können. Herr Baum war hier, um die Fragen des Umweltschutzes zu diskutieren und übermittelte die Grüße aller Bundestagsabgeordneten Deutschlands. Nachfolgend erhielten Generalkonsul Dr. Sieker und Bundestagsabgeordneter Baum das Festbuch zur 30-Jahr-Feier der Donauschwaben.

Nun übermittelte der Präsident des DAV, Hans Schneider, Grüße seiner Vereinigung und überreichte die DAV-Ehrennadel an Friedrich Stuhlmüller. Mit den Tänzen der Kleinkinder-Tanzgruppe unter der Leitung von Liselotte Seitz wurde deren Eifer und Kunst eindringlich bewiesen. Nicht minderen Applaus ernteten die drei hübschen Lieder des „Frohsinn"-Männerchores unter der Gitarrenbegleitung und Leitung des Dirigenten und Präsidenten Jablonski. Die Älteren sangen tüchtig mit beim „Seemann, laß das Träumen" und beim „Gemsbockschießen". Die mittlere Tanzgruppe wurde von Anneliese Niscinger vorzüglich geleitet und ließ an Tanzkunst nichts unversucht. Unter der Leitung von Hans Haberederer folgten die Phönix-Schuhplattler mit den „Lustigen Holzhackerbuam" und anderen Tänzen, welche mit großem Applaus quittiert wurden. Walter Wippler und die Donauschwäbische Jugendtanzgruppe, welche soeben von einer erfolgreichen Chicago- und St.-Louis-Reise zurückkam, zeigten ausgeprägtes Können und erfreuten mit ihren disziplinierten Tänzen.

Rüdiger Stuhlmüller lud noch zur Kirchweih des Schwabenvereins am 9. September sowie zur 40-Jahr-Feier der Musikfoundation in Glendale ein. Nun wurde gemütlich erzählt und getanzt. Die Deutsch-Amerikanische Blaskapelle spielte unermüdlich, und für einen schönen Tag wurden alle Alltagssorgen beiseite geschoben, die alte Heimat hielt in die Herzen Einzug.

Um 5.30 Uhr kam dann die spannende Flugverlosung. Die Einzelflüge der Deutschen Lufthansa wurden von Gerti Ehrat und Horst Neske gewonnen und von Anita Bondurant, Repräsentantin der Lufthansa, überreicht. Die von Katharina Pruneau überreichten LTU-Flüge gingen an Horst Daugs und Herr Kowotsch. Außerdem wurden dreimal zwei Universal-Studio-Tourkarten verlost, welche von Willi Jablonski und Therese Hofner gewonnen wurden.

Der Präsident der Donauschwäbischen Vereinigung von Südkalifornien dankt allen, die zu diesem großen Tag erschienen sind. Vor allem gebührt Dank denjenigen, die in unzähliger Kleinarbeit zu einem solchen Tag beitrugen, erwähnt seien nur Gerda Herz und Frau Schreiner, Jakob Wegesser, Ehepaar Busch, die Frauenhelferinnen beim Tischschmücken, die Besetzung der Verlesungstische und die Deutsch-Amerikanische Blaskapelle. Nicht zu vergessen auch die Verwaltung des Alpine Village Parkes für Speis und Trank. Kurz, allen, die an der Verschönerung des Tages mitgewirkt haben. Für den Rest des Jahres allen Donauschwaben und deutschen Freunden und Kameraden alles erdenklich Gute bis zum Tag der Donauschwaben 1990.   1989

GRUENDUNGS-URKUNDE
Verliehen An

Fuer Ihren Grosszuegigen Beitrag Zur
GRUENDUNG Der DONAUSCHWAEBISCHEN
STIFTUNG DER U.S.A.
In recognition of your generous contribution
in the support of The Danube-Swabian Foundation
of the U.S.A., Inc.

PRESIDENT   SECRETARY

Nach neuem Land

Das Land ward eng, das täglich Brot ward karg,
und stetig ärmer wurden Stall und Stuben.
Ihr Kinder aber wurdet groß und stark,
ihr schlanken Mädchen und ihr stolzen Buben.

Nun ist es Zeit; verlaßt der Väter Haus,
den Hof mit seinen schattenbreiten Buchen,
löscht in den Herzen alle Wehmut aus
und gehet, neue Felder euch zu suchen!

Wo in die Schollen ich die Schar gepreßt,
da schuf ich Heimat euch, ihr meine Söhne.
Nun packt auch ihr die schweren Äxte stet,
daß laut der Wald, die Heide rings erdröhne!

Hier, wo mein jüngstes Feld ans Moorland grenzt,
sollst du, mein Ältester, die Rosse spannen
vor deinen Pflug; es dampft und riecht, es glänzt
die fette Erde schwarz in den Gewannen.

Führ du die Pferde, du mein zweiter Sohn!
Ich darf den jungen Händen schon vertrauen.
Seht, wo im Grunde blüht der wilde Mohn,
dort sollt das neue Heim ihr euch erbauen.

Drückt fester in den Grund die scharfe Schar!
Und noch zu einem will ich euch ermahnen:
Vergeßt nicht, welche Mutter euch gebar
und wo die Gräber liegen eurer Ahnen!

Hans Wolfram Hockl

Die deutsche Sonnabendschule in Südkalifornien

Ein besonderes Problem bildeten die Kinder der donauschwäbischen Einwanderer. Es gab keine deutschen Schulen. Das deutsche Elternhaus genügte aber nicht, um den Kindern die Liebe zur Muttersprache erhalten zu können. Diplomingenieur Johann Schank machte es sich zur Aufgabe, dieser Not entgegenzutreten. „Landsmann Schank ist mit unverbrüchlicher Treue mit unserem Volk verbunden, das er aus tiefstem Herzen liebt, und er war stets bereit, die größten Opfer auf sich zu nehmen, um den Schulgedanken auf- und auszubauen." Hans Schauss war in allen Schulfragen erster Mitarbeiter von Landsmann Schank.

Um dieses Problem zu lösen, wandten sich Schank und seine Freunde an den Präsidenten des „Deutsch-Amerikanischen Verbandes", Herrn Georg Maaß, welcher volles Verständnis für das schulische Anliegen der Donauschwaben zeigte. Durch ihn kamen sie auch mit Professor Dr. E. Mohme, dem Schulleiter der früher bestehenden Sonnabendschule, in Verbindung. Auch er war äußerst entgegenkommend und hilfsbereit.

Bald zeichneten sich die ersten Erfolge ab: Dr. Hans H. Gerisch, ehemaliger Präsident des Schulvereins, stellte ein kleines Kapital der ehemaligen Sonnabendschule, Pastor Otto Wismar die Schulräumlichkeiten seiner Kirche zur Verfügung. Raymond Stütz, Redakteur der Kalifornischen Staatszeitung, warb mit großem Erfolg für die Sonnabendschule.

Im April 1954 begann die Schule mit dem Unterricht. Der erste Schulleiter war Wilhelm Matthies. Neben Schank und Schauss gehörten Dr. Hans Büchler, Josef Büchler, Sebastian Magnet, Martin und Richard Scherer dem Vorstand des Schulvereins an. Die ersten Lehrkräfte: Lydia Lichtenberger, Helmtraut und Gertrude Seemayer sowie Maria Spitz. Dr. Mohme leitete die englische Klasse. Große Verdienste um die Schule haben sich die Landsleute Anton Mandel und Simon Metzger mit Frau Maria erworben.

In einem Bericht werden weitere Personen genannt, die sich für die Schule engagierten: Fullerton, Anaheim, Ingenieur Johann Schank und Hans Klein; Encino, Van Nuys, Ingenieur Jakob Sabath; San Diego, Hans Joachim Theilemann; Inglewood, Raymond Stütz und Jakob Täubel; Santa Monica, Anton Voss; Long Beach, Ehepaar Scheibe und Ehepaar Raabe; Temple City, Wendelin Michels; Downey, Karl Herz; Beaumont, Hans Schauss; Ontario, Rosa Billings und Jakob und Iris Biermayer; Torrance, Gerhard Langer; Santa Barbara, Ehepaar Max und Cäcilia Weiss; Riverside, Egon Schweitzer, Käthe Herold; Eagle Rock, Margarethe Stickli; Burbank, Georg Gäbler.

Besuchs- und Informationsreise zu den deutschsprachigen Wochenendschulen in Kalifornien

1. Besuch der deutschsprachigen Wochenendschulen, Kontaktaufnahme mit Vertretern der Schulvereine, der Lehrer und der Eltern, Information über die allgemeine Situation der Sprachschulen, insbesondere über Schwierigkeiten in der schulpraktischen Arbeit, Informationen über den Bedarf an Schulbüchern sowie an Lehr- und Lernmitteln, Teilnahme an Elternversammlungen.
2. Arbeitstagungen mit Fachvorträgen über Probleme der Erziehung und der Bildung sowie über alle Fragen des deutschen Sprachunterrichts, insbesondere in methodisch-didaktischer Hinsicht, Fortsetzung des von Schulrat Josef Senz und Oberlehrer Nikolaus Engelmann begonnenen Gedanken- und Erfahrungsaustausches mit Lehrern, Eltern, Schulvorständen und Freunden der Sprachschulen, Aussprachen und Diskussionen über zeitgemäße Schulbücher und schulpraktische Hilfsmittel für die Hand des Lehrers und des Schülers.
3. Besichtigung kultureller, kirchlicher und staatlicher Einrichtungen, Gespräche mit Professoren, Lehrern, Studenten und Schülern einiger Universitäten, Colleges und anderer Schulen.

Arbeitstagungen, Versammlungen, Vorträge und Aussprachen

Los Angeles und Umgebung (30. Juli bis 4. August 1965) – 31. Juli 1965: Lehrertagung in Anaheim, „Phönix"-Clubhaus, 10666 Douglas Street. Ich hielt im Laufe des Tages zwei Vorträge: a) „Der Lehrer und die pädagogischen Grundprobleme unserer Zeit", b) „Methodisch-didaktische Hinweise zum Deutschunterricht an den Sprachschulen" (Gruppenunterricht und Differenzierung). Anschließend Aussprache und Diskussion.

Aussprache mit Professor Dr. Erwin Mohme über Fragen des Unterrichts und der Erziehung in den USA.

Aussprache mit Hans Theilemann, Direktor der Deutschen Schule in San Diego, über Probleme des Sprachunterrichts an der Schule in San Diego, Kalifornien.

Aussprache mit Professor Dr. Doris Daube und Professor Dr. Raymond Belgard über Fragen des deutschen Sprachunterrichts an den Colleges in Kalifornien.

1. August 1965: Aussprache mit Frau Helmtraud Pears, der pädagogischen Leiterin des Schulvereins, über die Arbeit und die Schwierigkeiten der deutschen Wochenschulen, über Fragen der Schulbücher und der Handbücher für Schüler und Lehrer, ferner über Fragen der Stoffverteilung und der Unterrichtsgestaltung.

Aussprache mit dem Vorsitzenden des Schulvereins, Ingenieur Johann Schank, über die Entstehung und die Entwicklung des deutschen Schulwesens in Kalifornien sowie über Fragen der Organisation und des Unterrichts an den Sprachschulen. Der Bericht über die Tätigkeit der Schulen hat mich tief beeindruckt. Ingenieur Schank verdient jede Hilfe und Förderung.

Ausprache mit Karl Herz, dem Präsidenten der Vereinigung der Donauschwaben in Südkalifornien, und einigen Vorstandsmitgliedern der Vereinigung über die Tätigkeit der Landsmannschaft sowie über Möglichkeiten der Förderung der Arbeit in den Wochenschulen.

Ansprache vor Eltern und Lehrern im Heim der Donauschwaben, Los Angeles, über das Thema „Das zweisprachige Kind im Elternhaus und in der Schule".

2. August 1965: Aussprache mit Frau Dr. Irne Weinrowsky, Chef der Kulturabteilung des Generalkonsulates in Los Angeles, und Fräulein Ingeborg Kurze über die Möglicheit der Förderung der Schulvereine und der Wochenendschulen; Besichtigung der Abteilung für Presse, Film und Ton.

Besichtigung des Sprachenlabors des „California State College" in Los Angeles; Aussprache mit Professor Fischer über die Förderung und die Gestaltung des Deutschunterrichts an den öffentlichen höheren Schulen in Kalifornien.

3. August 1965: Besichtigung des Rathauses und eines Kindergartens in Los Angeles.

Besichtigung der University of California at Los Angeles, für mich ein beglückendes, faszinierendes Erlebnis.

4. August 1965: Besuch der Hühnerfarmer im Calimesa.

Aussprache mit dem Präsidenten der Donauschwäbischen Vereinigung, Theo Schweininger, und dem Sekretär der Vereinigung sowie Zweigstellenleiter der Deutschen Schule, Hans Schauss, über Fragen des Unterrichts an der neugegründeten Wochenendschule.

Elternversammlung in Calimesa; ich sprach über das Thema „Muttersprache und Jugenderziehung – das zweisprachige Kind im Elternhaus und in der Schule". Aussprache über Fragen der Schulbücher.   Brücker, 1965

Dipl.-Ing. Johann Schank, Mitbegründer der deutschen Sprachschule in Südkalifornien.

Deutsche Sprachschulen in Kalifornien

Beitrag zur Unterrichtseinheit „Deutsche in den USA" –
Sachinformation
Deutsche Sprach- und Wochenendschulen

In vielen Städten Nord- und Südamerikas sind inbesondere nach dem 2. Weltkrieg deutsche Sprach- und Wochenendschulen entstanden. Es wäre falsch, wollte man sie mit veralteten Maßstäben messen und sie als rückständig und überholt bezeichnen. Sie sind kein Fremdkörper, die einer latenten Opposition gegen den Staat Vorschub leisten und die Integration in das Gefüge der neuen Heimat erschweren, sondern vielmehr Einrichtungen, deren Gesamtkonzeption staatsbejahend und heimatgebunden, aber auch weltoffen und progressiv ist. Sie bekennen sich zu einer organisatorischen, gleichwertigen Integration in die neue Heimat unter Wahrung und Pflege der überlieferten geistigen und ethischen Werte der deutschen Kultur.

Mit der Pflege der deutschen Sprache und des deutschen Kulturguts fördern die Wochenendschulen die Zweisprachigkeit und die kulturelle Entwicklung ihres Heimatlandes. Auch leisten sie durch die Vermittlung von Einsichten in die Zusammenhänge und Verflechtungen geschichtlicher Beziehungen einen wertvollen Beitrag zur Völkerverständigung und zum Weltfrieden.

Der Deutschunterricht soll sowohl den Wortschatz bereichern als auch das Sprachgefühl der Schüler entwickeln, um sie für das Leben in der Familie, im Beruf und in der staatlichen Gemeinschaft auszurüsten. Darüber hinaus soll er ihnen aber auch wertvolles Schrifttum als Ausdruck deutschen Geistesschaffens erschließen und sie mit den Schöpfungen namhafter deutscher Denker, Dichter und Schriftsteller bekanntmachen.

Der bescheidene Geschichtsunterricht beschäftigt sich mit einzelnen Epochen und Persönlichkeiten des deutschen Volkes, die mit der Geschichte des neuen Heimatlandes eng verflochten sind. Im Erdkundeunterricht sollen Bilder aus der deutschen Landschaft vermittelt werden. Das musikalische Leben der Schule will die jungen Menschen in ein lebendiges Verhältnis zum Musikgut ihrer Urheimat bringen und zur harmonischen Entfaltung ihrer Persönlichkeit beitragen. Gesang und Spiel geben dem Gemeinschafts-

leben in der Klasse und in der Schulgemeinde eine festliche Weihe und fördern die musische Erziehung.

Einen breiten Rahmen im schulischen Leben nimmt die Fest- und Feiergestaltung ein. Elternabende fördern die lebensnotwendige Zusammenarbeit zwischen Schule und Elternhaus. Ohne moralische Unterstützung durch das Elternhaus und dessen verständnisvolle Mithilfe ist die Schule kaum in der Lage, die ihr gestellten Aufgaben zu erfüllen. In gut organisierten und von vorzüglichen Pädagogen geführten Ferienlagern wächst das Gefühl der Verbundenheit und der Solidarität.

Auf regionalen Lehrertagungen tauschen Lehrer und Elternvertreter Erfahrungen und Meinungen aus. Auf die Lehrerfortbildung wird großer Wert gelegt, zumal an die pädagogischen und methodisch-didaktischen Fähigkeiten des Lehrers hohe Ansprüche gestellt werden.

Der Deutsch-Amerikanische Schulverein von Süd-Kalifornien

Deutsche Sprach- und Wochenendschulen sind inbesondere dort entstanden, wo kräftige und lebendige Familien und Gemeinschaftsverbände bestehen, die durch schulische Selbsthilfe die Voraussetzungen für den Bestand und die Arbeit dieser Institutionen schaffen. So konnte beispielsweise 1954 der alte deutsche Schulverein in Kalifornien reaktiviert und in seinem räumlichen Wirkungsbereich wesentlich erweitert werden. In Los Angeles wurden vier Klassen eröffnet, deren Schülerzahl sich hauptsächlich aus Kindern donauschwäbischer Abstammung rekrutierte.

Der heutige „Deutsch-Amerikanische Schulverein von Süd-Kalifornien" ist eine gemeinnützige Organisation, die eine planvolle Förderung des deutschen Sprachunterrichts und die Pflege der deutschen Kultur bezweckt. Seine Hauptaufgabe ist die Unterhaltung deutscher Schulen in Süd-Kalifornien, in welchen die deutsche Sprache in Wort, Schrift, Gesang und Spiel gelehrt wird.

Seine politische und konfessionelle Neutralität bekundet der Verein in Punkt 6 seiner Satzungen: „Weder Politik noch Religion sollen in den Sitzungen zum Gegenstand der Tagesordnung oder Erörterung gemacht werden. Dies bezieht sich auch auf den Bereich der Schule." Große Verdienste um den Neuaufbau und die Entwicklung des Schulvereins hat sich der Donauschwabe Ingenieur Hans Schank erworben. Bundespräsident Lübke hat 1968 dem langjährigen Vorsitzenden des Schulvereins von Süd-Kalifornien das Verdienstkreuz am Band des Verdienstordens der Bundesrepublik Deutschland verliehen.

Der Schulverein steht heute unter der zielstrebigen und tüchtigen Leitung von Dr. Frederick Sohl. Zum Schulverein gehören die Wochenendschulen in Anaheim, Burbank, Canoga Park, Downey, Eagle Rock, Glendale, Huntington Beach, Inglewood, Long Beach, Ontario, Redlands, Riverside, San Diego, Santa Barbara, Santa Maria, Santa Monica, South Laguna, Temple City, Thousand Oaks, Torrance, Van Nuys, West-Covina und Alpine Village.

Der „Schulbote", Mitteilungsorgan des Schulvereins, bedeutet für die gesamte Schulgemeinde eine wertvolle Hilfe, zumal diese sinnvoll und zweckmäßig redigierte Zeitschrift nicht bloß zu verschiedenen Problemen der Schule Stellung nimmt, sondern auch wichtige Nachrichten, Mitteilungen und wissenschaftliche Beiträge veröffentlicht. Die Aufrufe an die Eltern, ihre Kinder am Unterricht der Wochenendschulen teilnehmen zu lassen, imponieren durch ihre sachliche Argumentation.

Aus der Arbeit des Schulvereins in Süd-Kalifornien
Die Stimme des Präsidenten

Präsident Dr. Frederick Sohl nimmt in einzelnen Aufgaben des „Schulboten" Stellung zu wichtigen schulischen und organisatorischen Problemen, dankt mit herzlichen Worten für die geleistete Arbeit und weist mit Nachdruck auf die Bedeutung der Werbung für die Sprach- und Wochenendschulen hin.

„Das Schuljahr nähert sich seinem Ende. Der Vorstand des DASV möchte allen Lehrern und Schulleitern danken, die sich immer wieder für unsere Arbeit eingesetzt, Schwierigkeiten überwunden und neue Ansätze gefunden haben. Wir sind froh darüber, daß wir ein, wie wir glauben, erfolgreiches Arbeitsjahr hinter uns haben. Wir müssen immer wieder darauf hinweisen, daß die Fortführung unserer Arbeit nur dann möglich ist, wenn alle Mitglieder des Schulvereins diese Arbeit als ihre ganz persönliche Aufgabe und Verantwortung betrachten."

„Lassen Sie mich zusammenfassend sagen, daß die Arbeit im Schulverein und für die Kinder ihren Lohn trägt, auch und gerade weil es immer wieder kleine Schwierigkeiten zu überwinden gibt. Aber die gute und harmonische Zusammenarbeit mit dem Generalkonsulat, die Kontakte zu Gleichgesinnten und Mitarbeitern geben entscheidenden Auftrieb, und wir können mit Befriedigung feststellen, daß der DASV weiter ‚auf dem Wege' ist. Bitte tragen Sie, unsere Eltern, Mitglieder und Freunde doch alle dazu bei, daß es der richtige Weg für unsere Kinder und uns selber ist."

Wichtige Beiträge

Sehr wertvoll und aufschlußreich sind die pädagogischen und methodisch-didaktischen Beiträge im „Schulboten". Hier zwei Beispiele:

a) „Was sollen unsere Kinder lesen?" – Diese Frage werde, so führt Lore Schönberg in ihrem wohlfundierten Beitrag aus, in der deutschen Schule oft gestellt. Sie beweise, daß Eltern und Kinder Interesse am Lesen deutscher Bücher hätten und es daher wichtig sei, die richtige Antwort auf alle Fragen zu finden. Die Verfasserin gibt sodann wertvolle Hinweise und Orientierungshilfen.

b) „Vom richtigen Lesen" – in diesem ausgezeichneten Beitrag gibt Lore Schönberg Hinweise, wie dem im englischen Sprachraum aufwachsenden Kind bei der deutschsprachigen Lektüren echte Hilfe angeboten werden könne und wie der Sprachschatz zu erweitern und zu pflegen sei.

Im „Schulboten" erscheinen auch Beiträge in englischer Sprache. Die Herausgeber sind der Meinung, daß diese wichtigen Informationen zweisprachig sein müssen, da in vielen Familien mindestens ein Elternteil nicht deutsch spricht, die Mitteilungen und Beiträge aber von allen Freunden und Helfern gelesen und verstanden werden sollten.

Mitteilungen und Stellungnahmen

Sehr wichtig sind die Hinweise und Mitteilungen der Geschäftsstelle des Schulvereins. Sie versorgt die einzelnen Schulen laufend mit Rundschreiben und dankt Eltern, Lehrern und Schülern für ihre mit Sorgfalt und Liebe geschriebenen Beiträge für den „Schulboten". „Wir wünschen uns Leserbriefe, Leserfragen, Leserkritik – damit wir sicher sind, den ‚Schulboten' wirklich zu einer Zeitschrift für alle zu machen."

Gedankt wird dem deutschen Generalkonsulat für die wertvolle Bücherspende, dem Phönix-Club für die großartige Unterstützung. In sieben Schulen führt der DASV Abendkurse für Erwachsene durch. An den Schulen Glendale und Temple City absolvierten je eine Studentin des Occidental College ein Praktikum, um die deutschen Sprachkenntnisse zu erweitern. – Der Unterricht an den Wochenendschulen unterliegt keinerlei rassischen Diskriminierungen.

Beim DASV besteht ein „Arbeitskreis DASV", der es sich zur Aufgabe gesetzt hat, überall mitzuhelfen, wo es möglich und nötig ist, nämlich auf den Gebieten der Werbung und „fundraising", der Kontaktaufnahme und bei anderen dringenden Aufgaben. Der Vorstand möchte außerhalb der offiziellen Versammlungen in unmittelbaren Kontakt mit interessierten Eltern und Freunden kommen, um über Pläne, Ideen und konstruktive Informationen diskutieren zu können.

„Von unseren Kindern – für unsere Kinder"

In dieser herzerfrischenden und farbenfrohen Rubrik des „Schulboten" berichten Schüler der Unterstufe und der Oberstufe über Begebenheiten in Heim und Familie sowie über Ereignisse in der Schule. Dieser Teil des „Schulboten" ist eine wahre Fundgrube für Eltern und Freunde, aber auch für die wissenschaftliche Forschung, der sich hier ein breites Feld sprachpsychologischer, soziologischer und kulturhistorischer Gegebenheiten und Fakten erschließt.

Dominierend sind verständlicherweise die Berichte über das Elternhaus und dessen Einrichtungen. Das Herz der Kinder hängt aber auch an den Haustieren, so an dem Hund Pepper, der ein begeisterter Schwimmer ist, und an der Katze Sparkle, die sich gerne in der Waschmaschine versteckt.

Sie lieben auch ihre Schule: „Die Schule ist gut für mich. Ich gehe jeden Samstag in die deutsche Schule. Dort lerne ich deutsch zu sprechen und zu lesen. Jeden Samstag lerne ich neue Wörter." – „Unsere Schule liegt auf den Hügeln von Hacienda Heights. Von unserem Klassenzimmer haben wir eine wunderschöne Aussicht. Wir sehen Berge, Wiesen, Wälder und einen blauen Himmel. Manchmal machen wir Spaziergänge und halten unseren Deutschunterricht draußen in der Natur." – „In unserer Klasse haben wir einen guten Lehrer. Er erzählt lustige Geschichten. Wir machen viele Dinge in der deutschen Schule."

Freilich fehlt es nicht an lustigen Streichen und Begebenheiten. Rudi zielte mit einer Gummischleuder auf ein Straßenschild, traf aber – o weh – eine große Fensterscheibe. Ein ähnliches Ungeschick passierte den Freunden Hans und Heinrich, die – um Feuerwehrmänner spielen zu können – einen Stapel Holz anzündeten.

Aufschlußreich sind die Berichte und Meinungen der Kinder über Deutschland. Sie schildern die landschaftlichen Schönheiten und berichten über ihre Besuche bei Verwandten und Freunden. „Im August war ich in Deutschland bei meiner Oma und meinem Opa zu Besuch. Meine Großeltern wohnen in Selb im Fichtelgebirge, und es ist sehr schön dort. Am besten haben mir die Burgen und die schönen Kirchen gefallen, die ich dort sah. Fast jeden Tag habe ich Bratwurst gegessen. Was ich in der deutschen Schule in Redlands gelernt habe, hat mir sehr gut geholfen."

Bewundernswert sind für die Schüler auch die deutsche Architektur, die Autos, das Olympiastadion in München und der Sport. Sie wissen freilich auch die Verdienste der Brüder Grimm, deutscher Dichter und Schriftsteller sowie deutscher Geisteswissenschaftler zu schätzen.

Groß ist die Dankbarkeit der Kinder Frau Vizekonsul Anneliese Teich gegenüber, die drei Jahre lang als Kulturreferentin beim Generalkonsulat auch die Interessen des DASV bei der Zentralstelle für das Auslandsschulwesen in Köln vertreten hat und dann nach Deutschland zurückkehrte. Frau Teich versorgte die Schülerinnen und Schüler mit Büchern, Bildern und Landkarten.

Die Kinder erfreuen die Leser auch mit selbstverfaßten Gedichten und Rätseln sowie mit Kochrezepten. Fotografien und Zeichnungen lockern den Text auf und verdeutlichen das geschriebene Wort.

Zusammenfassung und Schlußfolgerung

1. Die Sprach- und Wochenendschulen in Übersee erfüllen eine wichtige kulturelle Aufgabe. Durch die Pflege und Förderung der deutschen Sprache und der deutschen Geisteswissenschaften, insbesondere der Literatur und der Musik, sind sie zu einem wichtigen Bindeglied zwischen Deutschland und der neuen Heimat geworden.
2. Für die Wochenendschulen als institutionelles Mittel zur sprachlichen, geistigen, sozialen und beruflichen Selbstbehauptung bringen deutsche Familien, Vereine, Klubs, kirchliche und landsmannschaftliche Organisationen erhebliche Opfer. Ohne diese moralische und finanzielle Hilfe wäre das deutsche Schulwesen im Ausland dem Untergang preisgegeben.
3. Die Sprach- und Wochenendschulen sind auf die Hilfe und die Unterstützung aus Deutschland angewiesen. Sie brauchen diese Hilfe dringend! Einige Beispiele: Unterstützung der Schulen mit Lehr- und Lernmitteln; Ferienaufenthalt der Schüler in deutschen Familien, Ferienheimen, Jugendherbergen und Schullandheimen; Schulen in der Bundesrepublik Deutschland übernehmen die Patenschaft über Sprach- und Wochenendschulen in Übersee.

Man sollte sich nicht scheuen, unseren Freunden in Übersee diese Hilfe laufend zu gewähren, denn sie steht im Dienste einer kulturellen Aufgabe – sie fördert die Freundschaft zwischen dem deutschen Volke und anderen Völkern und dient damit dem Frieden und der Völkerverständigung.   Brücker

Die deutschen Wochenend- und Sprachschulen in den USA und Kanada

1. Brückenfunktion der deutschen Sprachschulen

Um den Standpunkt und die Bedeutung der Wochenendschulen verstehen, werten und würdigen zu können, wollen wir in knappen Ausführungen auf die heutige Situation der Vereinigten Staaten von Nordamerika hinweisen. Es wird in dieser spannungsreichen Zeit immer deutlicher, welch tiefgreifende und weltweite Verpflichtung die USA nach dem 2. Weltkrieg übernommen haben. Sie werden diese schwere und komplizierte Aufgabe nur dann erfüllen können, wenn es ihnen gelingt, mit allen Völkern und Nationen, die sich den Idealen der Freiheit, des Friedens und der Demokratie verbunden fühlen, enge Kontakte herzustellen und echte Freundschaft zu schließen. Solche Kontakte aber erfordern ein tiefes Verständnis für die Wesensart, die vielseitigen Belange und für die Sprache des Partners.

Gespräche und Diskussionen, Gedankenaustausch und gegenseitiges Verstehen aber erfordern das gründliche Erlernen fremder Sprachen, hauptsächlich der Welt- und Kultursprachen, unter denen die deutsche Sprache zweifellos eine führende Stellung einnimmt. Die USA brauchen heute Bürger aus allen Ständen und Schichten, die der Fremdsprachen mächtig sind und die Sprachen anderer Völker in Wort und Schrift beherrschen.

Nun erkennt man auch die Brückenfunktion der vielen Volksgruppen, die im Laufe der Zeit in den USA eine neue Heimat gefunden haben. Dieser Aufgabe können sie aber nur dann gerecht werden, wenn sich die Abkömmlinge und Glieder dieser Gruppen in ihrer volkhaften Tradition und in ihrer angestammten Muttersprache entfalten und aus ihr die potentiellen Kräfte schöpfen können, die zum Wohle und zum Aufbau ihrer neuen Heimat und zum Gedeihen der gesamten Nation nötig sind. Es gilt daher, die altbewährten, aus der früheren Heimat mitgebrachten geistig-seelischen Werte zu erhalten und sie sinnvoll in das Ganze einzubauen und dem Staate nutzbar zu machen.

Allmählich setzt sich die Überzeugung durch, wie sehr eine planvolle, organische Eingliederung der eingewanderten Gruppen einer nivellierenden Einschmelzung gegenüber der Vorzug zu geben ist. Der „Schmelztiegel" fördert die Vermassung und läßt natürliche, lebensspendende Quellen versiegen; die Eingliederung dagegen unter Bewahrung der strukturell bedingten Eigenkräfte erhält die schöpferische Funktion der Einzelteile im Gesamtwirken des Ganzen. Wertvoller und zukunftsgerechter als der „Schmelztiegel Amerika" scheint der „Teppich Amerika" zu sein, in den sich farbvoll und harmonisch die strukturellen Elemente vieler Völker einfügen und in ihrer Eigenart und ihren Wechselbeziehungen, beseelt von den Idealen des Rechts und der Demokratie, getragen von den Idealen der Freiheit und der Menschenwürde, wirksam bleiben und doch der amerikanischen Nation in Treue und Hingabe verpflichtet sind und ihr in Liebe dienen.

Unter diesen Aspekten muß man die Existenz und die Tätigkeit der Wochenend- und Sonntagsschulen sehen und werten. Eine kurze Überschau soll unsere Darlegung verdeutlichen. Mit der Pflege der deutschen Sprache und des deutschen Kulturgutes fördern die Wochenendschulen die Zweisprachigkeit und die kulturelle Entwicklung ihres Heimatlandes. Auch leisten sie durch Vermittlung von Einsichten in die Zusammenhänge und Verflechtungen geschichtlicher Beziehungen einen wertvollen Beitrag zur Völkerverständigung und zum Weltfrieden. Mit dieser Feststellung haben wir auch die Grundzüge und die Richtlinien der Lehrpläne einzelner Schulen angedeutet, die zwar in ihrer Formulierung und ihrem Aufbau verschieden sind, aber in der Zielsetzung das gleiche Anliegen aufweisen.

Der Deutschunterricht soll sowohl den Wortschatz der Schüler bereichern als auch ihr Sprachgefühl entwickeln, um sie für das Leben in der Familie, im Beruf und in der staatlichen Gemeinschaft auszurüsten. Darüber hinaus soll er ihnen aber auch wertvolles Schrifttum als Ausdruck deutschen Geistesschaffens erschließen und sie mit den Schöpfungen namhafter deutscher Denker, Dichter und Schriftsteller bekanntmachen.

Der bescheidene Geschichtsunterricht beschäftigt sich mit einzelnen Epochen und Persönlichkeiten des deutschen Volkes, die mit der Geschichte des neuen Heimatlandes eng verflochten sind. Im Erdkundeunterricht sollen Bilder aus der deutschen Landschaft vermittelt werden. Das musikalische Leben der Schule will die jungen Menschen in ein lebendiges Verhältnis zum Musikgut ihrer Urheimat bringen und zur harmonischen Entfaltung ihrer Persönlichkeit beitragen. Gesang und Spiel geben zugleich dem Gemeinschaftsleben in der Klasse und in der Schulgemeinde eine festliche Weihe und fördern die musische Erziehung.

Einen breiten Rahmen im schulischen Leben nimmt die Fest- und Feiergestaltung ein. Elternabende fördern die lebensnotwendige Zusammenarbeit zwischen Schule und Elternhaus. Ohne moralische Unterstützung durch das Elternhaus und dessen verständnisvolle Mithilfe ist die Schule kaum in der Lage, die ihr gestellten Aufgaben zu erfüllen. In gut organisierten und von vorzüglichen Pädagogen geführten Ferienlagern wächst das Gefühl der Verbundenheit und Solidarität.

Auf regionalen Lehrertagungen tauschen Lehrer und Elternvertreter Erfahrungen und Meinungen aus. Auch wird auf die Lehrerfortbildung großer Wert gelegt, zumal an die pädagogischen und methodisch-didaktischen Fähigkeiten des Lehrers hohe Ansprüche gestellt werden. Lokale Zeitungen und Zeitschriften, wie beispielsweise „Der Schulbote" in Kalifornien, bedeuten für die gesamte Schulgemeinde eine wertvolle Hilfe, zumal sie nicht bloß zu verschiedenen Problemen der Schule Stellung nehmen, sondern auch wichtige Nachrichten, Mitteilungen und wissenschaftliche Beiträge veröffentlichen. Die Aufrufe an die Eltern, ihre Kinder am Unterricht der Wochenendschulen teilnehmen zu lassen, imponieren durch ihre sachliche Argumentation.

Wochenendschulen sind insbesondere dort entstanden, wo kräftige und lebendige Familien und Gemeinschaftsverbände bestehen, die durch „schulische Selbsthilfe" die Voraussetzungen für den Bestand und die Arbeit dieser Institutionen schaffen. So konnte beispielsweise 1954 der alte deutsche Schulverein in Kalifornien reaktiviert und in seinem gesamten Wirkungsbereich wesentlich erweitert werden. In Los Angeles wurden vier Klassen eröffnet, deren Schülerstand sich hauptsächlich aus Kindern schwäbischer Abstammung rekrutierte. Der heutige „Deutsch-Amerikanische Schulverein von Südkalifornien" ist eine gemeinnützige Organisation, die eine planvolle Förderung des deutschen Sprachunterrichts und die Pflege der deutschen Kultur bezweckt. Seine Hauptaufgabe ist die Unterhaltung deutscher Schulen in Südkalifornien, in welchen die deutsche Sprache in Wort, Schrift, Gesang und Spiel gelehrt wird.

Aber auch in anderen Städten in den USA und in Kanada sowie in Südamerika und Australien sind Schul- und Hilfsvereine entstanden, die sich die Förderung und die Weiterentwicklung der deutschen Sprachschulen zum Ziel gesetzt haben. Die einzelnen Schulberichte zeigen, mit welcher Liebe, Treue und Hingabe sie mit der Jugend und den Sprachschulen verbunden sind. Sie scheuen weder Mühe und Arbeit noch das Opfer an Zeit und Geld, um das gesteckte Ziel zu erreichen.

2. Anliegen und Aufgaben der deutschen Sprachschulen

Sind die heutigen Schulen in den USA dieser Aufgabe gewachsen, – fördern sie den deutschen Sprachunterricht? Der langjährige Schulleiter der Deutschen Sprachschule in New York und ausgezeichnete Kenner der Schulverhältnisse in den Vereinigten Staaten und in Kanada, Franz Sayer, verneint diese Frage. In einer Abhandlung über die „Deutschen Sprachschulen in den Vereinigten Staaten" meint Sayer, daß das Interesse am Sprachunterricht im allgemeinen, Deutsch somit eingeschlossen, an öffentlichen Schulen dermaßen abgesunken ist, daß man von einem beängstigenden Tiefstand sprechen könne. Die Fremdsprache an den Colleges und Universitäten sei zum Wahlfach zweiten Grades geworden oder man habe sie dort gänzlich abgeschafft. An den High Schools scheine die Lage nicht anders zu sein. In den Grundschulen werde schon seit langem kein Deutschunterricht erteilt. Die Eltern sollten erkennen, daß dem Deutschunterricht aus vielerlei Gründen größere Aufmerksamkeit geschenkt werden müsse, denn es gelte, das Erbe der Muttersprache den Kindern zu erhalten. Deutsch sei nach wie vor eine Sprache der Wissenschaft, der Technik, der Kunst und der schöngeistigen Literatur. Auch im Handel gewinne die deutsche Sprache wieder an Bedeutung. Schließlich sollten familiäre und völkische Gründe die Einwanderer veranlassen, die Muttersprache nicht aufzugeben, sondern für ihre Kinder und Kindeskinder zu erhalten.

153

Deutsch habe in den USA eine starke Tradition. Schon die 48er, also jene Einwanderer, die nach dem Fehlschlagen der Revolution nach Amerika gekommen seien, hätten allerorts deutsche Sprachschulen gegründet. Manche Schule dieser Art gehe auf die große Einwanderungswelle in den 80er Jahren zurück. Neue Impulse habe es nach dem 2. Weltkrieg gegeben, als die Einwanderung der deutschen Heimatlosen eingesetzt habe. Diese „Flüchtlinge" hätten sich alsbald zu Organisationen zusammengeschlossen, die dem Erhalt der Sitten und Bräuche der alten Heimat gedient hätten, wobei die Muttersprache im Vordergrund gestanden habe.

Heute gebe es fast in jeder Stadt oder Gemeinschaft, in denen deutschstämmige Menschen in größerer oder kleinerer Zahl zusammenleben, eine deutsche Sprachschule für Kinder im schulpflichtigen Alter. Vielerorts seien bei der Gründung solcher Einrichtungen Donauschwaben mitbeteiligt oder gar führend. Eine Vereinheitlichung der Unterrichtsarbeit sei leider noch nicht erreicht worden. Deshalb dürften die Bestrebungen des Verbandes der Donauschwaben hervorgehoben werden, wenigstens diejenigen Schulen zu erfassen, die von den Ortsgruppen des Verbandes gegründet worden seien.

Da der Unterricht größtenteils am Wochenende stattfindet, spreche man auch von Wochenendschulen. Der gesamte Lehrgang umfasse vier bis acht Klassen. Art, Form und Inhalt der Schulen beziehungsweise des Unterrichts seien lokal verschieden und hängen vom Schulausschuß, den Eltern und den Lehrern ab.

Für die praktische Durchführung des Unterrichts liege ein Lehrplan vor, der vom Lehrerkollegium ausgearbeitet werde und den Ansprüchen eines zeitgemäßen und erfolgreichen Unterrichts entsprechen müsse. Auch über die Verwendung von Lehrbüchern und Lehrmaterial bestimme die örtliche Lehrerschaft und der Schulausschuß. Leider fehle es an geeigneten Schulbüchern, in denen regionale Verhältnisse weitgehende Berücksichtigung fänden. Das Erstellen geeigneter Schulbücher und Lehrpläne, die Fortbildung qualifizierter Sprachlehrer und die Koordinierung der Unterrichtsarbeit der Sprach- und Wochenendschulen sei die vordringlichste Aufgabe des Schulamtes des Verbandes.

3. Deutsch – eine schöne Sprache mit reichen Ausdrucksformen

Aufschlußreich ist auch die Stellungnahme des 1. Vizepräsidenten des Verbandes und Vorsitzenden des Ausschusses der Deutschen Sprachschule in Cleveland, Franz Awender. Die Antwort auf die Frage „Warum eine deutsche Sprachschule in Amerika?" sei nicht in einem engstirnigen, nationalen Chauvinismus zu suchen. Viele glaubten, eine Integration in das gesellschaftliche, kulturelle, wirtschaftliche und politische Gewebe Amerikas sei gleichbedeutend mit der Lossagung nicht nur von Deutschland, sondern auch von der deutschen Muttersprache.

Wörtlich meint Franz Awender zu diesem Thema: „Wir, die wir uns die Erhaltung und Pflege der deutschen Sprache für uns und unsere Kinder zur Aufgabe gemacht haben, wollen keinen Staat im Staate bilden. Wir sind uns bewußt, daß wir in Amerika leben und daß wir diesem Lande, welches uns nach der Katastrophe des 2. Weltkrieges eine zweite Heimat bot und uns großzügige Freiheiten gewährt, zu Dank verpflichtet sind. Und wir wollen diese Dankbarkeit durch Fleiß, Ehrlichkeit, Strebsamkeit und nicht zuletzt durch Treue zu Volk und Verfassung unter Beweis stellen.

Aber wir würden unserer neuen Heimat einen schlechten Dienst erweisen, wenn wir ihr eines unserer kostbarsten mitgebrachten Güter, nämlich die deutsche Sprache und die damit verbundenen geistigen und kulturellen Werte, vorenthalten würden. Wir leben in einer Welt, die zunehmend zwei- und mehrsprachig ist. Uns wurde eine zweite Sprache in die Wiege gelegt, welche von über 100 Millionen Menschen in der Welt als Muttersprache gesprochen und von vielen Millionen als Fremdsprache beherrscht wird.

Es ist eine schöne Sprache mit reichen Ausdrucksformen, welche, gleich einem unversiegbaren Born, wertvolle geistige, geschichtliche, kulturelle und wissenschaftliche Werte in sich birgt und sich bereitwillig jedem erschließt, der sich dieses Schlüssels, der Sprache, bedienen kann."

Die Beherrschung einer zweiten Sprache sei nicht nur Sache der Bildung und des Intellekts, sie könne auch praktische und berufliche Vorteile mit sich bringen. Man dürfe nicht müde werden, so Awender, die deutsche Sprache zu erhalten, nicht zuletzt, weil sie unsere Muttersprache beziehungsweise die Sprache unserer Ahnen sei und eine Brücke nach dem Lande unserer Väter und zu über 100 Millionen Menschen in aller Welt bilde. Eine Sprache sei der Inbegriff des Bleibenden eines Volkes, welche alle geistigen, kulturellen und historischen Werte von Jahrtausenden in sich vereinige.   Brücker

Deutsche Sprachschule in Cleveland mit Lindenmaier.

Deutsche Sprachschule in Cleveland.

Mei Mottersproch – e Blummestrauß

Ich ehr und schätz mei ganzes Lewe lang
mei Mottersproch mit ehrem scheene Klang;
sie hot mer on de Wie schun sieß geklung
im Schlummerliedche, vun de Motter gsung.

Vun meiner Motter han ich se gelernt,
wie se in ehrem Schoß mich hot gewärmt,
un ich, mei Ärem gschlung um ehre Hals,
zugharcht han ehrem schenschte Märche als . . .

Mei Mottersproch, die is e Garte groß,
in dem die Werter wie e stolzi Ros,
wie Veilcher un Vergißmeinnichtcher scheen
mit Rosmarein un Glockeblumme stehn.

Wu han ich dann gedenkt, daß ich do hin,
im Garte so viel scheene Blumme finn,
so farwefroh, in ehrem Glanz so rein
wie edles Gold im helle Sunneschein!

Is des e Freed, die Blumme do ze siehn,
die himmlsviele all in ehrem Bliehn!
Ich such devun die allerschenschte raus
un binn se im Gedicht zu eeme Strauß.

De Blummestrauß, dee binn ich net far mich,
ich schenk ne weg, – der is do grad far dich.
Nemm du ne hin, de Strauß, un hall ne hoch,
der Strauß do is – dei liewi Mottersproch.

Johann Petri

Deutsche Schulen in den USA

1. Die USA haben nach dem 2. Weltkrieg tiefgreifende und weltweite Verpflichtungen übernommen. Sie werden diese schweren und komplizierten Aufgaben nur dann erfüllen können, wenn es ihnen gelingt, mit allen Völkern und Nationen, die sich den gleichen Idealen der Freiheit, des Friedens und der Demokratie verbunden fühlen, enge Kontakte herzustellen und echte Freundschaft zu schließen. Solche Kontakte aber erfordern ein tiefes Verständnis für die Wesensart, die Mentalität, die vielseitigen Belange und nicht zuletzt für die Sprache des Partners.

Für die Amerikaner ergibt sich daraus die harte Konsequenz, sich vom Isolationismus vollständig zu lösen und die heranwachsende Jugend weltoffen zu erziehen. Gespräche und Diskussionen, Gedankenaustausch und gegenseitiges Verstehen aber erfordern das gründliche Erlernen fremder Sprachen, hauptsächlich der Welt- und Kultursprachen, unter denen die deutsche Sprache zweifellos eine führende Stellung einnimmt.

Der Isolationismus hat in den Vereinigten Staaten die Einsprachigkeit gefördert, was sich heute für die gesamte Nation in ihren schweren weltanschaulich-politischen Auseinandersetzungen mit dem Osten, für ihre internationalen Beziehungen und weltweiten Verpflichtungen als großes Hindernis erweist. Die USA brauchen heute Bürger aus allen Ständen und Berufen, die der Fremdsprachen mächtig sind und die Sprachen anderer Völker in Wort und Schrift beherrschen.

In einer Zeitungsnotiz heißt es: „Das Beherrschen einer Fremdsprache ist nicht nur wichtig, um unseren Kindern eine abgerundete Erziehung zu geben, sondern auch um sie für die Aufgaben eines Bürgers in unserer modernen Welt zu rüsten. Die Kenntnis beziehungsweise das Beherrschen einer Fremdsprache ist unerläßlich, wenn unsere Bürger, insbesondere die Jugend, die Probleme anderer Nationen verstehen und die unserem Land auferlegten Pflichten der Führung der Welt voll erfüllen sollen." Eine andere Stellungnahme in der Tagespresse: „Es hat einmal eine Zeit gegeben, in der viele amerikanische Schulkinder mit einer fremden Sprache in die Schule kamen und dann Englisch als Fremdsprache lernen mußten. Heute ist die Auswahl der Fremdsprachen, die man in amerikanischen Schulen lernen kann, sehr groß; wir fangen an, unseren Ruf als ‚sprachenlose' Amerikaner zu verlieren."

2. Nun erkennt man auch allmählich die Brückenfunktion der vielen Volksgruppen, die im Laufe der Zeit in den USA eine neue Heimat gefunden haben. Solche Gruppen können in hervorragendem Maße eine zuverlässige Brücke und ein starkes Bindeglied zwischen ihrem ursprünglichen Mutterland und ihrer jetzigen Heimat werden und damit eine völkerverbindende Funktion erfüllen. Dieser dankbaren, aber auch schwierigen Aufgabe können sie aber nur dann gerecht werden, wenn sich die Abkömmlinge und Glieder dieser Volksgruppen in ihrer volkhaften Tradition und in ihrer angestammten Muttersprache frei entfalten und aus ihrer ererbten Überlieferung die potentiellen Kräfte schöpfen können, die zum Wohle und zum Aufbau ihrer neuen Heimat und zum Gedeihen der gesamten Nation nötig sind. Es gilt daher, die altbewährten, aus der früheren Heimat mitgebrachten geistig-seelischen Werte zu erhalten und sie sinnvoll in das Ganze einzubauen und dem Staate nutzbar zu machen.

Durch die bunte Vielfalt des Volkstums aller zugewanderten völkischen Gruppen wird der innere Reichtum dieses Riesenreservoirs an brachliegenden schöpferischen Kräften offenbar, was bei konsequenter, gut durchdachter und gezielter Aktivierung und Leitung nicht zu Separatismus und Isolierung, sondern zum Integrieren führt. Es kann auf diese Weise eine innerlich und äußerlich gefestigtere Nation mit größerem und reicherem Gesamtbewußtsein und Zusammengehörigkeitsgefühl heranwachsen.

Allmählich setzt sich auch die Überzeugung durch, wie sehr eine planvolle, organische Eingliederung der eingewanderten Gruppen einer nivellierenden, fast atomisierenden Einschmelzung gegenüber der Vorzug zu geben ist. Der „Schmelztiegel" fördert die Vermassung und läßt natürliche, lebensspendende Quellen versiegen; die Eingliederung dagegen unter Bewahrung der strukturell bedingten Eigenkräfte erhält die schöpferische Funktion der Einzelteile im Gesamtwirken des Ganzen.

Das sind zweifelsohne hoffnungsvolle Aspekte im Blick auf das zukünftige Zusammenleben und Zusammenwirken der Völker in der Welt. In der modernen Industriegesellschaft beziehungsweise industriellen Gesellschaft verschieben sich allmählich die Dimensionen und die Kategorien nationalstaatlichen Denkens. Wir leben im Zeitalter der Technik und der Industrialisierung. Da ist es notwendig, in aller Klarheit aufzuzeigen, daß die Technik immanente Gesetzmäßigkeiten in sich trägt, denen sich der Mensch nicht entziehen kann, sobald er sich mit der Technik einläßt. Es ist sinnlos, gegen diese Gesetze anzugehen; vielmehr ist es die erste und vordringlichste Aufgabe, diese immanente Gesetzmäßigkeit aufzudecken und ihre verschiedenartigen Auswirkungen auf den Einzelmenschen und auf ganze Völker zu studieren. Die Beziehungen der Nationen haben sich von Grund auf geändert; die großen Nationalstaaten verfügen kaum noch über eine absolute Entscheidungsfreiheit. Die moderne Technik in ihrer Vielfalt und ihrer Gestaltungskraft, die wirtschaftliche Abhängigkeit voneinander und insbesondere der internationale Verkehr haben einen Zustand der Verflochtenheit herbeigeführt, der uns warnt, nur in altüberlieferten Schemata zu denken und zu handeln.

Wertvoller und zukunftsgerechter als der „Schmelztiegel Amerika" scheint der „Teppich Amerika" zu sein, in den sich farbig und harmonisch die strukturellen Elemente vieler Völker einfügen und in ihrer Eigenart und in ihren Wechselbeziehungen, beseelt von den Idealen der Freiheit und der Menschenwürde, getragen von den Idealen des Rechts und der Demokratie, wirksam bleiben und doch der amerikanischen Nation in Treue und Hingabe verpflichtet sind und ihr in Liebe dienen.

3. In den USA ist ein Stimmungsumschwung zugunsten einer Verständigung mit Deutschland festzustellen. Man sucht die Freundschaft des deutschen Volkes und ist an einem vielseitigen Kontakt wärmstens interessiert. Man könnte viele Gründe anführen, die zu dieser Entwicklung in der Nachkriegszeit geführt haben; hier seien einige genannt: der Beitrag, den die Deutschamerikaner im Laufe der Jahrhunderte für die Kolonisation, den Aufbau, die Sicherheit und den Fortschritt der USA geleistet haben, die engen wirtschaftlichen und kulturellen Beziehungen, die Erfolge der deutschen Wissenschaftler und Techniker in den USA, die atlantische Partnerschaft.

Die Deutschen genießen in den Vereinigten Staaten als Wissenschaftler, Forscher, Techniker, Facharbeiter, Künstler und Sportler, aber auch als Bürger, Freunde und Gastgeber einen guten Ruf. Dem Amerikaner sind Haß, Rache und nationale Ressentiments völlig fremd. Neidlos bestätigt er die Tugenden der Deutschen – in vielen Dingen sind sie ihm sogar zum Vorbild geworden. Ehemalige Besatzungssoldaten, Lehrer, Studenten und Touristen, mit denen ich über das heutige Deutschland gesprochen und diskutiert habe, sind des Lobes voll über den Wiederaufbau und das Verhalten der Bevölkerung in Deutschland.

Es gibt letztlich freilich keine generelle amerikanische Vorstellung von den Deutschen. Das wäre eine zu billige Verallgemeinerung. Die Idee beziehungsweise die Vorstellung vom bösen Militaristen ist weit verdrängt. Wenn ich mich als Deutscher vorstellte, wurde ich immer mit aufrichtiger Freundlichkeit und Herzlichkeit behandelt. Man spricht nicht gerne über den 2. Weltkrieg: „Der Krieg ist vorbei, und jetzt seid ihr unsere guten Freunde", oder „Wir müssen miteinander eine bessere und schönere Welt aufbauen". Viele Leute erzählten mir voll Stolz, sie seien deutscher Abstammung, oder ihr Großvater sei von Deutschland gekommen und ihr Name sei deutsch.

4. In dieser Situation hat die deutsche Sprache eine große Chance, die man nicht ungenutzt verstreichen lassen sollte. Professoren, Lehrer, Politiker und Wissenschaftler bestätigen übereinstimmend, daß das Interesse an der deutschen Sprache von Jahr zu Jahr in allen Bevölkerungskreisen und Institutionen, insbesondere an allen Schulen, wachse. Es sei dies, so versicherten sie, nicht bloß ein Anliegen der Wirtschaft und Politik und die Folge einer weltpolitischen Neuorientierung, sondern ein Erfordernis der Kultur und der wissenschaftlichen Bildung, nicht zuletzt auch ein erfreuliches Zeichen der engen Verbundenheit des deutschen und des amerikanischen Volkes. Ein Professor erinnerte mich in diesem Zusammenhang an ein Wort von Carl Schurz: „So besitzen wir in der Tat einen Schatz, dessen Wert wir nicht hoch genug achten können, besonders wir nicht, die wir uns in der neuen, anders sprechenden Welt eine neue Heimat gegründet haben. Es wird unseren Stammesgenossen in Amerika zuweilen zugemutet, daß sie nicht allein Englisch lernen, sondern auch die alte Muttersprache gänzlich fahren lassen. Die uns das zumuten, sind unverständige Leute. Daß der Deutsch-Amerikaner Englisch

lernen soll, wird niemand bestreiten. Er schuldet das seinem neuen Vaterlande und er schuldet es sich selbst. Aber daß er darum die deutsche Sprache verwerfen soll, ist mehr als Torheit. Als amerikanische Bürger sollen wir uns amerikanisieren; gewiß sollen wir das. Aber das bedeutet nie eine gänzliche Entdeutschung. Es bedeutet, daß wir die besten Züge des amerikanischen Wesens annehmen und sie mit den besten Zügen des deutschen Wesens verschmelzen. Da liefern wir den besten Beitrag zum amerikanischen Nationalcharakter und zur amerikanischen Zivilisation. Und so sollen wir uns als Amerikaner die englische Landessprache aneignen und dabei die deutsche Muttersprache nicht verlieren."

Die Board of Education in New York bricht eine Lanze für die deutsche Sprache: „Es ist eine Sprache, die nicht nur in Deutschland, Österreich und der Schweiz gepflegt wird. Auch in der Tschechoslowakei, Polen und Ungarn spricht man viel deutsch. Die Menschen in Holland und den skandinavischen Ländern verständigen sich in einer Sprache, die eine enge Verwandtschaft zu Deutsch hat. Millionen Bürger der Vereinigten Staaten gebrauchen täglich Deutsch. Die Beherrschung dieser Sprache ist nicht nur für Reisen in den USA von Vorteil, sondern auch für Reisen nach Mittel- und Nordeuropa.

Studenten, die wissenschaftliche Fächer studieren, finden in Deutsch eine große Hilfe. Sie können wertvolle deutsche Publikationen lesen, die nicht übersetzt werden. Für Musikstudenten ist die deutsche Sprache besonders wichtig. Es ist die Sprache der größten Komponisten."

In einer Tageszeitung las ich folgende Notiz: „Deutsch sollen auch jene Studenten wählen, die sich für Medizin, Mathematik, Chemie, Physik, Biologie oder Technik interessieren. Medizinstudenten sollten Deutsch als Fremdsprache wählen, weil diese Sprache an Colleges und Universitäten die sprachlichen Erfordernisse erfüllt. Viele bestehende medizinische Fachzeitschriften und Abhandlungen sind nämlich nicht aus dem Deutschen übersetzt worden. Auch jene, die in die Wirtschaft gehen wollen, werden Deutsch sehr nützlich finden. Deutschlands führende Stellung auf dem europäischen Markt ist ebenso bekannt wie das Interesse Amerikas an Handelsbeziehungen zu Europa. Überdies haben viele amerikanische Firmen Geschäftskapital in Deutschland investiert und brauchen Personal, das vertraut ist mit der deutschen Sprache."

Es wird Aufgabe des amerikanischen Staates sein, der deutschen Sprache jene Förderung zuteil werden zu lassen, die sie aufgrund ihrer Aktualität verdient und die im Interesse der Kultur, der Wissenschaft und Technik, der Wirtschaft und der internationalen Beziehungen nötig ist. Erfreuliche Ansätze und Leistungen sind vorhanden; so haben mich beispielsweise die technischen Leistungen und Einrichtungen, die Bibliotheken, die Lehr- und Lernbücher, insbesondere aber die Tüchtigkeit und die Begeisterung der Professoren und Lehrer an den Universitäten, Colleges und anderen Schulen tief beeindruckt. Allerdings vollzieht sich die Gesamtentwicklung verhältnismäßig langsam. Es gibt noch viele Schwierigkeiten technischer und organisatorischer Art zu überwinden, vor allem fehlt es an qualifizierten Deutschlehrern.

5. Nun liegt es an den Deutsch-Amerikanern, die nötige Initiative zu ergreifen und für ihre Muttersprache bahnbrechend zu wirken. Dieser Selbsthilfe steht staatlicherseits nichts im Wege. Es muß in diesem Zusammenhang lobend hervorgehoben werden, daß sich viele deutsch-amerikanische Familien, Vereine, Kirchengemeinden, private Schulen, Klubs, Zeitungen und Zeitschriften, wissenschaftliche und wirtschaftliche Institutionen die Pflege und die Förderung der deutschen Sprache zum Ziele ihrer Tätigkeit gesetzt haben.

Nur durch die Opferbereitschaft und durch eine planvolle, zielstrebige Aufbauarbeit der Deutsch-Amerikaner kann die tragfähige organisatorische, arbeitsmäßige und finanzielle Grundlage für die Erhaltung und Verbreitung der deutschen Sprache geschaffen werden. Um dieses Ziel zu erreichen, ist die brüderliche und intensive Zusammenarbeit der deutschstämmigen Bevölkerung von größter Wichtigkeit. Wenn es um die Zukunft der Jugend geht, sollten Zwistigkeiten, kleinliche Auseinandersetzungen und sonstige unliebsame Erscheinungen im Leben und Wirken der Vereine und Organisationen vermieden werden.

Professor Fischer, Hollywood, California, schreibt zu diesem Problem: „In dem Stipendienkatalog des State College, an dem ich unterrichte, ist ein Stipendium des Schwedischen Clubs von Los Angeles aufgeführt, das sich auf 125 Dollar pro Semester beläuft. Als Deutschlehrer, der an der Ausweitung seines Lehrplanes und an der Förderung seiner Studenten interessiert ist, vermisse ich unter den Angeboten der verschiedenen fördernden Organisationen einen Beitrag der zahlreichen deutschen Vereine von Los Angeles und Umgebung. Ich möchte eine zweite Beobachtung anführen, die ich im Zusammenhang mit der deutschen Sprache gemacht habe. Als Leser der deutschsprachigen Zeitungen und Zeitschriften in Südkalifornien stoße ich immer wieder auf eingestreute Sätze, die den Leser ermahnen, seine Zeitung, das einzige Bindeglied zur alten Heimat, zu unterstützen, zu Hause deutsch zu reden und seine Kinder zur deutschen Schule zu schicken.

Aus den beiden vorausgeschickten Beobachtungen ergibt sich die Schlußfolgerung, daß es an der Zeit ist, die Pflege der deutschen Sprache zu unterstützen. Dies kann meiner Ansicht nach am wirkungsvollsten mit der Einrichtung von Stipendien für Studenten der Germanistik erreicht werden. Im Veranstaltungskalender einer hiesigen deutschsprachigen Zeitung habe ich nicht weniger als 48 deutsche Vereine gezählt. Hier böte sich jedem einzelnen Verein eine ausgezeichnete Gelegenheit, die amerikanische Öffentlichkeit durch ein Stipendium auf sich aufmerksam und in Form von Auslesebedingungen seine kulturellen Absichten und Zwecke deutlich zu machen. Es ließe sich auch einrichten, daß die kleineren und deshalb weniger finanzkräftigen Vereine ihren Beitrag dem Deutsch-Amerikanischen Verband, der Dachorganisation der deutschen Vereine, übergeben, damit dieser unter Angabe der einzelnen Namen Stipendien einrichten kann."

Förderung der Schularbeit und Intensivierung des Deutschunterrichts

1. Durch die Gründung einer umfassenden Schulstiftung als Dachorganisation für sämtliche Schulvereine sowie Organisationen, die an der Förderung der deutschen Muttersprache interessiert sind, könnte die Grundlage und der Rahmen für eine erfolgreiche und produktive schulische Selbsthilfe geschaffen werden. Diese lebensnotwendige Organisation sollte auf das gesamte Bundesgebiet der USA ausgedehnt und von dem Selbstbehauptungswillen und der Opferbereitschaft der deutschstämmigen Bevölkerung getragen werden. Sie hätte das Ziel:

a) Förderung des privaten deutsch-amerikanischen Schulwesens, der deutschen Sprache und der allgemeinen Volksbildung;

b) Errichtung, Erhaltung und Unterstützung privater deutsch-amerikanischer Schulen und Erziehungsanstalten wie Kindergärten, Elementarschulen, High Schools, Colleges und Volkshochschulen;

c) Errichtung und Erhaltung einer pädagogischen Hochschule (Lehrerausbildung und Lehrerfortbildung);

d) Gründung und Förderung kultureller Einrichtungen: Seminare, Bibliotheken, Forschungsstellen, Sammelstellen für Filme, Lichtbilder und Tonbänder;

e) Pflege des kulturellen Erbes der alten Heimat, insbesondere auf dem Gebiete der Kunst, der Wissenschaft, der Literatur, der Musik usw.;

f) Herausgabe und Vertrieb von Büchern, Schulbüchern und Hilfsmitteln für die Volksbildung;

g) Förderung der Jugenderziehung durch Errichtung von Ferienheimen und Schullandheimen (mit Spielplätzen und Schwimmbecken);

h) Herausgabe einer umfassenden Schulzeitung.

„Nur bei einem entsprechenden Einsatz geistiger, moralischer und finanzieller Kräfte wird es gelingen, die große Aufgabe der Erhaltung und Pflege der Muttersprache und des Volkstums der Deutschstämmigen in den Vereinigten Staaten in dem erforderlichen Maße und erfolgreich zu verfolgen. Weil es sich dabei nicht um Menschenwerk, sondern um Werte handelt, die Ausfluß des im Leben des Menschen wirkenden ewigen Geistes sind, wird dieses Bemühen sinnvoll und notwendig" (Schulrat Senz).

2. Die privaten deutschen Sprach- und Wochenendschulen in den USA sind eine segensreiche Einrichtung. Einige von ihnen blicken auf eine alte Tradition zurück, die meisten aber von ihnen stehen am Beginn ihrer schulisch-kulturellen Tätigkeit. Sie leisten im Dienste der Pflege und Verbreitung der deutschen Sprache wertvollste Arbeit und verdienen deshalb die liebevolle und tatkräftige Unterstützung aller Institutionen, die sich der Bedeutung der Muttersprache als Mittlerin deutscher Kultur und deutscher

Wesensart bewußt sind. Die sichtbaren Erfolge, insbesondere die steigenden Schülerzahlen, beweisen in eindrucksvoller Weise, mit welcher Energie und Hingabe in den Schulen gearbeitet wird und wie groß das Interesse ist, das alle interessierten Kreise dieser Einrichtung entgegenbringen. Die Begegnung mit den Lehrern, Eltern, Schulvorständen, Freunden und Schülern dieser Schulen war für mich ein gewaltiges und beglückendes Erlebnis.

Zur Förderung der Schularbeit sollten folgende Maßnahmen durchgeführt werden:

a) Intensive Förderung und weiterer Ausbau der bestehenden Sprachschulen und Kindergärten; Gründung neuer Schulen, Kindergärten und Tagesheime.

b) Die Mitarbeit der Familie und des Elternhauses ist für die Förderung der deutschen Muttersprache und die Entwicklung der Sprachschulen von größter Wichtigkeit. Um die Zusammenarbeit zwischen Schule und Elternhaus zu intensivieren, sollten Schulleiter und Lehrer um einen ständigen Kontakt mit den Eltern bemüht sein. Fortbildungskurse, Sprachkurse, Vortragsabende über Fragen der Erziehung und der Bildung, Elternnachmittage mit Darbietungen der Schüler, Ausstellungen, Fest- und Feiergestaltung, Mitbestimmung und Elternbeirat, gemeinsame Wanderungen und Besichtigungen – fördern das Ansehen der Schule und schaffen eine Atmosphäre des Vertrauens und gegenseitiger Hilfsbereitschaft.

„Und so sage ich Ihnen, wenn ich sehe, wie deutschamerikanische Eltern aus bloßer Bequemlichkeit es versäumen, ihren Kindern den Besitz der Muttersprache zu sichern, wie sie das kostbare Gut, das sie haben, leichtsinnig wegwerfen, so empört sich mein deutsches Herz wie mein amerikanischer Verstand. Diese Eltern tun nichts, was sie ihren Kindern schuldig sind. Sie begehen an ihnen eine Pflichtverletzung, einen Raub, eine Sünde" (Carl Schurz).

c) Allen Lehrkräften sollte eine gründliche schulpraktische Fortbildung und eine pädagogisch-psychologische Schulung ermöglicht werden. Regionale Arbeitstagungen (Ost-Mitte-West) sind unumgänglich nötig und sollten dem Gedanken- und Erfahrungsaustausch dienen. Ratsam sind Lehrproben an einzelnen Schulen mit anschließender Besprechung und Diskussion. Ausstellungen bieten Beispiele, Querschnitte und Vergleiche an.

Ein Jahrestreffen aller Lehrer der Sprachschulen in den USA ist wärmstens zu empfehlen, ebenso der ständige Kontakt mit den Deutschlehrern der höheren Schulen.

d) Fortbildung der Lehrer und Kindergärtnerinnen an deutschen (BRD) Universitäten, Pädagogischen Hochschulen und Seminaren; Ferienkurse mit Vorträgen, Fachreferaten, Lehrproben, Besichtigungen kultureller, schulischer Einrichtungen, Fahrten; Teilnahme an kulturellen Veranstaltungen.

e) Versorgung der Schulen mit Handbüchern, Schulbüchern, Klassenlesestoffen, Jugendbüchern, Zeitschriften, Filmen, Lichtbildern, Tonbändern, Kartenmaterial, Wandbildern, Fotografien (Landschaft, Wissenschaftler, Dichter, Musiker, Maler usw.) und mit sonstigem zeitgemäßen Lehr- und Lernmaterial.

f) Erarbeitung eines deutsch-amerikanischen Lesebogens für die Unterstufe – Mittelstufe – Oberstufe.

Stoffgebiete: Aus der Geschichte der USA; aus der Geschichte des deutschen Volkes; Vergangenheit und Leistung der Deutsch-Amerikaner; völkerverbindende Ideen und Gedanken, Beispiele aus der Literatur, Sagen, Märchen, Erzählungen usw.

g) Ferienaufenthalt der Schüler in Ferienheimen, Jugendherbergen und Schullandheimen der BRD; Betreuung durch Lehrer, Sprachschulung, Rundfahrten, Besichtigung, Konzerte, Museen, Ausstellung, Spiel und Sport, Wandern.

h) Schulen in der Bundesrepublik Deutschland übernehmen die Patenschaft für die Sprachschulen in den USA.

Ziel: Gedanken- und Erfahrungsaustausch der Lehrer; Schüleraustausch; Briefwechsel der Schüler; Austausch von Schülerzeitungen; Förderung der Ferienaufenthalte in der BRD; Unterstützung der Sprachschulen mit Lehr- und Lernmitteln.

Auch die ständige Konferenz der Kultusminister sollte für die Arbeit der Wochenendschulen interessiert werden.

i) Im Laufe der Zeit sollte folgende Gliederung der Klasse erreicht werden: Unterstufe – Mittelstufe – Oberstufe. Diese Gliederung ermöglicht eine gründlichere Differenzierung des Unterrichts.

Empfehlenswert sind drei Unterrichtsstunden in der Woche. Für einen erfolgreichen Unterricht ist die Koordinierung der Lehrpläne und des gesamten Stoffes dringend nötig.

j) Erstellung von Schulräumen, die den schulpraktischen, pädagogischen und hygienischen Anforderungen eines zeitgemäßen und fortschrittlichen Schulbetriebes entsprechen.

k) Eine höhere finanzielle Entschädigung beziehungsweise Entlohnung für alle Lehrer und Kindergärtnerinnen.

l) Ausbau des „Schulboten" zu einer umfassenden, fortschrittlichen pädagogischen Zeitschrift für Schule und Elternhaus.

3. Ich habe den Eindruck gewonnen, daß die Sprach- und Wochenendschulen unter den derzeitigen Umständen nicht in der Lage sind, ihre Aufgaben und Probleme aus eigener Kraft zu lösen. Sie sind auf die Hilfe und die Unterstützung aus der BRD angewiesen. Sie brauchen diese Hilfe dringend!

Man sollte sich nicht scheuen, unseren Freunden diese Hilfe laufend zu gewähren, denn sie steht im Dienste einer kulturellen Aufgabe, sie fördert die Freundschaft zwischen dem amerikanischen und dem deutschen Volke und dient damit dem Frieden und der Völkerverständigung.

Brücker, 1973

— In der Schule —

161

Deutsche Sprachschulen in den Vereinigten Staaten

Es ist eine allgemein bekannte Tatsache, daß der Sprachunterricht in den Vereinigten Staaten nicht dieselbe Stellung einnimmt wie vergleichsweise der Englischunterricht in westeuropäischen Ländern. In der jüngsten Vergangenheit jedoch ist das Interesse am Sprachunterricht, Deutsch mit eingeschlossen, an öffentlichen Schulen dermaßen abgesunken, daß man eigentlich von einem beängstigenden Tiefstand sprechen kann. Dies geht nicht nur auf die Tatsache zurück, daß Amerika wegen seiner Größe und geographischen Lage kaum Berührung mit anderssprechenden Völkern hat, sondern vor allem darauf, daß an den öffentlichen Schulen der Sprachunterricht nicht entscheidend gefördert wird. War die Fremdsprache an den Colleges und Universitäten bisher Wahlfach, ist sie jetzt aufgrund des Absinkens der Zahl der Studenten zum Wahlfach zweiten Grades geworden, oder man hat sie gänzlich abgeschafft. An den High Schools scheint die Lage nicht anders zu sein, und in den Grundschulen wird schon seit vielen Jahrzehnten kein Deutschunterricht erteilt.

Es ist schon sonderbar, daß in einem Land, in dem Menschen aus so verschiedenen Ländern eine neue Heimat und persönliche Freiheit gefunden haben, diese einerseits nach der zweiten oder dritten Generation ihre mitgebrachte Sprache aufgeben, andererseits aber manchen enormen kulturellen und wirtschaftlichen Beitrag zum Aufbau und Werden des Landes leisteten und immer noch leisten.

Aus dem Dargelegten werden verantwortungsbewußte Eltern ersehen, daß dem Deutschunterricht größere Aufmerksamkeit geschenkt werden muß. Sie werden versuchen, das große Erbe der Muttersprache ihren Kindern zu erhalten. Zunächst praktische Erwägungen werden sie dazu anspornen, denn Deutsch ist immer noch die Sprache, die in Wissenschaft, Kunst und schöngeistiger Literatur nicht unbeachtet gelassen werden kann. Auch im Handel gewinnt Deutsch wieder Bedeutung, so daß die Frage, ob Deutsch die dritte Weltsprache wird, nicht unbedingt verneint werden muß. Doch auch familiäre und völkische Gründe veranlassen den Einwanderer, seine Sprache nicht aufzugeben, und der Wunsch, diese den Kindern und Kindeskindern weiterzugeben, wird stets vorhanden sein.

Solchermaßen gewinnen die Sprachschulen, in denen Deutsch das erste und einzige Unterrichtsfach ist, große Bedeutung. Schon die 48er, also jene Einwanderer, die nach dem Fehlschlagen der Gründung einer deutschen Demokratie nach Amerika kamen, gründeten allerorts deutsche Sprachschulen, und manche Schule dieser Art geht auf die Zeit der großen Einwanderungswelle in den 80er Jahren zurück. Neue Impulse gab es nach dem 2. Weltkrieg, als die Einwanderung der deutschen Heimatlosen einsetzte. Diese „Flüchtlinge", die mit dem Verlust der Heimat nicht automatisch die Flucht aus ihrer Muttersprache antraten, schlossen sich alsbald zu Organisationen zusammen, die dem Erhalt der Sitten und Bräuche der alten Heimat dienten, wobei die Sprache im Vordergrund stand.

Heute gibt es in fast jeder Stadt oder Gemeinschaft hierzulande, in denen deutschstämmige Menschen in größerer oder kleinerer Zahl zusammenleben, eine deutsche Sprachschule für Kinder im schulpflichtigen Alter. Vielerorts waren bei den Gründungen solcher Einrichtungen Donauschwaben mitbeteiligt oder gar führend. Jede Schule aber geht hier eigene Wege. Eine Vereinheitlichung der Unterrichtsarbeit ist bis heute noch nicht erreicht worden; es wurde auch noch kein wirklich erfolgversprechender Versuch in dieser Richtung unternommen. Um so mehr dürften die Bestrebungen des Verbandes der Donauschwaben gewertet werden, wenigstens diejenigen Schulen zu erfassen, die von den Ortsgruppen des Verbandes entweder selbst gegründet wurden oder von ihnen gefördert werden. Da der Unterricht größtenteils am Wochenende abgehalten wird, spricht man auch von Wochenendschulen. Aufgenommen werden Kinder für den Kindergarten oder die Anfängerklassen, und der gesamte Lehrgang umfaßt vier bis acht Schuljahre, was in den verschiedenen Schulen oder Schulgemeinschaften grundsätzlich von der Auffassung der in der Schularbeit tätigen Personen – Lehrkörper oder Schulausschuß – abhängt. Meistens ist der Unterricht in einem mehr oder weniger detaillierten Lehrplan festgelegt, doch immer wieder müssen daran Änderungen und Ergänzungen vorgenommen werden, um den Ansprüchen eines zeitgemäßen und erfolgreichen Unterrichts zu entsprechen. Auch über die Verwendung von Lehrbüchern und Lehrmaterial bestimmt die örtliche Lehrerschaft beziehungsweise der Schulausschuß, wobei man immer wieder feststellen muß, daß es kaum passende Lehrbücher gibt. Hier wäre eine der wichtigsten Aufgaben einer zentralen Organisation, wie zum Beispiel das Schulamt des Verbandes. Das Erstellen von geeigneten Schulbüchern für alle Schulen müßte aber so gehandhabt werden, daß die regionalen Verhältnisse weitgehende Berücksichtigung finden. Solches Verfahren wäre auch bei der Ausarbeitung eines allgemeinen Lehrplanes unumgänglich notwendig, zumal die schulische Lage nicht überall in diesem weiten Land dieselbe ist.

Daß die Schulen mit Schwierigkeiten sondergleichen kämpfen müssen, ist augenscheinlich. Nicht immer stehen qualifizierte Lehrkräfte zur Verfügung, was sich nachteilig auswirken kann, auch wenn die eingesetzten Hilfskräfte mit bewundernswertem Idealismus bei der Sache sind. Ihnen müßte man in Schulungskursen das nötige methodische und didaktische Rüstzeug mitgeben. Aber auch geschulte Lehrkräfte, die die Arbeit am Wochenende nur wegen der zusätzlichen Verdienstmöglichkeit angenommen haben, sind fehl am Platz. Ein Raum, der hauptsächlich zum Abhalten von Unterhaltungen bestimmt ist, ist eben kein Schulzimmer. Das finanzielle Problem ist auch nicht unbedingt damit gelöst, daß die Eltern einen Beitrag leisten und interessierte Gruppen regelmäßige oder unregelmäßige Zuschüsse gewähren. Auch hier bedarf es einer fachmännischen Planung, wenn die Weiterentwicklung gewährleistet oder der Weiterbestand gesichert werden soll.

Franz Sayer
Leiter des Landesschulrates

Gruppenbild anläßlich der Schulschlußfeier am 17. Mai 1986.

Father Lani dirigiert seine Jugendmusikkapelle.

Über die Zukunft der Donauschwaben in den USA

In unserer 250jährigen Geschichte haben wir Donauschwaben gezeigt, daß wir lebensfähig sind. Wir sind der jüngste Volksstamm des deutschen Volkes. Genauso wie im Leben eines Menschen gibt es auch in einem Volk ein Auf und Nieder. Es hat sich dabei gezeigt, daß wir Donauschwaben immer die Kraft hatten, das Leben zu meistern.

So haben wir auch nach dem 2. Weltkrieg gezeigt, daß wir trotz Verlust unserer Heimat, Flucht, Vertreibung und Vernichtung wieder auf den Beinen stehen können.

Viele von uns kamen in den Jahren nach dem 2. Weltkrieg nach den USA. Es wurden in den größeren Städten Ortsgruppen gegründet und 1957 der Verband der Donauschwaben. Heute haben wir 21 Ortsgruppen mit ihren Untergruppen und 14 eigene Heime.

Wenn man bedenkt, welche Aktivitäten in den Gruppen jede Woche stattfinden, kann man den Glauben an unser Weiterbestehen nicht verlieren. Es finden durch das Jahr planmäßige Feste, Kultur- und Sportveranstaltungen statt. Wer unsere Trachtenfeste, Landessporttreffen oder unsere Landesverbandstagungen besucht, holt sich die Kraft, für unsere Sache weiterhin zu arbeiten und stärkt seinen Glauben an das Weiterbestehen unseres Volksstammes.

Durch die Erfassung aller, vom Jüngsten bis zum Ältesten, werden unsere Gruppen wie eine große Familie. Wir freuen uns auf jedes Neugeborene und trauern gemeinsam um unsere Toten. Unser Zusammenhalt wird nicht nur durch unsere Treffen in den Heimen gefördert, sondern auch durch unsere Vereinsnachrichten innerhalb der Ortsgruppen.

Der Verband der Donauschwaben USA veranstaltet jährlich vier Sitzungen, bei denen Erfahrungen ausgetauscht und Beschlüsse gefaßt werden. Wir haben starke Bindungen zu dem kanadischen Verband der Donauschwaben, und oft besuchen Ortsgruppen von USA und Kanada einander, vor allem Jugendgruppen. Unser gemeinsamer „Tag der Donauschwaben" ist wohl unser größtes Treffen auf dem nordamerikanischen Kontinent. Durch unseren Heimatboten halten wir Tuchfühlung miteinander.

Hier meine Gedanken zur Erhaltung und Sicherung der Zukunft für unsere Donauschwaben in den USA:

1. Oberster Grundsatz soll die freiwillige und ehrenamtliche Arbeit für unsere Gemeinschaft sein. Wir, als Einzelpersonen, sollen mithelfen, unsere Gemeinschaft aufzubauen, zum Wohle aller Donauschwaben. Wir haben es hier in den letzten 30 Jahren mit Erfolg getan und wollen es auch weiterhin tun.
Wenn zum Beispiel die Führung nicht deiner Meinung ist, bleibe in deiner Ortsgruppe weiter tätig. Zeige durch deinen Einsatz, wie man es besser machen kann. Es gibt immer einen Bereich, in dem man dies unter Beweis stellen kann. Wenn du an der Stange bleibst, kannst du mithelfen, die Gruppe in eine bessere Richtung zu lenken. Schließe dich der Gruppe von Menschen an, die deiner Meinung am nächsten stehen; bei Wahlen wähle deinen Kandidaten.

2. Für die Führung in den Ortsgruppen und deren Abteilungsleiter möchte ich folgende Grundsätze zum Wohle und zur Erhaltung unseres Stammes festlegen:
Nur nach demokratischen Regeln handeln: freie Wahl, freie Rede, freie Presse.
Als Beispiel, wenn eine Abteilung sich einen Leiter wählt, überläßt es den Mitgliedern, denn nur so wird der richtige Führer gewählt. Wenn die Ortsleitung sich einmischt und wählt einen, der ihr hörig ist, verliert sie den geeignetsten Kandidaten und damit die Unterstützung vieler Mitglieder.
Eine andere nachteilige Erscheinung ist die „Cliquenbildung". Unter keinen Umständen soll der zuständige Führer einer Ortsgruppe einer Clique angehören; er soll den Vorstand frei entscheiden lassen, andernfalls ist er der Clique verpflichtet und kann nicht frei handeln.

3. Die sicherste Garantie für den Fortbestand unserer Ortsgruppen liegt in den Kindergruppen. Wer eine starke Ortsgruppe haben will, muß sein Hauptaugenmerk auf die Kindergruppen lenken. Darin liegt der Vorteil, daß damit die jungen Familien, die 30- bis 40jährigen, für unsere Gemeinschaft aktiviert werden. Der zweite Vorteil liegt darin, daß unsere älteren Menschen, also die Großeltern der Kinder, sich auch in unserer Gemeinschaft wohlfühlen.

Der größte Vorteil, den man mit einer Kindergruppe hat, ist, daß die kleinen Kinder leicht in unsere Gemeinschaft hineinwachsen und mit den anderen Kindern und mit den Erwachsenen unsere Heime zum Treffpunkt ihres Gemeinschaftslebens machen.

Von unseren Kindergruppen werden unsere Jugendgruppen genährt. Wer also keine starke Kindergruppe hat, wird in der Zukunft auch keine starke Jugendgruppe haben.

4. Unsere Jugend- und Sportgruppen sind der Stolz unserer donauschwäbischen Gemeinschaft. Durch ihre kulturelle und sportliche Tätigkeit und durch das Erlebnis mit anderen donauschwäbischen Gruppen lernen sie die Stärke unserer Gemeinschaft kennen. Durch ihre Teilnahme an unseren Sitten und Gebräuchen, unserer Sprache, werden sie Träger unserer Arbeit. Bei Gesang, Tanz, Spiel und Sport lernen sich beide Geschlechter kennen und heiraten. Dadurch bilden sich neue donauschwäbische Familien.

5. Die Familie ist die Quelle einer gesunden Gemeinschaft. Ohne sie gibt es keine Ordnung in Gemeinschaft und Staat. Durch die Stärke der Familie und Sippe haben wir die Möglichkeit, unsere deutsche Sprache im engeren Kreis zu pflegen. Es liegt an uns, eine der ausdrucksvollsten Sprachen, eines Goethe und Schiller, unseren Kindern beizubringen. Die Mütter und Väter sollen ihre Kinder frühzeitig mit unseren donauschwäbischen Sitten und Bräuchen vertraut machen.

6. Es ist notwendig, daß wir in den Ortsgruppen unsere älteren Leute erfassen. Sie helfen gerne mit Rat und Tat; ihre Mithilfe ist für sie schönste Erfüllung ihres Lebensabends.

7. Eine große Hilfe in unserer zukünftigen Entwicklung ist die Donauschwäbische Stiftung des Landesverbandes USA. Sie hat sich zum Ziel gesetzt, vor allem die kulturellen Werte unseres völkischen Lebens zu fördern: Deutsche Sprache, Sitten und Brauchtum, Unterstützung unserer Kinder-, Jugend-. und Sportgruppen. Ich rufe alle Landsleute und Freunde der Donauschwaben auf, dieser Stiftung einen jährlichen finanziellen Beitrag zu leisten. Auch Erbschaften, Nachlässe, Grundstücke, Häuser und Wertgegenstände können dieser donauschwäbischen Stiftung anvertraut werden. Für uns Donauschwaben in den USA sollte es nicht unmöglich sein, innerhalb zehn Jahren eine Million Dollar für unsere Stiftung aufzubringen. Die Stiftung soll in der Zukunft das finanzielle Rückgrat unserer kulturellen Tätigkeit in den USA werden.

So wie die Ortsgruppen in Gemeinschaftsarbeit sich ihre Heime aufbauten, so wollen wir zusammen mit allen Ortsgruppen ihren Mitgliedern und Gönnern die Donauschwäbische Stiftung USA aufbauen. Laßt uns gemeinsam ein Werk vollenden, auf das wir und zukünftige Generationen stolz sein können.

8. Die Pessimisten, Schwarzseher und die, die immer vom Untergang der Donauschwaben sprechen, helfen natürlich auch mit an unserem Weiterbestehen. Weil sie Interesse an unserem Volksstamm haben, kritisieren sie. Durch ihre Kritik werden die positiv denkenden Mitglieder aufmerksam auf eventuelle Mängel in unserer Arbeit. Ich schätze Kritiker besonders hoch ein, wenn sie auch bereit sind, mitzuhalten.

9. Durch den Zusammenschluß aller Donauschwaben in der Welt im Dachverband der donauschwäbischen Landsmannschaften in Europa und Übersee haben wir die Möglichkeit, Erfahrungen auszutauschen und erhalten dadurch das Gefühl, daß in der ganzen Welt Donauschwaben etwas für die Erhaltung ihres Volkstums tun.

Durch unsere rege Tätigkeit für unsere Gemeinschaft sind wir heute zu einer der stärksten und ansehnlichsten deutsch-amerikanischen Organisation geworden.

Weil wir früher unter anderen Völkern gelebt haben, kennen wir den kulturellen, wirtschaftlichen und menschlichen Beitrag, den wir als Deutsche schon immer in der Welt geleistet haben. Deswegen wollen wir auch weiterhin durch unsere Tätigkeit mithelfen, eine bessere Welt, eine Welt der Gleichberechtigung für alle, ohne Unterschied von Rasse, Religion oder Weltanschauung, zu verwirklichen. Wenn wir Donauschwaben in den USA unserem Ahnenerbe treu bleiben und als gute Staatsbürger uns für Freiheit und Recht einsetzen, ist unsere Zukunft für Jahrhunderte gesichert.

Theo Junker

Eindrücke

Die volksdeutschen Gruppen außerhalb Deutschlands waren in ihrer Sprache, in ihrer Kultur und in ihrem Nationalgefühl Deutsche. Die schwäbischen Kolonisten, die über Jahrhunderte in einem Gebiet lebten, das jetzt zu Jugoslawien gehört, blieben Deutsche, trotz der großen Distanz, die sie von ihrem Mutterland trennte. Nach ihrer Ansiedlung in den USA haben diese deutschen Emigranten sich dem Hauptstamm der Amerika-Deutschen angeschlossen.

Die deutschen Emigranten, die jedes Jahr in die USA einwandern, zerstreuen sich über das ganze Land, aber sie sind besonders in den großen Städten konzentriert. In einer beträchtlichen Zahl städtischer Gebiete bilden sie Gruppierungen, die groß genug sind, um das Fortleben einiger Institutionen und Organisationen zu garantieren, welche den frühen Einwanderern gedient hatten. Es gibt deutsche Zeitungen, verschiedene deutsche Gesangvereine, musikalische Clubs und auch karitative Einrichtungen.

Nachdem ich mich sechs Monate mit den Donauschwaben beschäftigt hatte, wurden mir einige Verhaltensstrukturen evident, die ich bei der Mehrheit der ausgewählten Bevölkerungsgruppe feststellen konnte. Die Donauschwaben sind extrem hart arbeitende, niemals müde werdende Leute. Sie sind sehr genügsam und verschwenden nichts, das noch zu irgend einem weiteren Gebrauch verwendbar ist. Sie halten ihre Heime und jedes Ding darin außerordentlich sauber, ja polieren es geradezu. Wenn sie das nicht täten, würden sie gegenüber ihren Landsleuten das Gesicht verlieren. Sie sind stolz auf ihr Haus und genießen jede Art von Arbeit, die dem Ziel dient, das Heim noch schöner zu machen.

Die Donauschwaben haben ein Überlegenheitsgefühl gegenüber anderen Deutschen in der Gegend, und sie betrachten sich als die Träger der einzigen wahren und traditionellen deutschen Kultur, einer Kultur, die sie an die zukünftigen Generationen weitergeben werden. Sie geben sich viel Mühe, in ihren Kindern dieselbe Liebe zur deutschen Kultur und zu den Bräuchen zu wecken, die sie mit sich in die Neue Welt gebracht haben.

Sie sind ein sehr gastfreundliches Volk, und sie freuen sich daran, die kulinarische Kunst ihres Heimatlandes den Besuchern darzubieten. Sie sind auch gerne bereit, ihre Erfahrungen in ihrem Heimatland Jugoslawien vor dem 2. Weltkrieg zu erzählen, und sie sind immer noch voll Entrüstung darüber, was Tito und seine Partisanen ihrem Leben und ihrem Besitz angetan haben. Sie sind verletzt und verärgert darüber, daß ihre Zwangsinternierung während der späten Kriegsjahre vor der Weltöffentlichkeit relativ geheim gehalten wurde. Die Geschichtsbücher über jene Zeit erwähnen kaum jemals diese Internierung.

Aus Jeanne J. Nebel „Die Donauschwaben".

Tschartz.

Die Donauschwäbische Stiftung
der USA e. V.

Die Erhaltung unseres Volkstums ist unsere heilige Pflicht!

Erklärung: Die Stiftung ist eine Institution oder Einrichtung, in die Gelder eingezahlt und angelegt werden, mit deren Zinsen und Geldern bestimmte Zwecke und Vorhaben des Landesverbandes der Donauschwaben der USA durchgeführt werden können.

Gründung: Die Gründung der Donauschwäbischen Stiftung wurde bei der Halbjahresversammlung des Landesverbandes der Donauschwaben in den USA am 29. April 1984 in Akron, Ohio, bekanntgegeben. Die Stiftung wurde von der IRS (Internal Revenue Service) genehmigt und ist unter dem Namen „The Danube-Swabian Foundation of the USA, Inc." oder „Die Donauschwäbische Stiftung der USA e. V." registriert.

Zweck: Durch die Stiftung soll folgendes unterstützt werden:
1. Förderung der Aktivität unserer Kinder- und Jugendgruppen in jeder Hinsicht.
2. Erhaltung und weitere Ausbildung unserer Wochenendschulen zur Pflege unserer Muttersprache.
3. Vergebung von Stipendien an vorzügliche Schüler und Studenten.
4. Pflege von Sport-, Spiel- und Volkstanzgruppen.
5. Erhaltung, Pflege und Fortbildung unserer Kultur, Kunst, Literatur, Musik und sonstigen Volksgutes.

Finanzierung: Die Stiftung soll finanziert werden durch:
1. Einmalige Beiträge der angeschlossenen Ortsgruppen des Landesverbandes und deren bestehenden Abteilungen.
2. Spenden durch Mitglieder, Landsleute und Privatpersonen, die den Zweck der Stiftung unterstützen wollen.
3. Beiträge von Geschäften, Fabriken, anderen Anstalten und Vereinen.
4. Beiträge von öffentlichen und staatlichen Stellen, Institutionen und Gewerkschaften.
5. Erbschaften und Hinterlassungen an die Stiftung.

Alle Beiträge und Spenden sind abzugsfrei bei der Erstellung der jährlichen Steuererklärung.

Schecks oder Geldanweisungen sollen auf den Namen „Danube-Swabian Foundation – USA" ausgestellt werden.

Aufruf: „Nur der ist seiner Ahnen wert, der ihre Sitten treu verehrt."

Auch wir wollen uns unserer Ahnen würdig erweisen, indem wir unser Ahnenerbe erhalten, pflegen und weitergeben an unsere jüngere Generation; damit auch sie in künftigen Zeiten als fleißige, sparsame, redliche und friedliche Menschen anerkannt werden.

Durch einen Beitrag von Ihnen zu dieser Stiftung soll dies zu verwirklichen geholfen werden.

Wir sollen eine kleine materielle Hilfe nicht scheuen, wenn es um die Zukunft unseres Volkstums und das Weiterbestehen unseres Donauschwabentums geht.

Denken wir auch an die von uns so oft gehörten und selbstgemachten Ausrufe und Versprechen, die genau vor 40 Jahren zum Himmel hallten: „Nie wieder sparen und schuften." – „Nur mal aus diesem Lagerelend heraus." – „Nur mal wieder ein eigenes Dach über dem Kopf haben." – „Alles gib ich hin, wenn . . ." usw.

Nun, wie stehen wir uns heute, und zu was haben wir es wieder gebracht? Können und wollen wir mal einen Teil unseres Versprechens einlösen? Ein Versprechen einlösen erleichtert das Gewissen, macht die Brust frei und gibt einem ein gutes Gefühl, besonders wenn es um die Erhaltung unseres Volkstums, der Muttersprache und des Ahnenerbes geht! Bitte seid großzügig in Eurer Hilfsbereitschaft, und allen edlen Spendern sei schon heute ein „Vergelt's Gott" gesagt.

167

Donauschwaben – USA

Als Folge des schnellen Bevölkerungszuwachses und des sich daraus ergebenden Mangels an Ackerboden um die Jahrhundertwende wurde Nordamerika für viele Schwaben im Donauraum das bevorzugte Auswanderungsziel. Die dort vorherrschenden Arbeits- und Verdienstmöglichkeiten waren bei weitem günstiger als sonstwo in der Welt. Von 1900 bis 1914 entwickelte sich zwischen der Donauebene und dem nordamerikanischen Kontinent ein reger Pendelverkehr: Auswanderer, die in den Vereinigten Staaten Arbeit fanden und mit dem gesparten Geld wieder in die Heimat zurückkehrten; bei den Amerikanern waren sie als „Zugvögel" bekannt.

Manchem „Deutsch-Ungarn" – so nannten sie sich in Amerika – gefiel es in der Neuen Welt und sie blieben; Verwandte und Bekannte folgten ihnen. Nach dem 1. Weltkrieg, der darauffolgenden Aufteilung an Jugoslawien, Ungarn, Rumänien und der sich daraus entwickelnden unsicheren wirtschaftlichen und politischen Lage entschlossen sich viele Auswanderer, amerikanische Staatsbürger zu werden.

Die Zersplitterung des donauschwäbischen Volksstammes als Folge des 2. Weltkrieges, die weitverbreitete Armut im Nachkriegseuropa, die Furcht vor einem neuen Krieg gaben vielen heimatlosen Donauschwaben den Anstoß, Anschriften von Verwandten und Bekannten in Übersee auszukramen und um die Einwanderung in die USA nachzusuchen. Erst 1949 war die Einwanderung von Volksdeutschen, die seit Kriegsbeginn gesperrt war, wieder möglich. Tausende von Flüchtlingen in Lagern und Notunterkünften unternahmen die Fahrt über den Ozean in der Hoffnung, eine neue, bleibende Heimat zu finden.

Zusammengepfercht auf einem Truppentransporter, zwölf unendlich scheinende Tage bei schwerem Seegang unterwegs, in New York angekommen, ohne Ausweispapiere an Land gelassen, von Verwandten oder Bekannten empfangen, mit denen sie nur vom Hörensagen vertraut waren, überwältigt vom Verkehrsgetöse, von der Lichtreklame, von dem verschwenderischen Überfluß an Lebensmitteln, standen sie ratlos da. Was sie in den USA erwartete, können sich Europäer schwer vorstellen: keine soziale Fürsorge, keine öffentlichen Hilfsstellen, ohne Erfahrung in einem kapitalistischen, freien Wirtschaftsmarkt den Ausbeutern ausgeliefert, von durch Kriegspropaganda beeinflußten Eingeborenen als „Nazi" angeprangert, einer fremden Sprache bedürftig, die sich in Aussprache und Schrift nicht deckt, einer rastlosen Lebensweise ausgesetzt, die mit unserer besinnlichen Art nichts gemein hat.

Das erste Gefühl, das die „Greenhorns" (Neueinwanderer) empfanden, war Heimweh, brennendes, anhaltendes Heimweh. Aus dieser verzweifelten, aussichtslosen Lage heraus entstand der Wunsch nach einer Vereinigung. Es gab wohl deutsche Vereine, zum Beispiel die Cannstatter, die Plattdeutschen, Erzgebirgler, Bayern, Männer- und Frauenchöre, doch da waren die Volksdeutschen in den 50er Jahren selten willkommen; in manchen mußte man, um als Mitglied aufgenommen zu werden, mit dem Geburtsschein nachweisen, daß man aus dem betreffenden Gebiet in Deutschland stammte. Dann gab es auch die Hilfs- und Sparvereine der vor dem 2. Weltkrieg ausgewanderten Landsleute. Um es aufrichtig zu sagen, die „Alten" und die „Neuen" hatten verschiedene Bedürfnisse, Ansichten, Einstellungen, und es gab demzufolge viele Reibereien.

Zuoberst aber blieb der Wunsch, ein eigenes Vereinsgebäude und Gelände zu haben, wo man unbehelligt „schwowisch" reden konnte, bei herkömmlichen Speisen und Getränken Nachrichten austauschen und Leid klagen konnte, aber auch zu den vertrauten Klängen singen und tanzen und, nicht zu vergessen, wieder „Fotball" spielen konnte.

Am Wochenende ist der Verein mit seinen Veranstaltungen – Kerweih, Schlachtfest, Nikolo, Silvester, Fußballmeisterschaftsspielen – die Heimat, das Dorf. Da treffen sich die Landsleute aus der Donauebene und den Randgebieten, ungeachtet der Trianoner Teilung, im wahrsten Sinne des Wortes als Donauschwaben stolz auf ihr Kolonistenerbe und geeint in dem Bewußtsein, ein gemeinsames Vertriebenenschicksal zu teilen.

Der Krieg in Korea und die damit verbundenen Konjunkturjahre haben den Donauschwaben geholfen, sich in kurzer Zeit eine Existenz zu sichern. Als zuverlässige, willige Arbeiter waren sie nie ohne Arbeitsstelle, im Gegenteil, sie leisteten freudig Überstunden, natürlich gegen Bezahlung. Ich kenne keinen Donauschwaben, der sich nicht in ein paar Jahren ein Haus ankaufen konnte, ein Auto war eine Selbstverständlichkeit. Sauber und sparsam in der Haushaltung, bescheiden und tolerant den Nachbarn gegenüber, verläßlich und geschickt im „Job", gewannen sie Achtung nicht nur für sich selbst, sondern für das Deutschtum im allgemeinen.

Allmählich weitete sich die Aufgabe der Vereinigungen: Kindergruppen, deutschsprachige Wochenendschulen, Tanzgruppen, Frauengruppen und viele andere Tätigkeiten wurden eingeführt und füllten mit ihrem Wirken den Jahreskalender. Mit dem selben Fleiß und mit der gleichen Sparsamkeit, mit denen sie ihre eigenen Haushaltsangelegenheiten betrieben, widmeten sich die Einwanderer dem Verein. Die prächtigen Vereinsgebäude, die ausgiebigen Sportgelände sind der stolze Besitz der Donauschwaben. Mit Befriedigung sehen die inzwischen im vorgerückten Alter stehenden Einwanderer auf die Gründer- und Entwicklungsjahre zurück, auf die Opfer, den Fleiß und Schweiß, den die Vereinigungen gekostet haben. Mit Befriedigung, weil sie in den Vereinigungen ein Stück Heimat geschaffen haben, aber auch mit Besorgnis.

Seit 25 Jahren, also seit einer Generation, kommen keine Neueinwander aus der alten Heimat mehr nach Amerika. Die Tatsache, daß der Nachschub von drüben für immer versiegt ist, läßt unter den Donauschwaben die berechtigte Frage aufkommen: Wie wird sich die Zukunft gestalten?

S. Tschortz

Die Deutschamerikaner

Die Zahl der in 300 Jahren nach Amerika ausgewanderten Deutschen beträgt über sieben Millionen. Aus einer im Zusammenhang mit der Volkszählung von 1980 durchgeführten Rundfrage ging hervor, daß 51,6 Millionen Amerikaner sich wenigstens teilweise als deutschstämmig betrachten.

Wie es den Deutschamerikanern als völkischer Gruppe von Anfang an im Land der Freiheit erging, zeigt ein kurzer historischer Überblick. In der Kolonialzeit schätzte man sie allgemein als gute Bauern, geschickte Handwerker und gefügige Arbeiter. Manche betrachteten sie aber bereits in jener Epoche als bedrohliches ausländisches Element, weil sie darauf bestanden, ihre Sprache zu gebrauchen und eigene Zeitungen zu veröffentlichen. Ihre Neigung, lieber ihren Pastoren Gehör zu schenken als selbständige Entscheidungen zu treffen, verursachte ebenfalls Mißfallen bei den individueller eingestellten englischsprachigen Mitbürgern. Der hochangesehene Benjamin Franklin bemängelte ihr politisch unmündiges Verhalten und ihren Mangel an Feingefühl sowie die verwerflichen Geschäftsmethoden Einzelner. Er fand es auch nicht richtig, daß die Pfälzer sich in der englischen Kolonie Pennsylvania ausbreiteten und ihre Sprache beibehielten, ohne sich zu anglisieren. Im Jahre 1755 versuchte man sogar zu erreichen, daß der Schiffstransport Deutscher nach Pennsylvania amtlich untersagt werden sollte. Der Gouverneur weigerte sich jedoch, ein derartiges Gesetz zu unterzeichnen. Statt zu einer Unterbindung kam es danach, besonders durch die Befürwortung der Nachkommen William Penns, zu einer Förderung der Einwanderung Deutscher in diese Kolonie. Im 19. Jahrhundert vollzog sich in den Vereinigten Staaten der Entwicklungsvorgang, in welchem sich herausstellte, ob die deutschen Einwanderer dazu berufen waren, sich anzugleichen, was unter anderem Carl Schurz befürwortete, oder ob sie, nach Gottfried Dudens Konzept, in Amerika versuchen würden, ein neues Deutschland ins Leben zu rufen. Letztere Idee vertrat auch die New York Germanic Society, die 1839 eine entsprechende Kolonie gründen wollte. Der Versuch scheitere aber an fehlendem politischen Scharfsinn und am mangelhaften Zusammengehörigkeitsgefühl unter den Deutschstämmigen.

Das Ansehen der Deutschen in Amerika war durch bedauernswerte stereotype Auffassungen beeinträchtigt worden, die sich besonders bei landläufigen religiösen Gruppen herausgebildet hatten. Sie wurden vielfach als Heiden, Barbaren oder Atheisten betrachtet, weil sie am Tag des Herrn nicht bloß beteten und in ihre Kirche gingen, sondern vor allem auch ins Wirtshaus und in die freie Natur, wo sie durch laute Musik, Geselligkeit, Tanz, Lärm, Fröhlichkeit, Trunkenheit usw. Andersgesinnten oft auch auf die Nerven fielen. Zudem hatte die zwischen 1845 und 1847 in Europa herrschende Kartoffelplage auch viele deutsche Katholiken zur Auswanderung nach Amerika bewogen, wo man damals noch sehr anti-katholisch eingestellt war.

In Staaten des Mittelwestens, vor allem in Illinois und Wisconsin, pflegten die Deutschamerikaner in regelmäßigen Zusammenkünften in Vereinen ihr Volkstum. Es gab auch zahlreiche protestantische und katholische Schulen, wo Deutsch unterrichtet wurde. Darüber ärgerten sich viele Einheimische (Nativists), die derartige Tätigkeiten und Einrichtungen als nachteilig betrachteten, weil sie die von ihnen erwünschte Amerikanisierung verzögerten. Im Jahre 1890 hatte es der Fremdenhaß der Einheimischen soweit gebracht, daß in Illinois und in Wisconsin Gesetze erlassen wurden, wonach alle Kinder Schulen zu besuchen hatten, in denen in englischer Sprache unterrichtet wurde.

Nach der Reichsgründung (1871) brachte die deutsche Außenpolitik die Deutschamerikaner wiederholt in peinliche Verlegenheit. Als zum Beispiel während des Spanisch-Amerikanischen Krieges 1898 Admiral Deweys Flotte in philippinischen Gewässern durch deutsche Schiffe gestört wurde, benützten die Nativists den Vorfall als Anlaß für weitere Unterstellungen und groben Tadel an den Deutschamerikanern.

Die stärkste Gehässigkeit gegen Deutsche zeigte sich in Amerika während des 1. Weltkrieges. Zu nachhaltigen Auswirkungen der damaligen Zeit gehören:

1. Änderungen deutscher Ortsnamen in Amerika.
2. Anglisierungen deutscher Familiennamen.
3. Abschaffung des Studienfachs Deutsch an den meisten Schulen.

Von den Schülern, die 1915 an amerikanischen High Schools Fremdsprachen studierten, belegten rund 25 Prozent Deutsch. 1922 waren es nicht einmal ein Prozent. Zu den boshaftesten Unterstellungen jener Zeit gehört das Gerücht, Deutschamerikaner hätten Bandagen vom Roten Kreuz mit zerriebenem Glas bestreut, um den heilsamen amerikanischen Bemühungen entgegenzuwirken.

Trotz der heiklen Lage, in der sich die Deutschamerikaner befanden, erwiesen sie sich aber allgemein als landestreu. Solange Amerika neutral blieb, waren sie ihrem Vaterland zugeneigt. Als aber die Vereinigten Staaten 1917 Deutschland den Krieg erklärten, unterstützten sie ihre Wahlheimat. Dennoch wurden sie und ihre Kultur durch die Einheimischen vielfach angegriffen. Deutschsprachige wagten es im gerühmten Land der Freiheit nicht mehr, sich öffentlich ihrer Muttersprache zu bedienen. Ein paar Jahre nach dem Krieg wurden sogar noch Gesetze erlassen, die den Gebrauch der Muttersprache auch am Telefon strafbar machten. Deutsche Vereine wurden vielerorts aufgelöst. Sogar Aufführungen deutscher Opern wurden boykottiert. Es war eine Zeit, in der man den sonst als lustigen Biertrinker bekannten Deutschen gern als bösartigen barbarischen Hunnen betrachtete und entsprechend wüst darstellte.

Im 2. Weltkrieg gab es keinen ähnlichen allgemeinen Aufruhr, obgleich manche Deutschamerikaner fälschlich als Anhänger Hitlers oder als Nazifreunde bezeichnet wurden. Ungefähr 50 000 Deutschamerikaner gehörten wirklich zum Deutsch-Amerikanischen Bund, der sich zum Nationalsozialismus bekannte. Die überwiegende Mehrheit der Deutschamerikaner blieb aber weiterhin landestreu, und die meisten leisteten lieber etwas mehr als zu wenig, um den Erwartungen ihrer anderssprachigen Mitbürger gerecht zu werden.

In neuerer Zeit hat sich das frühere stereotype Bild vom gemütlich biertrinkenden und lederhosentragenden Deutschen positiv gewandelt. Man sieht ihn längst als sparsamen und fleißigen Hausbesitzer, den man gerne zum Nachbarn hat, was vor allem darauf zurückzuführen ist, daß sich die Lebensweise der Deutschamerikaner von jener der Einheimischen nicht mehr so unterscheidet wie früher.

Zu den aktivsten deutschamerikanischen Organisationen zählen heute die Vereine der Donauschwaben, von denen die meisten in den 50er Jahren gegründet wurden, als nämlich der größte Teil der Stammeszugehörigen ins Land kam.

Die von amerikanischen und bundesdeutschen Postbehörden gemeinsam herausgegebene Sonderbriefmarke mit einer stilisierten Abbildung des Seglers Concord, auf dem die erste Gruppe deutscher Auswanderer 1683 den Atlantik überquerte, symbolisiert zugleich die unwiderrufliche Verbundenheit beider Nationen. Der deutsche Einfluß in den USA offenbart sich in mannigfaltiger Art und Weise. Die Deutschamerikaner stellen keine Minderheit, sondern eine unbestreitbare Kerngruppe des Landes dar, die aus der großen Masse des amerikanischen Volkes nicht herauszulösen ist.

Professor Dr. Jacob Steigerwald

S. Tschurtz.

Donauschwäbische Trachtengruppe aus Detroit in Deutschland

„A Schwob bleibt a Schwob, au über dem großen Teich." Die Donauschwaben sind ein lebendiges Beispiel dafür, vor allem der Teil ihrer Landsleute, den das Schicksal in alle Winde auf unserem Erdball verstreut hat. Was sie uns voraus haben, besonders die in Amerika lebenden, ist eine hervorragende Jugendarbeit in der Volkstums- und Brauchtumspflege. Die gegenwärtig auf einer ausgedehnten Europa-Tournee befindliche Trachtengruppe „Carpathia" aus Detroit (USA) unterstrich dies recht deutlich. Nach einem Zwischenaufenthalt in Rastatt und Speyer machten die Auswanderer-Nachkommen auf ihrer Reise durch die Bundesrepublik auch zwei Tage Station in der Patenstadt Sindelfingen. Ein Empfang im Stuttgarter Staatsministerium und ein bunter Freundschaftsabend im Haus der Donauschwaben waren Höhepunkte ihres Aufenthaltes im Patenland der Donauschwaben Baden-Württemberg.

Die Muttersprache, das Lied zur Erinnerung an die alten Heimat- und Siedlungsgebiete der Ahnen und das tänzerische Spiel, wie es die Vorfahren schon pflegten und liebten, hat die Trachtengruppe im Reisegepäck. Brücken schlagen wollen die jungen Donauschwaben als Sendboten „von drüben" zwischen ihren Landsleuten, die in der Bundesrepublik eine neue Heimat gefunden haben und den in Amerika seßhaft gewordenen donauschwäbischen Volksgruppenangehörigen. Sie wollen beweisen, daß sie trotz des schweren Kampfes um den Erhalt der deutschen Muttersprache dieser und dem Brauchtum der Ahnen auch über Kontinente hinweg treu geblieben sind.

Ein besonderes Erlebnis für die 36köpfige Gruppe war der Empfang im Staatsministerium in Stuttgart, wo die jungen Deutsch-Amerikaner mit einem Lied ein Bekenntnis zum Schwabentum ablegten. Ministerialdirigent Wolfgang Stemmler unterstrich die Aufgabe des Patenlandes Baden-Württemberg, die Begegnungen von Jugendgruppen über den Ozean hinweg nach besten Kräften zu unterstützen, weil damit lebendige Brücken zur gegenseitigen Verständigung und zur Erhaltung angestammten Kulturgutes geschlagen werden könnten.

Die Pflege des angestammten Volkstums in Wort, Lied und Tanz bei den Donauschwaben in Amerika sei vorbildlich und verdiene volle Anerkennung und Unterstützung seitens des Patenlandes. Trotz der gegenwärtigen Sparmaßnahmen im Landesetat werde man die engen Verbindungen zu den Landsleuten weiterhin fördern und aufrechterhalten, denn daß wir uns heute so frei in unserem Lande bewegen können, sei nicht zuletzt den Amerikanern zu verdanken. Stemmler übermittelte die Grüße von Ministerpräsident Späth, der Landesregierung und des Landesbeauftragten Haun.

Den Dank des Landes- und Bundesverbandes der Donauschwaben brachten Bundesvorsitzender Christian Brücker und Landesvorsitzender Jakob Wolf zum Ausdruck. Während ihres Aufenthaltes in Sindelfingen waren die Nachkommen donauschwäbischer Auswanderer Gäste der Stadt und des Landesverbandes. Sie fühlten sich im Kreis ihrer Gastfamilien recht wohl, lernten unter anderem auch das Sindelfinger Badezentrum kennen und waren voll des Lobes über die ihnen in der Patenstadt erwiesene Gastfreundschaft.

Zahlreiche Landsleute und Gasteltern waren zu dem bunten Freundschaftsabend im Haus der Donauschwaben erschienen, unter den Ehrengästen weilten auch Oberbürgermeister Dr. Burger, 1. Bürgermeister Reuff, der Ehrenbundesvorsitzende Dr. Adam Krämer, der Landesvorsitzende aus Bayern Lang, und sogar ein Landsmann aus Australien, Michael Eisele aus Adelaide. Jakob Wolf gab seiner Freude über den Besuch der Trachtengruppe aus Detroit Ausdruck. Es sei schon die 17. donauschwäbische Gruppe aus Übersee. Gegenwärtig befinde sich eine Ulmer Gruppe als 14. aus dem Patenland auf der Reise in Amerika. Die Reihe dieser gegenseitigen Begegnungen und Besuche dürfe nicht abreißen. Die guten Kontakte müßten erhalten bleiben, solange es gehe. Dazu fühle man sich vor allem im 40. Jahre der Vertreibung verpflichtet.

Oberbürgermeister Dr. Burger unterstrich die Aufgabe der Patenstadt Sindelfingen als zentraler Begegnungsstätte für donauschwäbische Gruppen. Die amerikanischen Donauschwaben seien uns mit ihrer hervorragenden Jugendarbeit ein gutes Stück voraus. In Sindelfingen freue man sich über jeden Besuch der Donauschwaben von drüben, weil dieser weit über den üblichen Rahmen von Jugendbewegungen hinausreiche.

Der Bundesvorsitzende Brücker erinnerte an seinen Besuch in Amerika am Tag der Donauschwaben in Detroit. Er sei tief beeindruckt gewesen von den Darbietungen der donauschwäbischen Jugendgruppen, beeindruckt von der Pflege des alten Brauchtums und der Muttersprache als festem Bindeglied zwischen der gesamten Volksgruppe in der alten und neuen Heimat.

1. Bürgermeister Reuff dankte der Trachtengruppe, von deren Brauchtumspflege er sehr überrascht und beeindruckt sei. Davon könne man in Sindelfingen ein hübsches Stück lernen. Er überreichte der Gruppe Gastgeschenke. Der Leiter der Trachtengruppe „Carpathia", Adam Medel, unterstrich, daß die Donauschwaben in Amerika hart um die Erhaltung ihrer deutschen Muttersprache kämpfen mußten. Was sie in ihrem Reisegepäck zur Gestaltung des Freundschaftsabends mitgebracht hätten, sei echtes deutsches Brauchtum, originaler donauschwäbischer Volkstanz und echtes deutsches Liedgut. Ihr Programm wurde einge-

leitet mit einem gesungenen Treuebekenntnis zu den ehemaligen Siedlungsgebieten der ausgewanderten Donauschwaben. In der weiteren Folge boten sie echt Donauschwäbisches im ersten Teil, fröhliche Volkstänze quer durch Deutschland im weiteren Verlauf und abschließend auch Gesang und Tanz aus der neuen Heimat Amerika. Mit großer Genugtuung durften die Besucher der Veranstaltung feststellen, daß donauschwäbisches Kulturgut und dessen Pflege in Amerika in guten Händen ist: „A Schwob eba a Schob bleibt au drüba überm Meer" und daß hüben und drüben schwäbisch gesungen und gelacht gleich klingt. Der Leiter der Gruppe dankte seinen Gastgebern mit herzlichen Worten.

Zur Erinnerung an diese Begegnung überreichte er in Würdigung der Verdienste um die donauschwäbische Volkstumsarbeit eine Erinnerungsmedaille und Ehrennadel in Gold des Detroiter Clubs an den Landesvorsitzenden Jakob Wolf, den Landeskulturreferenten Ludwig Schumacher, Bundesvorsitzenden Christian Brücker, 1. Bürgermeister Oskar Reuff und Michael Eisele aus Australien.

Kreiszeitung Böblingen – hu), 1984

Volkstumsabend der Detroiter Trachtengruppe „Carpathia" in Speyer

Vom 15. bis 17. August weilten die Mitglieder dieser bekannten Trachtengruppe als Gäste unserer Landsmannschaft bei uns. Zum Abschied gestalteten sie am 16. August einen Volkstumsabend mit Liedern, Gedichten und Tänzen, der trotz der Urlaubszeit so gut besucht war, daß die Räume unseres Hauses Pannonia mit Mühe und Not die vielen Gäste aufnehmen konnten.

Adam Medel, der verdiente Leiter dieser Jugendgruppe, ist bei uns kein Unbekannter. Seine Jugend ist nicht nur diszipliniert, gut vorbereitet, ihre Darbietungen sind präzis einstudiert, mehr noch, diese sympathischen jungen Landsleute sind mit Leib und Seele bei der Sache. Man erkennt bei den geschmackvoll gekleideten Trachtenträgern die schwungvolle Begeisterung und das innere Mitfühlen und Mitklingen an den leuchtenden Augen, den lachenden und strahlenden Gesichtern.

Stefan Gallo entbot ihnen herzliche Grüße und äußerte seine Freude über die Wiederbegegnung mit Adam Medel. Desgleichen begrüßte er die zahlreichen Gäste, unter ihnen den Kulturdezernenten der Stadt Speyer, Beigeordneter Hans Peter Brahm, den stellvertretenden Landesvorsitzenden unserer Landsmannschaft, Franz Getto, den Kulturreferenten Jacob Schwindt, den Ehrenschriftführer Karl Hoffmann, Mitglieder des Speyerer Stadtrates, den Vorsitzenden der Landsmannschaft der Pommern, Martin Taschowski, Eugen Müller von der pfälzischen Trachtengruppe Neustadt a. d. Weinstraße, sowie die zahlreich erschienenen Vorsitzenden unserer landsmannschaftlichen Stadt- und Ortsverbände. An die deutsch-amerikanischen Jugendlichen gewandt, drückte ihnen Gallo seine anerkennende Bewunderung aus zum Einsatz für Brauchtum und Kultur ihrer Eltern und Großeltern.

Kulturdezernent Brahm bedankte sich für die Einladung und überbrachte die Grüße des Oberbürgermeisters Dr. Roßkopf. Er betonte, daß er nicht das erste Mal hier weile; er wisse, wie die Donaudeutschen feiern, schätze die Pflege ihrer Kultur und ihres Brauchtums und bedankte sich bei der Trachtengruppe für ihren Auftritt in Speyer.

Unter den Klängen des traditionellen Prinz-Eugen-Marsches zogen die 17 Trachtenpaare in den Saal und nahmen chormäßige Aufstellung. Adam Medel als Dirigent intonierte das mehrstimmig gesungene „Seid gegrüßt, ihr deutschen Brüder" als Willkommensgruß und Ausdruck der Verbundenheit aller unserer Landsleute in der ganzen Welt. Danach erklärte er, daß der erste Programmteil eine Tanzfolge, unterbrochen von Gedichten und Liedern, beinhalte. Die Tänze im Polka-, Rheinländer- oder Walzerschritt wurden leichtfüßig, schwungvoll und begeistert, oft auch von spontanen Jauchzern begleitet, dargeboten. Auch die kompliziertesten Figuren meisterte man mit Selbstverständlichkeit, wie zum Beispiel den wundervollen Bändertanz, wozu sicher eine sorgfältige Schulung und eine freudige Bereitschaft der Jugendlichen erforderlich sind.

Zwischen den einzelnen Tänzen wurden in Mundart und Hochdeutsch vertraute Gedichte vorgetragen, zum Beispiel „A Schwob bleibt a Schwob, wann er a iwr 'm Meer is", „Im Kukrutzbreche", das innige „Wer die Heimat kannte, die ich Heimat nannte" von Jakob Wolf unter anderem. Lieder wurden ausdrucksvoll und in sauberer Intonation gesungen, zum Beispiel „Ich bin a Schwob aus 'm Schwoweland", unter welch weiteren das vierstimmige Chorlied mit seiner harmonischen Melodieführung „Heimat, dir ferne, sei unser Gruß" besonders gefiel.

Nach Abschluß des ersten Programmteils wurde eine Pause für die Gäste eingelegt. Dafür trat unsere bewährte Trachtengruppe Speyer-Ludwigshafen auf und belebte das Tanzparkett mit ihren vorbildlichen Darbietungen, von welchen ich die mit großem Elan und Routine vorgeführten „Schottisch-Polka", „Die Wichsberscht" und die „Zigeunerpolka" anführe. Sehr gut haben auch ihre verschiedenen und in vielen Farben leuchtenden Mädchentrachten gefallen und die Tanzfläche belebt.

Nun kam wieder unsere deutsch-amerikanische Jugend in Cowboy- und Cowgirlkleidung, um uns folksongs und folkdances aus der Zeit des vergangenen Jahrhunderts, besonders aus der Zeit des Bürgerkrieges, vorzuführen. Adam Medel eröffnete die Darbietungen mit dem Gedicht „I like to teach the world to sing" (Ich möchte die Welt singen lehren) in deutscher Übersetzung, ein Aufruf mit einer Botschaft an alle Welt um Frieden, Freiheit und Freundschaft. Es folgten dann eine Reihe Westernlieder und Westerntänze, ähnlich denen, die wir in Westernfilmen aus der Pionierzeit gesehen und gehört haben. Volksmelodien in lebhaftem Zweiviertel- und Dreivierteltakt, von Geigen und Banjos begleitet und rhythmisch ausdrucksvoll dargeboten.

Den Abschluß bildete das feierlich-getragene und mehrstimmig gesungene Lied „This land is your land, this land is my land" (Dieses Land ist dein Land, dieses Land ist mein Land), ein hymnenartiger Gesang mit einem Bekenntnis zu Kalifornien, wo es auch herstammt. Adam Medel bedankte sich und empfand es als Ehre, uns das reichhaltige Programm seiner Jugendgruppe vorführen zu dürfen. Er bat alle Anwesenden, gemeinsam mit ihnen das Lied „Kein schöner Land in dieser Zeit" zu singen und sich dabei die Hände zu reichen. Wir taten es ergriffen und beglückt in der Überzeugung, daß unsere deutsch-amerikanische Jugend auch in der Neuen Welt das Kulturerbe pflegt und erhält, wie es Stefan Gallo bewegt ausdrückte.   dt, 1984

Donauschwäbische Dorfstraße mit Kirchen.

M. K. Krumes

Donaudeutsche Trachtengruppe Speyer auf USA-Tournee – ein großes Erlebnis für alle

Über drei Wochen bei Landsleuten zu Gast gewesen – Dank für großartige Gastfreundschaft

In der Zeit vom 8. August bis 1. September 1987 war die Trachtengruppe der Donaudeutschen Landsmannschaft Speyer auf einer Tournee durch den nordöstlichen Teil der USA. Mit dabei war auch ein Teil der Kindergruppe wie auch die „Donauschwäbischen Musikanten" mit Franz Keller und Mathias Loris. Die 44köpfige Gruppe plante diese Tour, um verschiedene Ziele zu erreichen. Zum ersten sollten die Landsleute in Chicago, Detroit, Cleveland und Philadelphia besucht werden, und man wollte dort aufzeigen, wie in Speyer Heimat- und Brauchtumspflege betrieben wird. Auch wollte man sehen und erleben, wie die donauschwäbischen Landsleute dort in den USA das Brauchtum aus der alten Heimat erhalten. Zum zweiten sollten bestehende Kontakte zu den Gruppen in den USA verbessert und neue Kontakte geknüpft werden. Und zum dritten wollte man Land und Leute kennenlernen. Und für all das bot sich der Speyerer Gruppe reichlich Gelegenheit. Die Gruppe wurde von Lm. Evi Rill in Chicago erwartet. Nachdem die üblichen Paß- und Zollformalitäten erledigt waren, konnte der bereitstehende Bus bestiegen werden. Die Fahrt ging quer durch Chicago zum Vereinsheim der Donauschwaben, wo man gegen 18 Uhr eintraf. Dort war das Abendessen schon vorbereitet. Alle waren hocherfreut, denn es gab „gutes deutsches Essen". Nach dem Abendessen mußten sich alle sputen, denn es ging um 20 Uhr mit der Eröffnungsveranstaltung dieser Tournee im großen Saal des Vereinsheimes los, wo die Trachtengruppe und die „Donauschwäbischen Musikanten" ihren ersten Amerika-Auftritt hatten. Daß alle sehr müde waren, bevor es richtig losging, ist wohl jedem klar.
Der 1. Vorsitzende der Landsmannschaft der Donauschwaben in Chicago, Stefan Kunzer, begrüßte die Trachtengruppe aus Speyer zu Beginn der Veranstaltung. Ebenfalls hieß er die „Donauschwäbischen Musikanten" aus Haßloch in der Pfalz herzlich willkommen. Der Kapelle war die musikalische Umrahmung dieses Abends übertragen worden. Die Trachtengruppe präsentierte ihr eigens

für diese Tournee zusammengestelltes Programm, das nahezu zwei Stunden dauerte. Und bald war bei den Akteuren die Müdigkeit verflogen. Der Leiter der Speyerer Gruppe, Paul Nägl, führte durch das Programm, das aus Tänzen, Liedern, Geschichten und Gedichten aus der alten, donauschwäbischen Heimat wie auch aus der neuen, pfälzischen Heimat bestand. Die Vorstellung der Trachtengruppe gefiel den Landsleuten in Chicago so gut, daß sie sich mit einem „Standing Ovation" für die Darbietungen bedankten, und die Trachtengruppe kam um eine Zugabe nicht herum, die sie gerne gab. Zum Abschluß der Veranstaltung wurden Erinnerungsgeschenke ausgetauscht, danach war der Tanzboden frei für alle Landsleute. Die „Donauschwäbischen Musikanten" spielten auf bis nach Mitternacht. In der Zwischenzeit waren alle deutschen Gäste mit ihren Gastgeberfamilien bekannt gemacht worden, denn in Chicago wurden alle privat untergebracht.
Am zweiten Tag des Aufenthaltes bot der Vormittag Gelegenheit, mit den Landsleuten zusammen zu sein. Die Gespräche in den Familien waren sehr aufschlußreich, denn man erfuhr hier, wie die einzelnen Familien überhaupt in die USA kamen und unter welchen Umständen sie ihren Neuanfang meisterten, welche Schwierigkeiten sie hatten und welche Probleme zu bewältigen waren. Nach dem Mittagessen fand eine Stadtrundfahrt unter der Leitung von den Landsleuten Evi und Peter Rill statt. Jetzt bekamen alle den erwünschten Überblick über Chicago, nur war die Zeit zu kurz, um sich mit allen Sehenswürdigkeiten dieser Stadt eingehend zu befassen.
Am nächsten Morgen hieß es dann schon wieder Abschied zu nehmen, denn der gesamte Troß zog weiter nach Detroit. Es bleibt festzuhalten, daß die Trachtengruppe und die Musikanten in Chicago neue Freunde gefunden haben. Nur schade, daß die Zeit so kurz war. Das gesamte Gepäck wurde in den bereitstehenden Bus verladen und nach einer nochmaligen kurzen Durchfahrt durch Chicago machte man sich auf nach Detroit, wo die Gruppe gegen 21 Uhr eintraf. Während an den ersten beiden Tagen des Aufenthaltes der Himmel bedeckt war, strahlte ab diesem Tag die Sonne. In Detroit wurde die Gruppe schon sehnlichst erwartet. Es war ein reichliches Abendessen in der Carpathia-Halle (Vereinshaus der Donauschwaben in Detroit) vorbereitet. Bald wurden auch hier die deutschen

Gäste mit ihren Gastgeberfamilien bekannt gemacht, denn auch in Detroit waren alle privat bei den Landsleuten untergebracht. Hier wurde der restliche Abend genutzt, um sich näher kennenzulernen und Gedanken auszutauschen.

Der nächste Tag, der 11. August, war für alle zur freien Verfügung. Während ein Teil der Gruppe den Tag nutzte, um einen Einkaufsbummel zu machen, ging der andere Teil zum nicht allzu weit entfernten Metro Beach zum Baden und Erholen. Nach dem Abendessen bei den Gastgeberfamilien jeweils zu Hause trafen sich alle zu einem gemütlichen Beisammensein in der Carpathia-Halle. Hier zeigte die Detroiter Jugend einen Ausschnitt ihres tänzerischen und gesanglichen Könnens. Auch die Speyerer Trachtengruppe bot einige Tänze und lud die Detroiter Jugend zum Mitmachen ein. Und bald tanzten beide Gruppen gemeinsam Volkstänze. Erst gegen Mitternacht verabschiedete man sich und verabredete sich für den nächsten Tag zu einer Stadtrundfahrt. Schon früh traf man sich am nächsten Morgen, um unter der Begleitung der Detroiter Landsleute Eva Gottschling und Adam Medel Detroit zu besichtigen. Hier waren das Fisher Building, das General-Motors-Building und die City-Rundfahrt mit ihren vielen alten und neuen Bauten sehenswert.

Nach einer solch beeindruckenden Tour ging es am Abend zurück zu den Gastgeberfamilien. Der Abend stand zur freien Verfügung. Viele nutzten die Zeit zu einem Stadtbummel mit ihren Gastgebern im benachbarten Windsor in Kanada auf der anderen Seite des Detroit-River. Hier konnte man das Lichtermeer Detroits herrlich sehen. Auch dem Zentrum der Landsleute in Windsor, dem Teutonia-Club, statteten einige Speyerer einen Besuch ab.

Am darauffolgenden Tag, dem 13. August, kamen die Kinder der Trachtengruppe zu ihrem Recht. Die gesamte Gruppe besuchte zusammen mit Landsleuten aus Detroit den dort weit und breit bekannten „Bob-Lo-Park", einen Freizeitpark mit vielen Fahrgeschäften auf einer Insel im Detroit-River. Die Insel erreichte man nach 1¼stündiger Schiffsfahrt.

Am Nachmittag trafen sich dann alle im Vereinsheim, der Carpathia-Halle, wo man den Abend gemeinsam verbrachte. Nach einem typisch deutschen Abendessen, das allen sehr gut geschmeckt hatte, machten sich die Speyerer

Trachten- und Kindergruppe und die „Donauschwäbischen Musikanten" fertig zum Auftritt. Zum Abschluß des Aufenthaltes in Detroit boten die Gäste aus Deutschland ihr zweistündiges Programm. Und auch hier, wie bereits in Chicago, waren alle begeistert. Es gab Szenenapplaus und zum Schluß ein „Standing Ovation", das alle Mitwirkenden begeisterte, und es wurden mit Freude weitere Zugaben gegeben. Zum Abschluß wurden auch hier Geschenke zur Erinnerung ausgetauscht, wobei von den Detroiter Landsleuten Ansteckanadeln für jeden Mitwirkenden aus Speyer als Überraschung präsentiert wurden, als Erinnerung an diesen Aufenthalt. Die „Donauschwäbischen Musikanten" hatten das gesamte Programm wieder musikalisch begleitet und spielten wieder bis weit nach Mitternacht zum Tanz auf für alle.

Bei dieser Veranstaltung konnte neben dem 1. Vorsitzenden der Detroiter Landsmannschaft der Donauschwaben, Franz Pelvay, der Ehrenpräsident Herr Schneider sowie ein offizieller Vertreter der Stadt Detroit begrüßt werden. Zum Abschluß des Aufenthaltes in Detroit wurde vom Leiter der Speyerer Gruppe, Paul Nägl, die hervorragende Betreuung gewürdigt, die der ganzen Gruppe zuteil wurde. Man saß noch lange beisammen. Auch hier bleibt festzuhalten, daß wieder neue Freunde gefunden wurden. Obwohl hier der Aufenthalt fast eine Woche dauerte, war alles viel zu kurz. Am nächsten Tag ging die Reise weiter nach Cleveland.

Die Detroiter Landsleute hatten sich bereit erklärt, die gesamte Gruppe samt Gepäck mit Privatbussen nach Cleveland zu fahren, und so traf man sich am Samstagmorgen, um eine mehrstündige Fahrt anzutreten. In Cleveland angekommen, wurde die Gruppe gleich auf die einzelnen Privatquartiere aufgeteilt, denn auch hier waren alle bei den Landsleuten untergebracht. Nach dem Mittagessen bei den Gastgeberfamilien traf man sich wieder im Lenau-Park, der das „Donauschwäbische Kulturzentrum" beherbergt. Es handelt sich hier um ein vereinseigenes, großes Gelände mit Sport- und Spielplätzen, mit See und natürlich mit dem Vereinshaus. An diesem Wochenende feierten die Cleveländer Landsleute ihr „Sommer-Oktoberfest", und es herrschte großer Trubel. Das aufgebaute Festzelt war vollbesetzt. Am Abend zeigten die „einheimischen" Donauschwaben, wie sie Brauchtumspflege verstehen und betreiben. Und auch die Speyerer Kinder- und Trachtengruppe zeigte Ausschnitte aus ihrem Programm und erntete hierfür viel Applaus. Sie wurde, wie bisher bei allen Auftritten, von den „Donauschwäbischen Musikanten" musikalisch begleitet. Die Kapelle hatte auch im Festzelt am Nachmittag und frühen Abend die musikalische Unterhaltung übernommen. Nach der Veranstaltung mit den Trachtengruppen hatten die Speyerer genug Gelegenheit, das Volksfest mit oder ohne Gastgeberfamilien in vollen Zügen zu genießen.

Am Sonntag, dem 16. August, durften alle ausschlafen. Man traf sich erst wieder am Nachmittag im Lenau-Park zu mehreren Auftritten. Danach verbrachten alle die Zeit auf dem „Sommer-Oktoberfest" bis in den späten Abend hinein. Und hier hatten die Speyerer viel Gelegenheit, Leute kennenzulernen. Donauschwaben wie auch echte Amerikaner lernte man kennen und unterhielt sich über das Leben diesseits und jenseits des großen Teichs. Der nächste Tag war komplett ohne Programm und wurde daher zur Erholung genutzt. Man ging schwimmen an den Eriesee oder bei den Gastgebern zu Hause im Swimmingpool, denn die Fahrten, die Auftritte und nicht zuletzt die große Hitze und Schwüle waren sehr anstrengend. Es war die Gelegenheit, um Kraft aufzutanken für neue Taten.

Am Vormittag des 19. August war freie Zeit zur Verfügung. Es war der letzte Tag in Cleveland. Viele besichtigten die Stadt Cleveland auf eigene Faust. Am frühen Abend traf sich die Speyerer Gruppe mit den „amerikanischen" Donauschwaben in deren Vereinszentrum im Lenau-Park, um dort den Abend gemeinsam zu verbringen. Nach einem gemeinsamen Abendessen rüstete sich die Speyerer Trachtengruppe zusammen mit den „Donauschwäbischen Musikanten" zum Auftritt und zeigte ihr gesamtes Programm. Auch hier, wie in den bisherigen Städten, kam dieses Programm sehr gut an und wurde mit viel Beifall bedacht. Was der Speyerer Trachtengruppe besonders imponierte, war das Verhalten der Zuschauer bei den Abschlußliedern der Trachtengruppe. Alle im Saal standen auf von ihren Plätzen, faßten sich an den Händen und sangen mit. Es war ein Zeichen der Anerkennung für die Darbietungen – ein Zeichen der Zusammengehörigkeit unter den Donauschwaben. Zum Abschluß wurden verschiedene Geschenke ausgetauscht und Dank gesagt an den Präsidenten des Clevelander Vereins der Donauschwaben, Sepp Holzer, und den Jugendleiter Peter Sartchev für ihre großen Bemühungen um die Speyerer Reisegruppe. Auch den Gastgeberfamilien galt ein Dank für die gute Aufnahme.

Donauschwäbische Bauernhochzeit (de Ponte).

Am nächsten Tag nahm die Gruppe Abschied von Cleveland. Man traf sich im Lenau-Park, um mit dem Bus weiterzufahren zu den Niagara-Fällen. Nach etwa sechsstündiger Fahrt durch die Weiten Amerikas erreichte man über Buffalo die kanadische Stadt Niagara-Falls und damit die Niagara-Fälle. Nach dem Bezug der Zimmer im Motel „El Rancho" gingen alle zum Abendessen. Danach stand die Besichtigung der Niagara-Fälle auf dem Programm. Man fuhr mit dem Schiff in die nächste Umgebung der Wasserfälle ein. Es bot sich jedem ein gewaltiges Schauspiel der Natur. Die Wassermengen, die hier zu Tal stürzen, wirkten auf so manchen der Gruppe beängstigend. Aber jeder war der Meinung, daß man dieses Schauspiel aus nächster Nähe erlebt haben muß, um sich über den Umfang und die gewaltige Größe der Wasserfälle ein Bild machen zu können. Die Schiffsfahrt, die bei Einbruch der Dunkelheit zu Ende ging, wird einen nachhaltigen Dauereindruck bei allen Beteiligten hinterlassen.

Am Morgen des 21. August machte man sich auf zum letzten Ziel der Reise. Nach zehnstündiger Busfahrt über viele 100 Meilen erreichte man gegen 20 Uhr Philadelphia und bezog im Hotel „Holiday Inn" Quartier. Alle waren müde, aber auch glücklich, die großen Strapazen überstanden zu haben. In Philadelphia verbrachte man die längste Zeit dieser Reise. Nun konnten endlich einmal die Koffer komplett ausgepackt werden, denn bisher hatte es sich nie gelohnt. Man traf sich noch zu einer kurzen Besprechung über den Ablauf der nächsten Tage. Und hierbei lernte die Speyerer Gruppe ihre ständige Begleiterin in Philadelphia, Lm. Theresa Masur, kennen.

Am darauffolgenden Tag traf sich die Gruppe am Nachmittag zu einem Stadtrundgang durch die Innenstadt von Philadelphia, denn das Hotel, in dem alle untergebracht waren, lag zentral in der Stadtmitte. Die City-Hall (Rathaus), The Cathedral of St. Peter and Paul, die Freiheitsglocke, die in einem Glaspavillon ihren Platz zur Besichtigung gefunden hat, die Independence-Hall, das erste Parlaments- und Kongreßgebäude der USA, in der im Jahre 1776 die Unabhängigkeit verkündet wurde, sind besichtigt worden. Neben diesen Stätten der Geschichte sah man weitere Sehenswürdigkeiten, ehe man an den Penn's-Landing (Landungsbrücken) am Delaware-River eintraf, wo eine Rast eingelegt wurde. Gegen Abend wurde dann der

lange Marsch zurück zum Hotel angetreten. Der Abend stand zur freien Verfügung, wie auch der darauffolgende Sonntag, der zum Ausspannen oder zur Stadtbesichtigung auf eigene Faust genutzt wurde.

Am Montag, dem 24. August, ging es frühmorgens per Bus nach Pennsylvania zur Rundfahrt und Besichtigung. Ziel war das Dutch Country (deutsches Land), ein Gebiet, wo überwiegend die Amish-People leben. Im Gebiet südöstlich von Philadelphia hatten sich diese Baptisten niedergelassen, deren Abstammung im Raum Bern in der Schweiz liegt. Hier bekam die Reisegruppe einen Einblick in die Lebensformen dieser Menschen, die sich heute noch überwiegend von der Eigenproduktion in der Landwirtschaft ernähren. Man erfuhr über die Eigenarten ihres Lebensstils, der Schul- und Berufsausbildung, der Kleidung und der Religion dieser Menschen. So zum Beispiel werden von den Amish-People keine Autos, sondern nur Pferdewagen zur Fortbewegung benutzt, es gibt in den Häusern keinen Strom, sie lehnen jeglichen Luxus ab und vieles weitere mehr. Es war die Gelegenheit gegeben, einen solchen Bauernhof zu besichtigen und die Verwunderung war groß, als man erkannte, mit welchen geringen Mitteln hier gehaushaltet wird. Nach einer Rundfahrt nach dem Mittagessen, die durch diesen Landstrich ging, wurde die Rückfahrt nach Philadelphia angetreten.

Am Morgen des 25. August ging die Fahrt nach Gettysburg, einer Kleinstadt ebenfalls in Pennsylvanien, in deren Umfeld die entscheidende Schlacht im amerikanischen Bürgerkrieg im Juli 1863 zwischen den Truppen der Südstaaten und der Nordstaaten stattfand und wo die Nordstaaten entscheidend siegten. Mit Filmen, Besichtigungen und den Erklärungen eines deutschsprachigen Reiseführers wurde die Gruppe mit diesem Teil der amerikanischen Geschichte vertraut gemacht. Auch der dortige Nationalfriedhof wurde besucht, wo viele tausend Männer dieses Krieges beigesetzt sind. Nach einer Stadtrundfahrt und der Besichtigung der „Hall of Presidents" (ein Wachsfigurenkabinett mit allen amerikanischen Präsidenten und First Ladys) machte man sich auf, nach Philadelphia zurückzufahren.

Am Mittwoch, dem 26. August, stand die Hauptstadt Washington D. C. auf dem Besichtungsprogramm. Schon sehr früh ging die Fahrt per Bus los. Man wollte vieles sehen. Und alle erlebten eine Vielzahl von Sehenswürdigkeiten aus nächster Nähe. Nach der Ankunft begann sofort die Stadtrundfahrt und sie dauerte bis zum Abend, nur kurz unterbrochen zum Mittagessen. Von einer deutschsprachigen Reiseführerin wurde die geschichtliche Entwicklung erläutert.

Für den nächsten Tag war Ruhe vorgesehen und alle fuhren nach Wildwood-Beach an die Atlantikküste zum Baden und Bummeln. Auch Freitag, der 28. August, war frei und wurde zu den restlichen Einkäufen von „Mitbringseln" für die Daheimgebliebenen genutzt.

Am Samstag, 29. August, fuhr die gesamte Gruppe zum Vereinsheim der Donauschwaben in Philadelphia. Man verbrachte dort gemeinsam den Nachmittag und den Abend mit den Landsleuten. Die Kinder- und die Trachtengruppe gab am Abend auch hier ihre zweistündige Vorstellung. Leider kamen hierzu nicht so viele Landsleute. Aber diejenigen, die zu diesem Heimatabend gekommen waren, haben es nicht bereut. Sie waren hocherfreut über das gezeigte Programm. Die „Donauschwäbischen Musikanten" spielten nach den Darbietungen weiter auf, und es wurde bis weit nach Mitternacht getanzt, gesungen und erzählt. Und hier, wie auch in den anderen Städten, bahnten sich neue Freundschaften an. Es war ein gelungener Abend, und die gesamte Gruppe traf sich wieder am darauffolgenden Sonntag auf dem Gelände des Vereins der Donauschwaben. Es wurde der „Tag der Donauschwaben in Philadelphia" und gleichzeitig das 30jährige Bestehen des Vereins der Donauschwaben in Philadel-

Tschurtz.

phia gefeiert. Es fand ein kleiner Umzug auf dem Gelände des Vereins statt, und nach dem Aufmarsch der Trachtengruppen im Festzelt wurden die amerikanische und die deutsche Nationalhymne gespielt. Auch konnte der Vorstand des Vereins viele Ehrengäste begrüßen.

Die Kindertrachtengruppe aus Philadelphia, die Schuhplattlergruppe aus Philadelphia sowie die Speyerer Kinder- und Trachtengruppe, die als Attraktion und Höhepunkt des Festes angekündigt wurden, zeigten einen Querschnitt ihres Könnens. Die Speyerer Trachengruppe trat mehrmals vor der großen Besucherzahl auf und erhielt für die dargebotenen Tänze großen Beifall. Auch hier wurde sie von den „Donauschwäbischen Musikanten" begleitet. Zum Abschluß des Festtages zeigte die Speyerer Kinder- und die Trachtengruppe einen Ausschnitt aus ihrem Programm, der knapp eine Stunde dauerte. Mit Tänzen, Liedern und Geschichten stellte sich die Gruppe noch einmal vor, und hierzu hatte sich eine große Zuschauerkulisse im großen Saal des Vereinsheimes eingefunden, die hellauf begeistert war. Mit einem „Standing Ovation" bedankten sich die Landsleute in Philadelphia und forderten lautstark Zugaben, die selbstverständlich folgten. Und wieder brandete tosender Applaus auf. Dieser großartige Erfolg als Abschluß der Tournee konnte nicht besser sein. Auch hier wurden Geschenke zur Erinnerung ausgetauscht. Nun galt es aber, Abschied zu nehmen, denn die Gruppe machte sich am nächsten Tag auf den Heimflug von New York nach Deutschland.

Für den letzten Tag in den USA hatte man sich vorgenommen, die Welt- und 12-Millionen-Stadt New York zu besichtigen, denn der Abflug war erst um 23.10 Uhr. Und hier gab es noch einmal sehr, sehr viel zu sehen. Die Gruppe war um 9 Uhr von Philadelphia abgefahren. Nach zweistündiger Busfahrt waren die Randgebiete von New York erreicht mit einem herrlichen Blick auf die Skyline von Manhattan. Nachdem der Bus durch den Lincoln-Tunnel in die Innenstadt gefahren war, begann eine große Stadtrundfahrt von mehreren Stunden mit einer deutschsprachigen Reiseführerin. Und zum Abschluß bekam die Gruppe die Vielfalt dieser Weltstadt zu sehen. Bei der Rundfahrt durch Manhattan, Harlem, Down-Town, Little-Italia und Chinatown kam man an vielen weltbekannten Punkten der Stadt vorbei. Broadway, 5. und 6. Avenue,

Park Avenue, Walldorf-Astoria-Hotel, Empire State Building, Carnegie Hall, Centralpark, Metropolitan Opera (Met), Staatstheater, The Cathederal Church of St. John de Divine, Columbia Universität, Guggenheim Museum, Metropolitan Museum, Plaza-Hotel, St. Patrick Cathedral, Rockefeller Center, Times Square Center, City Hall (Rathaus), Wall Street und Freiheitsstatue waren die Höhepunkte dieser Rundfahrt, bevor man zum World-Trade-Center, dem zweithöchsten Gebäude der Welt, fuhr und vom 107. Stockwerk den herrlichen Panoramablick auf die ganze Stadt New York mit ihren vielen Hochhäusern hatte.

Am Abend fuhr dann die Gruppe zum J.-F.-Kennedy-Airport, um den Rückflug anzutreten, der leider mit siebenstündiger Verspätung stattfand. Nach einem unfreiwilligen Zwischenstopp auf dem Kölner Flughafen (starkes Gewitter über dem Zielflughafen Frankfurt) traf man mit neunstündiger Verspätung in Frankfurt gegen 22 Uhr am 1. September ein. Nach der Inempfangnahme und erneuter Verladung des Gepäcks in den bereitstehenden Bus kam die Gruppe gegen 0.30 am 2. September wohlbehalten, aber sehr müde, in Speyer am „Haus Pannonia" wieder an. Eine lange, schöne, erlebnisreiche und anstrengende Reise ist zu Ende gegangen. Alle haben erlebt, wie die besuchten Donauschwaben ihr Heimat- und Brauchtum hochhalten, wie sie leben und wirken als „deutsche Amerikaner" in den USA. Es wurden überall neue Freundschaften geschlossen mit den Landsleuten wie auch mit den dortigen Vereinen. Man hat erlebt, wie dort die deutsche Sprache weitergegeben wird an die Jugend, denn die meisten Jugendlichen sprechen gut deutsch. Sie haben dies gezielt in der Schule gelernt, aber auch in den Vereinen wurde und wird deutscher Sprachunterricht gegeben. Auch darf man nicht vergessen, daß im Elternhaus ebenfalls viel deutsch gesprochen wird. Der Gruppe wurde in allen Städten eine Gastfreundschaft zuteil, wofür man immer wieder „Dankeschön" sagen muß. Allen Landsleuten in den USA, die zum Gelingen dieser Tournee beigetragen haben, nochmals ein „Vergelts Gott". Alle, die dabei gewesen sind, haben viel gesehen. Dies alles kann aber erst jetzt zu Hause richtig verarbeitet, verstanden und sortiert werden. Auf jeden Fall war es für alle Teilnehmer ein großes Erlebnis, das keiner missen wollte.   M. K.

FAR DIE JUNGE

Die Junge sellte die Alte halt bhalte!
Nit abschiewe un ihne 's Licht abschalte.
Sie varsichtich iwer die Stroß niwrfihre,
ka Angscht nit hawe ihre Händ zu berihre.
Ganz runzlich sin sie un brettlhart.
Sie henn oft im Lagr ihre Kinnr vrscharrt.
Do droo soll mr denke,
wenn oom was nit paßt!
Nit denke, daß dr Alti
dich jemols mol haßt.
A bissl ihn losse noch schalte un walte!
Er werd allweil die runzliche Händ
far dich falte.

Eva Mayer-Bahl

„Fröhliche Jugend".

Zwanzig Meilensteine

Am zwanzigsten Geburtstag des Landesverbandes wandern meine Gedanken zwanzig Meilensteine zurück. Den ersten zehn gehörte mein unermüdliches Schaffen, meine volle Aufmerksamkeit, dem letzten Jahrzehnt meine guten Wünsche.

Wie im Leben jedes Menschen gab es unterwegs Höhen und Tiefen, Erfolge und Mißerfolge, Freude und Leid.

Von allem Anfang an war uns bewußt, daß unser verhältnismäßig kleines Häuflein im Schmelztiegel der neuen Wahlheimat keine großen Überlebenschancen hat. Da war aber etwas anderes, was die Idealisten der ersten Meilensteine beseelte: das Heimweh unserer heimatvertriebenen Menschen zu stillen! Deshalb schloß man sich unter großen Anstrengungen und Opfern zusammen.

Als in den ersten gemieteten Sälen unsere Lieder erklangen, die ersten Volkstänze begeisterten und Heimatgedichte vorgetragen wurden, leuchteten die Augen der Landsleute dankbar auf. Wenn die Landsleute anfangs auch nur zögernd den Vereinigungen beitraten, die Großveranstaltungen besuchten sie in Massen, und hier lag der Beweis: Sie kamen, das Heimweh zu stillen. Von da an haben Vorstände in aufopferungsvoller Kleinarbeit die unzähligen Mosaiksteine zusammengetragen, die das Gesamtbild des zwanzigsten Meilensteines ergeben.

Der Landesverband – die Zentrale unserer Schwerpunkte – hat die Weiten im Rahmen der Möglichkeit überbrückt, und erst durch das Zusammenkommen und den Gedankenaustausch kamen viele Erfolge zustande: Jugendgruppen, Tanzgruppen, Singgruppen, Kapellen, Sportabteilungen und andere, und selbst die Schaffung eigener Heime wurde im Rahmen seiner Sitzungen vorgeplant. Wie hat man sich doch in den ersten Jahren – an den ersten Meilensteinen – nach vielem gesehnt, was heute so ganz selbstverständlich geworden ist.

Unsere Organisationen haben eigene Heime, in denen die Abteilungen ihre vielseitigen Tätigkeiten ausüben können. Unter den eigenen Dächern kann das Erbe noch lange blühen. Für viele Landsleute hat unsere Muttersprache noch den Zauberklang, unsere Überlieferungen tiefe Wurzeln der Zusammengehörigkeit. Das beweisen die noch immer gut besuchten Veranstaltungen.

Wie steht es aber mit dem Geistigen? Der Mensch lebt nicht von Brot alleine. Einer unserer Großen hat den Schwabenzug nach dem Südosten beschrieben. Wer schreibt jetzt über den Schwabenzug nach den USA? Wer schreibt über unser Wirken und Schaffen hier? In vielen zehntausenden Einzelschicksalen haben hier unsere Menschen wirtschaftliche Spitzenleistungen vollbracht, die Achtung und Bewunderung verdienen. Diese Leistungen wird der Wind verwehen, wenn sie nicht irgendwo festgehalten werden. Wer schreibt darüber? Unheimlich groß waren die Anstrengungen und Opfer, unsere Kinder deutsch lesen und schreiben zu lehren. Was sollen sie heute oder morgen lesen?

Unsere Heime haben wir alle, die einzelnen Landsleute und die Vereine. In die wohlige Wärme unter dem eigenen Dach gehörten aber auch die Zeitung, der Kalender und ein paar gute Bücher in der Muttersprache.

Dem Landesverband zum zwanzigsten Geburtstag: Gesundheit – Erfolge – langes Leben.   Eugen Philips

Adam Müller Guttenbrunn, der Volkserwecker.

Annerose Goerge im Haus der Donauschwaben

Vor einiger Zeit stattete die überaus aktive Generalsekretärin des Verbandes der Donauschwaben in den USA, Annerose Goerge aus Chicago, mit ihrem Mann dem Haus der Donauschwaben in Sindelfingen einen Besuch ab. Sie folgte damit einer Einladung, die ihr Bundesvorsitzender Brücker bei einer Tagung des Weltdachverbandes donauschwäbischer Landsmannschaften in Kitchener übermittelte.

Sie wurde in Sindelfingen vom Präsidenten des Weltdachverbandes, Christian Ludwig Brücker, und dem Landesvorsitzenden der Landsmannschaft der Donauschwaben in Baden-Württemberg, Stefan Sehl, herzlich begrüßt. Nach einem Rundgang durch das Haus fand eine Sitzung statt, in der zahlreiche Fragen und Probleme der weltweiten landsmannschaftlichen Arbeit auf der Tagesordnung standen.

Annerose Goerge berichtete über die Tätigkeit des Verbandes der Donauschwaben in Übersee, wobei sie insbesondere auf die Wichtigkeit der Sprachschulen und der Jugendarbeit hinwies. Auch betonte sie, wie stark man auf die Unterstützung der donauschwäbischen Landsmannschaften in der Bundesrepublik Deutschland angewiesen sei. Im Verlauf der weiteren Besprechung wurde beraten und auch festgelegt, auf welche Weise in Zukunft der Jugendaustausch gefördert werden könnte. Auf der Tagesordnung standen ferner folgende Anliegen: Presse- und Publikationsarbeit, Unterstützung der Sprachschulen in Übersee durch geeignete Lehr- und Lernmittel, Gedanken- und Erfahrungsaustausch zwischen den Landsmannschaften, gegenseitige Besuche, Teilnahme am großen Treffen der Donauschwaben in Toronto 1994.

Landsmännin Goerge hatte auch Gelegenheit, mit Oberbürgermeister Dr. Burger zu sprechen. Bei ihrer Abreise übermittelte sie allen Landsleuten aus den donauschwäbischen Siedlungsgebieten herzliche Grüße der Donauschwaben aus den USA und aus Kanada. Brücker versicherte beim Abschied, daß man die Landsleute in Übersee nicht vergessen werde. Brücker, 1989

Generalsekretärin Goerge im Haus der Donauschwaben.

Bauernstube.

D.A.N.K.

In Chicago gibt es heute rund 100 deutschamerikanische Vereine vielfältiger Art. Vor 25 Jahren sind es sogar über 160 gewesen. Damit übertreffen die Deutschamerikaner ohne Zweifel jede andere ethnische Volksgruppe. Wozu, so hieß es am Gründungsort Chicago vor 25 Jahren, noch einen Deutschamerikanischen Nationalkongreß (D.A.N.K.)? Bloß wegen einer unwiderstehlichen Leidenschaft für die Gründung von Vereinen?

Ein Dachverband

Bevor ich versuche, meinen kleinen Anteil zur Beantwortung dieser Frage zu leisten, frage ich mich nach der Legitimation, die mich berechtigt, zur Geschichte des D.A.N.K., von der Idee zur Verwirklichung, einiges zu sagen und etwas über Ziele dieses Verbandes sowie dessen Initiatoren mitzuteilen. Alle Gründer, mit Ausnahme des Schreibers dieser Zeilen, sind inzwischen verstorben. Als einer, der von Anfang an dabei war, sowie als langjähriger Direktor sei dieses mir gestattet, eine Rückschau auf die Geschichte des Verbandes zu halten, der wegen seiner hohen Mitgliederzahl oft und gerne als die deutsch-amerikanische Spitzenorganistion bezeichnet wird.

Wofür?

Es hieße Eulen nach Athen tragen, auf die schon lange vor der Gründung des D.A.N.K. von gewissen Kreisen praktizierte Diskriminierung alles Deutschen hinweisen zu müssen. Die fast tägliche Verbreitung, bei unpassendsten Gelegenheiten, von Halbwahrheiten, Lügen und Legenden war aber nur einer der Gründe, die zur Entstehung einer politisch orientierten Vereinigung führten. Die existierenden Vereine sind ja sozusagen „unpolitisch". So lautete die Zielsetzung des neuen Verbandes wörtlich: „Zusammenschluß der Deutschamerikaner; Festigung der Freundschaft USA – Deutschland; Pflege der deutschen Sprache, heimatlicher Sitten und Gebräuche; Wiedervereinigung Deutschlands; Abwehr der antideutschen Hetze."

Die Gründer

Ob realistisch oder optimistisch, diese knappen Grundsätze wurden in den Satzungen von einigen mutigen Idealisten festgeschrieben. An ihrer Spitze stand der Berliner Leonhard Enders, dereinst Redakteur der „Abendpost – Sonntagspost". Eine in Mount Prospect/Illinois befindliche, die Hauptkanzlei zierende Gedenkurkunde erinnert noch an ihn. Übrigens hat er sich besondere Verdienste um die Erhaltung der bombengeschädigten Kaiser-Wilhelm-Gedächtniskirche erworben.

Ein anderer Gründungsvater war Dr. Ludwig A. Fritsch, evanglisch-lutherischer Pastor aus Siebenbürgen. Schon früh predigte und protestierte er gegen die Deportation und Vertreibung von Millionen unschuldiger Menschen aus ihrer Heimat und verlangte Wiedergutmachung des Unrechts. Seine Tätigkeit führte ihn zu hohen Stellen in Washington. Dr. Fritsch, der unermüdliche Streiter für Wahrheit und Recht, starb im Alter von 90 Jahren, nicht immer zufrieden mit seinen Deutschamerikanern.

Zu den weiteren Initiatoren und Mitbegründern gehören, laut einer D.A.N.K.-Broschüre vom Jahre 1964, die Donauschwaben Dr. Philipp Dorth, Dr. Joseph M. Funk, Christ N. Herr und die Reichsdeutschen Peter Jungmann und Hans P. Kuepper. – Zum ersten Verbandspräsidenten wurde Ernst ten Eicken, Mitglied der Demokratischen Partei, zu dessen Nachfolger Arthur Koegel, Republikaner, gewählt. Nichtsdestoweniger bildet der Verband als solcher eine überparteiliche Gemeinschaft.

Wer ist Deutschamerikaner?

Schon wegen der Herkunft der Gründungsmitglieder aus verschiedenen Ländern Europas wird der Begriff Deutschamerikaner etwas weitgehender ausgelegt, als es in offiziellen Statistiken üblich ist. Der Anspruch auf Mitgliedschaft im D.A.N.K. beruht auf dem ethnischen Prinzip, nicht unbedingt auf dem Territorialprinzip. Mit anderen Worten, als Deutschamerikaner gilt, wer sich als solcher bekennt und ganz oder teilweise deutscher Abstammung ist, ohne Rücksicht auf das Land der Geburt oder Herkunft.

Erfolge

Trotz mancher Wachstumsschwierigkeiten oder zeitweiliger Meinungsverschiedenheiten hat der D.A.N.K. in 25 Jahren seines Bestehens sich zu einem beachtlichen Faktor entwickelt. Er umfaßt heute über 60 Gruppen in verschiedenen Städten, hat Mitglieder in allen 50 Staaten der USA, besitzt einige Häuser, unterhält mehrere Wochenendschulen für Deutschunterricht, hat eine wachsende Kulturstiftung und ein eigenes Sprachorgan „Der Deutschamerikaner" usw. Anerkennung dafür gebührt nicht zuletzt allen Mitgliedern und Mitarbeitern, deren Würdigung den Rahmen dieses Artikel überschreiten würde. – Vordringlich erscheint die Erschließung zusätzlicher Wege und Mittel zur weiteren Mitgliederwerbung.

Ein Vorschlag

Gestützt auf diese Erfolgsbilanz und auf die Nachklänge der 300-Jahr-Feiern der ersten deutschen Gruppeneinwanderung, sei es mir gestattet, eine neue Initiative, einen Vorschlag zur Diskussion zu stellen. Nämlich die praktische Förderung einer lexikalischen (!) Erfassung und Aufarbeitung allen verfügbaren Materials über den deutschen Anteil an der Entwicklung der Vereinigten Staaten zwecks Herausgabe einer „Deutschamerikanischen Enzyklopädie". Ein derartiges, zweisprachiges und illustriertes Nachschlagewerk dürfte einiges zur aktuellen Information der Öffentlichkeit und zur Identität des Deutschamerikanertums beitragen. Meinen Sie nicht auch?   Funk

Landsmann Johnny Weissmüller „erblickte erstmals 1918 das Licht des Film-Projektors", wie es im „Münchner Merkur" vom 5./6. März 1983 heißt. Auf dem Bild als „Tarzan" mit seiner Partnerin.

Donauschwaben Mosbach in Südamerika

26 000 Kilometer Flugroute und 7200 Reisekilometer

Nach einem Flug von rund 26 000 Kilometern und einer Reiseroute von 7200 Kilometern, die von Paraguay aus quer durch Argentinien und Brasilien führte, ist die Jugendgruppe der Donauschwaben mit neuen Eindrücken und Erlebnissen wieder in der Fachwerkstatt „gelandet". Auf dieser Jugend- und Kontakttournee, zu der die Mosbacher am 8. Dezember starteten, hatte die Jugendgruppe besonders unter den hohen Temperaturen des argentinischen und brasilianischen Sommers zu leiden, der täglich Temperaturen zwischen 38 und 44 Grad Celsius bei hoher Luftfeuchtigkeit bescherte.

Daß das einstudierte Tanz- und Folkloreprogramm trotzdem gezeigt wurde, wurde von den Deutsch-Argentiniern und Deutsch-Brasilianern mit großem Beifall bedacht.

Nach einem Flug von 32 Stunden landete die übermüdete Jugendgruppe auf dem Flughafen Ezeiza in Buenos Aires. Zum ersten Mal spüren die Mosbacher die drückende, feuchtwarme Treibhausluft, die über Argentiniens Hauptstadt lastet. Mit dem Bus fahren die Mosbacher zu den Gasteltern, die schon seit Stunden warten! Nach einer kurzen Erfrischung in den Quartieren ist die Jugendgruppe bereits auf dem Weg zum 40 Kilometer entfernten Villa Ballester, wo die Mitglieder und Freunde der Ost- und Donauschwaben auf das Auftreten der Mosbacher harren. Mit großem Beifall wird die Jugendgruppe von den 250 „Deutschen" begrüßt, als sie die Festhalle betritt, in der neben Ost- und Donauschwaben auch Volksdeutsche und zahlreiche Wolgadeutsche den Heimatliedern der Mosbacher lauschen und die schwungvollen Tänze bewundern.

Am Sonntag waren die Donauschwaben zum großen jährlichen Bierfest des deutschen Schul- und Turnvereins Lanús Oeste in Villa Transradio eingeladen. Auf dem über zwei Hektar großen Gelände befindet sich ein 300 Quadratmeter großes Vereinsheim mit drei Tennisplätzen und einem Schwimmbecken. Für sieben US-Dollar Eintritt konnten die 1500 zahlenden Gäste von den 5000 Liter Bier trinken, soviel sie verkraften. Zum Essen wurde Kartoffelsalat angeboten mit gegrillten Brat- und Blutwürsten neben Hunderten von Hähnchen, die auf vier 16 Meter langen und anderthalb Meter breiten Grillrosten von Vereinsmitgliedern zubereitet wurden. Am Abend des gleichen Tages fand ein weiterer Auftritt beim Sport- und Turnverein „Jugend vom Süden" in Temperley statt. Vor einem freudig mitgehenden Publikum tanzten und sangen die Donauschwaben ihr Tournee-Programm. Die Jugend- und Tanzgruppe der Gastgeber ergänzte das Abendprogramm mit deutschen und brasilianischen Volkstänzen. Der Frauenchor der Gastgeber sang deutsche Volks- und Heimatlieder. Nach dem Auftritt saß man noch lange zusammen, denn Gäste und Gastgeber hatten sich viel zu erzählen.

Am Montag wurde die Jugendgruppe vom deutschen Botschafter Dr. Herbert Limmer und Kulturattaché Manfred Unger empfangen. Welche Bedeutung dem Besuch der Jugendgruppe aus Mosbach beigemessen wurde, konnte man bei diesem Empfang sehen, da zahlreiche Präsidenten der deutschen Vereine anwesend waren.

Im Namen der Mosbacher Jugendgruppe bedankte sich H. Kröninger beim Botschafter und den Präsidenten für die Einladung und das Interesse und sagte, der Sinn dieser Reise sei primär, den Kontakt zur Jugend und zu den deutschstämmigen Landsleuten zu fördern, vorhandene Verbindungen zu festigen und neue aufzubauen. Ein zweiter, aber nicht minder wichtiger Aspekt sei, unserer eigenen kritischen Jugend zu zeigen und sie selbst vergleichen zu lassen, was in 50 Jahren demokratischer Bundesrepublik wirtschaftlich, sozial und kulturell geschaffen wurde. „Wir haben dafür lehrreiche Beispiele und Eindrücke", fuhr der Sprecher der Mosbacher fort, „in Kanada, den USA, Australien, in West- und Osteuropa und jetzt hier in Südamerika sammeln können und dürfen in Dankbarkeit sagen, daß unser Heimatland beispielgebend in der von uns bereisten Welt dasteht!"

Bei herrlichem Wetter konnten die Mosbacher die gepflegten Villen und mit Hortensien, Oleander, Palmen und Ziersträuchern bewachsenen Park- und Rasenflächen der Privilegierten und Wohlhabenden beidseitig an den Flußufern bestaunen. Jede Villa mit eigenem Bootsanlegesteg. Auf der Heimfahrt besuchte die Jugendgruppe die „Deutsche Schule Villa Ballester", die von der Bundesrepublik mit 11 Millionen Mark erbaut wurde.

1700 Kilometer Busfahrt

Am Mittwoch hieß es bereits Abschied nehmen von den freundlichen und immer besorgten Gasteltern in Buenos Aires. Die Jugendgruppe startete zur 1700 Kilometer langen Busfahrt an die Iguacu-Wasserfälle, die an der Grenze Argentinien/Paraguay liegen.

Der erste Auftritt auf brasilianischem Boden führte die Mosbacher nach 1300 Kilometer Busfahrt in die von Deutsch-Brasilianern gegründete Bezirksstadt „Marechal Candido Rondo". Der Auftritt der Jugendgruppe fand vor Jugendlichen statt. Die Volkslieder waren den meisten Besuchern nicht bekannt, die Texte wurden daher nur unvollkommen verstanden. Bei den Tänzen der Donauschwaben jedoch brach das brasilianische Temperament durch und forderte mit rhythmischem Beifall und Klatschen weitere Zugaben. Nach diesen „arbeitsreichen" Tagen mit sechs Auftritten bei tropischen Temperaturen sehnten sich alle nach Ruhe und Erholung.

Die Jugendgruppe fuhr daher einige Tage an den Atlantik nach Itapema im Staate Santa Catarina nördlich von Florianopolis und entspannte sich, nach Abkühlung in den Wellen des Atlantik, am sonnigen weißen Badestrand.

Am Dienstag besuchten die Mosbacher Blumenau, eine von Dr. Hermann Blumenau aus Hasfeld und 17 Emigranten im Jahre 1850 gegründete Stadt, die heute 240 000 Einwohner zählt, von denen 55 Prozent deutscher Abstammung sind. Fachwerkhäuser im Tiroler Stil beleben das Stadtbild und verdecken kulissenartig die Betonhochhäuser im Hintergrund.

Den Heiligen Abend feierte die Gruppe brasilianisch. Am ersten Weihnachtstag sind die deutschen Kirchenbesucher überrascht und gerührt, als „O du fröhliche. . ." und „Stille Nacht, heilige Nacht" in der Christuskirche von Itapema auf portugiesisch erklingen.

Die schönen Tage der Erholung am sonnigen, weißen Sandstrand sind viel zu schnell vorbei, und am 28. Dezember 1989 sind die Donauschwaben bereits wieder auf dem Weg zum 440 Kilometer entfernten „Dreizehnlinden". „Dreizehnlinden", bekannt in Südamerika als „Brasilianisches Tirol", verdient sich diesen Titel durch die Pflege seiner Tradition, durch seine alpenländische Landschaft, in der die meisten Bauten im Tiroler Stil erstellt wurden. –

Die Jugendgruppe wird von den „Tirolern" gastfreundlich empfangen und kann mit der Jugendgruppe der Gastgeber, die brasilianische Gaucho-Tänze hervorragend beherrscht, einen folkloristischen Höhepunkt durch ihre Volkslieder und Volkstänze in „Dreizehnlinden" gestalten.

Ein letzter Blick auf die geschnitzten Giebel, Haustüren, Fenster und Balkone im Tiroler Stil, und die Mosbacher sind unterwegs zum letzten Besuchstermin dieser Reise, nach Entre Rios im Staate Paraná bei Guarapuara zu ihren donauschwäbischen Landsleuten.

Silvester auf brasilianisch

An Silvester besuchten die Mosbacher den deutschen Gottesdienst in der neuen St.-Michaels-Kirche, deren Glasfenster, Bilder und Wandvorhänge von Josef De Ponte aus Schwaigern/Heilbronn künstlerisch gestaltet wurden. – Den Silvesterabend und Neujahrsbeginn feiert die Jugendgruppe mit ihren Gastgebern im Jugendheim auf brasilianisch, jedoch mit alten deutschen Schlagern, die Non-Stop von einer Zehn-Mann-Kapelle gespielt werden, nur ab und zu von Samba-Rhythmen unterbrochen.

Den Neujahrstag verbringen die Mosbacher mit ihren Gastgebern bei der Eröffnung und Einweihung der Freizeithalle.

Nach dem Besuch der Schule und des Museums wurden E. Schreiner und H. Kröninger von dem deutschen Reporter des Senders „Entre Rios" interviewt: über Mosbach, die Entstehung der Trachtengruppen und die zur Zeit noch aktiven Landsmannschaften. Das Hauptinteresse des Reporters galt jedoch den sich überschlagenden Ereignissen in der DDR.

Am Donnerstag trat die Jugendgruppe Mosbach zum achten und letzten Mal auf dieser Tourneereise auf. – Die Halle in Entre Rios war fast ausverkauft, als die jungen Akteure ihre Lieder und Tänze vortrugen, die ein kleines Dankeschön für die liebevolle Aufnahme und vorzügliche Betreuung und Bewirtung, für Direktor Leh, die Gasteltern und die Besucher sein sollte.

Erich Schreiner bedankte sich bei den Donauschwaben und den Gastgebern und lud sie wieder nach Mosbach ein. – Sein besonderer Dank galt Landsmann Mathias Leh, der die Planung und Durchführung dieser Tournee mitorganisiert hatte. Die drei letzten Tage dieser Tournee wurden in Rio de Janeiro verbracht. Besonders beeindruckt waren die Mosbacher von der herrlichen Gondelfahrt zum Zukkerhut und der wunderschönen Aussicht bei strahlendem Sonnenschein. Ein noch größeres Erlebnis war die Fahrt mit der Zahnradbahn auf den 710 Meter hohen Corcovado zu der 38 Meter hohen Christus-Statue, die schützend die Arme über Rio hebt. Aber nicht nur elegante, gigantische Hotels, Häuser und Prachtbauten sahen die Mosbacher aus luftiger Höhe, sondern auch die Holz-, Blech- und Bretterbuden der Armenviertel und Favelas, die wie Schwalbennester an den Bergen hängen.

Hans Kröninger

Rio de Janeiro mit Zuckerhut.

Foto: Jakob Bohn

Donauschwabendörfer von Entre Rios in Brasilien

Waren die früher entstandenen Siedlungen dem Urwald abgerungen, so begann nach dem 2. Weltkrieg die historische Eroberung der offenen Hochsteppe, der „Campos" von Rio Grande do Sul mit der Siedlung Campo Alto sowie derjenigen im Staate Paraná mit den Siedlungen Witmarsum und Entre Rios. Die jüngste und zugleich wohl erfolgreichste Ansiedlung von Deutschen in Brasilien begann am 5. Mai 1951 mit der Gründung von Entre Rios durch Donauschwaben. Damit wurde eine neue Seite der Kolonisation Brasiliens aufgeschlagen.

Auf den dürftigen Niedergrassteppen dieses Raumes gedeihen normalerweise nur Hart- und Sauergräser – „campos limpos" genannt. In Entre Rios wurde der Beweis geführt, daß die nur für eine extensive Weidewirtschaft geeignet geglaubte Savannenlandschaft der Campos unter den notwendigen Voraussetzungen sehr wohl auch dem intensiven und sogar außerordentlich ertragreichen Ackerbau zugeführt werden kann – so überzeugend, daß Entre Rios heute die bedeutendste Kornkammer Brasiliens geworden ist. Mit diesem Erfolg ist schließlich ein alter Traum Pedro II., Sohn Leopoldines, in Erfüllung gegangen, die Kulturlandschaft der Campos von Paraná in ein Ackerbaugebiet umzuwandeln.

Die donauschwäbische Kolonie Entre Rios steht heute dank der Entwicklungshilfe aus der Bundesrepublik Deutschland und Österreich, aber zuvorderst dank ihres eigenen kreativen Fleißes als eines der, wenn nicht gar das produktivste und gesündeste Gemeinwesen in ganz Brasilien da, ein riesiges Land, das fünftgrößte der Erde, in dessen Fläche die der Bundesrepublik 34 Mal hineinpaßt.

Dennoch: Der Anfang war denkbar schwer, und Rückschläge in der weiteren Entwicklung blieben nicht aus. Manch einer der Neuankömmlinge wollte gleich wieder umkehren, hätte er nur das nötige Kleingeld für die Schiffspassage in der Tasche gehabt.

Von Mai 1951 bis Februar 1952 kamen in sieben Transporten 2446 Siedler oder 500 Familien nach Entre Rios. Sie waren am Ende des 2. Weltkrieges vor dem anrollenden Kommunismus aus ihrer südosteuropäischen Heimat – aus Jugoslawien, Ungarn und Rumänien – geflüchtet und vertrieben worden und sahen in ihren österreichischen Notun-

Ankunft im Hafen von Santos 1951.

189

terkünften, daß keine Rückkehr möglich war. Hier in Brasilien, im zentralen Hochland des südbrasilianischen Bundesstaates Paraná, 800 Kilometer westlich von São Paulo, wollten sie sich eine neue Heimat schaffen.

Eine von der „Schweizer Europahilfe" beauftragte Kommission hatte nach Prüfung mehrerer anderer Projekte das Gebiet von Entre Rios als günstig ausfindig gemacht, eine geschlossene bäuerliche Siedlung anzulegen. Mit diesem Vorhaben waren zwei Ziele verbunden: Erstens wollte man zur Beseitigung der Flüchtlingsnot in Österreich beitragen und zweitens dem Entwicklungsland Brasilien erfahrene Getreidebauern zuführen, von denen man sich eine Verminderung des nationalen Defizits in der Weizenproduktion erhoffte – mit größter Berechtigung, wie sich später herausstellen sollte.

Von Bedeutung bei der Ansiedlung war es, daß die Familienverbände zusammenbleiben durften, ein nicht zu unterschätzendes Faktum angesichts donauschwäbischen Familiensinns. Allerdings achteten die brasilianischen Einwanderungsbehörden darauf, daß nur gesunde und tüchtige Bauern kamen. Von den Regierungsstellen wurde den Donauschwaben zugesichert, ihre Sprache und Kultur in der neuen Heimat ungehindert pflegen zu können. Damit waren die Grundbedingungen vorhanden, um wiederum Wurzeln zu schlagen.

Die Steppengebiete, die den französischen Naturforscher Etienne Geoffroy Saint-Hilaire anfangs des 19. Jahrhunderts mit ihrer aufgelockerten Landschaft und ihren warmherzigen Menschen so tief beeindruckt hatten, geben Paraná auch heute noch seinen typischen Charakter, der sich vom übrigen Brasilien durch den gemäßigten Klimabereich und eine Höhenlage von teils über 1100 Metern einigermaßen unterscheidet. Hier herrschen angenehme Monatsmitteltemperaturen, die zwischen 13 Grad im Juli und 21 Grad im Januar schwanken. Fröste können von Mai bis Oktober auftreten. Es ist daher nicht möglich, Kaffee, Zuckerrohr, Bananen und Kulturen anderer frostempfindlicher Pflanzen anzulegen. Die Niederschläge sind auf das ganze Jahr verteilt, Schneefälle treten aber äußerst selten auf.

Die ersten donauschwäbischen Kolonisten, die zu den Naturweiden von Entre Rios vorgedrungen waren, zeigten sich entzückt von der Ausdehnung der Ebene, der Pflan-

zendecke des Camplandes und dem gemäßigten Klima. Voller Romantik muß ihnen die scheinbar unermeßliche, teils waldoffene, teils mit Baumgruppen und kleinen Wäldern bestandene Hochebene erschienen sein. Sie entnahmen etliche Bodenproben, bestimmten den Säuregehalt und fuhren dann nach Curitiba, der Hauptstadt von Paraná, zurück, wo sie beim Landwirtschaftssekretariat um die Besiedelung dieses und keines anderen Landes einkamen. Zu solcher Entschlossenheit hatte sie einerseits die Tatsache bewogen, daß die unweit gelegene Stadt Guarapuava mit einer Bahnlinie versehen war – ein unbezahlbarer Vorteil der Infrastruktur –, andererseits, daß der Boden tiefgründig war und sein pH-Gehalt mehr hoffen ließ als in Campos Gerais oder in Goiás, den zuvor inspizierten Regionen. Vollends überzeugte die Topographie, ein leicht welliges Plateau, das die Perspektive auf eine weitgehend mechanisierte Landwirtschaft eröffnete.

Der Aussiedlungskommission gelang es, dort 22 000 Hektar Weide und Waldland zu erwerben. Die „Schweizer Europahilfe" stellte für Landkauf, Transporte und Aufbau der Siedlung rund neun Millionen Schweizer Franken zur Verfügung. Von diesem Geld wurden in Europa auch ein Elektrizitätswerk mit Dampfantrieb, ein Sägewerk, Lastkraftwagen, Traktoren und andere landwirtschaftliche Maschinen gekauft. Auch in Brasilien fand die Kolonisation vielfältige Unterstützung.

Typisch für die Savanne von Paraná ist Brasiliens einziger Nadelbaum, die Araukarie. Ihre prächtige Krone ragt

Aufbau der Dörfer.

190

gleich einem vielarmigen Kandelaber in den subtropischen Himmel. Entlang der Flußläufe in der Umgebung von Entre Rios verdichten sich ihre Bestände zu Galeriewäldern. Dort holten sich die Siedler das Material, als sie unverzüglich begannen, in mühevoller Arbeit mit der Handsäge Bäume zu fällen und jeder Familie ein einfaches Holzhaus zu bauen.

Durch Gemeinschaftsarbeit und einen gewissen Zwang zur Kolchosbildung konnte das schwierige Anfangsstadium in Angriff genommen, nur so konnte zügig die Anlage von Straßen, die Errichtung von 500 Wohngebäuden, fünf Schulen und Kirchen, eines Sägewerks, von Läden, Magazinen und Gemeinschaftsbauten bewältigt werden. Von der Rodung bis zur Inkulturnahme des Landes reichte die kollektive Arbeit, danach konnte diese Verpflichtung gelockert werden.

Fünf Dörfer wurden in Entre Rios angelegt, und den alten Flurnamen nach wurden sie benannt: Vitória, Jordãozinho, Cachoeira, Socorro und Samambaia. Jedes von ihnen wurde schachbrettartig und großräumig konzipiert, denn jede Familie bekam für ihr Haus einen halben Hektar und einen Hektar als Druschplatz am Dorfrand.

Anfangs waren die Siedler gehalten, in die Genossenschaft Cooperativa Agrária einzutreten, später wurde die Mitgliedschaft freiwillig. Übernommen aus donauschwäbischer Tradition und vom ersten Kolonieleiter, Ingenieur Michael Moor, eingeführt, ist die Agrária bis heute Organisationsform und Verwaltungszentrum von Entre Rios geblieben, sie ist darüber hinaus Regulativ und Stoßdämpfer, Börse und Prokuration, Kultusministerium und Polit-

Die erste Ernte 1951.

büro, natürlich demokratisch gewählt und transparent. So hat es sich längst eingespielt und bewährt.

Anfangs aber kam alles auf die ersten Ernteerfolge an. Die jedoch blieben aus. Die Siedler wußten weder über die rechten Anbauzeiten noch über die Düngungsart und die nötige Mineralzufuhr Bescheid. Niemand konnte sie beraten. Sie säten zu früh aus, lagerten zu hoch ein und wurden von Nachtfrösten überrascht. Die aus Deutschland gelieferten Pflugmaschinen waren unbrauchbar für die örtlichen Bedingungen: Die Weizenernte verfaulte, die Gerste wurde umgepflügt, weil sich eine Ernte nicht lohnte. Erst die dritte Ernte war zufriedenstellend. Allmählich gelangten die Bauern zu denjenigen Anbaumethoden und Pflanzen, die der humusarme Latosol-Boden zuläßt. Es fehlt ihm besonders an Phosphor, Kalk, Stickstoff und Kali, was für den Ackerbau eine starke Aufdüngung mit Kalk, Thomasmehl und Formaldünger erfordert.

Die Betriebe waren zu klein, die Felder schlecht parzelliert, die Mißernten waren zahlreich, die Kenntnis der Boden- und Klimaverhältnisse ungenügend, der Geldmangel chronisch: Dies alles stürzte die Siedlung bald in eine große Krise. Nur wenigen Bauern gelang es, durch Zupacht und Reisanbau ihren Besitz zu vergrößern und einen gewissen Wohlstand zu erreichen. Anderen reichte es kaum zur Selbstversorgung. Um zu überleben, verdingten sich damals die Frauen in den Städten als Hausgehilfinnen. Andere Familien gaben auf. Der Dauerdruck der Existenzsorgen seit dem 2. Weltkrieg, die Angst vor einer ungewissen Zukunft, aber auch das „Deutsche Wirtschaftswunder" und gute berufliche Möglichkeiten in brasilianischen Großstädten veranlaßte bis 1970 54 Prozent der Siedler zur Abwanderung von Entre Rios. Auch die Zurückgebliebenen waren dadurch verunsichert. Der Fortbestand der Siedlung stand auf Messers Schneide.

Eine entscheidende Wende trat in Entro Rios erst ein, als 1966 die Agrária eine neue Leitung erhielt. Mit dem damals 29jährigen Mathias Leh kam eine jüngere, dynamische Generation an die Spitze der Genossenschaft und damit der Verwaltung der fünf Dörfer, die mit den brasilianischen Verhältnissen schon bestens vertraut war. Leh stärkte die Cooperativa, beschaffte außerhalb des Siedlungsgebietes Neuland und führte eine innere Landreform durch, bei der 14 000 Hektar flurbereinigt wurden. Kleine

Parzellen kaufte die Agrária und veräußerte sie wieder an die jeweiligen Nachbarn. Dabei war bezweckt, bei der ersten Landverteilung zu kurz gekommene Bauern abzufinden und zusammenhängende Betriebsgrößen von jeweils rund 100 Hektar herzustellen. Solche für europäische Maßstäbe großen Betriebe sind für diese Region angemessen, weil sie einen rentablen Maschineneinsatz ermöglichen, zumal die Böden im Schnitt nur die Hälfte guter europäischer Erträge hergeben.

Diese interne Agrarreform hat in Brasilien und darüber hinaus große Beachtung gefunden. Universitäten und Parlamentsausschüsse für Agrarfragen haben sich dafür interessiert, und kürzlich bei der Neufassung der brasilianischen Konstitution wurde das Beispiel der Agrarreform von Entre Rios im Parlament hervorgehoben.

Des „Presidente" Leh Landreform forderte den Bauern viel Fleiß und Disziplin ab. Aber zusammen mit seinen Führungsqualitäten und seinem Spürsinn eines Wünschelrutengängers bei der Erschließung von Helfern und Hilfsquellen hat diese Erneuerung die Siedlung gerettet. Kredit und Zufriedenheit zogen wieder ein, denen Aufschwung und Wohlstand auf dem Fuße folgten.

Leh zog Fachkräfte aus dem In- und Ausland heran und erreichte damit eine beachtliche Steigerung der Produktion. Heute ist es schon selbstverständlich, daß die Agrária in ihrer Technischen Abteilung neben Agronomen auch über Veterinäre und Agrartechniker sowie über eine moderne landwirtschaftliche Versuchsstation verfügt. Sie geben neue Erkenntnisse sofort an die Bauern weiter, beraten sie und erstellen Gutachten für Finanzierungen. Es lohnt sich nämlich, in diese wörtliche Art von Feldforschung zu investieren: Längst ist sie Motor der landwirtschaftlichen Entwicklung geworden. Außer der Ertragsfähigkeit der Böden untersuchen die Experten anbautechnische Probleme, erproben neue Sorten und Saatgut, Pflanzenschutz- und Düngemittel, Fruchtfolgen und Zwischenfrüchte, minimieren die Bodenerosion, machen die Bauern in ihren Anbaumethoden flexibler und schärfen ihr ökologisches Bewußtsein. 1968 von einem Projekt der bundesdeutschen Entwicklungshilfe ausgegangen, hat diese Versuchsstation mit 200 Hektar Experimentiergelände heute überregionale Bedeutung gewonnen und führte zu engen Kontakten mit brasilianischen und deutschen Forschungsinstituten.

Das Klima erlaubt den Bauern, zwei Ernten im Jahr zu erzielen. Zu den Sommerkulturen gehören Soja, Mais und Reis, während im Winter Gerste, Weizen und Hafer ausgesät werden. Unter Einsatz eines mächtigen Maschinenparks – die vollmechanisierte Landwirtschaft wurde in Paraná von den Donauschwaben eingeführt – und mit dem Beistand der Berater ihrer Technischen Abteilung erreichen sie heute eine Gesamtproduktion von 250 000 Tonnen. Die erste Ernte im Jahr 1951/52 erbrachte 1300 Tonnen. Dabei wird heute eine Kulturfläche von rund 100 000 Hektar bearbeitet, wobei zu bemerken ist, daß Anfahrtswege zwischen 100 und 200 Kilometer Entfernung in Kauf genommen werden müssen.

Die Genossenschaft stellt nicht nur technische Beratung, besorgt Kredite, kauft in großen Mengen Dünger, Pflanzenschutzmittel und Treibstoff ein, sondern übernimmt auch die Lagerung und Vermarktung der Produkte. Seit Jahren ist die Agrária bei den laufend steigenden Ernteerträgen eine ständige Baustelle. Zwischen den Ernten werden die Arbeiter des Industriesektors zum Ausbau der Übernahme- und Lagereinrichtungen herangezogen. Heute kann die Agrária 314 000 Tonnen Körnerfrüchte lagern.

Auch Saatgut wird in Entre Rios erzeugt und von der Genossenschaft geprüft und klassifiziert. Der nächste Schritt war dann, zusätzlich die Veredelung der Agrarprodukte in eigene Regie zu nehmen: Eine Weizenmühle und eine Reisschälanlage wurden eingerichtet.

Von den elektronischen Prüfanlagen bei der Getreideübernahme und einem modernen Keimversuchslabor über Lagerhallen und Hochsilos mit einer Kapazität von 100 000 Tonnen, modernsten Saatguthallen, riesigen Kunstdüngerhallen bis hin zum Futtermittelmischbetrieb und zu den gut ausgestatteten Betriebswerkstätten ist alles vorhanden, was zu einer neuzeitlichen genossenschaftlichen Anlage gehört.

Das wohl bedeutendste Projekt ist jedoch die im Jahre 1981 in Betrieb genommene Mälzerei, die größte Südamerikas und südlich des Äquators. Sie verarbeitet 40 Prozent der brasilianischen Braugerste und liefert 85 000 Tonnen Malz, eine Menge, die den Bedarf von Argentinien und Chile decken könnte. Die Mälzerei ist eine Tochter der

Industriesektor mit Mälzerei.

Genossenschaft, läuft aber als eigenständiger Betrieb unter dem Namen Agromalte. Da Brasilien bei Malz auf große Importmengen angewiesen ist, lag ihr Bau auch im nationalen Interesse. Die Agromalte bietet 200 Arbeitsplätze, indirekt hat sie aber nahezu 3000 geschaffen, zumal ihr ein Aufforstungsprogramm zur Brennholzerzeugung angeschlossen ist. Damit wird nicht nur die Versorgung der Siedlung mit billiger Energie gesichert, sondern auch das ursprüngliche Landschaftsbild wieder hergestellt. 150 Arbeiter werden zu diesem Zweck von der Genossenschaft beschäftigt und mit ihren Familienangehörigen in das medizinische Versorgungsnetz eingebunden.

Mit einem modernen Krankenhaus kann nunmehr die medizinische Betreuung der gesamten Bevölkerung im Einzugsbereich von Entre Rios gewährleistet werden. Zum Aufgabenbereich der Genossenschaft gehört es seit vielen Jahren, sich um die ärmeren brasilianischen Mitbürger zu kümmern. Die Schaffung neuer Arbeitsplätze brachte nämlich nicht nur eine starke Zuwanderung mit sich, sondern auch soziale Probleme. Schulen, Wohnhäuser, Spielplätze und eine Kirche, in der portugiesisch gepredigt wird, wurden für die Neubürger gebaut. Katholische Ordensfrauen, deren Einsatz von der Agrária bezahlt wird, sind in der Sozial- und Erziehungsarbeit vor allem für die zugezogenen Arbeiterfamilien tätig.

Die seit 1966 amtierende Agrária-Leitung hat auch das Schulwesen neu geordnet. Seine Mängel waren mit ein Grund gewesen, daß viele junge Familien Entre Rios verlassen hatten. Im Hauptdorf Vitória entstand 1972 durch Gelder der deutschen Entwicklungshilfe die vom Kinder-

garten bis zur Universitätsreife führende Zentralschule Colégio Imperatriz Dona Leopoldina. Mit umfangreicher Bibliothek, Labors für Biologie, Chemie und Physik, Übungscomputer, Sprachlabor und über 1000 deutschsprachigen Videobändern ist sie modern assortiert.

Während der Kindergarten deutschsprachig ist, tritt mit dem ersten Schuljahr das vorgeschriebene brasilianische Schulprogramm in Kraft. Allerdings ist Deutsch Pflichtfach für alle, auch für Schüler brasilianischer Abstammung. Der Deutschunterricht wird von der Bundesrepublik Deutschland und Österreich finanziell und durch die Entsendung von Lehrkräften mitgetragen.

Vorrangige Ziele im Colégio sind, den Jugendlichen eine umfassende Bildung auf möglichst hohem Niveau zu bieten, die deutsche Sprache zu pflegen und sie als Nachwuchskräfte für Entre Rios vorzubereiten. Gute Aufnahmeprüfungen an verschiedenen Universitäten Brasiliens verschafften der Schule Anerkennung und eine gewisse Magnetwirkung. Unter ihren bis zu 500 Schülern finden sich auch Stipendiaten aus den österreichischen Siedlungen Dreizehnlinden in Santa Catarina und Carlos Pfannl in Ostparaguay. In dem von der Kolonie selbst errichteten Internat genießen sie kostenlose Aufnahme. Sogar eine Rückwanderung aus der Bundesrepublik Deutschland ist bei solchen Auspizien zu verzeichnen, nicht unerwünscht, denn die Prosperität und Expansion der Kolonie verlangt nach neuen, fähigen Mitarbeitern.

Zunehmend attraktiv macht Entre Rios, daß den ökonomischen Erfolgen eben auch ähnliche kulturelle an die Seite gestellt werden. So sind wichtige Stützen der Erziehungs- und Kulturarbeit das Schülerzentrum, wo die schulpflichtigen Kinder betreut und zu einer sinnvollen Anwendung ihrer Freizeit angeleitet werden; und das Jugendcenter, wo sich die über 15jährigen Jugendlichen treffen und unter anderem eine eigene Zeitschrift herausgeben. Den Studenten steht seit neuestem in der Landeshauptstadt Curitiba ein Heim zur Verfügung, das von der Republik Österreich und dem Land Tirol mitfinanziert wurde. Für die Erwachsenenbildung stehen diverse Abendkurse im Angebot, und von allen Schichten der Bevölkerung kann ein schönes Freizeitzentrum genutzt werden.

Im offenkundigen Wissen um die Bedeutung ihres volkstümlichen Kulturgutes, erfahren geworden in einem zweieinhalb Jahrhunderte währenden Leben in der Diaspora, pflegt die Gemeinschaft auf vielerlei Art ihre Tradition, gibt das Kulturerbe an die Jugend weiter und stimmt sie dafür aufnahmefreudig. Noch immer richten die „Schwoben" ihren Maibaum auf, gehen zum Kirchweihfest, spielen Schafskopf, tanzen in überlieferter Tracht, paradieren in Spielmannszügen. Sie singen altes Volksliedgut und musizieren in Zither- und Akkordeongruppen, Kirchenchören, Blasmusikkapellen, dem gemischten „Donauschwabenchor". Zur Erinnerung an das grausame Schicksal, das der jüngste deutsche Volksstamm in Jugoslawiens Vernichtungslagern erlitt, pilgern die ausgewanderten Überlebende und Nachkommen eines wenig bekannten Holocaust alljährlich sommers zur Wallfahrtskapelle in der Mitte ihrer fünf Dörfer. Dann tragen alte Männer Kreuze mit den Namen der Todesstätten voran. Die Geschichte der Volksgruppe in Südosteuropa will ein kleines Museum veranschaulichen – noch –, denn für einen repräsentativen Museumsbau liegen Pläne vor. Dort soll dann donauschwäbische Historie professionell zur Darstellung kommen.

Wie der von frommem Dank begleitete Beruf des Landsmanns kommt hier „zwischen den Flüssen" (entre rios) Jordão und Pinhão das religiöse Leben noch einem Grundpfeiler, einem Struktural mit gemeinschaftsbildender Kraft gleich. Wenn einmal die Transzendenz profanem Wohlstandsdenken oder einer orientierungslosen Machbarkeitsreligion unterliegen sollte, bestünde auch für die Identität der Kolonie Gefahr. Noch ist man sich dessen bewußt. Etwa 90 Prozent der Donauschwaben und der Großteil der altbrasilianischen Bevölkerung gehören der römisch-katholischen Kirche an. Ein Kleinod in Architektur und künstlerischer Ausgestaltung ist die neue Pfarrkirche in Vitória. Neben den vier weiteren katholischen Dorfkirchen gibt es in Cachoeira ein protestantisches Gotteshaus.

Vieles, was einem Europäer selbstverständlich ist, mußte sich der Siedler von Entre Rios erst mühsam erkämpfen. So waren die Dörfer jahrelang ohne elektrisches Licht, und erst 1981 wurde zum Beispiel in Samambaia, als letztem Dorf, eine zentrale Wasserversorgung installiert. Heute verfügt die Siedlung, vor allem die Agrária, auch über ein ausgebautes Telefonnetz mit modernen Zusatzgeräten wie Fernschreiber und Telefax. Über Computer rufen die donauschwäbischen Verkaufsstrategen den neuesten Stand

EDV-Zentrum der Agrária.

der Weizenbörse in Chicago ab. Seit 1987 erscheint 14tägig in 3000 Exemplaren das Journal de Entre Rios, und seit letztem Jahr fehlt nicht einmal der eigene Radiosender, der 18 Stunden täglich in portugiesischer und deutscher Sprache ausstrahlt und im Umkreis von 200 Kilometern eine halbe Million Hörer erreicht. Radio Entre Rios ist die einzige Rundfunkstation Brasiliens, die Nachrichten in deutscher Sprache bringt. Die Einschaltquoten beweisen, wie beliebt dieses Programm auch bei den Altbrasilianern ist. Der ebenfalls neue Fernsehsender strahlt noch kein eigenes Programm aus. Einstweilen leitet er nur dasjenige des Kultursenders Educativa do Rio de Janeiro an die Zuschauer in Entre Rios weiter.

Beachtlich ist auch das geplante Kulturzentrum der Siedlung. Sein Auditorium wird 200 Sitzplätze und 15 Nebenräume stehen für Musikunterricht, Konzerte, Veranstaltungen und Sitzungen bereithalten. Für die Genossenschaft ist ein neues dreigeschossiges Verwaltungsgebäude mit einer Grundfläche von 3500 Quadratmetern für rund 200 Mitarbeiter im Rohbau fertig. Es wird Rathaus und Polizeiwache, Schul-, Landrats- und Wirtschaftsamt in einem sein. Im Januar 1992 sollen das neue Museum und die Bibliothek zum 40jährigen Jubiläum der Siedlung eingeweiht werden. In der Schublade ist auch schon eine Festhalle für 1250 Personen.

Dies sind städtebauliche Dimensionen, die denen hierzulande in nichts nachstehen. Architekt ist der eingeschwo-

Versuchsstation der Agrária.

rene „Entre-Rios-Fan" Hanns-Gottfried Kusch, der sich als pensionierter Stadtbaudirektor von Sindelfingen keineswegs zur Ruhe setzte, sondern sich den Ehrentitel „Baumeister der Donauschwaben" erwarb. Über 400 Projekte hat der ambitionierte Planungshelfer honorarfrei für die Siedlung erarbeitet: darunter das neue Krankenhaus, das Museum und sieben Haustypen, auch ein Reihenhaus, denn Bauplätze werden rar. Die Infrastruktur der Siedlung muß interessanter gemacht werden, ein handwerklicher und gewerblicher Mittelstand muß ihre Krisenfestigkeit untermauern, langfristig können sogar alle fünf Dörfer zusammenwachsen, meint der ehrenamtliche Entwicklungsexperte.

Unentbehrlich sind den Kolonisten die Beziehungen zum deutschsprachigen Kulturraum, denn die haben auch entscheidend zu dem beigetragen, was Entre Rios heute darstellt, wenigstens in wirtschaftlicher und sozialer Hinsicht. Aber auch der kulturelle Austausch soll mehr Intensität erlangen. Da empfinden sie die Maxime des Gouverneurs von Paraná Jayme Canet anläßlich seines Besuchs in Entre Rios 1978 als Auftrag: „Achtet die Sitten Brasiliens und haltet fest an der Art Eurer Väter!" Sie fügen sich damit gut in die südbrasilianische Gesellschaft ein, die ja vom Zusammenleben zahlreicher aus Europa stammender Ethnien geprägt ist. Besonders für die Jugend wird es als wichtig erachtet, die Heimat der Vorfahren kennenzulernen. Reisen der Tanzgruppe und der Jugendblasmusik

durch Deutschland und Österreich haben dazu beigetragen. Zur beruflichen Weiterbildung werden begabte Schüler mittlerweile hergeschickt. Seit das badische Rastatt die Patenschaft über Entre Rios übernommen hat (1988), ist ein weiterer Schritt zur transatlantischen Verbindung getan.

Wer heute die Siedlung besucht, fragt sich dennoch erstaunt, wie in nur 39 Jahren eine so rasante Entwicklung stattfinden konnte, besonders in einem tiefverschuldeten Land, das aus der inflationären Dauerkrise nicht herauskommt. Heute ist Entre Rios als blühendes Gemeinwesen Arbeitgeber für viele Menschen und im Munizip Guatapuava der wichtigste Steuerzahler. Es hat überdies die Lebensbedingungen der altansässigen Bevölkerung verbessert, ihr Bildungsniveau gehoben und einen Beitrag gegen die Landflucht und die Proletarisierung in den brasilianischen Städten geleistet.

Trotz beachtlicher Erfolge verstanden es die donauschwäbischen Bauern, sich und ihren Traditionen treuzubleiben. Sie blieben beharrlich und bescheiden, unbeirrbar ihrem Deutschsein verpflichtet, und das ist mit ein Grund, daß sie die Unberechenbarkeit der Regime weitgehend heil überstanden haben. Die Genossenschaft Agrária hat außerdem in der ganzen Dauer ihres Geschäftslebens nie Gewinne an ihre Mitglieder ausgeschüttet, sondern sie zur Verbesserung der Lebensverhältnisse aller Bewohner in der Siedlung eingesetzt: ein kluges Gebaren auch im Blick auf den horrenden Wertverfall des Cruzado.

Ohne die Unterstützung von „drüben" freilich, auf die sie freimütig und dankbar hinweisen können, wäre dieses Entre Rios nicht entstanden. Für die deutsche und österreichische Entwicklungshilfe war es ein Modellfall. Die Genossenhaft nämlich bot eine funktionsfähige und organisatorische Basis für das Umsetzen materieller und fachlicher Hilfe, sie hatte einen engagierten Vorstand, der – was in der Entwicklungshilfe so wichtig ist – Entwicklungsstufen nicht überspringen wollte. Die insgesamt eingesetzten rund 10 Millionen Deutsche Mark sowie Spenden und Hilfen zahlreicher öffentlicher und privater Gönner waren Initialzündung, mit der durch die geschäftige Selbsthilfe der Siedler ein Multiplikatoreffekt hohen Ausmaßes erzielt wurde. Daß Hilfe zur wirtschaftlichen und sozialen Entwicklung immer nur Hilfe zur Selbsthilfe sein kann, fand in

195

Entre Rios beispielhafte Beachtung. Die Donauschwaben haben mit dem Aufbau der Siedlung, mit der Schaffung gesicherter Existenzen, mit dem sozialen und kulturellen Ehrgeiz, schließlich mit dem wirtschaftlichen Erfolg zum Nutzen des ganzen Landes eine hervorragende Leistung erbracht, ein Gemeinwesen geschaffen, das in Südamerika seinesgleichen sucht und längst internationale Anerkennung gefunden hat. Ein einmaliges Beispiel ist diese Ansiedlung nicht nur als einzige geschlossene donauschwäbische Siedlung außerhalb Osteuropas, sondern auch als überzeugendste Koloniegründung der Nachkriegszeit.

So beachtlich und vielleicht mustergültig dies alles sein mag, taucht doch unverkennbar am Horizont rechtschaffenen Behauptungswillens nunmehr ein anderes, unerprobtes Problem auf: Half anfangs noch die Not, die Siedlergemeinschaft in sich zu festigen, so sind jetzt, bei dem erreichten Wohlstand, die bewährten Kolonistentugenden und der alte Zusammenhalt, insbesondere aber die deutsche Sprache gefährdet, außer Kurs zu geraten. Der jungen Generation von Entre Rios steht eine neue Bewährungsprobe bevor: der Kampf um ein erfüllendes Ziel, um die Sinngebung im ererbten Luxus.   Stefan Teppert

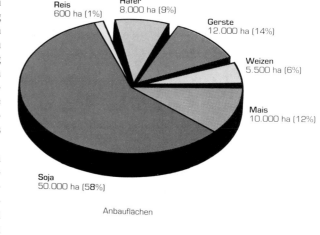

Anbauflächen

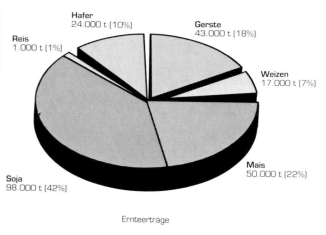

Ernteerträge

Donauschwäbische Jugend in Entre Rios (Sebastian Leicht).   *Anbauflächen und Ernteerträge.*

Besuch in Paraguay

Nach dem langjährigen, erfolgreichen Aufbaudienst bei den donauschwäbischen Landsleuten in Entre Rios, Brasilien; nach dem systematischen Besuch und Vortragsdienst bei Hunderten von rein deutschen Siedlungen in Südbrasilien, wo die Statistik etwa 3 Millionen deutschstämmige Aussiedler in den letzten 200 Jahren aufweist, die aber in den letzten Jahrzehnten zahlenmäßig sehr zusammenschrumpften; nach der abgeschlossenen Neugründung von Moseldorf und Filialdörfern in Nordparaguay, begab sich dieser Kulturabenteurer in die südlichen Teile dieses fruchtbaren Landes, wo die geistige Not der dortigen deutschen Siedler zum Himmel schreit.

Die kulturelle Situation dieser deutschen Bauern ist sehr kompliziert. P. Gruber hat fast alle 40 deutschen Niederlassungen besucht und machte sich Gedanken, die geistig-kulturelle Lage dieser vielfach heimatlosen Bauern zu ergründen, um einen Rettungsweg zu finden. Dieser Wanderseelsorger im Auftrage der höchsten kirchlichen Obrigkeit fand guten Anklang bei diesen ehrlichen Bauern, begegnete aber bei der gebildeten Schicht, die aus diesem Volk herangewachsen ist und verschiedenste Bildungsanstalten besuchte, einer 95prozentigen Ablehnung.

Die Thesen vom Pater sind nichts anderes als Wiederholung der Anforderungen der letzten Päpste, die von den südamerikanischen Intellektuellen vielfach als rückständig, überholt und sinnlos betrachtet werden, um nicht noch schlimmere Ausdrücke anzuführen.

Wenn Pater Gruber sich mit seinem vorgelegten Papstbrief in der deutschen Muttersprache, neben dem staatlichen kastilianisch oder portugiesisch, zu predigen durchringt und das Naturrecht eines einfachen Volkes zum Durchbruch kommt, dann ereignet sich in diesen vielfach verlassenen deutschen Dörfern ein geistiger Aufbruch. Nicht nur, daß die Kirchen während der deutschen Predigt zum Platzen überfüllt sind, die an das Herz dieses Volkes so gewachsenen deutschen Lieder bringen die Fenster zum klirren. Die Freudentränen während des Gesangs und Gebets in der Muttersprache bestrafen die Intelligenzler als Lügner, die stur beweisen wollen, daß dieses Volk nicht mehr deutsch sprechen kann und schon gar nicht die Sprache der deutschen „Verbrecher" gebrauchen will. Das Wort „Magyarone" und das Schlagwort „Bidös Svab" charakterisiert am besten die Lage der Deutschen in Südamerika.

Seit den Kriegsjahren, als das deutsche Wort mit Gefängnisstrafen verfolgt wurde, hat sich so eine Angst bei den Menschen festgesetzt, daß man sich nur noch zu Hause getraut, in der Muttersprache zu sprechen. P. Gruber könnte von seinen Missionsreisen über die Angst dieser Menschen katastrophale Ereignisse erzählen, die sich wie hemmende Barrieren vor jede Kulturarbeit stellen.

P. Gruber hat ein offenes Auge für seine schwer geprüften Landsleute, obwohl er allen anderen, auch Indianern, hilfsbereit beisteht. Wenn er dann so einem Schwabentyp mit breitem, runden Gesicht und blonden Locken begegnet, unterläßt er es nicht, nach seiner Herkunft zu fragen. Da kommt die Antwort: „Mein Vater, mein Großvater ist von Ungarn gekommen. Das war noch vor dem 1. Weltkrieg. Ich hab aber keine Ahnung, wo Ungarn eigentlich liegt!"

Diese Landsleute aus der Donauebene haben das Erwachen der Donauschwaben nicht mehr erlebt, und so haben sie keine Ahnung von diesem neuen Volksstamm. Führungslos haben sie sich vielfach der neuen Umgebung angepaßt, nicht wenige von ihnen sind „Caboclos" geworden, die niedrigste, herabgekommene Schicht der einheimischen Bevölkerung. Eine Persönlichkeit unter diesen vielfach verschwundenen Donauschwaben sollte in der Geschichte dieses Volksstammes vermerkt werden. Es ist Jakob Schäfer, der als führende Persönlichkeit bei der Gründung von der österreichischen Kolonie Karl Pfannl (zwischen der schwäbischen Kolonie Independeneia und der böhmischen Kolonie Sudetia gelegen) eine maßgebliche Rolle gespielt und auch die Chronik dieser Gründung vor dem 1. Weltkrieg seiner Nachkommenschaft übergeben hat. Jakob Schäfer ist seines Schwabentums bewußt, er war mit Elisabeth, einer geborenen Wienerin, verheiratet und übte neben seinem jahrelangen Amt als Postmeister im Dienste dieser 70 deutschen Familien einen günstigen kulturellen Einfluß auf diese Bauern aus, die jetzt 5000 bis 6000 Hektar Land bearbeiten.

Welche Hilfsaktionen hat P. Gruber jetzt im Sinn? Er hat sich in ein Entwicklungsgebiet 150 Kilometer südlich von der Stadt Puerto Strössner begeben, wo er die fruchtbarsten Ländereien im ganzen Lande vorgefunden hat. Hier werden weit über 100 000 Hektar Land zum Verkauf angeboten. Hier hat er schon mit deutschen Neugründungen begonnen und meint, wenn es seine erschöpften Kräfte erlauben, etwa zehn Dörfer gründen zu können. Der Ortsbischof hat ihm zwölf Neugründungen anvertraut, die schon unter Dach und Fach stehen, die Hälfte davon ist deutschsprechend, die nach seiner Auffassung total falsch und kopflos durchgeführt wurden, da dabei einzig das Geld und nicht der Vorteil der Dorfgemeinschaft eine Rolle spielte. P. Gruber ist natürlich bereit, auch den donauschwäbischen Landsleuten bei der Gründung von schwäbischen Dörfern zu helfen. Man kann bei ihm immer Informationen einholen.

(1989)

Pater Wendelin Gruber in Paraguay

Es ist weit über zehn Jahre her, daß die Deutschbrasilianer in Scharen über den Fluß Paraná nach Paraguay kamen, um die dortigen Urwälder zu roden, und das Land in den fruchtbarsten Ackerboden zu verwandeln. Es ist verständlich, daß sie ihre 100jährige brasilianische Heimat verließen, wo sie bisher im bitteren Schweiß die großen Steine beim Ackern wälzten und nur eine karge Ernte für die Erhaltung der vielköpfigen Familie einbrachten. In Nordbrasilien steht zwar am Amazonas viel Land zur Verfügung, aber das dortige Klima nahe dem Äquator entspricht nicht ihren physischen Veranlagungen.

Die Pforte von Paraguay hat sich geöffnet, unsere Landsleute gingen einer neuen Zukunft entgegen, und sie wurden keineswegs enttäuscht. Diese fruchtbare Gegend, einzigartig auf der Erdkugel, lag brach dahin, und sie ernten jetzt unvorstellbare Erträge, so daß sie ihre neue Heimat als „irdisches Paradies" bezeichnen. Fast alle sind im Grenzland, dem Regierungsbezirk „Alto Paraná" mit der Hauptstadt Pto. Strössner. Hier sind die Neueinwanderer in kurzer Zeit zu einem ansehnlichen Fortschritt gekommen. Das Ochsengespann wird schnellstens durch den Traktor und andere Ackerbaugeräte und Maschinen ersetzt. Die schwerste Arbeit wird im Sitzen verrichtet. Der Wohlstand ist unheimlich schnell gestiegen und die Staatsmänner sind über den landwirtschaftlichen Ertrag stolz, da sie sich einen solchen Aufschwung nicht einmal träumen ließen.

Genaue Statistiken über die Neueinwanderer sind noch nicht vorhanden, aber Kenner der Lage sind der Meinung, daß die Zahl von 50 000 Seelen keineswegs übertrieben ist – ohne von den anderssprachigen Neulingen zu sprechen. Sie zählen mit den deutschen Altauswanderern, die viele Jahrzehnte in diesem Lande weilen, etwa 100 000 Personen. Sie haben die immer noch völlig freie Kulturentwicklung genossen.

Aber welch ein riesiger Unterschied zwischen den Alteinwanderern und den Neulingen aus Brasilien! Das fällt am besten auf, wenn man betrachtet, daß jetzt bei der Jahresversammlung der Deutschlehrer in Asunción 300 Lehrer mitmachten, von denen vier Deutschbrasilianer sind. Das ist ein Zeichen, wie diese Ankömmlinge aus dem großen Brasilien kopflos, völlig desorientiert, geistig gebrochen sind und gar nichts übrig haben für ihr geerbtes Kulturgut.

Man soll den geschichtlichen Hintergrund dieser wirklich traurigen Entwicklung verstehen?

Kein Feindstaat des 2. Weltkriegs hat so radikal die Auslandsdeutschen verfolgt wie eben jener brasilianische Diktator, der ein deutsches Wort mit Kerkerstrafe belegte. Das schlimmere und gefährlichere geschah dann nach dem Sturz von Getulio Vargas, als die bürgerlichen Intellektuellen dasselbe Ziel systematisch, aber auf mildere Weise verfolgten. So ist der deutsche Volksstamm von 3 Millionen auf 300 000 zusammengeschrumpft. Angst durch Spott und Verachtung ging dem ehrlichen Volk so in die Knochen, daß das primitive, unbelehrte Volk wirklich zu glauben begann: „Wenn die gescheiten Leute das sagen, dann muß es doch wahr sein. Deutsch zu sprechen ist verbrecherisch!"

Im Gegensatz zu Brasilien pflegte man in Paraguay immer zuhause und in der Schule die deutsche Muttersprache. Man war bestrebt, daß die heranwachsende Jugend in zwei Sprachen (kastilianisch und deutsch) erzogen wird und daß man deswegen kein Staatsverräter ist. Genau lernten die Kinder zu unterscheiden, was staatstreu und was volkstreu bedeutet, wenn man die deutsche Kultur der Ahnen kennen und schätzen lernt. Diese Gesinnung wird von den paraguayischen Behörden anerkannt und gutgeheißen. Nebenbei sei vermerkt, daß die deutschen Schulen in der Hauptstadt Ascunción von etwa 2000 paraguayischen Schülern besucht werden, durchwegs Kinder von hochgestellten Persönlichkeiten des Landes, die den Wert der deutschen Weltsprache erkannt haben.

Als Seelsorger der mehrere 100 deutschsprechenden Siedlungen in Brasilien habe ich genau die Situation studiert und mußte die traurige Feststellung machen, daß man mit dem Verlust der deutschen Tradition und Gebräuche auch den hergebrachten Fleiß und leider auch die moralische Ehrlichkeit und die tiefe religiöse Gesinnung aufgegeben hat.

Als systematischer Volksforscher habe ich von meinem Sitz in San Christóbal noch 14 Dörfer meiner Gemeinde betreut, ohne eingehend von dem unberührten Urwald in der Nachbarschaft zu sprechen, wo ich jetzt mit sieben Dörfern, eigentlich Reduktionen, begonnen habe, die sich auf 25 vermehren sollen. Ich habe den geistigen Bruch der Leute festgestellt und versuche, nach dem Plan Gottes langsam zurechtzubiegen, was verbogen ist. Der göttliche Meister sagte einmal: „Ich bin der Weinstock, ihr seid die Reben!", die Er mit seinem göttlichen Gnadensaft zu befruchten wünscht, daß sie eine süße Ernte erhalten. Wer die Reben bearbeitet, muß vorsichtig handeln, um sie nicht zu verletzen oder sogar zu brechen. Die erzieherische Seelsorgearbeit bei den Kleinen und Großen, die in der Gemeinde sechs Sprachen sprechen, ist einfach schwierig, da ich allen gleichmäßig geistiger Vater sein muß.

Für den 28. August habe ich aus der ganzen Umgebung die hellen Köpfe, die sogenannten „Lideres" zu einer Besprechung eingeladen. Wenn es in manchen Gebieten nicht geregnet hätte, wäre der Kultursaal überfüllt, aber die weit über 100 Personen haben den ersten Punkt der rein geistigen Erneuerung gut verstanden. Der zweite Punkt, der von der Bewahrung der ererbten Kulturgüter handelte, war mit der Einstellung der Päpste Jahrhunderte hindurch belegt. Ich sprach über die Haltung der Kirche seit dem Laterankonzil (1225), der Trierer Synode (1217), von den kirchlichen Bestimmungen bei der Synode in Lima (1582), wo die Wichtigkeit der Indianersprachen in der Seelsorge betont wurde. Die Päpste im jetzigen Jahrhundert sprechen klipp und klar, daß keine Großmacht auch das kleinste Völklein unterdrücken, und schon gar nicht seiner Sprache berauben darf.

Mit besonderer Liebe setzte sich Johannes XXIII. für die Rechte der Sprachminderheiten ein: „Was immer gegen die Minderheitsvölker zur Unterdrückung ihrer Lebensart und dem Wachstum ihres Stammes unternommen wird, ist eine schwere Verletzung der Gerechtigkeit . . . Vielmehr entspricht es vollkommen den Geboten der Gerechtigkeit, wenn die Staatslenker sich tatkräftig bemühen, die Lebensbedingungen der Minderheit zu heben, namentlich in dem, was deren Sprache, Kultur, Herkommen und Gebräuche sowie wirtschaftliche Unternehmungen und Initiativen betrifft" (Pacem in terris).

Voller Freude und triumphierend schritt ich eines Tages an den Ort, wo ich ein Schülerheim geplant hatte. Der Bauplatz – neben dem des zukünftigen Gymnasiums und dem Pfarrgarten – war noch von undurchdringlichem Urwald bedeckt. Ich drang in das unheimliche Dickicht ein, doch als ich einen riesigen, halbfaulen Urwaldklotz überstieg, fiel ich in das Nest der giftigen Ameisen, die dreimal so groß sind wie ihre europäischen Artgenossen. Sie spritzten mir ihr gefährliches Gift unter die Haut, das nach einigen Stunden Geschwülste und eitrige Wunden verursachte. Ein eingeweihter Freund stellte daraufhin die Frage: „Ist dies nicht ein Zeichen dafür, daß dein Plan schiefgeht?" – „Keineswegs, mein Freund. Jedes gute Unternehmen, das mit Schmerz und Leid beginnt, führt zum Sieg!"

P. Wendelin Gruber, 1989

Kameramann Jakob Bohn 1971 vor den Iguaçu-Wasserfällen am Dreiländereck Brasilien–Paraguay–Argentinien.

Donauschwaben in Südamerika

Argentinien

Obzwar schon seit der Entdeckung Südamerikas durch die Spanier und die Portugiesen auch Deutsche in einzelne südamerikanische Länder gelangten, liegen doch die Schwerpunkte der deutschen Einwanderung im 19. und im 20. Jahrhundert. Nach Brasilien und Venezuela sei Chile, so der Experte Professor Dr. Ilg, der dritte südamerikanische Staat gewesen, der Deutsche zur Einwanderung und Urbarmachung bis dahin unerschlossener Gebiete eingeladen habe. Es folgten Argentinien (1856), Peru (1857), Uruguay (1862) und Paraguay (1882). Nach inoffiziellen Schätzungen leben in Südamerika drei bis vier Millionen Deutschsprechende. Dr. Ilg meint, daß sich damit der in der Gegenwart stärkste deutschsprechende Anteil außerhalb Europas in diesem Subkontinent befinde.

Nach Brasilien weist Argentinien die größte Zahl deutscher Einwanderer auf. Die Zahl der Deutschstämmigen wird mit 750 000 bis 1 Million angegeben. Allerdings schwankt die Zahlenangabe über Deutsch- und Dialektsprechende zwischen 300 000 und 700 000. Der VDA geht von 200 000 bis 250 000 „Paßdeutschen" aus.

Einige Angaben in Stichworten (nach Professor Dr. Ilg): Fernando Magellan führte 1519 seine Umfahrung Südamerikas aufgrund einer Karte Martin Behaims durch. Zu seinen Begleitern gehörten die deutschen Artilleriekommandanten „Meister Hans" und „Meister Josef". An der großen Expedition Mendozzas 1536 nahmen unter den 1500 Matrosen auch 150 Deutsche teil. Im 17. und 18. Jahrhundert waren es die Jesuitenmissionen, die viele Patres ins Land brachten. Deutsche Offiziere haben am argentinischen Befreigungskrieg teilgenommen. Graf von Holmberg entschied 1812 als Generalstabschef die Schlacht von Tucuman.

1842 Errichtung einer „Deutsch evangelischen Gemeinde" in Buenos Aires, 1843 Gründung der „Deutsch evangelischen Schule", 1853 des „Deutschen Turnvereins", 1868 des „Deutschen Hilfsvereins", 1882 des „Vereins zum Schutze germanischer Einwanderer".

Im Laufe des 19. und 20. Jahrhunderts sind deutschsprachige Siedlungen entstanden in: J. Castalli, Charata, Berna, Cumbrecita, Falda, Belgrano, Cordoba, Grutli, Esperanza, S. Carlos, S. Jronimo, C. Suarez, Bariloche, insbesondere in Buenos Aires. Siedlungen, vornehmlich von Alt-Österreichern gegründet: Salta, Tucuman Mendoza, V. Mercedes und Neuquen.

So haben Deutsche von Patagonien bis in den hohen Norden Argentiniens als Kolonisten erfolgreich – bis auf den heutigen Tag! – gewirkt und zum Aufbau und zum Fortschritt des Landes einen wesentlichen Beitrag geleistet, sei es als Bauern und Handwerker oder als Techniker, Geistliche, Lehrer, Architekten, Ärzte und Künstler. Sie schufen zur Erhaltung ihrer angestammten Kultur kirchliche Einrichtungen, Schulen, Klubs, soziale Einrichtungen und Publikationsorgane. Alle diese Erfolge waren aber nur möglich durch den Fleiß und den Unternehmungsgeist der deutschstämmigen Bürger.

Eine besonders wichtige Rolle spielten – und spielen – die Schulen. Ihren Ausgang nahm die deutsche Schularbeit in Buenos Aires. 1937 wurden in Argentinien insgesamt 204 deutsche Schulen mit 13 500 Schülern gezählt, 21 in Groß-Buenos-Aires und 183 im Landesinnern. Der 2. Weltkrieg brachte einen Rückschlag, zumal die argentinische Regierung die deutschen Schulen bis auf wenige Ausnahmen schloß.

Nach 1945 konnte die deutsche Schularbeit wieder aufgenommen werden. 1978 wurden 24 deutsche Schulen, davon 15 in Groß-Buenos Aires und neun im Landesinnern mit insgesamt 14 800 Schülern, gezählt. Die Goethe-Schule in Buenos Aires wurde 1982 von 1714 Schülern besucht; an ihr unterrichteten 164 Lehrkräfte, davon 19 aus der Bundesrepublik Deutschland (VDA).

Vielseitig ist das deutsche Vereinsleben in Argentinien. Die Koordinierung nimmt der Verband der deutsch-argentinischen Vereinigung vor (FAAG), der in seinen „Mitteilungen" über die Fülle der Veranstaltungen deutscher Vereine berichtet. Zu den jährlichen Veranstaltungen gehört die Kundgebung zum „Tag der deutschen Einheit" am 17. Juni. Seit 100 Jahren besteht das deutschsprachige „Argentinische Tageblatt", herausgegeben von der Familie Aleman. Besondere Erwähnung verdient das Deutsche Hospital in Buenos Aires, so auch die Wissenschaftler an der La-Plata-Universität in Buenos Aires.

Werner Hoffmann schrieb 1955: „Die Abstammung genügt nicht, man muß sich darum bemühen, zu bleiben, was man ist." Dazu Dr. Ilg: „Man weiß in Mitteleuropa nicht, welchen Schaden die jüngsten geschichtlichen Ereignisse in den Herzen der Auslandsdeutschen angerichtet haben. Diese Ereignisse sowie das Desinteresse der Heimat an den Ausgewanderten haben in ihnen Klüfte entstehen lassen, die nicht so bald – wenn überhaupt – überbrückt werden können.

Der Ausgewanderte fühlte sich oft ausgeschlossen, enttäuscht, verlassen und suchte begreiflicherweise in der Hinwendung zum neuen Vaterland und seiner ethnischen Gemeinschaft Zuflucht und Ruhe in seelischer Bedrängnis. Je isolierter er lebt, das heißt, nicht in gewachsenen Gemeinschaften verankert, wie sie auf dem Lande anzutreffen sind, sondern im Milieu großer Städte, um so leichter und zwangsläufiger wird für ihn der Schritt zur völligen Abwendung von seiner bisherigen Einordnung und zur Aufgabe traditioneller Bindungen. Am naheliegendsten und verständlichsten wird dieser Schritt für die deutschsprachige Jugend in den Städten. Dagegen kann nur eine ehrenvolle Position und wirtschaftliches Ansehen des deutschen europäischen Raumes wirksam sein, die es den Ausgewanderten möglich machen, auf ihre Herkunftsländer wieder stolz zu sein."

Paraguay

Die erste Beschreibung Argentiniens und Paraguays verdanken wir dem Deutschen Ulrich Schmidt, Bürgermeistersohn aus dem bayerischen Straubing. Bekannt sind auch die deutschsprachigen Jesuitenmissionare, die in der Zeit von 1609 bis 1768 den paraguayschen „Gottesstaat" aufgebaut haben. Einzelsiedlungen sind bald verschwunden. Zwar ging die erste deutsche Kolonie „San Bernardino" ein, doch hielt sich die zweite Kolonie „Nueva Germania", 1887 von Dr. Förster, dem Schwager des Philosophen Nietzsche, gegründet, bis zum heutigen Tag.

Die späteren Einwanderungen aus dem Reich, Österreich und der Schweiz erfolgten hauptsächlich im 20. Jahrhundert. Die stärkste Gruppe stellten die Mennoniten dar, deren Weg oft über Rußland und Nordamerika nach Südamerika führte. An der Kreuzung der Hindenburg- und der

Zentralstelle in Filadelfia steht ein Mennonitendenkmal mit der Inschrift: „Zu Ehren der Gründer der Kolonie Fernheim, die ihre alte Heimat verließen, weil sie der Glaubensfreiheit, des Rechts auf Erziehung ihrer Kinder und ihrer Güter beraubt wurden, und hier im harten Kampf gegen eine fremde Wildnis eine neue Lebensgemeinschaft gründeten."

Die Mennoniten wanderten in drei Hauptwellen in den paraguayischen Chaco ein: 1927/28 gründeten kanadische Mennoniten die Kolonie Menno mit dem Hauptort Loma Plata, 1930/32 folgten rußlanddeutsche Mennoniten in Fernheim und dem Hauptort Filadelfia, 1947/48 folgte die dritte Gruppe – aus der Sowjetunion – und gründete die Kolonie Neuland mit dem Hauptort Neu-Halbstadt. Diese drei Kolonien bilden ein räumlich geschlossenes, weitgehend autonomes Territorium.

Außerdem gründeten mennonitische Umsiedler und Neueinwanderer in Ostparaguay 1937 die Kolonie Friesland, 1947 die Kolonie Volendam und später die Kolonien Bernthal und Sommerfeld. Diese Region hat auch deutschstämmige Zuwanderer aus Brasilien und Einwanderer aus Deutschland und Österreich, unter ihnen auch Heimatvertriebene, bis in die jüngste Zeit hinein aufgenommen.

Professor Dr. Ilg nimmt an, daß heute in Paraguay ungefähr 90 000 deutschsprachige Personen leben, davon 4000 in Asuncion, 25 000 in Südparaguay, 20 000 in Ostparaguay, zu denen in jüngster Zeit zirka 40 000 Brasiliendeutsche hinzugekommen sind. Die deutschsprachigen Siedlungen zeichnen sich durch Sauberkeit und zivilisatorischen Fortschritt aus. Existenzgrundlagen sind Landwirtschaft, Handel und Gewerbe. Die Bundesrepublik Deutschland leistete einiges an Entwicklungshilfe, um die landwirtschaftlichen Produktionsmethoden zu verbessern.

Großen Wert legen die Siedler auf Kirchen, Schulen und soziale Einrichtungen. Sie bescheren damit dem ganzen Land Kultur, Fortschritt und menschlich-soziale Hilfe.

Im Land bestehen rund 100 Privatschulen und öffentliche Schulen. Die Lehrerausbildung wird staatlich gefördert. 1893 wurde in Asuncion die „Goetheschule" (Colegio de Goethe) gegründet; von den rund 1000 Schülern sind etwa 20 Prozent Deutsche. Für die Kinder der Angehörigen der Deutschen Botschaft sowie für die Firmenvertreter und -angestellten wurde nach dem 2. Weltkrieg die deutsche

Schule „Concordia" gegründet. Durch die intensive Tätigkeit des 1958 gegründeten „Deutsch-Paraguayschen Instituts" wird nicht bloß deutsche Kultur vermittelt, sondern auch die Freundschaft zwischen Paraguayern und Deutschen gefördert; ebenso durch das Radio Paraguay mit seiner „Deutschen Welle" und die drei deutschsprachigen Zeitungen, unter ihnen die „Deutsche Allgemeine" und „Neues für alle".

Brasilien

Südamerika wird von Wissenschaftlern wegen seiner ungehobenen Naturschätze und wegen seiner schönen und großartigen Landschaften oft als „der Kontinent der Zukunft" bezeichnet. Eines der eindruckvollsten Länder ist zweifellos Brasilien, das 8,5 Millionen Quadratkilometer umfaßt und deutliche Spuren deutschen Lebens und Schaffens aufweist. Als Pedro Alvares Cabral im Jahre 1500 die Gegend um Vera Cruz entdeckte, waren auch Deutsche dabei. Professor Dr. Ilg meint dazu, daß die deutsche Schiffsbautechnik wesentlich an der Entdeckung der Neuen Welt beteiligt gewesen sei. An der Seefahrerschule im portugiesischen Sagres hätten viele deutsche Fachleute gewirkt. Der Kartograph, Mathematiker und Astronom Martin Behaim aus Nürnberg habe sehr viel zur Förderung der Seefahrt beigetragen. Die deutschen „Hansekoggen" seien eine Fortsetzung der Wikinger „Drachen" und Vorbilder der Entdeckerschiffe gewesen.
Cabral nannte das von ihm entdeckte Land „Terra do Santa Cruz", weil er es am Heiligkreuztag entdeckt hatte. Weitere Niederlassungen folgten sehr bald. Sie beschränkten sich allerdings zunächst auf den einen schmalen Küstenstreifen, umschlossen vom Atlantik und dem grünen Urwaldmeer des Mato Grosso. Die Portugiesen beschränkten sich anfänglich auf die landwirtschaftliche Nutzung der Landschaft. Da die Arbeit verpönt war, wurde sie den Indianersklaven, später auch den Negersklaven überlassen. Erst die deutschen Ansiedler legten selbst Hand an und führten mit dem Pflug auch die gemischte Landwirtschaft ein. Dr. Ilg nennt unter den Deutschen, die vor der großen Kolonisation in Brasilien wirkten, zunächst Hans Staden, der sich von Abenteuerlust und Wissensdurst gedrängt, 1547 auf einem portugiesischen Schiff als Kanonier verdingte, dann aber Schiffbruch erlitt und in indianische Gefangenschaft geriet, aus der er nach furchtbaren Erlebnissen entkam und nach seiner Heimkehr das berühmte Buch schrieb: „Wahrhaftig Historia und beschreibung eyner Landschaft der Wilden, Nacketen, Grimmigen Menschenfresser-Leuthen in der Newenwelt Amerika" (1557). 1575 gründete der Schwabe Christoph Lins Porto Calro.

Moritz von Sachsen kam in holländischen Diensten nach Brasilien und wurde 1635 als Gouverneur von Pernambuco zum höchsten Beamten „Neuhollands" bestellt.

Im 19. Jahrhundert setzte in Brasilien eine beachtliche deutsche Einwanderung ein. Als nämlich König Johann von Napoleon aus Portugal vertrieben wurde, siedelte er mit seiner Familie nach Rio de Janeiro über. Er festigte Macht und Ansehen, indem er die bis dahin nur lose untereinander verbundenen Provinzen zu einem Staatsganzen zusammenfaßte und durch Gesetze und Verordnungen nach europäischem Muster kultivierte und zivilisierte.

Als Leopolds Sohn und Thronfolger die österreichische Erzherzogin Leopoldine von Habsburg, Tochter Kaiser Franz I. von Österreich und Urenkelin Maria Theresias, ehelichte, trat Brasilien in eine neue Phase seiner Geschichte ein. Leopoldine faßte den festen Vorsatz, ihrem Land eine gute Landesmutter zu sein und sich nicht nur um die wirtschaftliche und kulturelle, sondern auch um die soziale Entwicklung des Landes zu bemühen. Um ihre Pläne schnell realisieren zu können, förderte sie die Herbeiführung deutscher Kolonisten nach Brasilien. Am 12. Oktober 1822 wurde Brasilien zum Kaiserreich ausgerufen.

1830 wurde ein „deutsches Fremdenbataillon", bald darauf ein deutschsprachiges Söldnerheer ins Leben gerufen. Zwecks Anwerbung deutscher Siedler wurde Major Georg Anton von Schäffer nach Deutschland entsandt. Der deutschbrasilianische Historiker und Direktor des Hans-Staden-Institutes in Sao Paulo, Karl Fouquet, nimmt an, daß in der damaligen Zeit über 10 000 deutsche Kolonisten ins Land gekommen seien. Seit der Gründung der Siedlung Sao Leopoldo durch deutsche Einwanderer wird der 25. Juli 1824 als „dia dos Colonos" gefeiert. 1852 erschien „Der Kolonist", die erste deutsche Zeitung Brasiliens. Sao Leopoldo entwickelte sich für die Deutschbrasilianer zu einem großen Center.

Im Laufe der Zeit entstanden deutsche Siedlungen in Rio Grande do Sul – Santa Catarina, Stadt und Staat Sao Paulo, Parana – Rio, Espirito Santo, Mato Grosso. Die Deutschen bauten hier blühende Siedlungen auf und bewährten sich auf allen Gebieten der Wirtschaft, der Kultur und des sozialen Lebens.

Ein Rückschlag in dieser großartigen Entwicklung erfolgte, als Brasilien 1917 auf der Seite der Entente in den 1. Weltkrieg eintrat. Kaum hatten sich nach 1918 die Verhältnisse wieder normalisiert, als die Katastrophe des 2. Weltkrieges über die deutschstämmigen Einwohner Brasiliens hereinbrach. Die Deutschen litten als Folge dieser Ereignisse mehr als in jedem anderen südamerikanischen Land. Deutsche Vereine wurden aufgelöst, über 2000 Privatschulen geschlossen und das Schulvermögen beschlagnahmt.

Nach 1945 setzte eine neue Entwicklung ein. Dank des Einsatzes des deutschen Kapitals machten Industrie und Handel gewaltige Fortschritte. Am Rande des Urwalds entstanden neue deutsche Siedlungen, in denen Landwirtschaft und Viehzucht eine dominierende Rolle spielten. Deutsche Kolonisten siedelten sich auf dem Campo Alto und in der Nähe von Panambi in der westlichen Serra von Rio Grande do Sul sowie auf den Campos des Staates

Parana mit den Kolonien Witmarsum und Entre Rios an. Campo Alto und Witmarsum sind Mennoniten-Gründungen, während Entre Rios 1951 von Donauschwaben gegründet wurde.

Die Zahl der deutschen Einwanderer stieg beständig an. Die letzte Volkszählung 1980 erbrachte eine Zahl von 3 Millionen deutschsprachigen Menschen. Der VDA schätzt die Anzahl der Deutschstämmigen in Brasilien auf 5 bis 6 Millionen. In dem Riesenreich existieren weitgehend geschlossene ländliche Siedlungsräume; allerdings leben zahlreiche Deutsche auch in den Städten.

In über 200 Vereinen entwickelt sich reges kulturelles, sportliches und gesellschaftliches Leben. Schulen und Kirchen sind heute wieder Grundsäulen deutscher Kultur und Sprachpflege. Millionen von Brasilianern werden durch die Goethe-Institute für die deutsche Sprache gewonnen. Auch ist das Hans-Staden-Institut in Sao Paulo Träger und Förderer deutscher Kulturarbeit in Brasilien. In einem VDA-Bericht wird festgestellt, daß die Deutschbrasilianer wirtschaftlich und politisch gut in die bestehenden Strukturen integriert seien, was sie befähige, einen gewissen Einfluß auf das öffentliche Leben zu nehmen. Andererseits stimmt die fortschreitende Assimilierung der Jugend, hauptsächlich in den Städten, sehr nachdenklich!

Beim Pflügen in Entre Rios 1952.

Donauschwäbische Vereinigung in Argentinien

Die Einwanderung unserer donauschwäbischen Landsleute vollzog sich hauptsächlich in den Jahren 1923/24. Heutzutage wirken sehr viele in den deutschen Vereinen und Dachverbänden mit, aber besonders hervorzuheben ist die Gründung ihrer eigenen Vereine, in welchen sie unsere Sitten und Gebräuche aufrechterhalten.

So wurde schon im Jahre 1925 der Deutsche Schulverein Lanús Oeste gegründet, später in die Adam-Müller-Guttenbrunn-Schule umgewandelt. Leider wurde uns diese nach Ende des 2. Weltkrieges 1945 als feindliches Eigentum enteignet. Präsident des Gründungsvorstandes war der Werschetzer Johann Pressler.

Im Jahre 1927 wurde auch durch Donauschwaben der „Sport-Klub Germania" gegründet, der in seinem Gebiet gute sportliche sowie kulturelle Leistungen vollbrachte. Der erste Präsident war Lm. Jakob Helm aus Liebling. Turnen, Fußball, Kegeln usw. sowie Gesangs- und Theatervorführungen wurden ununterbrochen betrieben. Im Jahre 1941 entstand eine Trennung in diesem Verein, und die ausscheidenden Mitglieder gründeten noch im selben Jahr den Sport- und Geselligkeitsverein Valentin Alsina, welchem weitgehend zu verdanken ist, daß in dieser Ortschaft unsere Muttersprache und Gewohnheiten noch bis heute erhalten blieben.

Nach der Enteignung unserer Schule übernahm dieser Verein einen unentgeltlichen Unterricht der deutschen Sprache. Auch hier wurden, nebst einer regen Sportaktivität, deutsche Theaterstücke vorgeführt und durch den Anschluß der Volksliedergruppe und Volksliederspatzen durch unseren unvergeßlichen Professor Lm. Thaddaeus Dippert (Temeschburg) die Kulturarbeit dieses Vereins bereichert. Die Gründung der Volksliederspatzen (Kinderchor), geleitet von Frau Klara Dippert, war eine unermeßliche Hilfe für die Pflege der deutschen Sprache, in der sich auch unsere Landsmänninnen Frau Irene Ziegler und Frau Medi Kräftenrath auszeichneten. Die schönen Kinderfeste der Volksliederspatzen, hauptsächlich am deutschen Muttertag im Mai und zu Weihnachten, werden lange in Erinnerung bleiben. Dieser Verein erwarb im Jahre 1952 zwei Hektar Land in einer nahegelegenen Gegend, die als Sportplatz dienen sollte und in welcher gleich darauf ihre Mitglieder, angeführt durch den Lieblinger Lm. Martin Häuszler und durch freiwilligen Arbeitsdienst – nur mit Schaufeln und Schiebekarren –, ein Schwimmbecken von 25 Metern Länge und 25 Metern Breite gebaut wurde. Fast vier Jahre wurde daran gearbeitet, da man es nur samstags und sonntags tun konnte und nur dann, wenn es das Wetter erlaubte.

Nebenbei bemerkt, muß man ja auch in Betracht ziehen, daß jeder Landsmann dieser Ortschaft mit dem Bau seines Eigenheimes beschäftigt war, wozu er ja auch nur am Wochenende Zeit hatte. Sehr beachtenswert ist es, daß unsere Landsleute gleich nach ihrer Einwanderung in Argentinien sich ein Grundstück in 100 Monatsraten kauften und mit dem Bau ihrer Häuser (Wohnhäuser) begannen. Bittere Zeiten mußten sie durchmachen, als die große Krise mit Arbeitslosigkeit im Jahre 1930 kam. Aber auch dies wurde gemeistert.

Im Jahre 1945 gründeten die verstorbenen Lm. Anton Becker (Putinzi) und Ludwig Müller, Direktor und Herausgeber der deutschsprachigen Zeitung „Freie Presse", das Schwäbische Hilfswerk, durch welches vielen Landsleuten ihre Einreise in Argentinien ermöglicht wurde. Nach diesem edlen Werk verwandelte sich das Schwäbische Hilfswerk in den „Argentinischen Kulturverband der Donauschwaben" und den heutigen „Verband der Donauschwaben in Argentinien", welcher bestrebt ist, auch weiterhin unsere Landsleute durch die angeschlossenen Vereine zu betreuen.

Im Jahre 1931 wurde der Schwäbische Sport- und Turnverein „Piñeyro" gegründet, der sich dieselbe Aufgabe auferlegte wie der Sport-Klub „Germania": Turnen und Fußball sowie eine Tanzgruppe und in seiner Kulturarbeit Vorführungen deutscher Theaterstücke und die Erhaltung eines gemischten Chores. Leider ist dieser Verein für uns Donauschwaben durch die Ansiedlung mehrerer ihrer Mitglieder in anderen Ortschaften eingegangen, ja, was noch schlimmer ist, daß die Nachkommen der Gründer auf eine Zusammenschließung mit dem heutigen Deutschen Schul- und Turnverein Lanús Oeste nicht eingegangen sind und dadurch ihr Eigentum in andere Hände fiel, statt es uns Donauschwaben zu überlassen. Auch in der Ortschaft Piñeyro gründeten donauschwäbische Landsleute die

Deutsche Hindenburg-Schule, welche aus den vorher erwähnten Gründen auch verlorenging.

Im Jahre 1943 gründeten donauschwäbische Landsleute in der Ortschaft Bernal den Sport- und Geselligkeitsverein Bernal, welcher dieselben Aufgaben und Pflichten der vorstehend genannten Vereine übernahm. Leider müssen wir heute feststellen, daß dieses Eigentum uns Donauschwaben höchstwahrscheinlich verlorengeht. Es besteht aber wenigstens die Hoffnung, daß dieses der Deutschen Humboldt-Schule oder dem Jahn-Heidesportplatz des Deutschen Sport- und Turnvereins Quilmes – zufällt.

1987 – Bundesgeschäftsführer Stefan Sehl verleiht Herrn Federico Mertig, Präsident des Verbandes der Deutsch-Argentinischen Vereinigungen und wahrer Betreuer der deutschen Vereine in Argentinien, die goldene Ehrennadel, anläßlich des Heimattreffens und Besuches der Donauschwäbischen Tanz- und Trachtengruppe aus Ulm/Neu-Ulm. Rechts vorne sieht man auch die Musikanten dieser Gruppe.

Weitere donauschwäbische Vereine wurden gegründet: Im Jahre 1937 der Sport- und Geselligkeitsverein Batschkaer Schwaben, im Jahre 1938 der Sport- und Geselligkeitsverein Banater Schwaben und im Jahre 1939 der Ortsschwabenverein Villa Klein, der 1989 sein 50jähriges Bestehen feierte. Alle diese Vereine widmeten sich in ihren ersten Lebensjahren mit gutem Erfolg dem Sport, hauptsächlich dem Fußball und dem Turnen, der Kulturarbeit mit Vorführungen deutscher Theaterstücke und der Erhaltung von Chören und Tanzgruppen. Alles geschah im Rahmen unserer donauschwäbischen Sitten und Gebräuche und der Erhaltung unserer Muttersprache. Der Deutsche Schulverein Villa Ballester, einer der größten Schulvereine von

Buenos Aires, weiß auch die Mitarbeit der Angehörigen dieser Vereine zu schätzen.

Durch die traurige Nachkriegszeit, deren Konsequenz die Schließung aller deutschen Schulen und die Enteignung als feindliches Eigentum ihrer Gebäude und Sportplätze war, ging uns sehr viel Kulturarbeit verloren, und es wird sehr schwer sein, sie wieder zurückzugewinnen. Im Jahre 1946 gründeten donauschwäbische Landsleute aus der Ortschaft Piñeyro den Verein „Frühere Hindenburg Schüler“, der heute als Sport- und Kulturverein „Jugend vom Süden“ bekannt ist und sich in der Ortschaft Temperley niedergelassen hat. So wie alle vorher genannten Vereine widmeten seine Mitglieder sich in den ersten Vereinsjahren dem Sport und einer interessanten Kulturarbeit. Heute unterhalten sie eine hier in Argentinien berühmte Tanzgruppe, die von Frau Fränzi Annabring ins Leben gerufen und jahrelang geleitet wurde. Diese Tanzgruppe tritt größtenteils in donauschwäbischer Tracht auf und sorgt auch für Nachwuchs durch ihre angesehene Kindergruppe. Auf internationalen Tanzveranstaltungen vertritt sie die Bundesrepublik Deutschland.

In dieser Ortschaft wirkt auch die Donauschwäbische Singgruppe Temperley, ein Zweig des S. u. K. V. Jugend vom Süden und der Bonifatiusgemeinde Temperley, die auch von Frau F. Annabring geleitet wird.

Für unser zukünftiges Weiterleben wurden folgende wichtige Schritte unternommen: Im Jahre 1958 unternahmen in der Ortschaft von Valentin Alsina die Landsleute Anton Pressler (Werschetz) und Robert Preisach (Kudritz) den Versuch, die dortige Deutsche Schule wieder zu eröffnen, wozu sie die Zusammenschließung der dortigen drei Vereine erreichen mußten. Lm. Anton Becker, der im Schulwesen eine gute Praxis besaß, wurde über das Vorhaben eingeweiht, und so begann man mit den nötigen Schritten. A. Pressler waltete als Sprecher in allen Generalversammlungen der betreffenden Vereine, und man erlangte das Einverständnis des Deutschen Schulvereins Lanús Oeste und des Sport- und Geselligkeitsvereins Valentin Alsina, aber nicht die des Sport-Klubs „Germania“. Durch den geschickten Einsatz aber von Lm. Karl Sonntag, jahrelanger Präsident des S. K. „Germania“, gelang es, daß ein Jahr darauf auch dieser Verein sein Einverständnis dazu gab. So entstand im Jahre 1959 der heutige Deutsche

Schul- und Turnverein „Lanús Oeste", der eine Schule, die im Jahre 1960 eröffnet wurde und jahrelang von Lm. Roland Kekez betreut wurde, mit 450 Schülern verwaltet und eine geräumige Mehrzweckhalle (Germania-Halle), ein Vereinsheim und ein Sportgelände mit Schwimmbekken auf zwei Hektar Land besitzt. Im Jahre 1968 schlossen sich die Vereine Sport- und Geselligkeitsverein Batschkaer Schwaben und der Sport- und Geselligkeitsverein Banater Schwaben zusammen und riefen den Donauschwabenverein Villa Ballester ins Leben, der heute eine gute Singgruppe besitzt, die von Lm. Franz Lannert und Landsmännin Evi Schüssler geleitet wird, und das „Gelände „El Casco", welches ihnen vom Dachverband vor Jahren zur Verfügung gestellt wurde, verwaltet. Glücklicherweise schließen sich nun auch die Vereine Ostschwabenverein Villa Klein und Donauschwabenverein Villa Ballester zusammen, und schon wird der Bau beziehungsweise die Erweiterung eines schönen Vereinsheimes geplant.

Es betreuen zur Zeit unsere Donauschwaben in Argentinien folgende Vereine: Verband der Donauschwaben in Argentinien – Präsident Anton Pressler, Ostschwabenverein Villa Klein – Präsident Johann Pfeifer, Sport- und Kulturverein Jugend vom Süden – Präsident Josef Wilhelm, Donauschwabenverein Villa Ballester – Präsident Valentin Juratich, Deutscher Schul- und Turnverein Lanús Oeste – Präsident Peter Gabriel.

Alljährlich wird das Heimattreffen veranstaltet, welches die Treuekundgebung unserer Gemeinschaft zu ihrem Stamm bedeutet. Seit drei Jahren werden auch Zusammenkünfte unserer Landsleute in Form eines Kameradschaftsessens abwechselnd in den dem Verband angeschlossenen Vereinen veranstaltet. Die einzelnen Vereine veranstalten auch ihre Stiftungsfeste, Schlachtplattenessen, Männerball usw. und nehmen an Sportwettkämpfen teil.

Leider müssen wir zur Zeit eine unerwartete strenge finanzielle Krise durchmachen, was sich auf das weitere Gedeihen unserer Vereine auswirkt. Wir bedauern, dadurch nicht mit den Veranstaltungen und Plänen des Dachverbandes in Sindelfingen Schritt halten zu können. Aber wir dürfen nicht verzagen, wenn wir das bisher Geschaffene aufrechterhalten wollen.

Besuche von Landsleuten von drüben wie zum Beispiel die der Donauschwäbischen Tanz- und Trachtengruppe aus Ulm/Neu-Ulm, der Donauschwäbischen Tanzgruppe aus Mosbach, die Besuche von den Landsleuten Mathias Merkle, Franz Hamm, Ludwig Schumacher, Stefan Sehl und anderen mehr sind für uns eine gute moralische Unterstützung.

Anton Pressler

1989 – Tanz- und Trachtengruppe des S.u.K.V. Jugend vom Süden. Leitung Peter und Marta Annabring. Diese Gruppe wurde im Jahre 1966 durch die Familien Annabring und Kirschner gegründet.

Aktivitäten des Verbands der Donauschwaben in Argentinien

Trotz der schlechten Verhältnisse, die augenblicklich in Argentinien herrschen, waren die im „Verband der Donauschwaben in Argentinien" zusammengeschlossenen Vereine sehr rührig. So feierte der Ostschwabenverein Villa Klein im Monat April sein 50jähriges Stiftungsfest, zu dem sich viele Vertreter der Dachverbände und befreundeter Vereine einfanden. Erfreulich war der bekanntgegebene Zusammenschluß dieses Vereins und des Donauschwabenvereins Villa Ballester. Verbandspräsident Pressler überreichte Präsident Pfeier vom Ostschwabenverein eine Urkunde als Erinnerung an diesen Tag und dankte auch für das im Laufe so vieler Jahre erwiesene Traditionsbewußtsein und die Liebe zur Heimat.

Das vor wenigen Jahren eingeführte jährliche Kameradschaftsessen, diesmal auch im Monat April auf dem Sportgelände des D. S. u. T. V. Lanús Oeste in Villa Transradio abgehalten, war wieder von Erfolg gekrönt. Alle mitwirkenden Gesangschöre ernteten verdienten Beifall, und ganz besonders zeichneten sich die Freunde des Gemischten Chors vom Deutschen Turnverein Lomas de Zamora aus.

Die Trachten- und Jugendgruppe des S. u. K. V. Jugend vom Süden wurde wiederum von vielen Vereinen zu Aufführungen eingeladen und vertrat die Bundesrepublik Deutschland auf internationalen Veranstaltungen.

Am Sonnabend, dem 4. November, um 16 Uhr veranstalten die Landsleute auf dem Deutschen Friedhof zu Buenos Aires eine Gedenkfeier an die 45jährige Vertreibung der Landsleute aus dem Osten. Dazu wurde Lm. Matthias Merkle aus Deutschland als Hauptredner eingeladen. Man erinnert sich noch, wie wahrheitsgetreu und in welch eindrucksvoller Weise Lm. Merkle den Leidensweg der Landsleute vor fünf Jahren, aus demselben Anlaß, schilderte. Fränzi Annabring wurde mit der Organisation dieser Gedenkstunde beauftragt. Alle dem Verband angeschlossenen Vereine beteiligten sich daran und alle Landsleute und Freunde aus Buenos Aires wurden eingeladen.

Zwischen dem 9. und 13. Dezember besucht die Tanz- und Trachtengruppe der Landsmannschaft der Donauschwaben Mosbach e. V. Argentinien und wird in verschiedenen Vereinen auftreten. Die Gastgeber sind bestrebt, den Besuchern so viel wie möglich von Buenos Aires und Umgebung zu zeigen sowie ihnen einen Überblick über das Tun und Treiben der Landsleute in Argentinien zu geben. Sie sagen ihnen jetzt schon: Herzlich willkommen!

Anton Pressler, 1989

Heimattreffen 1969: Volkstanzgruppe des Donauschwaben-Vereins Pericon Macional.

23. Treffen der Donauschwaben von Argentinien im Lanús Oeste

Am Sonntag, dem 8. Oktober 1989, veranstalteten Argentiniens Donauschwaben im Festsaal des S. u. K. V. Jugend vom Süden ihr 23. Heimattreffen unter dem Wahlspruch „Nichts kann uns rauben / Heimat und Glauben". Die schlechte Wirtschaftslage hat sich leider auch bei den Landsleuten bemerkbar gemacht, so daß viele gewohnte Besucher fehlten. Trotzdem fanden sich ca. 300 Gäste ein, unter ihnen der 1. Sekretär der Wirtschaftsabteilung der Botschaft der Bundesrepublik Deutschland, Walter Stechel, der Vorsitzende der Landsmannschaft der Sudetendeutschen, Werner Reckziegel, und der Vorsitzende der Landsmannschaft der Wolgadeutschen, Geraldo Preisz.

Nach dem Aufmarsch und dem Gottesdienst zum Gedächtnis der Ahnen, zelebriert von Pater Dr. H. Schulte und Pater W. Gruber aus Paraguay sowie der Predigt von Pastor Neibirt, traf man sich zum gemeinsamen Mittagessen, an welches sich das Festprogramm anschloß.

Lm. F. Hartmann waltete als Ansager und Lm. Suri als Koordinator des Programms, das einwandfrei und zur vollen Zufriedenheit über die Bühne ging. Es beteiligten sich daran die Kinder- und Jugendgruppe des Sport- und Kulturvereins Jugend vom Süden sowie die Chöre des Donauschwabenvereins Villa Ballester und die Donauschwäbische Singgruppe aus Temperley. Wegen Erkrankung ihrer Dirigentin mußte die Volksliedgruppe des Deutschen Schul- und Turnvereins Lanús Oeste leider fehlen.

Fränzi Annabring trug in donauschwäbischer Mundart ein Gedicht vor, Lm. Josef Wilhelm begrüßte alle Anwesenden im Namen des Gastgebervereins, und Verbandspräsident Anton Pressler hielt die Festrede, in welcher er sich hauptsächlich auf das seit 1925 durch Donauschwaben in Argentinien Geschaffene konzentrierte und zum Schluß aufrief:

„Liebe Landsleute! Ich habe dies alles erwähnt, in der Gewißheit, daß man das Geleistete von unseren Vätern niemals vergessen soll. Darum möchte ich Euch heute von ganzem Herzen auffordern: Donauschwaben haltet zusammen, um das Erbe unserer Väter, welches mit soviel Traditionsbewußtsein und Liebe zur Heimat aufgebaut wurde, zu bewahren und weiterzugestalten."

Bei Tanz und gemütlichem Beisammensein mit dem Orchester Sans-Souci endete dieses Treffen, und man verabschiedete sich bis zum Jahr 1990 im Deutschen Schul- und Turnverein Lanús Oeste.

Anton Pressler

1968 – Die Volksliedgruppe des Deutschen Schul- und Turnvereins LANÚS OESTE unter Leitung von Lm. H. Demand. Gründer dieser Gruppe war der verstorbene in Temeschwar geborene Lm. Prof. Thaddaeus Dippert.

Argentiniens Donauschwaben gedachten der Vertreibung

Am Sonnabend, dem 4. November 1989, veranstaltete der Verband der Donauschwaben in Argentinien auf dem Deutschen Friedhof zu Buenos Aires eine Gedenkfeier zur Erinnerung an die Vertreibung der Landsleute aus dem Osten vor 45 Jahren. Zahlreiche Landsleute und Freunde beteiligten sich an dieser Gedenkstunde, unter ihnen Federico Mertig, Präsident des Verbandes der Deutsch-Argentinischen Vereinigungen; Werner Reckziegel, Präsident der Landsmannschaft der Sudetendeutschen; Geraldo Preisz, Präsident der Wolgadeutschen in Argentinien, sowie alle Vorsitzenden der angeschlossenen Vereine.

Der Akt begann mit dem Anbrennen der Kerzen, die die Mädels der Trachtengruppe des S.u.K.V. „Jugend vom Süden" trugen. Die Kreuze mit den Namen der verschiedenen jugoslawischen Vernichtungslager trugen die Jungs dieser Gruppe. Beim Anbrennen jeder Kerze wurde der Sinn dieses Geschehens durch Frau Annabring und Frau Kirschner (Tochter) erklärt. Anschließend sprach Pater Paul Denninger ein Gebet, und die Chöre der Donauschwäbischen Singgruppe aus Temperley, geleitet von Frau Annabring, und des Donauschwabenvereins Villa Ballester, geleitet von Frau E. Schüssler, und musikalisch begleitet von Lm. F. Lannert, sangen der Feier angepaßte Lieder.

Der Posaunenchor aus Temperley, dirigiert von Martin Huss, untermalte die Feierlichkeit.
Da Matthias Merkle krankheitshalber absagen mußte, richtete Verbandspräsident Anton Pressler an die Anwesenden folgende Worte:
„Leider kann uns heute unser hochgeschätzter Lm. Matthias Merkle nicht, wie es vorgesehen war, begleiten. Eine bedauerliche Krankheit zwang ihn, in Deutschland zurückzubleiben. Wir erinnern uns aber noch an seine eindrucksvolle Rede, die er aus Anlaß unserer 40. Gedenkfeier hier an dieser Stelle gehalten hat. Einen Teil davon möchte ich heute wiederholen, denn wer könnte besser den Leidensweg unserer Landsleute schildern, als jemand, der dieses traurige Geschehen selbst miterlebt hat."

Lm. Pressler bezog sich dann auf das von Lm. Merkle damals Geschilderte und endete mit folgenden Worten: „Ihr meine lieben Landsleute, ihr habt den Weg hierher gewagt, in dieses weite, große, schöne und reiche Land. Ihr habt neu begonnen zu werken; ihr habt gezeigt, was der Schwabe kann! Dankt diesem Volk, dankt diesem Land, daß sie Euch aufgenommen haben, denn Ihr seid damit in Sicherheit gekommen, Ihr konntet wieder Schwaben sein. Laßt uns immer wieder von all diesen Zeiten reden und bitten, daß Frieden bleiben möge! Ihr, liebe Mütter und Großmütter, aber vergeßt nicht, was Eure besondere Aufgabe ist. Lehrt eure Kinder und Enkelkinder, immer daran zu denken, sie mögen unsere Muttersprache nicht vergessen."

Nach der Feierstunde vor der Kapelle begaben sich alle Anwesenden zum Kriegerdenkmal, wo Verbandspräsident Pressler und FAAG-Präsident F. Mertig einen Kranz niederlegten mit der Aufschrift „Unseren Toten. Verband der Donauschwaben i. A.", und die ehemaligen Frontkämpfer Lm. A. Harbeck und Lm. J. Lefor taten dasselbe mit einem Kranz aus Eichenblättern mit der Inschrift „Den Gefallenen".

Zwischendurch bedankte sich Lm. Pressler bei den Anwesenden mit folgenden Worten: „Euch, werte Anwesende, danke ich für Euer Kommen. Ganz besonders danke ich unserer Landsmännin Frau Fränzi Annabring, die diese Gedenkstunde mit wahrem Heimatsinn organisiert hat. Pater Paul Denninger gebührt unsere Anerkennung und Dank für sein Gebet. Der Trachten- und Jugendgruppe, den Chören sowie dem Posaunenchor aus Temperley sei auch herzlichst gedankt."

Zum Schluß traf noch Heidrud Ludwig geb. Merkle aus Deutschland ein, die leider wegen Verspätung ihres Fluges dem Akt nicht beiwohnen konnte.   Anton Pressler, 1990

Die Donauschwäbische Laienspielgruppe in Südamerika

Die Donauschwäbische Laienspiel- und Trachtengruppe Giengen-Herbrechtingen wurde von Mathias Merkle 1947/48 in Giengen/Brenz gegründet und bis heute geleitet.
Die Gruppe führte von Anfang an alte Volkstänze und Bauerntheaterstücke auf. Sie besuchte in ganz Deutschland, wo Donauschwaben siedeln, Dörfer und Städte, aber auch Orte mit Volkshochschulen, die von Einheimischen geleitet werden. Wir besuchten ferner: Österreich, Südtirol, Elsaß und Ungarn.
1976 besuchten wir in Brasilien die Donauschwäbische Siedlung in Guarapuava, wo wir bei den Siedlungsfeiern eine ganze Woche jeden Abend Theater- oder Volkstumsabende veranstalteten. Danach fuhren wir mit dem Bus in Orte den Paranáfluß entlang, wo Deutsche siedelten. Jakob Lichtenberger hatte diese Fahrt organisiert. Diese Menschen sahen noch niemals deutsches Theater; die Wirkung war einmalig! Vor Begeisterung gab es viele Tränen, ganz besonders bei der Brautschmückung!
Nach dreiwöchigem Aufenthalt in Brasilien flogen wir von der Drei-Länder-Grenze Brasilien-Paraguay-Argentinien nach Buenos Aires. Erster Aufenthalt war Villa Ballester, dort siedeln über 30 000 Deutsche. Dort führten wir einige Male „Evchens Hochzeit" und den „Dicksten Schwarten-

magen" auf. Ebenso in Temperley, dem Sitz der Jugend vom Süden. In Temperley blieben wir einige Tage und schlossen mit den Donauschwaben, also unseren Landsleuten, Freundschaft. Der Briefverkehr ist heute noch rege! In Brasilien war auch ein sehr freundliches Begegnen mit Pater Wendelin Gruber, der von unserem Besuch in dieser Weite und fast verlorenen Gegend sehr zufrieden war. In Orten, wo keine Donauschwaben siedelten, hatten wir der dortigen Jugend Volkstänze gelehrt! Diese von uns erlernten Volkstänze tanzen sie heute noch.
Nach ereignisvollen Wochen flogen wir sehr zufrieden, aber auch sehr müde, nach Deutschland zurück mit dem Gefühl, etwas Gutes auf kulturellem Gebiet für unsere dort lebenden Landsleute, aber auch für andere Deutsche geleistet zu haben.
1979 flogen wir in die USA und besuchten dort ebenfalls Orte, wo Donauschwaben siedeln. Erste Stadt war Chicago, von dort ging es dann mit dem Bus weiter. Jeden Abend gab es eine Theateraufführung mit „Evchens Hochzeit", obzwar wir auch andere Theaterstücke anboten. In jeder Stadt wurden wir im Rathaus vom Bürgermeister empfangen und mit Büchern beschenkt. In allen Städten war eine freundliche Aufnahme bei unseren Landsleuten und große Zufriedenheit mit unserem Dargebotenen festzustellen. In Südamerika dagegen war es eine innige, dankbare Begegnung, ganz besonders bei den Nicht-Donauschwaben.

Merkle

1943 – DER ELFENTANZ, vorgeführt von einem Teil der Turnerinnen des Sport- und Geselligkeitsvereins VALENTIN ALSINA. Turnlehrer war Herr Erich Warnecke.

Australien

1770 segelte James Cook, Leutnant in den Diensten des englischen Königshauses, an der Ostküste Australiens entlang. Am 18. April entdeckte er die Südspitze des Kontinents. Cook schrieb in sein Tagebuch: „Freitag, 20. April. Das klare Wetter gibt uns Gelegenheit, das Land zu betrachten, das sehr freundlich und vielversprechend aussah, durch Hügel, Höhenzüge, Ebenen, Täler mannigfach gegliedert und mit einigen kleinen Lichtungen, doch größtenteils ganz und gar mit Waldbedeckung."

Bei der zweiten Reise von Cook 1772 bis 1775 befanden sich auch die deutschen Naturforscher Reinhold und Johann Georg Adam Forster – Vater und Sohn – an Bord des Schiffes. Beide waren mit Cook eng befreundet und begleiteten den Kapitän bei seinen Landgängen.

„Wir erreichten am frühen Nachmittag Port Jackson und fanden zu unserer Freude den besten Hafen der Welt vor, in dem mehr als tausend Schiffe sicher Zuflucht finden können. Ich gab der Bucht den Namen Sidney . . ." Diese Erinnerung vertraute der deutschstämmige Kapitän Arthur Philipp – sein Vater Jakob Philipp war in Frankfurt geboren – am Abend des 25. Januar 1788 dem Logbuch des englischen Seglers „Sirius", das Flaggschiff einer Flotte von elf Windjammern, an.

Am nächsten Morgen legte ein Boot mit Kapitän Philipp und den Offizieren von der „Sirius" an. Auf einer Lichtung hißten die Engländer die Fahne, eine Salve donnerte aus den Musketen, und mit Rum wurde auf das Wohl des Königs von England angestoßen. Mit der Landnahme begann nicht nur die 200jährige Geschichte Australiens, sondern auch die Geschichte der Deutschsprachigen in Australien. Mit dem amerikanischen Freiheitskrieg verlor England die meisten seiner Kolonien. Bis zum Aufstand im Jahre 1776 verbannte England die meisten seiner Sträflinge nach Amerika, jetzt mußte diese Maßnahme aufgegeben werden – nun sollte der neuentdeckte Kontinent diese Aufgabe übernehmen.

Am 26. Januar 1788 nahm Philipp den ganzen östlichen Teil des Kontinents einschließlich Tasmanien bis zum 135. Längengrad im Westen in Besitz. Die Besiedlung des Kontinents begann. Der erste Landvermesser von New South Wales war Augustus Theodor Alt, ein hessischer Freiherr. Neben ihm war Philipp Schäffer ein zweiter Deutscher, der mit der ersten Flotte in Australien ankam. Alt legte die Siedlung in Sydney an.

Mitte des 19. Jahrhunderts war in Deutschland die Lust zum Auswandern groß; die Zahl der Australien-Einwanderer stieg ständig an: Waren es 1844 noch 180, die von Bremen nach Adelaide kamen, so folgten ein Jahr später schon 494 auf zwei Schiffen. 1846 erreichten drei Schiffe mit 656 und 1847 vier Schiffe mit 698 Passagieren Südaustralien. Die politischen Wirren und Unruhen um 1848 gaben der Bewegung neuen Auftrieb.

Allein im Oktober 1848 verließen sechs Schiffe mit 1131 Auswanderern Hamburg; ein Jahr später schifften sich rund 4000 Deutsche in Hamburg und Bremen ein. Aus einem Bericht der Zeitschrift „Die Woche in Australien" (200 Jahre Geschichte der deutschsprachigen Gemeinschaft in Australien), auf deren Veröffentlichungen wir uns stützen, geht hervor, daß bis 1851 etwa 10 000 Deutsche auf dem fünften Kontinent angekommen seien.

Wie in Amerika übten sie verschiedene Berufe aus, so als Bauern, Handwerker, Gewerbetreibende, Pfarrer, Lehrer, Ärzte und Unternehmer. Fleiß und Unternehmungsgeist ließen auf jungfräulichem Boden blühende und reiche deutsche Siedlungen erstehen. Die Chronik verzeichnet neben Erfolgen auch Mißerfolge. Viele Hoffnungen erfüllten sich in der völlig neuen Umgebung nicht. Oftmals war das religiöse Bestreben die Haupttriebfeder im Kampf gegen Mißerfolge und Gefahren.

Etwa in der Mitte des 19. Jahrhunderts erfolgten die ersten organisierten Auswanderungen größerer Gemeinden, die meistens aus Glaubensgründen ihre deutsche Heimat verließen. Bekannteste Niederlassungen wurden Klemzig unter der Obhut von Pastor August Ludwig Christian Kavel und Hahndorf, benannt nach Kapitän Hahn. Freilich entstanden in den Städten deutsche Niederlassungen. Namhafte Unternehmer, Wissenschaftler und Forscher trugen viel zum geistigen und materiellen Fortschritt und Wohlstand des Kontinents bei.

Nach dem 1. Weltkrieg, insbesondere aber nach dem 2. Weltkrieg, stieg die Zahl der deutschen Einwanderer beträchtlich an, unter ihnen auch Donauschwaben, denen es nach Flucht und Vertreibung gelungen war, in Australien eine neue Heimat zu finden.

Die Donauschwaben leben heute in den Bundesstaaten mit den Hauptstädten New South Wales (Sydney), Queensland (Brisbane), Victoria (Melbourne), Tasmanien (Hobart), South Australia (Adelaide), Western Australia (Perth) und Northern Territory (Darwin). Sie schlossen sich auf der Suche nach Gemeinschaft zu kirchlichen und landsmannschaftlichen Gruppen und Verbänden mit dem Ziel zusammen, ihren Glauben und ihre angestammte Kultur, insbesondere die Muttersprache, zu erhalten. Ihr besonderes Augenmerk widmen sie bis heute der Liebe und der Treue zur neuen Heimat, die ihnen Schutz und Hilfe in schweren Zeiten gewährte.

Die Jugend-Tanz- und Trachtengruppe Ulm/Neu-Ulm bei Landsleuten in Australien

Es wird immer ein Wagnis sein, wenn die Jugend sich aufmacht, über Kontinente hinweg in einem fernen Land Menschen zu besuchen, die nur durch gemeinsame Sprache und Kultur miteinander verbunden sind. Das Wörtchen „nur" klingt hier für manche Leser vielleicht etwas provozierend, für uns war es die Frage schlechthin, als der Gedanke für die Reise reifte: Wird die sprachliche Verbundenheit, eigentlich nur der Begriff „Donauschwaben" dazu ausreichen, dieses große Unternehmen zum Gelingen zu bringen? Hier die Frage: Kann eine kleine Gruppe junger Menschen, alle hier im Ulmer Raum geboren, einer solch anspruchsvollen Aufgabe gewachsen sein? Dort: Die Landsleute der älteren Generation, weit voneinander im großen Land zerstreut, ohne Erfahrung und landesübergreifende Organisation zur Vorbereitung einer solchen Reise, vor allem ohne finanzielle Hilfe des Staates oder irgendeiner Organisation. Wird der Name „Donauschwäbische Tanz- und Trachtengruppe Ulm/Neu-Ulm" soviel „reintanzen", daß sich niemand in unvorhersehbare Unkosten stürzen muß?

Heute können wir mit Genugtuung feststellen, das Wagnis hat für beide Seiten Früchte getragen: „Gäste und Gastgeber voneinander angetan" überschrieb Fred Kleitsch, der Sekretär des Vereins der Donauschwaben in Südaustralien, seinen Bericht im „Donauschwaben".

Das Eis wurde gleich in Sydney am Flughafen gebrochen, als uns eine kleine Abordnung der Donauschwaben mit Herrn Gillich und Herrn Bernhardt an der Spitze herzlich begrüßte und uns beim Umsteigen nach Adelaide behilflich war.

Ganz gelöst war dann in Adelaide die Atmosphäre, als uns am Flughafen zu später Stunde der Vorstand und Gastgeber mit einem Riesenblumenstrauß empfing. Nachdem wir bei herrlich frühlingshaftem Sonnenschein die schöne Stadt mit ihrer Umgebung kennengelernt und mit der eigenartigen Tierwelt dieses Kontinents Bekanntschaft gemacht hatten, rüsteten wir uns mit etwas Lampenfieber zum ersten Auftritt. Der festlich geschmückte Saal des Deutschen Vereins, überfüllt mit erwartungsvollen Gesichtern, gab uns den nötigen Aufwind und nach dem ersten Applaus

spürten wir, mit welch großartiger Aufmerksamkeit jedes Wort, jeder Ton und jede Bewegung registriert wurde. Es war ein gegenseitiges, ganz offenes Geben und Nehmen, das sich immer wieder zur herzlichen Stimmung steigerte und uns bei allen Auftritten begleitete. Die darauffolgenden Tage verliefen in einer Atmosphäre, als würde die Gruppe seit eh und je zum Verein in Adelaide gehören.

Eine ganz besondere Freude bereiteten wir den Kindern der deutschen Samstagsschule mit einer Kasperltheateraufführung. Bei der anschließenden Kaffeerunde stellte uns der Vorsitzende des Schulvereins, Herr Landherr, das Kollegium der Schule vor, und so bekamen wir einen Einblick in die schwierige Arbeit einer Nationalitätenschule.

Die etwas melancholische Stimmung des Abschieds konnte nur durch die mit Spannung erwartete Begegnung mit der weitläufigen Landschaft dieses eigenartigen Kontinents gemildert werden. Das erste Mal durften wir mit dem Bus von Adelaide bis Melbourne einen wunderschönen australischen Frühling mit üppigen Weiden und den riesigen Rinder- und Schafherden erleben und genießen. Am Abend, als es schon dunkel wurde und wir einige Lieder anstimmten, spendeten uns die australischen Fahrgäste freundlichen Beifall. Der erste Kontakt mit den Australiern – wir waren überrascht! Diese Begegnung erreichte ihren Höhepunkt in der Fußgängerzone der Blumenstadt Melbourne, wo sogar der Straßenbahnfahrer kurz anhalten mußte, um mitsamt den Fahrgästen unseren Tänzen zuschauen zu können.

In Melbourne hat eine zierliche Frau, Julie Reisch, alleine vollbracht, wozu ganze Organisationen nötig sind. Sie nahm die mühevolle Kleinarbeit auf sich und sorgte für uns. Und die Landsleute ließen sie nicht im Stich, jeder half, wo er nur konnte. Im österreichischen Club mit dem liebenswürdigen Ignaz Martinn an der Spitze fanden wir eine Heimat wie einst unsere Vorfahren der Donaumonarchie. Wie wenig man über die Donauschwaben wußte, zeigte eine nette Episode am ersten Abend, als wir auf einem Plakat als „Donauschwalben" begrüßt wurden; oder welche Vorurteile wir schlagartig beseitigen konnten, als einer vom Club bemerkte: „Komisch, die kommen aus Deutschland und sind so nette Leute!" Frau Reisch wurde dann auch zur Integrationsfigur für unsere Landsleute und den österreichischen Verein. Sie wurde von uns spontan

Donauschwäbische Tanz- und Trachtengruppe Ulm/Neu-Ulm 1987.

zur „Schutzpatronin" aller Donauschwaben in Melbourne ernannt. Nach einer weiteren langen, aber keineswegs langweiligen Fahrt, erwarteten wir mit Spannung die Hauptstadt des Kontinents, Canberra. Obwohl hier nur einige donauschwäbische Familien beheimatet sind, war der Empfang nicht weniger herzlich. Herr Günther Körner, Präsident des Harmonie German Clubs, ein Schwabe aus der Stuttgarter Gegend, und Frau Marianne Albrecht bemühen sich mit allen Kräften, die Bande zur Heimat aufrechtzuerhalten. In Canberra war der Höhepunkt unseres Aufenthalts, neben dem festlichen Auftritt mit der dortigen Tanzgruppe, der Empfang bei dem Presse- und Kulturreferenten der Botschaft der Bundesrepublik

Deutschland, Herrn Detering, und seiner liebenswürdigen Frau.

Hier fanden sehr angeregte Gespräche mit einigen Botschaftsangehörigen und weiteren Persönlichkeiten statt.

Der Eindruck von dieser modernen, auf dem Reißbrett entworfenen und mitten in einer herrlichen Landschaft großzügig angelegten Hauptstadt war überwältigend.

Gern wären wir noch länger hier geblieben, „aber der Wagen rollte" uns dem Höhepunkt unseres vierwöchigen Aufenthaltes entgegen: Die Teilnahme am 5. Treffen der Donauschwaben und aller Heimatvertriebenen in Sydney, organisiert und durchgeführt in den Räumen der St.-Raphaels-Gemeinde in Blacktown. Man kann die emsig fleißige Arbeit unserer Landsleute unter der Leitung von Herrn Franz Gillich und Herrn Rektor Johann Krewenka in diesem Rahmen nicht annähernd schildern. Die festliche Stimmung, der Einzug der Trachtenpaare, die Darbietungen der dortigen Kinder- und Jugendgruppen, die bis zum Schluß aufmerksamen Zuschauer und Zuhörer im überfüllten Saal, die vielen Gespräche und das gemeinsame Singen bis in die Abendstunden, die köstlichen donauschwäbischen Spezialitäten und vieles mehr bleiben für uns unvergeßlich. Dieser Tag war ein Erlebnis und wir waren stolz, daß wir dabeisein durften.

Am nächsten Tag haben wir die einzigartig gelegene Stadt Sydney mit ihren malerischen Buchten und dem architektonisch waghalsigen Opera House kennengelernt.

Die letzten Tage verbrachten wir im schönen Erholungscamp der St.-Raphaels-Gemeinde an einem Bilderbuchstrand nördlich von Sydney. Einige Familien verwöhnten uns mit echt donauschwäbischer Küche, und bis in die Nacht hinein sangen wir bei guten einheimischen Tropfen. Es war ein Ort und es waren Tage, an denen man die Welt vergessen konnte.

Wir hoffen, daß die Gruppe den in sie gesetzten Erwartungen gerecht werden konnte. Sie hat wunderbare Wochen in Australien erlebt und bewegende und bleibende Eindrücke von einem großartigen Land mit liebenswürdigen Menschen in die Heimat mitgenommen.

Dafür will sie nochmals von ganzem Herzen danken:
– Dem Landesverband Baden-Württemberg und dem Stadtjugendring für die Zuschüsse;
– unserem Landesvorsitzenden Herrn Jakob Wolf, der sich mit aller Kraft für das Gelingen dieser Begegnungsreise einsetzte und für uns bürgte;
– den Gastgebern und allen Landsleuten, nicht nur für all das, was die Gruppe durch ihre großzügige Gastfreundschaft hat erleben dürfen, sondern auch für die Stunden der Gemeinsamkeit und der menschlichen Begegnungen, die bleibende Erinnerung sein werden.

Als Leiter der Gruppe will ich nicht versäumen, auch der Jugend meinen Dank auszusprechen für ihren unermüdlichen ideellen und nicht geringen finanziellen Einsatz.

Die Gruppe grüßt aus der Heimat Landsleute und Freunde von allen Stationen ihrer Australienreise und hofft zuversichtlich, daß wir alle über das unmittelbare Erlebnis der Begegnung hinaus künftig in Freundschaft und Brüderlichkeit miteinander verbunden bleiben, daß wir uns auf ein Wiedersehen freuen dürfen und daß uns der Friede geschenkt bleiben möge.   Franz Flock, 1981

Franz Flock bei einem Empfang auf Einladung des Kultur- und Pressereferenten der Botschaft der BRD, Herrn Lothar Deterling.

Beim 5. Donauschwabentreffen in Australien

Am 25. Oktober v. J., als das Donauschwabentreffen in Blacktown/Australien stattfand, herrschte sehr schönes Wetter, was sowohl die Veranstalter als auch die aus nah und fern herbeigeeilten Besucher freute. Der Festtag begann mit einem Gottesdienst um 10 Uhr, zelebriert von Pfr. J. Krewenka. Er sprach von den Festen und Feiern, die einst zuhause in der alten Heimat stattfanden und an denen ebenfalls Verwandte und Bekannte von auswärts teilnahmen. Pfr. Krewenka meinte in seiner Ansprache, daß wir Gott danken können dafür, daß wir trotz der vielen harten Schicksalsschläge nicht nur überlebten, sondern auch wieder eine gute Existenz fanden. Der Allmächtige sei uns gnädig gewesen. Aber wir wollten auch jener unzähligen Lieben gedenken, die auf tragische Weise ihr Leben lassen mußten; sie sind im Kriege gefallen, man hat sie ermordet, in den Todesmühlen umkommen lassen oder aber man verschleppte sie und sie starben fern der alten Heimat in Not und Elend. Kein Kreuz steht auf ihrem Grab.

Danach wurde ein Kranz an der Gedächtniskirche, in der sich eine hl. Reliquie (ein Stück von einem Wegkreuz in der alten Heimat) befindet, niedergelegt, während Lm. Rieger auf dem Harmonium das Lied vom guten Kameraden spielte. Die Marienmädchen vom St. Raphaels-Verein sowie die Ulmer Tanz- und Trachtengruppe verschönerten den feierlichen Gottesdienst. Bis auf den letzten Platz voll besetzt war nicht nur die Kirche, sondern auch der Saal danebem.

Nach der hl. Messe versammelten sich die Anwesenden im neugebauten Hofraum, der sich ans Gotteshaus anschließt, wo – teilweise unterm Dach – Tische aufgestellt waren und es dann ein gemeinsames Mittagessen gab. Zahlreiche Helfer der Gemeinde servierten das schmackhafte Essen und die Besucher waren sehr zufrieden, zumal es ja heimatliche Speisen waren.

Um 14 Uhr begab man sich in den festlich geschmückten Saal, an dessen Wänden großformatige Fotos angebracht waren, die das einstige Leben daheim darstellten: Arbeit, Ernte, Feste, Spinnstube, Brotbacken, Traubenlesen, Kukuruzlieschen, Hochzeiten, Schlachten, Tanz, Kirchen

etc. etc. Mancher Betrachter wird sich wohl selbst in die Vergangenheit zurückversetzt haben, als er noch jung war. Der „Bunte Nachmittag" wurde mit dem Einmarsch der Trachtenpaare der Gemeinde, geleitet von Frau K. Pfuhl, eröffnet. Frau I. Gurka war Ansagerin, und sie erklärte auch die Trachten der alten Heimat. Alsdann marschierte – mit der Fahne voran – die Donauschwäbische Tanz- und Trachtengruppe aus Ulm/Donau unter brausendem Beifall ein. Lm. Flock, ihr Leiter, überbrachte herzliche Grüße und alle guten Wünsche von der Landsmannschaft der Donauschwaben in der Bundesrepublik Deutschland sowie vom Haus der Donauschwaben in Sindelfingen (Lm. Jakob Wolf), von der Landsmannschaft der Donauschwaben in Ulm, vom Mutterland. Er bedankte sich mit warmen Worten dafür, daß man der Ulmer Trachten- und Tanzgruppe die Möglichkeit bot, nach Australien zu kommen und in Blacktown, aber auch im Deutsch-Österreichischen und im Concordia-Club auftreten zu können. Er hoffe, daß das donauschwäbische Brauchtum in Australien gestärkt werden könne, zumal dieses Treffen der Donauschwaben ja einer Kirchweih ähnlich sei. Alsdann trug er das Gedicht „Erinnerung an Kerweih" vor, dem dann ein Kerweihtanz sowie Galopp-Polka, Kreuz- und Quer-Polka folgten.

Die nun folgende kleine Pause nützte Präsident Franz Gillich vom St. Raphaels-Verein in Blacktown dazu, um allen Erschienenen ein herzliches Willkommen zuzurufen und der Ulmer Trachten- und Tanzgruppe samt ihrem Leiter, aber selbstverständlich auch den Herren Schmid, Gansloser, Vertreter der Stadt Ulm, innigst zu danken dafür, daß sie den weiten Weg zu den Donauschwaben nach Australien gefunden hatten. Wörtlich sagte er: „Wir sind besonders stolz, hier die Ulmer Gruppe zu haben, zumal ja unsere Geschichte vor 200 Jahren mit der Auswanderung in Ulm an der Donau begann, wo übrigens heute auch das Ahnen-Auswanderer-Denkmal steht." Dann begrüßte er die Ehrengäste aus Adelaide, Newcastle, Wollongong, Melbourne usw.

Der zweite Teil der festlichen Veranstaltung begann mit dem Vortrag des Gedichtes von Jakob Wolf: „Unsterbliche Heimat", wonach die Lieder „Im Märzen der Bauer", „Es klappert die Mühle" erklangen. Nun folgten der Bauerntanz, Mühlentanz, Kathreintanz. Die anschließende Pause wurde von der Kindergruppe des St. Raphael-Vereins ausgefüllt.

Es schloß sich eine Erinnerung an die Donaumonarchie an mit dem Kufsteinwalzer, Palotás Csárdás, Puszta Fox. Nach einer kleinen Pause führte die St. Raphaels-Jugendgruppe Volkstänze vor, wobei die Tänzer verschiedene Trachten trugen.

Im vierten Teil gedachte man ganz besonders unserer alten Heimat. Vorgetragen wurde das Gedicht „Ich bin ein Schwob", worauf ein ganzer Strauß schwäbischer Lieder beziehungsweise Tanzmelodien aus alter Zeit folgte.

herrschte. Damals wurde das Gold der Bürger eingesammelt, und man prägte daraus solche Gulden. Prinz Eugen half dann schließlich, Ulm zu befreien. Einen Gulden und ein Bild vom Ahnen-Auswanderer-Denkmal der Donauschwaben in Ulm schenkte man Lm. Gillich sowie dem Senator Peter Baume vom Federal Parlament Canberra, der sich die Zeit genommen hatte, zu dieser Veranstaltung der Donauschwaben nach Blacktown zu kommen und alles mit großem Interesse verfolgte. Schließlich schenkten die Gäste aus Deutschland noch folgende Bücher: „Das Dritte Reich und Jugoslawien 1933–1945" von Johann Wüscht,

Die Donau

Mitteilungsblatt des Vereins der Donauschwaben

in Süd Australien

Bower Street, Woodville

Bevor die Veranstaltung ihr Ende fand, bedankten sich nochmals kurz Lm. Flock sowie die Vertreter der Stadt Ulm/Donau, Gerhard Schmid und Herbert Gansloser (Stadtjugendring Ulm). Sie waren überrascht und zugleich begeistert, wie schön der Saal geschmückt worden sei, sie dankten aber auch herzlich für die warme Aufnahme hier in Sydney. Sie sprachen die Hoffnung aus, daß diese Begegnung Früchte tragen möge – und zwar gegenseitig. Als Geschenke der Donauschwäbischen Landsmannschaft in der Bundesrepublik Deutschland sowie der Stadt Ulm wurden der Gemeindebücherei eine ganze Anzahl Bücher überreicht. An den Vater des Hauses, Rektor Johann Krewenka, gewandt, dankte Herr Gansloser für die herzliche Aufnahme und überreichte ihm ein Bild des Ulmer Münsters und einen Gulden aus jener Zeit, als Ulm von den Franzosen belagert wurde und dort große Not

„Festbuch der Stadt Ulm zur 600-Jahr-Feier", 1977, und eine Geschichte der Stadt Ulm von Lm. Vinzenz Bernhardt, der wesentlich zum Auftritt der Donauschwäbischen Tanz- und Trachtengruppe aus Ulm hier in Sydney beitrug. Lm. Flock überreichte Schallplatten und Jugendbücher für die donauschwäbische Jugend und legte der letzteren nahe, die Tänze und die Lieder auch zu erlernen. Alsdann zog diese schöne Trachten- und Tanzgruppe aus Ulm unter frenetischem Applaus aus dem Saale, und es folgte allgemeiner Tanz für jung und alt.

Vroni Pfuhl hatte aus Holz eine Plakette in Form des australischen Kontinents angefertigt mit der Inschrift: „5. Donauschwabentreffen. 26. Oktober 1980. St. Raphaels – Blacktown/Australien. Als Erinnerung geschenkt". Diese wurde dann Lm. Flock, dem Leiter der Gruppe aus Ulm, mit besten Wünschen und in völkischer Verbundenheit

218

sowie zur ewigen Erinnerung geschenkt. Lm. Flock nahm die Plakette erfreut entgegen und versicherte, daß sie einen Ehrenplatz in Ulm bekommen werde. Die Tage in Australien werde man nicht vergessen, sie waren zu schön.

Im Hofraum fand man wieder die alte Heimat in Fotos: Flucht, Krieg, Auswanderung in alle Weltteile, Neubeginn. Bei Kaffee, Kuchen oder Wein, Bier etc. saß man nun gemütlich beisammen und erzählte von längst vergangenen Zeiten und der lieben alten Heimat, die man weder vergessen wolle noch vergessen könne. Die 800 Teilnehmer an diesem großen Treffen der Donauschwaben in Australien wurden während der Veranstaltung von den zahlreichen freiwilligen Helfern der Gemeinde bestens versorgt, und dafür gebührt ihnen uneingeschränktes Lob und herzlicher Dank.

Die Ulmer Trachten- und Tanzgruppe hatte mit ihren herrlichen Originaltrachten, den schönen Gesängen und Tänzen die Show des Tages gemacht, und es gibt bestimmt niemanden, der bestreiten will, daß sie dem 5. Donauschwabentreffen in Australien die Krone aufsetzte. Sehr gut gefallen hat den Erschienenen auch der Spruch hoch über der Bühne: „Muttersprache, Väterglaube und Ahnenerbe sollst du erhalten bis zum Sterben!" Die Donauschwa-

ben in Australien wollen diesen Spruch beherzigen und dem Ahnenerbe, der Muttersprache und dem Väterglauben treu bleiben.

Die Donauschwäbische Trachten- und Tanzgruppe aus Ulm hat feste Bande mit uns hier geknüpft. Ihr Auftritt war für uns Ermutigung und Beihilfe, das werden wir in Zukunft beweisen.

Am nächsten Tag folgte noch eine Rundfahrt in Sydney, wobei man den Hafen, die Oper und die Stadt selbst zu sehen bekam. Danach verbrachten die Ulmer vier Tage der Ruhe im Urlaubsheim Forester Beach, das der St.-Raphael-Gemeinde gehört.

Am Samstag erfolgte der Abschied. Im Saal der Raphaels-Gemeinde kamen die Pflegeleute und die Ulmer Gruppe zusammen. Lm. Gillich fand warmherzige Worte und innigen Dank für alle. – Lm. V. Bernhardt meinte unter anderem: „Wenn es Euch nicht gefallen hat, dann sagt es uns, damit wir es das nächste Mal besser machen können. Wenn es Euch aber gefallen hat, dann sagt es den Landsleuten drüben im Mutterlande, damit auch andere Landsleute noch zu uns hierher auf Besuch kommen. Wir empfangen jeden mit offenen Armen!"   VB, 1981

Die Donauschwäbische Trachtengruppe Mosbach vor der Oper in Sydney 1988.

Die St.-Raphaels-Gemeinde in Sydney

Am 24. Mai 1965 wurde in der Kathedrale zu Wollongong/ Australien erstmalig ein katholischer Gottesdienst in deutscher Sprache abgehalten. Damit wurde einem mühsamen, von Gemeinschaftssinn und christlicher Nächstenliebe getragenem Werk eine erste Anerkennung zuteil. Mittlerweile jedoch blickt die St.-Raphaels-Gemeinde von Sydney-West, Wollongong, auf ein 25jähriges Bestehen zurück.

Die Geschichte der Gemeinde begann am Ostersonntag 1965, als sich eine kleine Schar deutschsprechender Einwanderer zum Ostergottesdienst in der Kapelle des St. Vincents Boys Home, Westmead, versammelte. Pfarrer Johann Krewenka aus Filipowa war erst kurz vorher aus Bonegilla in Victoria gekommen, um den Dienst für die in den westlichen Vororten von Sydney und Wollongong lebenden deutschsprachigen Katholiken zu übernehmen.

Im Mai 1965 konnte die neue Gemeinde ein Grundstück auf Lot 27, Reservoir Rd., kaufen. Ein dort vorhandenes kleines Haus diente als Pfarrei; viele selbstlose, fleißige Hände verwandelten zwei Armeebaracken in ein vorläufiges Gemeindezentrum. Am 11. Oktober 1965 bezog der Pfarrer sein Haus. Somit fand nicht nur Pfarrer Krewenka ein neues Heim, eine lebendige und fröhliche Gemeinde kam zu ihrer Bleibe. So ist es nicht verwunderlich, daß an den Feierlichkeiten zum Jubiläum nicht nur eine Frauengruppe, Bastelgruppe, Kirchenchor, Jugend- und Seniorengruppe beteiligt waren, auch eine interessierte Öffentlichkeit nahm regen Anteil und feierte gern mit.

Nicht mit dem Schwert,
Mit der Pflugschar erobert:
Kinder des Friedens,
Helden der Arbeit.

Stefan Augsburger

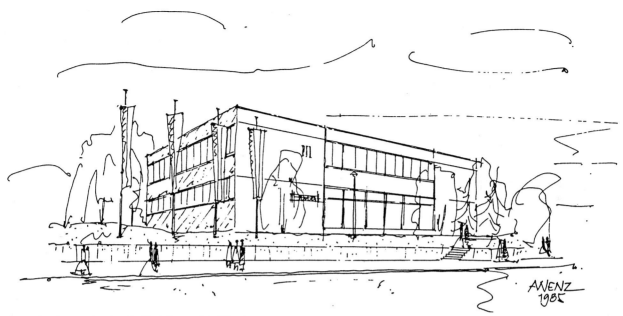

Haus der Donauschwaben in Sindelfingen (A. Wenz).

Das Haus ist ein Symbol der Heimat – der alten und der neuen Heimat –, damit auch eine Stätte der Begegnung zwischen den Donauschwaben und der einheimischen Bevölkerung, eine Stätte der Bewahrung und der Weiterentwicklung des donauschwäbischen und des einheimischen Kulturgutes. Hier wird bewahrt und treu gepflegt, was die Vorfahren als geistig-ethisches Erbe ihren Nachkommen hinterlassen haben.

Das Haus ist das Weltzentrum der Donauschwaben, in dem sich unsere Landsleute aus Deutschland, Österreich und den Gebieten der alten Heimat sowie aus Übersee begegnen, um ihre geschichtliche und kulturelle Tradition zu pflegen und ihre weltweite Verbundenheit zu stärken. Das Haus ist auch eine Begegnungsstätte zwischen den Donauschwaben und den Angehörigen südosteuropäischer Völker und dient auf diese Weise der Völkerversöhnung und der Völkerverständigung. Die räumliche Gliederung des Hauses bietet eine solide Basis für eine vielseitige und effiziente Tätigkeit. Seit seinem Bestehen hat das Haus die geistigen Kräfte unseres Volksstammes zusammengeführt und hat bei verschiedenen Veranstaltungen, Symposien, Kongressen, Gedenkfeiern, Vorträgen, Tagungen, Konzerten, Heimattreffen sowie bei Film- und Lichtbildvorführungen ein großes Spektrum schöpferischer Leistungen aufgezeigt. Im Vordergrund der wissenschaftlichen Arbeit stehen die Kulturpflege, die Forschung, die Dokumentation und die Publikation.

Aus der Arbeit des Weltdachverbandes

Tagung in Sindelfingen.

Tagung des Dachverbandes 1988 in Kitchener, Kanada.

Das Bild zeigt die Gruppe vor dem Zuckerhut in Rio de Janeiro.

Donauschwäbische Jugendtrachtengruppe Rastatt in Entre Rios, Brasilien, 3. bis 12. Januar 1987.

Kinderchor in Adelaide.

Jugendgruppe aus Windsor.

Donauschwäbische Jugend in Übersee

Tag der Donauschwaben in Detroit.

Tag der Donauschwaben in Detroit.

DSV in Los Polorittes.

Andenken von der Jugendgruppe aus Akron, Ohio, August 1988.

In Cleveland.

Beim Jugendtreffen.

Viele Grüße aus Cleveland von der Donauschwäbischen Fußball-mannschaft, die in diesem Jahr, 1990, Ohio-Meister wurde.

Die Donauschwäbische Jugend-, Tanz- und Trachtengruppe auf den Treppen der Town Hall in New York, rechts unser „Patenonkel in New York", Erich Schmidt.

Hilde Hornung und Adam Hetzel überreichen OB Dr. Burger ein Geschenk.

Empfang im Rathaus Sindelfingen.

Erinnerungen an Sindelfingen und Stuttgart

Empfang im Staatsministerium mit den Ministerialdirigenten Haun und Stemmler.

Besuch im Alten Schloß, Stuttgart.

Inhaltsverzeichnis

Donauschwäbisches Archiv, München

Im Donauschwäbischen Archiv sind Veröffentlichungen zusammengefaßt, die von der Arbeitsgemeinschaft donauschwäbischer Lehrer, vom Arbeitskreis für donauschwäbische Volks- und Heimatgeschichtsforschung in der Donauschwäbischen Kulturstiftung – Stiftung des privaten Rechts – e. V., der Apatiner Gemeinschaft e. V. und anderen Ortsgemeinschaften herausgegeben und gefördert werden. Sie erscheinen in IV Reihen.
Geschäftsführung des Donauschwäbischen Archivs: 8000 München 81, Schädlerweg 2.
Geschäftsstelle: 7032 Sindelfingen, Goldmühlestraße 30, Haus der Donauschwaben.

Ein Auszug:

Donauschwäbisches Archiv – Reihe I: Schriftenreihe der ADL, ISSN 0172-1046.

Band 10: Entwicklung und Erbe des donauschwäbischen Volksstammes
Hg. Georg Wildmann. 8000 München 1982. 463 S., Farbumschlag Ln. geb. 55 DM, ISSN 0172-1046-10.

Band 11: Eingliederung donauschwäbischen Kulturerbes
Von Christian Ludwig Brücker, D-7032 Sindelfingen 1985. 208 S., br. ISSN 0172-1046-11.

Donauschwäbisches Archiv – Reihe III:
Beiträge zur Volks- und Heimatgeschichtsforschung
ISSN 0172-5165-...

Einige Bände der Veröffentlichungen:

Band 4: Die Donauschwaben im pannonischen Becken
Anton Tafferner, Josef Schmidt und J. V. Senz. Mit Karte, farbigem Wappen und Bildern. Dritte erweiterte Auflage. München 1981, 24 S., 4 DM, ISSN 0172-1046-4.

Band 17: Das Banater deutsche Schulwesen in Rumänien von 1918 bis 1944
Das Schulwesen der Donauschwaben 1918 bis 1944
Kaspar Hügel. Verlag des Südostdeutschen Kulturwerkes, München 1968, 177 S.

Band 18: Das Schulwesen der Donauschwaben im Königreich Jugoslawien
J. V. Senz. Verlag des Südostdeutschen Kulturwerkes, München 1969, 303 S.

Band 26: Bayerische Donauschwaben – donauschwäbische Bayern
30 Jahre Landsmannschaft der Donauschwaben a. J.:
Hrsg.: J. V. Senz. München 1979, 248 S., 25 DM, ISSN 0172-5165-26.

Band 27: Die deutsche Schulnot im ehemaligen Königreich Jugoslawien
Von Hans Rasimus. 8000 München 1979, 200 S., 20 DM, ISSN 0172-5165-27.

Band 28: Bibliographie Donauschwäbische Lehrerblätter 1955 bis 1980
(Seit 1979 Donauschwäbische Forschungs- und Lehrerblätter.) Ein Überblick über die Publikationsarbeit der Arbeitsgemeinschaft Donauschwäbischer Lehrer e. V. Franz Schneider. München 1983, 48 S., ISSN 0172-5165-28, br. 5 DM.

Band 29: Johannes Wurtz
Der literarische Künder donauschwäbischer pannonischer Lebensart
Festschrift zum 75. Geburtstag. Friedrich Binder, München 1983, 140 S., ISSN 0172-5165-29, br.

Band 30: Geschichte des Volksschulwesens der Erzdiözese Kalotscha-Batsch
Josef Berauer. Übersetzt aus dem Ungarischen. Kalotscha 1896.- München 1983, 300 S., ISSN 0172-5165-30, gb. 48 DM.

Band 31: Karlsdorf im Verlauf donauschwäbischer Geschichte.
Erd- und Vorgeschichte, Altertum, Mittelalter und Neuzeit des Donaubeckens
Ein Denkmal der verlorenen Heimat. Hans Sonnleitner, München 1985, 107 S., 32 DM, ISSN 0172-5165-31.

Band 32: Aus dem Nest gefallen . . .
Katharina Stilling, München 1984, br. 102 S., mit Bildern, 15 DM, ISSN 0172-5165-32.

Band 33: Donauschwäbisches Liederbuch
Konrad Scheierling. Straubing 1985, 220 S. mit Grafiken, Gln. 22 DM, ISSN 0172-5185-33.

Band 34: Ein Freundschafts- und Partnerschaftsbeispiel
Festschrift zum 70. Geburtstag von Friedrich Binder und Friedrich Kühbauch. Beiträge zum donauschwäbischen Nachkriegsschicksal. Redaktion: J. V. Senz. 208 S. und 32 Bildtafeln. Sindelfingen 1986, ISSN 0172-5165-34.

Band 35: Aktion Intelligenzija in Karlsdorf
Gedenkschrift 1944–1984 über die Ermordung von 36 Karlsdorfern. Hans Sonnleitner. München 1986, ISSN 0172-5165-35 ISBN 3-926276-00-2, 48 DM, 523 S.

Band 36: Die Entwicklung der Banater Hauptstadt Temeschburg
Von Mathias Weifert. München 1987. 190 S., br. 22 DM, ISSN 0172-5165-36 ISBN 3-926276-02-9.

Band 37: Geschichte der Donauschwaben
Von J. V. Senz. D-8440 Straubing-Sindelfingen 1987. 277 S., Gln. gb. 32 DM, ISSN 0172-5165-37 ISBN 3-926276-03-7.

Band 38: Donauschwäbische Zeitgeschichte aus erster Hand
Von Josef Beer. Mit fünf Karten. Straubing-Sindelfingen 1987. 270 S., ISSN 0172-5165-38 ISBN 3-926276-04-5.

Band 39: Als Fremde im Vaterland
Von Hans Rasimus. München 1989. ISSN 0172-5165-39 ISBN 3-926276-05-3, 40 DM, 677 S.

Band 40: Die Deutschen in Syrmien, Slawonien, Kroatien und Bosnien
Von Dr. Valentin Oberkersch, München 1989, 611 S., 62 DM, 1989. ISSN 0172-5165-40 ISBN 3-926276-07-10.

Band 41: Landsmannschaft Donauschwaben – Patenschafts-Jubiläen
Von Christian L. Brücker und Freundeskreis. Sindelfingen und München, ISSN 0172-5165-41 ISBN 3-926276-08-8, DM ??, 120 S.

Band 42: Donauschwäbische Todesnot unter dem Tito-Stern
Von Hans Sonnleitner. München 1990, 450 S., ISSN 0172-5165-42 ISBN 3-926276-10-X.

Band 43: Donauschwaben in Nordamerika, Südamerika und Australien
Von Christian L. Brücker, Sindelfingen 1990, ISSN 0172-5165-43 ISBN 3-926276-11-8.

„Die Geschichte gehört dem Bewahrenden und Verehrenden, – dem, der mit Liebe und Treue dorthin zurückblickt, woher er kommt, worin er geworden ist; durch diese Pietät trägt er gleichsam den Dank für sein Dasein ab. Indem er das von altersher Bestehende mit behutsamer Hand pflegt, will er die Bedingungen, unter denen er entstanden ist, für solche bewahren, welche nach ihm entstehen sollen – und so dient er dem Leben."

Nietzsche